주역

노태준 譯解

홍신문화사

■ 머리말

  역(易) 또는 역경(易經)이라고도 불리는 〈주역(周易)〉은 유교(儒敎)의 사서오경(四書五經)에 포함되어 과거 2천 년 동안 중국은 물론 우리 나라, 일본 등에서 기독교 국가의 성서(聖書), 회교 국가의 코란과 비견할 수 있는 권위를 과시하여 왔다.

  고대 중국에서는 나라의 대사(大事)를 결정함에 앞서 서복(筮卜)에 의존하는 것이 관습으로 되어 있었다. 주초(周初)에는 〈연산(連山)〉·〈귀장(歸藏)〉·〈주역〉의 3역(三易)이 있었으나, 현재까지 전해지고 있는 것은 〈주역〉뿐이다.

  주자(朱子)는 말하기를, "〈주역〉이란 본시 점을 쳐서 사람의 의혹을 풀기 위한 것이다. 도리에 따라 당연히 해야 할 일이면 마땅히 그렇게 해야만 하며, 도리에 어긋나는 일이라면 마땅히 행해서는 안 된다. 따라서 도리에 어긋나는 일을 위하여 점쳐서는 안 된다. 올바른 일이면서도 두 갈래로 나뉘어 있어서 결단을 내리기 어려운 경우에만 점쳐야 한다. 나쁜 일이나 사리사욕을 위하여 점쳐서는 안 된다."고 하였다.

  〈주역〉은 점서(占書)일 뿐만 아니라 처세(處世)에 관한 지혜를 무한히 내포하고 있다. 즉 신비스러운 예견(豫見)의 작용으로 인하여 사물이 일으키는 극히 미세한 징조를 나타낼 뿐만 아니라, 어떻게 하면 화를 피할 수 있는가를 도덕적 입장에서 이탈함이 없이 제시하고 있는 것이다. 또한 〈주역〉은 대우주(대자연)와 소우주(자아)를 일관하는 도(道)를 밝히는 철학이다.

역(易)이란 글자는 '쉽다', '변하다', '변하지 않다'의 세 가지 뜻을 지니고 있다. 대자연은 시시각각으로 변화하고 있으며, 그 대자연 속에서 생활하는 인간사회도 또한 그러하다. 이것이 바로 역에서 말하는 변화이다.

그러나 끊임없이 변전하는 우주의 움직임에는 변하지 않는 것, 즉 불변(不變)의 법칙성이 존재한다. 무수한 별의 움직임 속에 정연한 궤도(軌道)와 주기(週期)가 있는 것과 같이, 소우주라 할 인간의 운명에도 그것이 아무리 불규칙한 것처럼 보여도 그 속에 대우주와 같은 법칙성이 일관하고 있음이 분명하며, 그런 까닭에 천지의 도는 알기 쉽고 따르기 쉬운 것이다.

〈주역〉은 철학인 동시에 가장 심오한 원리를 내포하는 과학이다. 음양이원론(陰陽二元論)과 태극(太極)이 상징하는 원리는 우주만물의 생성과 운행의 궁극(窮極)이며, 최신의 원자과학적 논리의 근거를 이미 2천 년 전에 예시하고 있었던 것이다.

새로운 도덕과 가치관의 확립이 요구되고 있는 현시점에서, 점서라기보다는 우주론적 철학이며, 과학이며, 종교이며 또한 처세훈(處世訓)이라 할 〈주역〉의 재음미는 참으로 시의에 적합한 것이라고 생각한다.

머리말 _ 4

해제(解題)

1. 역경(易經)이란 무엇인가 12
2. 역경의 성립 14
3. 역경의 사상 22
4. 역(易) 해석의 변천 26
5. 역(易)의 구성 29
6. 점서법 33
7. 이 책의 구성과 보는 방법 38

64괘 괘효사(六十四卦 卦爻辭)

1. 건(乾)·····건위천(乾爲天) 42
2. 곤(坤)·····곤위지(坤爲地) 49
3. 둔(屯)·····수뢰둔(水雷屯) 55
4. 몽(蒙)·····산수몽(山水蒙) 58
5. 수(需)·····수천수(水天需) 62
6. 송(訟)·····천수송(天水訟) 65
7. 사(師)·····지수사(地水師) 68
8. 비(比)·····수지비(水地比) 72
9. 소축(小畜)·····풍천소축(風天小畜) 75
10. 이(履)·····천택리(天澤履) 78
11. 태(泰)·····지천태(地天泰) 81
12. 비(否)·····천지비(天地否) 85

차 례

13. 동인(同人) ···· 천화동인(天火同人)　　88

14. 대유(大有) ···· 화천대유(火天大有)　　91

15. 겸(謙) ···· 지산겸(地山謙)　　94

16. 예(豫) ···· 뇌지예(雷地豫)　　97

17. 수(隨) ···· 택뢰수(澤雷隨)　　100

18. 고(蠱) ···· 산풍고(山風蠱)　　103

19. 임(臨) ···· 지택림(地澤臨)　　106

20. 관(觀) ···· 풍지관(風地觀)　　109

21. 서합(噬嗑) ···· 화뢰서합(火雷噬嗑)　　112

22. 비(賁) ···· 산화비(山火賁)　　115

23. 박(剝) ···· 산지박(山地剝)　　118

24. 복(復) ···· 지뢰복(地雷復)　　121

25. 무망(无妄) ···· 천뢰무망(天雷无妄)　　124

26. 대축(大畜) ···· 산천대축(山天大畜)　　127

27. 이(頤) ···· 산뢰이(山雷頤)　　130

28. 대과(大過) ···· 택풍대과(澤風大過)　　133

29. 습감(習坎) ···· 감위수(坎爲水)　　136

30. 이(離) ···· 이위화(離爲火)　　139

31. 함(咸) ···· 택산함(澤山咸)　　141

32. 항(恒) ···· 뇌풍항(雷風恒)　　144

33. 둔(遯) ···· 천산둔(天山遯)　　148

34. 대장(大壯) ···· 뇌천대장(雷天大壯)　　150

35. 진(晉) ···· 화지진(火地晉)　　153

36. 명이(明夷)·····지화명이(地火明夷)　156
37. 가인(家人)·····풍화가인(風火家人)　159
38. 규(睽)·····화택규(火澤睽)　162
39. 건(蹇)·····수산건(水山蹇)　166
40. 해(解)·····뇌수해(雷水解)　169
41. 손(損)·····산택손(山澤損)　172
42. 익(益)·····풍뢰익(風雷益)　175
43. 쾌(夬)·····택천쾌(澤天夬)　178
44. 구(姤)·····천풍구(天風姤)　182
45. 췌(萃)·····택지췌(澤地萃)　185
46. 승(升)·····지풍승(地風升)　188
47. 곤(困)·····택수곤(澤水困)　191
48. 정(井)·····수풍정(水風井)　195
49. 혁(革)·····택화혁(澤火革)　198
50. 정(鼎)·····화풍정(火風鼎)　201
51. 진(震)·····진위뢰(震爲雷)　204
52. 간(艮)·····간위산(艮爲山)　208
53. 점(漸)·····풍산점(風山漸)　211
54. 귀매(歸妹)·····뇌택귀매(雷澤歸妹)　214
55. 풍(豊)·····뇌화풍(雷火豊)　218
56. 여(旅)·····화산여(火山旅)　221
57. 손(巽)·····손위풍(巽爲風)　224
58. 태(兌)·····태위택(兌爲澤)　227

59. 환(渙)‥‥풍수환(風水渙) 230
60. 절(節)‥‥수택절(水澤節) 233
61. 중부(中孚)‥‥풍택중부(風澤中孚) 236
62. 소과(小過)‥‥뇌산소과(雷山小過) 239
63. 기제(旣濟)‥‥수화기제(水火旣濟) 242
64. 미제(未濟)‥‥화수미제(火水未濟) 245

계사전(繫辭傳) - 상·하
1. 계사 상전
대립과 통일의 원리 250
역은 천·지·인(天地人)의 도를 나타낸다 251
역은 천지와 일치한다 253
역의 변증법 254
역의 광대함 255
역의 말은 인생의 지침이다 255
점서의 원리 259
성인의 네 가지 도 261
역의 효용 262
문의 비유 263
역의 근원 264
역서와 성인의 마음 265
대립이 없으면 운동이 없다 265
도(道)·기(器)·변(變)·통(通) 265

2. 계사 하전

불변의 원리	267
역의 괘상과 문물제도	268
양괘와 음괘	271
역이 말하는 함축성	272
역의 말	276
역괘와 수양의 덕	277
역서의 본질	278
역의 길흉	281
말은 마음의 나타남이다	282

설괘전(說卦傳)	284
서괘전(序卦傳)	290
잡괘전(雜卦傳)	296

부 록

1. 현대 역점(現代易占)	301
2. 사상으로서의 〈주역〉	445

해제

〈주역〉을 현대적으로 이해하기 위하여

 이 책은 〈주역〉의 경문(經文) 상·하, 단전(彖傳) 상·하, 상전(象傳) 상·하, 문언전(文言傳), 계사전(繫辭傳) 상·하, 설괘전(說卦傳), 서괘전(序卦傳), 잡괘전(雜卦傳)을 번역한 것이다. 그리고 알기 쉬운 〈주역〉의 현대역과 함께 원문을 참조하는 사람을 위하여 원문과 직역(直譯) 및 부록을 첨부하였다.

1. 저본(底本)으로는 13경주소(十三經注疏) '주역정의(周易正義 : 왕필(王弼)·한강백(韓康伯) 주(注), 공영달(孔穎達) 소(疏)'를 사용하고 〈중국 사상〉 속에 들어 있는 역경(易經 : 환산송신(丸山松幸) 역(譯))을 참고하였다.
2. 각 괘(卦)의 서두에 해설을 달고 역문(譯文) 옆에 간단한 주(註)를 첨부하였는데, 이는 물론 원문에는 없는 것이다.

-역자

1. 역경이란 무엇인가?

역경(易經)의 '易'이란 글자는 도마뱀을 옆에서 본 상형문자(象形文字)로서 상부의 '日'자는 머리 부분이고, 하부의 '勿'은 발과 꼬리를 나타내고 있다. 어떤 종류의 도마뱀은 12시충(時蟲)이라고도 하는데, 몸의 빛깔이 하루에도 12번이나 변한다는 데서 '易'이라는 글자가, '변화한다'는 의미를 지니게 되었다.

그리고 서죽(筮竹)을 셈하여 그 수(數)의 변화에 의해 점(占)을 치는 데서 점서서(占筮書)에 '역'이라는 이름이 주어진 것이다.

오랜 기록에 의하면 주(周)나라 때는 〈연산역(連山易)〉, 〈귀장역(歸藏易)〉, 〈주역(周易)〉이라는 세 종류의 점서서가 있었다고 하나 현재 남아 있는 것은 〈주역〉 하나뿐이다.

〈주역〉은 처음에 운세를 판단하는 말〔筮辭〕을 모은 것이었지만, 후세에 와서 서사(筮辭)에 대한 주석(注釋)이나 〈주역〉 전체를 통일적으로 해석하기 위한 이론이 전개되어 차츰 철학서로서의 체제를 갖추게 되었다. 이러한 주석이나 역이론을 편찬한 것을 십익(十翼)이라고 하며, 후세에 〈주역〉은 이 십익을 포함한 것을 가리키게 되었다. 십익에 의하여 통일적인 의미를 갖게 된 〈주역〉은 점의 원전(原典)으로서뿐만 아니라, 철학윤리를 해설하는 경전(經典)으로서의 가치도 지니게 된 것이다. 이렇게 완성된 현대의 〈주역〉을 원형(原型)의 〈주역〉과 구별하기 위하여 역경(易經)이라고 부른다.

일반적으로 역경은 단순히 점치는 책으로서, 또한 점의 원전으로서 알려져 있다. 게다가 가만히 앉아서도 점괘만 풀면 용하게 들어맞는다는 식의 신비적인 느낌과 인상을 주고 있는 것도 부인할 수 없다.

따라서 이성적(理性的)인 판단이나 합리주의적인 입장에서 본다면 터무니없는 미신(迷信)이거나 혹은 신비적인 호기심의 대상 정도에 지나지 않을 것이다. 그러나 이런 생각은 후세의 유학자(儒學者)들이 역경을 신성시하고 역점가(易占家)들이 그 점괘를 신비화한 데서 만들어진 통속관념으로 역경의 본질과는 전혀 다른 것이다.

아무튼 점에는 다소간 신비성이 내포되어 있는 것은 사실이다. 역점도 발생 당시에는 신(神)의 뜻을 듣기 위한 원시적인 주문(呪文)·주술(呪術) 같은 것이었다. 그러나 현재의 역경이 완성되는 과정에서 그 신비성은 점차로 배제되고 인간 자신에 대한 문제 추구라는 성격이 강하게 나타난 것이다.

고전으로서의 역경의 생명은 신비적인 점에 있는 것이 아니라 오히려 주술을 인간화시켜서 실행한 점에 있었으며, 그 과정에서 중요시되었던 사색이 오늘날 우리들에게 많은 암시를 주고 있다.

신비적인 점의 원전이라는 선입관념을 버리고 겸허한 마음으로 역경을 대하면 독자는 의외로 신선한 '인간 능력에 대한 신뢰'를 찾아낼 수가 있을 것이다.

역경의 점은 귀신의 조화가 아니다. 더욱이 역경에 나타난 길흉은 변할 수 없는 숙명으로서 주어진 것도 아니며, 마땅히 순종하고 따라야만 할 법칙을 나타내 줌으로써 운명 개척의 노력을 촉진시켜 주는 것이다. 전화위복이라는 말이 곧 역경의 도(道)이다.

역경에 두 가지 측면이 있다는 것은 이미 말한 바이지만 철학·

윤리의 책으로서 우리가 읽는다 해도, 읽는 사람이 능동적인 사색을 가질 때 비로소 역경의 참뜻을 알 수가 있다. 대개 책이라는 것은 그 독자와의 합작에 의하여 비로소 현실화되는 것인데, 특히 역경은 독자의 적극 참여를 필연적인 요소로 삼고 있다. 즉 역경의 말은 극히 간결하고 단편적이어서 한 번 봐서는 무엇을 뜻하는 것인지 알 수가 없다. 따라서 그것에 의미를 부여시키고 무한히 넓혀가는 작업은 독자에게 맡겨져 있는 것이다.

역경은 신성한 경전도 아니고 신비를 말해 주는 기서(奇書)도 아니다. 읽는 이로 하여금 자기의 머리로 생각하고 판단할 수 있도록 가르쳐 주는 책이라고 할 수 있다.

역경의 말은 하나의 암시이다. 사람은 그 암시에서 자유로운 연상(聯想)을 일으키고 자기가 지니고 있는 문제를 생각하며 해결해 나가야 한다. 그래야만 비로소 역경을 현대에 되살릴 수 있는 것이다.

2. 역경의 성립

어떤 중대한 일을 결정함에 있어서 무슨 방법으로든 신(神)의 뜻을 알아보는 것은 모든 원시민족에게 공통적으로 나타나 있던 현상이다. 과학적인 지식이나 방법을 갖지 못하였던 원시인들은 신탁(神託)에 따름으로써 행동에 용기와 자신을 가지려고 하였다.

신의 뜻을 사람에게 전하고, 사람의 뜻을 신에게 물어보는 특수한 능력을 가진 영매자(靈媒者) '샤먼'들은 절대적인 권위를 가지고 백성에게 군림하였던 것이다. 고대 중국에서 이 역할을 맡은 사람은 무당들이었다. 무당들은 주로 거북점〔龜卜〕과 시서(蓍筮)에 의해서 신의 뜻을 매개하였다.

거북점은 기원전 13세기경에 황하(黃河)유역을 지배하였던 은(殷)나라에서 성행하던 점법(占法)이다. 은나라 민족은 원래 수렵을 하는 목축민족으로서 귀갑(龜甲)·수골(獸骨)에 신의 뜻이 머물러 있다는 생각으로 점을 쳤던 것이다.

시서는 일찍이 농경생활에 들어간 주(周) 민족에 의하여 발전된 것으로서 시(蓍:톱풀)라고 하는 풀의 줄기를 사용하였다. 후세에 와서 취급하기가 불편하여 댓가지〔竹〕로 바꾸었는데, 이것을 이른바 서죽(筮竹)이라고 한다. 이 서죽이 바로 〈주역〉의 소재가 되어 있는 것이다.

이와 같이 거북점과 시서는 모두가 원시적인 주술 신앙에서 생긴 것이지만, 양자 사이에는 커다란 차이점이 있다. 거북점은 주로 무당의 신령(神靈)에 의존하는데다 신비적인 성격을 띠고 있었지만, 시서는 수리(數理)를 기초로 함으로써 이론적·논리적인 것으로 발전할 수 있는 가능성을 무한히 지니고 있기 때문이다.

이것은 수렵·목축생활이 농경생활과 다른 데서 온 결과였다. 농경생활에서 가장 중대한 관계를 갖는 것은 계절·기후로서 천문(天文)·역수(曆數)는 큰 관심의 대상이 되었다. 그 결과 사람들은 자연의 현상 중에 일정한 법칙이 있음을 알게 되었으며, 그 법칙에 순응하여 운명을 개척할 수 있다는 자신을 갖게 되었다.

따라서 주술신앙을 바탕으로 하면서도 자연철학과 실천도덕을 포함하는 역(易)의 성격이 형성되는 계기가 있었다고 생각된다.

물론 그와 같은 성격이 일시에 이루어졌다고 볼 수는 없다. 원형인 8괘(八卦)가 처음 만들어졌을 때는 귀복(龜卜)과 같이 변하지 않는 것으로 여겼을 것이다. 그러나 그 8괘가 나중에 64괘로 확대되었고, 이어서 그 하나하나에 점단(占斷)의 말(繫辭)이 붙여진 다음 마지막으로 해석학(解釋學)이 되는 십익(十翼)이 완성되었으니, 현재의 역경이 되기까지는 오랜 시일이 걸렸을 것이다.

이 64괘를 누가 만들었는가에 대해서는 학설이 일정치 않다. 복희(伏羲), 신농(神農), 문왕(文王), 주공(周公), 공자(孔子)라고도 하지만 한 가지 분명한 것은 〈주역〉의 완성이 한 사람의 손에 의한 것이 아니라 여러 사람을 거쳐서 다듬어진 것이라는 사실이다.

❖ 8괘

기본은 ―(剛爻·陽爻)와 --(柔爻·陰爻)로 성립된다. 즉 ―와 --로 시작되는데, 이 부호가 무엇을 의미하는지는 그 유래가 분명치 않다. 아마 고대의 생식기 숭배 사상에서 비롯된 것으로서 남녀의 생식기를 상징하는 것이 아닌가 한다.

역(易)의 구성이 수(數)의 관념과 관계가 깊다는 사실은 앞서 말한 바 있다. 그러므로 이 부호는 1과 2, 즉 기수(奇數)와 우수(偶數)를 나타낸 것이라고 볼 수 있다. 그렇다면 기수를 양(陽)으로 보고 우수를 음(陰)으로 보는 역(易)의 입장과 합치된다.

그러나 이것은 단순한 상상에 지나지 않는 것이다. 아무튼 이 두 가지 부호는 강(剛 : 양)과 유(柔 : 음)라고 하는 반대의 성질을 나타내고 있는 것이다.

이 두 가지 부호를 하나씩 사용해서 두 개의 결합을 만들어내면 네 가지의 변화가 생긴다. 다시 한 개를 더 붙여서 3획으로 생각해 보면 여덟 가지의 변화가 얻어진다. 이것이 이른바 8괘로서 처음 괘의 의미를 갖게 되며, 64괘의 기초가 정해지는 것이다. 이것을 도식(圖式)으로 나타내면 다음과 같다.

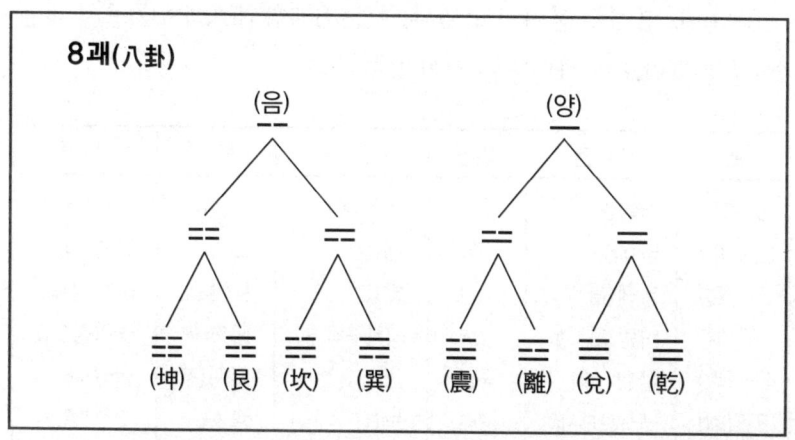

이 8괘에 자연현상을 적용한 것이 상(象)이다. 상은 후세에 와서 복잡다단해졌지만 처음에는 가장 눈에 띄는 자연현상인 천(天)·택(澤)·화(火)·뇌(雷)·풍(風)·수(水)·산(山)·지(地)가 사용되었다. 서죽(筮竹)의 원시적인 것은 이 8괘에 의하여 길흉을 점쳤다고 생각된다. 이 8괘의 상은 역(易)의 기본인 것이다.

그리고 자연의 현상과는 다른 특수한 여덟 가지 성질이 각 괘마다 붙여져 있는데, 건(乾)의 괘에는 건(健)의 성질이 있어서 강건하고, 곤(坤)의 괘에는 순(順)의 성질이 있어서 유순하고, 진(震)의 괘에는 동(動)의 성질이 있어서 움직임이 있고, 손(巽)의 괘에는 들어가는 성질이 있고, 감(坎)의 괘에는 험난한 성질이 있고, 이(離)의 괘에는 부착하는 성질이 있고, 간(艮)의 괘에는 그치는 성질이 있고, 태(兌)의 괘에는 즐거움의 성질이 있다는 것이다.

그것은 괘덕(卦德), 즉 괘의 활동으로서 괘상(卦象)과는 구별하여 생각하는 것이 좋다. 8괘의 상과 8괘의 덕을 순서에 따라 중요한 것만 들어보면 아래의 도표와 같다.

　8괘는 방향에도 붙여지고 있다. 이는 8괘방위(八卦方位)로서 다음과 같은 그림으로 나타내는 것이 보통이다.

괘	자연	인간	신체	동물	성질
☰(乾)	하늘(天)	부	머리(首)	말(馬)	강건(健)
☷(坤)	땅(地)	모	배(復)	소(牛)	유순(順)
☳(震)	우레(雷)	장남	발(足)	용(龍)	움직임(動)
☴(巽)	바람(風·木)	장녀	사타구니(股)	닭(雞)	들어감(入)
☵(坎)	물(水·雨)	중남	귀(耳)	돼지(豕)	험난(險)
☲(離)	불(火·日·電)	중녀	눈(目)	꿩(雉)	부착(麗)
☶(艮)	산(山)	소남	손(手)	개(狗)	그침(止)
☱(兌)	못(澤)	소녀	입(口)	양(羊)	즐거움(悅)

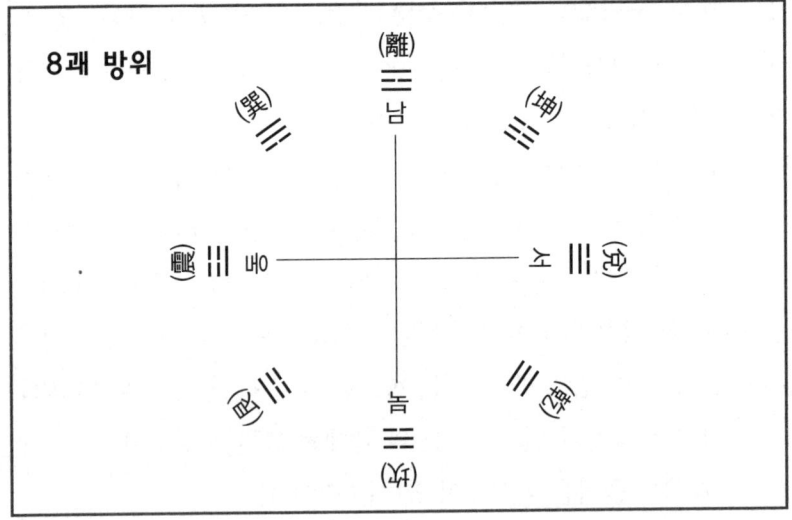

8괘 방위

❖ 64괘

8괘만으로는 너무 단순해서 복잡한 사상(事象)을 점치기가 어렵기 때문에 8괘를 두 개씩 겹쳐서 6효의 괘를 만들게 되었다. 8의 자승이므로 전부가 64괘의 다른 결합이 생겨나는데 이것이 오늘날의 역괘(易卦)이다.

이 64괘의 고안은 단순한 양적인 확대를 위한 것이 아니라 질적인 변화를 내포시키기 위한 것이다. 따라서 그것에 의하여 역점(易占)은 동적인 것이 되고 복잡한 변화를 나타내는 일이 가능해진 것이다.

예를 들면 ☲와 ☷은 불(火)과 땅(地)에서 상상되는 것밖에 나타내지 못하였으나 ䷢(晉)이 되면 불(太陽)이 땅 위에 나타난다. 즉 욱일승천(旭日昇天)의 세력을 나타내고 있다. 이렇게 해서 64괘와 각 괘마다 6효씩의 합계 384효에는 우주에서부터 사람에 이르기까지 모든 변화가 전부 포함되었다고 생각한 것이다.

물론 그와 같은 방법으로 다시 64괘를 두 개씩 짝을 맞추어서 4,096개를 만들 수가 있다. 후세에 그것을 시도해 본 적이 있었던 모양이나 너무 번잡하기 때문에 64괘에 머물게 된 것이다.

❖ 계사

서죽(筮竹)은 주(周)나라 조정을 중심으로 해서 귀족들간에 성행하였는데, 그 결과는 두루마리 천에 기록하여 조정에 보관되었다가 연말에 가서 점이 맞았는지 틀렸는지를 검토했다고한다.

64괘의 조직과 괘의 이름이 확정되자 지금까지 집적되었던 서사(筮辭) 가운데서 각 괘, 각 효에 어울리는 적합한 것이 각각 배당되어 점서(占筮)의 원전이 편찬된 것이다.

각 괘에 붙여진 사(辭)를 단사〔彖辭 : 괘사(卦辭)〕라고 하며, 각 효에 붙여진 사를 효사(爻辭)라고 한다. 이것이 바로 〈주역〉의 원형이다.

시대는 서주(西周) 말기나 춘추(春秋) 초기(기원전 8세기)로 추정된다. 원전의 성립에 의해서 점서는 급속히 지식계급에 보급된 것이다. 춘추시대의 역사를 기록한 〈좌전(左傳)〉 속에는 점서의 사례가 허다하게 들어 있다.

본래 특정한 사건에 대하여 주어진 점단(占斷)이 원전으로서, 일반에게 적용되기 위해서는 말의 본래 의미를 떠난 자유로운 해석이 가능해야 할 것이다. 역에는 성립된 당시부터 유일하고 절대적인 해석 같은 것은 있을 수 없었다.

사실 〈좌전〉에 보이는 낡은 역사(易辭) 해석의 예 가운데서도 원문과는 전혀 다른, 놀랍도록 자유스러운 확대 해석이 행해지기에 이르렀다. 역의 말은 만 사람이 만 가지 해석을 가할 수 있다. 따라서 이 책의 번역도 그런 면에서는 그 하나에 지나지 않을 것이다.

❖ **십 익**

십익이란 〈주역〉을 돕는 10편(篇)의 책〔傳〕이라는 뜻으로 단전(彖傳) 상·하, 상전(象傳) 상·하, 계사전(繫辭傳) 상·하, 문언전(文言傳), 설괘전(說卦傳), 서괘전(序卦傳), 잡괘전(雜卦傳)을 가리킨다.

이것들은 전국시대 말기로부터 한대(漢大) 초기 사이에, 주로 유가(儒家)의 학자들에 의하여 점차 작성된 것으로 추정된다〔〈맹자〉에는 〈주역〉에 관한 말이 전혀 없다. 〈순자(荀子)〉에 이르러서 다소 언급한 부분이 있을 뿐이다.〕.

전통적으로 공자(孔子)의 저작이라고 전해 오지만, 이는 후세의 학자가 십익에 권위를 부여하기 위하여 만들어낸 이야기에 불과하다. 십익은 한마디로 말해서 〈주역〉을 통일적으로 파악하기 위한 이론이다.

본래 통일적으로 만들어진 것이 아닌 괘효사(卦爻辭)를 통일적인 이론으로 해석하려면 다소 무리한 억지가 생길 것이다. 그러나 역을 보편적으로 통일적인 점서서(占筮書)로 삼기 위해서, 또한 철학서(哲學書)로 삼기 위해서는 그 점을 어느 정도 시인하고 들어가지 않으면 안 된다. 그럼 십익의 각 내용을 대충 살펴보기로 하자.

단전(彖傳)은 괘의 이름과 괘의 사(辭)를 괘의 상과 6효의 결합에서 해설한 것이다.

상전(象傳)은 대상(大象)과 소상(小象) 두 개의 부분으로 나뉜다. 대상은 괘의 전체 뜻과 상하 괘의 배치에 대한 논리를 연상하여 도덕과 정치의 요지를 말한 것이고, 소상은 한 효 한 효의 효사를 다시 설명한 것이다. 십익 속에서 이 단전과 상전이 가장 오래된 것이다.

계사전은 〈주역〉의 주석서(注釋書)라기보다는 오히려 역경(易經)을 소재로 하여 독자적인 철학을 말한 것이라고 볼 수 있다. 이것에 의하여 〈주역〉은 단순한 점서서가 아닌 자연철학, 실천윤리를 말하는 경전으로서의 뜻을 지니게 되는 것이다.

문언전은 괘효사를 유가도덕(儒家道德)에 의하여 확대 해설한 것으로 건괘와 곤괘에만 붙여져 있다.

서괘전은 64괘의 배열 순서에 의미를 부여한 것이고, 설괘전은 예로부터 행해진 괘상을 총괄한 것이며, 잡괘전은 64괘를 두 개씩 모아 서로 비교하면서 각각의 의미를 대조적으로 설명한 것이다.

이 세 가지는 역경(易經)을 이해하는 데 그리 중요한 것은 아니다.

　이 십익의 성립으로 인하여 역경은 통일적인 철학을 가지고 유가의 경전으로서 확립된 것이다. 뿐만 아니라 6경(六經 : 역경 · 시경 · 서경 · 예기 · 주례 · 춘추)의 순위로 놓여질 만큼 숭상되었으며, 그후의 중국 사상에 절대적인 영향을 끼쳐 왔다.

3. 역경의 사상

　역경의 사상적인 의미 부여는 춘추시대로부터 진한(秦漢)에 이르는 시기에 점차적으로 완성된 것이다. 거기에는 그 시대의 영향이 강하게 반영되어 있다.

　춘추시대는 역사상 드물게 보는 변혁기였다. 사회제도는 고대 봉건제(古代封建制)에서 군현제(郡縣制)로 이행하고 있었고, 낡은 씨족공동체(氏族共同體)가 붕괴되는 과정으로서 전통적인 귀족계급의 대부분이 몰락해 갔다.

　정치적인 면에서는 주왕조(周王朝)의 전통적인 권위가 땅에 떨어지고 춘추 오패(春秋五覇)나 전국(戰國)의 칠웅(七雄)이 무력으로 서로 대립, 항쟁하여 흥망성쇠를 되풀이하였다. 사상적인 면에서는 낡은 가치관이 무너지고 있었으나 새로운 가치관이 아직 확립되어 있지 않았다.

　이와 같이 변전(變轉)이 심한 세상에 직면해서 변화의 실상(實相)을 붙잡으려고 한 것이 역경 사상의 목적인 것이다. 변전무상함은 매일매일의 현실로서 주어진다. 여러 가지로 일어나는 현상을 단지

무질서한 것으로밖에 볼 수 없다면 그 변화 속에 사는 인간들은 부평초처럼 흔들리면서 우왕좌왕할 수밖에 없는 것이다.

변전하는 시류에 대하여 인간의 주체성을 확립하기 위해서는 생기하고 소멸하는 현상 속에서 불변의 법칙을 찾아내고, 그에 의해서 반대로 인간이 현상을 지배하지 않으면 안 된다. 역경을 만든 사람들은 그 원리를 찾아내기 위하여 복잡하게 변화하는 세계를 극한에까지 단순화시켜서 그것으로 세계를 재구성한 것이다.

이런 의미에서 '역'이라고 하는 명칭에 역간(易簡)·변역(變易)·불역(不易)의 세 가지 의(義)를 부여시킨 후한시대의 정현(鄭玄)의 학설은 타당한 것이다.

세계는 끊임없이 변역(變易)한다. 그러나 일정불변의 법칙(不易)이 있다. 그리고 그 법칙은 음과 양의 대립, 전화(轉化)라고 하는 간단명료한 형식으로 표현되어 우주의 삼라만상에 관통하는 것이다.

❖ 음양의 대립

역(易)의 사상적인 핵심은 양(剛 : 乾)과 음(柔 : 坤)의 대립이라고 하는 음양이원론(陰陽二元論)이다. 모든 사물은 고립해서 존재하는 것이 아니다. 반드시 대립되는 것이 있어서 그와 대립함으로써 통일된 세계를 만들고 있는 것이다. 모든 변화는 음양의 대립에서 생기기 때문에 대립이 없는 곳에는 변화가 없다.

계사 상전에 말하기를, "건(乾)과 곤(坤)의 관계는 역의 핵심이라고 해도 좋다. 건과 곤이 대립하는 데서 비로소 변화가 성립되는 것이다. 건과 곤 중 어느 하나만 없어져도 변화는 생기지 않는다. 따라서 뒤에 남은 것이 건이건 곤이건 간에 그 활동을 종식하고 마는 것이다."고 하였다.

❖ 음양의 전화(轉化)

음(陰)은 유(柔), 약(弱), 저(低), 암(暗), 수동적, 여성적인 것이고 양(陽)은 강(剛), 강(强), 고(高), 명(明), 능동적, 남성적이다. 그러나 이 양자는 고정적이거나 절대적인 것이 아니라 항상 상호 전화하는 것이다. 음은 양으로 변하고, 양은 음으로 변한다. 역에 있어서의 변화는 음양의 소장(消長)과 교체가 그 기본이다.

계사 하전에 말하기를, "사상(事象)은 궁극에 이르면 변화하고, 변화함으로써 새로운 발전을 이룬다."고 하였다.

태양(陽)은 중천에 솟아오르면 기울기 시작한다. 그리고 밤이 되면 달(陰)이 떠오른다. 여름(陽)과 겨울(陰)은 교체되어 1년을 만든다. 모든 것은 이렇게 순환되면서 변화를 만들어내는 것이다.

물론 변화는 순환만이 아니다. 음양은 상호 작용하는 데 따라 새로운 것을 태어나게 하고 발전시킨다. 하늘이 기(氣)를 내뿜고 땅이 그것을 받아들임으로써 만물은 생육되는 것이다. 남자와 여자의 정(精)은 일체가 됨으로써 새로운 생명을 낳는다.

이렇게 음과 양은 서로 소장(消長)함으로써 순환하고 서로 작용하면서 새로운 발전을 낳는다. 우주만물은 이 법칙 아래 부단히 변화하고 발전한다. 이것이 〈주역〉에 있어서의 변증법적인 우주 인식인 것이다.

❖ 역리와 인간

이와 같은 우주변화의 법칙은 물론 인간도 지배한다. 그러나 인간은 우주의 변화에 대하여 오직 수동적일 수밖에 없는 존재가 아니다.

계사 하전에 말하기를, "사람은 쉽고 간편한 데서 우주의 근본 원리를 체득할 수 있고, 그것에 의하여 천지와 나란히 하는 지위를 획득할 수 있다."고 하였다.

천지와 나란히 하는 지위를 얻은 인간은 그 법칙을 자기의 것으로 해서 끊임없는 변화 속에서도 스스로의 운명을 타개해 나갈 수 있는 것이다.

❖ 실천윤리

역경에 설명된 실천윤리의 근본은 때의 변화에 따르고 있다. 변화는 때의 흐름과 함께 있는 것이다. 시시각각의 변화에 대해서 그 본질을 찾아내고, 그 본질의 명하는 바에 따라서 행동하는 것이 곧 실천윤리의 근본이다. 그것은 흘러가는 시세(時勢)에 몸을 내맡기는 상태와는 전혀 다른 것이다. 오히려 역사의 본질을 파악함으로써 눈앞의 사상(事象)에 움직여지지 않으려는 태도인 것이다. 시류를 타고 가는 자는 그 시류와 함께 망하고 만다.

❖ 변 역

우주의 순환적 변화는 인간사회에도 해당된다. 번성함이 극에 달한 자는 마침내 멸망하기 시작한다. 계사전에는 문왕(文王)이 역(易)을 만들었다는 설이 두 군데에 나와 있다. 폭군 주왕(紂王) 때문에 유리(羑里)라는 곳에 갇혀 있던 문왕이 역을 만들었다는 것이다.

계사전의 작자가 추측하기를, "두려워 삼가는 자는 평안을 얻으며, 모멸하고 가벼이 여기는 자는 파멸한다."는 사실을 나타내는 것이 역을 만든 목적이라고 하였다. 이것은 단순한 옛 전설이며, 역경에 권위를 더하기 위함이 아니다.

또한 "역의 작자는 우환을 품고 있었을까?"라고 한 말에는 계사전 작자의 생각이 그대로 나타나 있다. 계사전이 언제 만들어졌는지는 모른다. 그러나 진시황 때가 아닌가 추측된다〈郭沫若〉.

역서(易書)는 점 치는 책이라고 해서 분서(焚書)를 면하였다. 진(秦)나라의 엄한 사상통제 밑에서 지식인들은 역서의 주석이라는 형태로 자기 사상을 표명하려고 하였던 것이다.

진 시황제의 소서(詔書)에 말하기를, "진의 왕손은 천세 만세에 이르도록 무궁하게 계승할 것이다."고 하였다. 지배하는 자는 변화를 원치 않는다. 변화를 근본으로 삼고 있는 사상은, 항상 억압 밑에 있어서 그 억압으로부터 해방되려고 하는 자의 사상인 것이다.

4. 역(易) 해석의 변천

유가(儒家)의 경전(經典)으로 되어 있는 6경(六經) 중에 '역경'은 최후에 추가된 것이다. 그런데 한대(漢代)에 와서 유가의 사상이 나라의 정통적인 학문으로 정해지자, 역학(易學)은 대단한 성황을 보여 전한말(前漢末)에는 6경의 맨 앞에 놓여질 정도로 다른 5경을 통괄하는 지위를 얻기에 이르렀다. 조정에는 많은 학관(學館)이 세워졌고, 민간에서도 역의 학설이 퍼져 크게 논쟁을 일으켰다.

한대의 역학은 한마디로 상수역(象數易)이라 불리고 있다. 8괘에 많은 상(象)을 적용시켜서 괘효사를 모두 상으로 해석하기도 하고, 또한 방위나 역수(曆數)를 맞추어서 하늘의 운행이나 천재지변을 설명하기 때문이다.

상수역의 공적은 정밀한 이론에 의하여 역경을 점서서(占筮書)로서 통일적으로 해석한 점에 있었다. 그러나 그 반면에 역경이 갖고 있던 인간의 주체성을 살리려고 하는 사상적 의미를 거의 무시하고, 오히려 미신과 결탁하는 신비적 경향을 강하게 하였다. 현재도 남아 있는 방위나 역(曆)에 관한 미신[예를 들면 귀문(鬼門)이라든가 5황(黃)의 인(寅) 따위]은 여기서 비롯된 것이다.

권력의 옹호를 받고 있던 유학자들이 차츰 번잡한 이론과 신비적인 미신에 몰두할 때 역경을 재발굴하여 새로운 활력을 준 것은 유가가 아니고, 도가(道家) 사상의 입장에 서 있던 위(魏)나라의 왕필(王弼)이었다.

왕필은 한대(漢代)의 상수역을 일소하고 노장사상(老莊思想)에 입각해서 역경을 해석하고 철학적인 의미를 찾아냈던 것이다. 그의 노장적(老莊的)인 해석은 불안한 정세하에 있던 지식인의 동조를 얻어서 일세를 풍미하게 되었고, 나아가 당대(唐代)에 이르러서는 공영달(孔穎達)에 의하여 칙찬오경정의(勅撰五經正義)로 채택되어 오랫동안 권위를 지켰다.

왕필의 노장적 해석이 부정된 것은 신유학(新儒學)이 일어난 송대(宋代)에 들어서면서부터이다. 송대 유학은 남북조(南北朝) 이후 도가사상, 불교사상에 압도되어 사상적으로는 거의 몰락상태이던 유학에 새로운 생명력을 주려고 하는 것이었다. 따라서 이단(異端)을 배척하는 성격이 매우 강해서 왕필의 역주(易注)도 당연히 비판의 대상이 되었다. 도가적 역해석(易解釋)을 배제하고 유가의 입장에서 역철학을 전개하려는 경향은 북송(北宋)의 정이천(程伊川)에 의하여 시작되었고 남송(南宋)의 주희(朱熹)에 이르러 완성되었다.

주희는 역경이 갖는 의미를 최대한으로 끌어낸 사람이다. 그는 종래와 같이 일방적으로 기울기 쉬웠던 점서(占筮)와 철리(哲理)의 양측면을 통일적으로 해석하는 동시에, 역경을 중요한 소재로 하여 장대한 유교철학의 체계를 세웠다.

우주 만물로부터 인간에 이르기까지 일관된 설명을 부여한 근거는 대부분 역경에서 뽑아졌고, 각각 새로운 의미를 부여받아 그의 체계 속에 되살려졌던 것이다. 물론 그것은 이기이원론(理氣二元論)이라고 하는 신비적인 형이상학의 색채를 띠고 있기는 하였으나 그 체계는 하나의 완성을 이루었다고 볼 수 있다.

근대에 와서 고고학적인 발굴이 성행하게 되자 역경의 해석도 일변하였다. 귀갑(龜甲)이나 수골(獸骨)에 새겨진 복사(卜辭 : 갑골문자)나 청동기의 명문〔銘文 : 금문(金文)〕에 의하여 은·주(殷周)나라의 문화나 생활이 밝혀지면서 역경의 서사(筮辭)도 십익 사상에서는 찾을 수 없는 서사 본래의 의미를 추구하는 연구가 왕성해진 것이다. 이것이 고대 문자 혹은 고대 민속학의 연구인 것이다.

역경의 해석은 시대의 요청에 따라 여러 가지로 변화되어 왔으며, 앞으로도 변화해 갈 것이다. 역경은 본질적으로 여러 가지 해석을 허용하고 있는 만큼 현대인에게는 현대인으로서의 새로운 해석이 가능할 것이다.

이 책에서는 현대 역점(現代易占)을 부록으로 게재하였다. 즉 현대인의 감정과 환경에 알맞는 점서서라고 할 만하다. 거기에서 점이라고 하는 흥미를 떠난 역경의 참뜻을 찾아야 할 것이다.

5. 역(易)의 구성

 십익(十翼)의 성립에 의하여 역경은 통일적으로 해석되고 8괘, 64괘, 각 괘의 6효의 위치와 상호 관계가 일정한 기준 아래 조직적으로 의미를 갖게 되었다.
 8괘는 태극(太極 : 음양 변화의 근원)으로부터 아래의 그림과 같이 분할된 것이다. 즉 태극으로부터 분할된 음(陰)과 양(陽)에 각각 다시 음과 양을 겹쳐 4상(四象)으로 하고 그 4상에 각각 음과 양을 겹쳐 8괘를 만드는 것이다.
 3효로 되어 있는 이 괘를 소성(小成)의 괘라고 한다. 이 8괘에 각

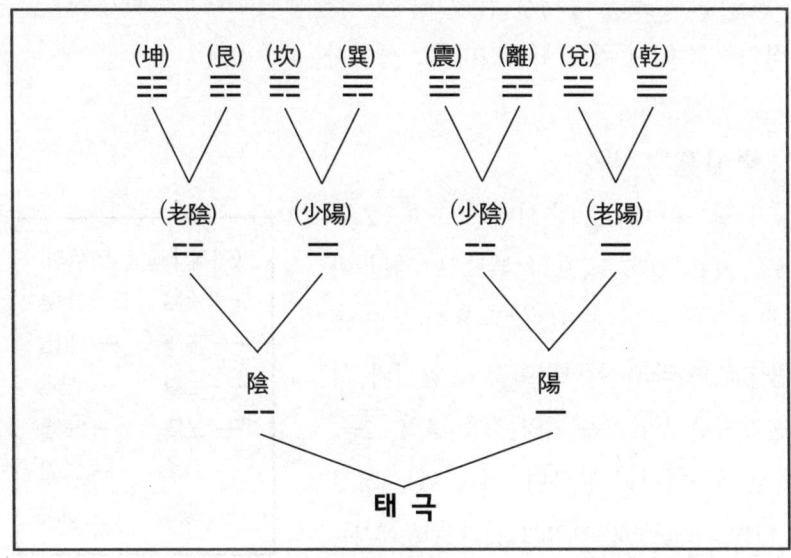

각 자연현상을 적용한 것임은 앞서 말한 바 있지만, 후세에 와서는 자연현상에 한하지 않고 여러 형태를 붙이게 되었다(14쪽 2. 역경의 성립 참조).

❖ 대성의 괘

이 8괘를 두 개씩 겹쳐 모아서 만든 64괘를 대성(大成)의 괘라고 한다. 64괘에는 각각 괘 전체의 길흉을 판단하는 괘사(卦辭 : 단사)와 6효 하나하나의 길흉을 판단하는 효사(爻辭)가 붙여져 있다.

❖ 상괘와 하괘

소성의 괘를 겹친 위의 것을 상괘 또는 외괘(外卦)라고 하며, 아래의 것을 하괘 또는 내괘(內卦)라고 한다. 대성의 괘의 뜻을 설명하는 경우 대부분은 이 상괘와 하괘의 상(象)의 관계가 사용된다. 예를 들면 둔(屯)은 상괘가 감(坎)이고, 하괘가 진(震)이기 때문에 "움직이려고 해서 위기에 빠진다."고 설명하는 것이다.

❖ 6효의 명칭

6효는 아래부터 순서대로 초효, 2효, 3효, 4효, 5효, 상효라 부르고, 가장 아래에 양이 오면 초양(初陽), 음이 오면 초음(初陰)이라고 한다. 이것도 앞서와 마찬가지로 2양, 2음, 3양, 3음, 4양, 4음, 5양, 5음이라고 부르며, 가장 위는 상양(上陽), 상음(上陰)이라고 한다〔원문에서는

〈기제괘〉	〈미제괘〉
-- 上陰	― 上陽
― 五陽	-- 五陰
-- 四陰	― 四陽
― 三陽	-- 三陰
-- 二陰	― 二陽
― 初陽	-- 初陰

양을 구(九), 음을 육(六)이라고 하였다.).

❖ 6효의 위치 : 중과 정

양(—)은 한 획, 음(--)은 두 획이기 때문에 기수(奇數)는 양, 우수(偶數)는 음이라고 한다. 여기서 6효의 위치도 초·3·5효는 양위(陽位)이고, 2·4·상효는 음위(陰位)이다. 양위에 양효가 있는 경우, 또 음위에 음효가 있는 경우는 정(正)이라고 불리고 반대의 경우는 부정(不正)이라고 불린다. 앞의 예에서 말한다면 기제(旣濟)의 괘는 6효 전부가 정이며, 미제(未濟)의 괘는 6효 전부가 부정이다. 대게 정의 경우는 길(吉)이 많고 부정의 경우는 흉(凶)이 많다.

또한 역에서는 중용(中庸)을 중요시하기 때문에 하괘의 중위(中位)에 있는 2효와 상괘의 중위에 있는 5효는 대개 길이 된다. 중이면서 정인 경우는 항상 길한 것이기 때문에 기제의 5양과 2음이 중정(中正)의 예이다.

❖ 6효의 귀천

6효의 위치는 사회적 지위를 나타내는 것으로 되어 있다. 초효는 서민, 2효는 사(士), 3효는 대부(大夫), 4효는 공경(公卿), 5효는 군주(君主), 상효(上爻)는 은퇴한 군주, 혹은 벼슬이 없는 존귀한 사람이다.

현대의 회사 조직으로 본다면 초효는 사원, 2효는 계장, 3효는 과장, 4효는 중역, 5효는 사장, 상효는 회장이나 고문으로 비교할 수 있다.

또한 사물의 과정의 단계를 나타내는 것으로서 초효를 싹이 돋아나는 상태로 보고, 상효를 완성된 상태로 볼 수도 있다. 이 경우의

3효는 하괘로부터 상괘로 이행하는 위치에 있기 때문에 가장 위험한 때에 속한다. 그러므로 3효에는 소수의 예외를 제외하고는 거의 경거망동(輕擧妄動)을 경계하는 효사가 기록되어 있다.

❖ 6효의 상호관계 : 응과 비

초효와 4효, 2효와 5효, 3효와 상효는 서로 관계를 갖고 있다. 즉 하괘의 하위와 상괘의 하위, 중위와 중위, 상위와 상위는 서로가 응하고 있는 것으로 생각하는 것이다. 대응하는 두 개의 효가 음과 양인 경우는 정응(正應)이자 서로가 돕는 관계이지만 양과 양, 음과 음의 경우는 불응(不應)으로서 반발하는 관계이다. 정응 가운데서도 중효인 2효와 5효가 정응인 경우가 가장 좋은 형(形)이다.

앞서 예를 든 바 있는 기제와 미제의 괘는 어느 것이나 6효가 전부 정응하고 있다.

또한 이웃끼리 이어져 있는 효가 음과 양인 경우를 '비(比)'라고 하는데 이것은 서로 돕는 관계에 있다. 다만 정응하는 것이 있는 경우에는 '비'하는 것을 버리고 정응하는 것과 결합시킨다. 정응하는 관계가 '비'의 관계보다 강한 것이다.

응과 비의 관계를 도표로 나타내면 오른쪽과 같다.

이상과 같이 괘사를 보는 경우는 상괘와 하괘의 상(象)이 큰 의미를 갖는다. 6효의 효사를 보는 경우는 그 음양의 위치, 귀천의 위치, 진전 과정의 단계, 응과 비의 관계를 항상 염두에 둘 필요가

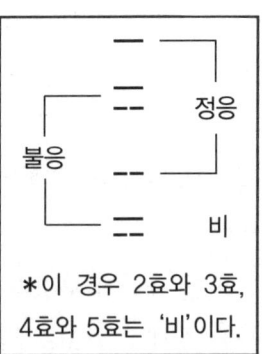

*이 경우 2효와 3효, 4효와 5효는 '비'이다.

있다. 역문(譯文) 속의 문자와 숫자는 이러한 관계를 나타내고 있다.

6. 점서법

역경의 64괘는 우주의 모든 사상(事象)을 64개의 종류로 분류한 것이다. 따라서 무슨 일인가를 점치려고 할 때 먼저 점을 치려고 하는 문제가 어떤 괘에 속해 있는가를 찾아서 그 괘의 괘사와 효사를 확대하고 부연해서 점을 쳐야 할 문제에 맞추어 판단을 내리는 것이다. 점서(占筮)에 대해서는 다음과 같은 마음가짐이 필요하다.

1) 점을 쳐야 할 문제에 대해서는 점치기 전에 충분한 고찰을 해두어야 한다

모든 조건을 고려(考慮)에 넣고 가능한 한 추론(推論)을 가해서 궁극에 이르기까지 깊이 생각한 후에 최후의 결단을 '역'에 묻는 것이다. 〈좌전〉에 말하기를, "점으로써 의심을 결단내리고 한다. 의심지 않을 바엔 무엇 때문에 점을 치겠는가."라고 하였듯이, 힘을 기울여 생각지 않고 안일하게 역점(易占)으로 해결하려는 자는 결코 점을 살릴 수가 없는 것이다.

2) 같은 것을 두 번 점쳐서는 안 된다

마음에 맞지 않는 점괘가 나오면 누구나 다시 한번 해보고 싶어 한다. 그러나 '역'에 묻는 것은 최후의 결단을 내리기 위한 것이다. 점친 결과가 마음에 들지 않는다는 것은 점단(占斷)에 상관없이, 이렇게 하고 싶다는 마음이 있기 때문이다. 그렇다면 처음부터 점칠 필요가 없었다. 몽괘(蒙卦) 단사에 말하기를, "첫번 점은 알린다. 재차 하면 모독하는 것이다. 모독하면 알려주지 않는다."고 하였다.

3) 부정한 일을 점쳐서는 안 된다

역경이 다른 점과 다른 것은 윤리적인 점단이라는 성격에 있다. 그러므로 남에게 해를 가하는 부정한 일을 점쳐서는 안 된다. 〈좌전〉에 말하기를, "역을 가지고 해가 될 것은 점쳐서는 안 된다."고 하였다.

역점은 충분하게 깊이 생각한 다음, 마음을 조용히 가다듬고 서죽(筮竹)을 셈하여 그 수(數)에 따라 운명을 나타내는 괘를 구하는 것이다. 서죽을 셈하는 방법은 계사 상전에 간단히 기술되어 있으나 문장이 분명치 않기 때문에 여러 설이 있다. 일단 그 기술(記述)에 따른 서법(筮法)이 본서법(本筮法)이며, 그것을 간략하게 한 것이 중서법(中筮法), 약서법(略筮法)이다.

① 본서법

50개의 서죽(댓가지)을 왼손에 잡고 그 속에서 한 개를 뺀다. 그 한 개는 태극으로 삼아 따로 놓아두고 사용하지 않는다. 태극은 모든 변화 가운데 움직이지 않는 근원이기 때문에 변화의 상태에서 제외하는 것이다.

다음에 남는 49개를, 마음을 가다듬고 점치려 하는 것을 생각하면서 양손에 나누어 가진다. 왼손에 있는 것은 천책(天策), 오른손에 있는 것은 지책(地策)이라고 한다〔제1영(營)〕.

천책을 왼손에 가진 채 지책을 책상 위에 놓고 그 중에서 한 개를 뽑아 무명지와 새끼손가락 사이에 끼운다. 이것은 사람을 의미하는 책(策), 즉 인책(人策)이다.

다음에 천책을 네 개씩 셈해 가면서 나머지 책(꼭 나누어질 경우는 네 개를 나머지로 한다.)을 무명지와 새끼손가락 사이에 끼운다. 그것이 끝나면 책상 위에 놓아두고, 지책(地策)을 가지고 앞서와 같이 네 개씩 셈해 가면서 나머지를 역시 손가락 사이에 끼운다(제3·4영).

이렇게 해서 손가락에 낀 책수를 합계하면 반드시 5아니면 9이다. 이상을 1변(變)이라고 한다.

이 5 혹은 9를 제해서 44혹은 40개의 서죽으로 제1변과 같이 4영을 되풀이한다. 이번에는 손에 낀 책수는 반드시 4 아니면 8이다(제2변).

다음에는 이것을 제하고 한 번 더 4영을 되풀이하면 손가락에 낀 책수는 이번에도 4이거나 8이다(제3변).

3변까지 하게 되면 손가락에 끼고 제했던 책수의 합계는 반드시 25, 21, 17, 13 가운데 어느 한 개이다. 따라서 제해지지 않고 남은 책수는 24, 28, 32, 36(4의 여섯 배, 일곱 배, 여덟 배, 아홉 배)이다. 6은 노음(老陰), 7은 소양(少陽), 8은 소음(少陰), 9는 노양(老陽)으로 정해져 있기 때문에 24개·32개가 남은 경우는 음, 28개·36개가 남은 경우는 양이며, 이렇게 초효가 결정되는 것이다.

다음에는 같은 것을 되풀이하여 아래로부터 2효, 3효, 4효……라고 차례로 정해지는 것이다. 1효를 정하기 위해서는 3변이 필요하고, 6효를 정하기 위해서는 18변을 필요로 하기 때문에 18변서법이라고도 한다.

② 중서법

태극을 세워서 천책, 지책 가운데 한 개를 뽑아〔人策〕무명지와 새끼손가락에 끼우기까지는 본서법과 같다. 그 다음 지책은 그대로 두고 왼손의 천책을 8개씩 셈해 가다가 나머지(꼭 맞아 떨어질 때는 나머지 없이)에 앞서 낀 한 개를 더한다.

그 수에 의하여 아래 도표와 같이 노양(老陽)·노음(老陰)·소양(少陽)·소음(少陰)을 정하고, 이것을 여섯 번 되풀이하여 6효를 정하는 것이다. 이 경우에도 아래로부터 차례로 정해진다는 것은 말할 필요도 없다. 이것을 6변서법이라고 한다.

③ 약서법

중서법과 똑같은 조작으로 나머지 책수를 내고 그것을 다음 표에 맞추는 것인데, 1변 1효를 정하는 것이 아니라 하괘를 정하는 것이다. 즉 세 개가 남았다고 하면 하괘는 이(離)이다. 이것을 다시 한번 되풀이해서 상괘를 정하고, 2변으로 64개 중 어느 한 개를 얻게 하는 것이다.

다음에 지괘(之卦)를 구하기 위한 조작을 한다. 태극·천책·지책·인책에 한해서는 지금까지와 같지만 이번에는 왼손의 천책을 6개씩 셈해 가는 것이다. 그 나머지에 인책을 가한 수가 변효(變爻)를 나타내는데, 가령 4개였다고 하면 제 4효가 변효이다.

④ 변효·지괘

1 개 …… 乾 ……… 노양			5 개 …… 巽 ……… 소음		
2 개 …… 兌 ……… 소음			6 개 …… 坎 ……… 소양		
3 개 …… 離 ……… 소음			7 개 …… 艮 ……… 소양		
4 개 …… 震 ……… 소양			8 개 …… 坤 ……… 노음		

약서법으로는 따로 서죽을 셈하여 변효를 구하지만, 본서법·중서법에서는 노양과 노음이 변효이다. 변효란 변화하는 효(爻)로서 양이라면 음으로 변하는 것이며, 음이라면 양으로 변하는 것이다. 모든 사물은 극점에 도달하면 변화한다는 역(易)의 원리에 따라 노양·노음이 변화하는 것이라고 생각된다.

약서법에서 얻은 괘에는 변효가 하나밖에 없으나 본서법·중서법에서 얻은 괘는 6효 전부가 변효가 되기도 한다. 이러한 변효가 변화해서 된 괘를 '육괘'라고 한다. 가령 둔(屯)의 제3효가 변효인 경우 이 지괘는 기제(旣濟)인 것이다.

둔(屯) ☵☳ — 기제(旣濟) ☵☲

지괘는 처음에 얻은 괘 속에 포함되어 있는 변화로 볼 수가 있다. 이 예로 말하면 둔(屯 : 뻗어가는 번뇌와 괴로움) 속에서 기제(旣濟 : 모든 것이 완성되고 안정된다.)로 변화할 수 있는 계기가 포함되어 있는 것이다.

이상과 같은 방법으로 64괘 중에서 1괘를 얻고 그 지괘를 생각하며 앞으로 되어 갈 사상(事象)을 깨닫는 것이 바로 역점이다. 이상 세 가지 서법(筮法) 중에서 어느 것이 나은가는 한마디로 단정할 수 없으나, 본서법은 너무 복잡하기 때문에 실행하기에 어려움이 많아서 중서법이나 약서법을 따라 점치는 것이 보통이다.

7. 이 책의 구성과 보는 방법

64괘는 각각 단사 뒤에 단전(彖傳)과 대상전(大象傳)이 있으며, 효사 다음에는 상전(象傳)이 갖추어져 있다. 전(傳)이란 사(辭)를 설명하는 것으로서 이것을 모아 역출(譯出)한 것이다.

❖ 표 제

① 괘 옆〔 〕안에 작은 글씨로 두 행이 붙어 있는데 괘 전체의 의미를 요약한 것으로 상괘와 하괘의 명칭이다(전부 8개가 있다.). 예를 들면 1. 건(乾)은 상괘나 하괘가 모두 ☰(乾)이기 때문에 건상 건하(乾上乾下)라고 하며, 또 4. 몽(蒙)은 위의 ☶(艮)과 아래의 ☵(坎)으로 구성되어 있으므로 간상 감하(艮上坎下)라고 하는데, 초효부터 풀어가므로 하괘를 상단에 표시하였다.

② 그 다음의 설명은 소위 통칭(通稱)을 나타내는 것으로 괘의 명칭을 기억하는 데는 편리하다. 가령 건(乾)은 두 개의 ☰(乾 : 하늘을 뜻함)으로 구성되어 있기 때문에 건위천(乾爲天)이라고 한다. 또한 4. 몽(蒙)은 ☶(艮 : 산을 뜻함)과 ☵(坎 : 물을 뜻함)으로 구성되어 있기 때문에 산수몽(山水蒙)이라고 하는 것이다.

③ 마지막 부분의 설명, 즉 "차면 기울어질 징조" 등은 역자가 덧붙인 것이다.

❖ 본 문

해설 다음에 쓰인 글은 단사(彖辭)와 단전(彖傳)을 합하여 번역한 것으로 괘 전체의 의미를 나타내고 있다.

❖ 대 상

상·하괘의 상(象)으로부터 연상하여 군자의 마음가짐을 말한 것이 대상전(大象傳)이다. 초양 또는 초음 부분은 효사라고 하며, 괘를 구성하는 6개 효의 의미를 차례로 설명하고 있다.

본문에서 〈 〉 안에 쓰인 글자는 해석의 근본이 되는 괘나 효를 나타내는 것이다. 〈中〉〈中正〉 같은 말들은 6효의 위치관계를 나타내고 있다. 또한 〈應〉〈比〉 같은 말들은 6효의 상호관계를 나타낸다.

64괘 괘효사

六十四卦 卦爻辭

64괘는 다음과 같다.

건(乾)·곤(坤)·둔(屯)·몽(蒙)·수(需)·송(訟)·사(師)·비(比)·소축(小畜)·
이(履)·태(泰)·비(否)·동인(同人)·대유(大有)·겸(謙)·예(豫)·수(隨)·
고(蠱)·임(臨)·관(觀)·서합(噬嗑)·비(賁)·박(剝)·복(復)·무망(无妄)·
대축(大畜)·이(頤)·대과(大過)·습감(習坎)·이(離)·함(咸)·항(恒)·둔(遯)·
대장(大壯)·진(晉)·명이(明夷)·가인(家人)·규(睽)·건(蹇)·해(解)·손(損)·
익(益)·쾌(夬)·구(姤)·췌(萃)·승(升)·곤(困)·정(井)·혁(革)·정(鼎)·
진(震)·간(艮)·점(漸)·귀매(歸妹)·풍(豊)·여(旅)·손(巽)·태(兌)·환(渙)·
절(節)·중부(中孚)·소과(小過)·기제(旣濟)·미제(未濟)

1. 乾 ☰ (乾下/乾上) - 건위천(乾爲天 : 차면 기울어질 징조)

건(乾)이란 건(健), 즉 굳세고 피로할 줄 모르는 것을 뜻한다. 강건(剛健)하고 충실하고 능동적이다. 모든 양효(陽爻 : ─)는 강하고 적극적인 것을 상징하는데, 특히 전부가 양효로 되어 있는 이 괘(卦)는 순수한 것을 의미한다. 자연에 적용하면 하늘이 움직이는 것이고 인간으로는 장년기, 사업으로는 전성기를 나타낸다. 물론 뻗어 나가는 운(運)을 나타내는 괘이지만, 그만큼 책임은 무겁고 긴장이 끊이지 않는다. 그러나 사물은 성하면 쇠하는 법이요, 달도 차면 기우는 법이다. 따라서 정점에 도달한 것은 쇠퇴하고 몰락하는 첫걸음이 되는 것이다. 운이 뻗쳤다고 해서 지나친 언동은 삼갈 것. 건(乾)은 용(龍)으로 상징하여 설명된다.

강건(剛健) : 기상이나 기개가 꿋꿋하고 굳셈.

정점(頂點) : ① 맨 꼭대기의 점. ② 사물의 절정. 가장 왕성할 때.

건(乾)의 괘는 위대한 창조력을 지니고 있다. 그 힘을 받아서 만물은 시작된다. 건은 하늘의 도(道)를 다스리는 근원이다. 구름은 하늘을 흘러가고 비는 대지를 적신다. 이 하늘의 힘을 받고 만물은 여러 가지 형태를 이루어 하늘과 땅 사이를 채운다. 건의 힘은 아무것에도 방해받지 않고 두루 퍼져서 뻗어나간다. 건괘(乾卦)는 잠복해 있는 데서 비약(飛躍)에 이르는 만물의 전과정을 밝힌다. 6효(六爻)에 의하여 그 각각의 시점을 가리키고, 그 때에 알맞게 여섯 용을 타고 하늘의 도를 자기 것으로 삼고 다스려는 것이다. 건의 도는 때에 알맞게 변화해서 만물의 천성

잠복(潛伏) : 몰래 숨어 엎드림. 숨어서 외부에 나오지 않음.
비약(飛躍) : ① 높이 뛰어오름. ② 급격히 발전하거나 향상됨. ③ 밟아야 할 단계나 순서를 거치지 않고 앞으로 나아감.

(天性)을 개화(開花)시키고 천지간에 커다란 조화를 보전한다. 그러므로 건의 법칙의 움직임은 순조롭고 영원한 것이다. 이 도에 의하여 임금은 만백성 위에 군림하고 천하를 평화롭게 다스려갈 수 있다.

大象 하늘의 운행은 건전하고 적극적이어서 잠시도 쉬지 않는다. 이것이 건의 괘상이다. 군자는 이 괘상을 보고 잠시도 마음을 놓지 않도록 노력하고 힘쓴다.

【初陽】 물 속에 잠복한 용. 꾸준히 힘을 기르며 때를 기다린다. 양(陽)의 힘이 충만한 용이지만 지금은 밑에 있는 것이다.

【二陽】 땅 위에 나타난 용. 덕의 영향이 천하에 널리 퍼진다〈中〉. 그러나 뛰어난 인물〈五陽〉의 지도를 받는 것이 좋다.

【三陽】 행운을 타고 지나치게 움직이는 경향이 있다. 위태로울 것이다. 온종일 쉬임없이 노력하고 저녁에는 반드시 반성하여, 삼가고 조심하면 위태롭지만 허물을 면할 수 있다.

【四陽】 용이 마침내 날기 시작하였을 때. 한 번 솟았다가 다시 못 속으로 잠겨 힘을 축적한다. 나아가고 물러가는 것을 이처럼 신중을 기하여 삼간다면, 위태롭지만 허물을 면할 수 있다.

【五陽】 솟아오르는 용이 하늘에 도달한다. 건의 극치이다. 덕이 높은〈中正〉 사람이라야 비로소 할 수 있는 일이다. 그러나 아직은 뛰어난 인물의 지도를 받는 것이 좋다.

건·곤 두 괘만은 6효의 설명 뒤에 공통된 마음가짐을 가지고 있다. 용양(用陽 : 원문은 용구(用九))이라는 것은 양을 쓰는 도(道)를 뜻한다. 건은 순수한 양이기 때문에 특히 그 행동 원리를 말하고 있다. 곤에도 용음(用陰)이 있다. 또한 용구(用九)란 건의 6효가 전부 음효(陰爻)로 변화한 경우를 말하는 것이라고 보는 견해도 있다.

[上陽] 절정까지 다 올라간 용. 차면 기우는 것이 자연의 법칙이니, 영원은 바랄 수 없다. 뉘우치는 일이 있을 것이다.
[用陽] 무리를 지은 용들이 구름 속에서 그 목을 감추고 있다. 위대한 하늘의 덕도 그것을 과시하지 않고 사람에게 미칠 때는 길한 것이다. 양의 힘을 쓸 때는 위대하기 때문에 오히려 한걸음 더 물러서는 겸손한 마음가짐이 필요하다.

| 풀이 | 건(乾)은 원기(元氣)가 크게 형통하는 괘이니, 마음을 곧고 바르게 가져야 이로우리라. 象曰=건의 원기는 크도다. 모든 물건이 그것에 의하여 비롯되니 바로 하늘의 도를 포괄함이라. 구름이 떠다니고 비가 내려 온갖 만물의 형태가 이루어진다. 처음이나 나중이 크게 밝아서 6효의 위치가 제때 이루어지니, 때로는 여섯 용을 타고 하늘로 올라간다. 하늘(天)의 도(道)가 변화하여 각기 타고난 생명을 바로잡으니, 큰 화기(和氣)를 보존하고 합쳐서 바로 이롭고 곧아진다. 먼저 여러 물건을 내놓으니, 모든 나라가 다 편안하다. 象曰=천체(天體)의 운행이 강건(強健)하다. 군자는 스스로 쉬지 않고 힘을 쓴다.

初九=물에 잠겨 있는 용이니 쓰지 말 것이니라. 象曰=물에 잠겨 있는 용이니 쓰지 말라 함은 양기(陽氣)가 밑에 있다는 뜻이다. 九二=나타난 용이 밭에 있으니, 대인(大人)을 보아야 이로우리라. 象曰=나타난 용이 밭에 있다 함은 덕을 널리 편다는 뜻이다. 九三=군자는 종일 쉬지 않고 노

乾 元亨利貞 象曰 大哉
乾元 萬物資始 乃統天
雲行雨施 品物流形 大
明終始 六位時成 時乘
六龍 以御天 乾道變化
各正性命 保合大和 乃
利貞 首出庶物 萬國咸
寧 象曰 天行健 君子以
自強不息.
初九 潛龍勿用 象曰 潛
龍勿用 陽在下也 九二
見龍在田 利見大人 象
曰 見龍在田 德施普也
九三 君子終日乾乾 夕
惕若 厲无咎 象曰 終日
乾乾 反復道也 九四 或
躍在淵 无咎 象曰 或躍
在淵 進无咎 九五 飛龍
在天 利見大人 象曰 飛
龍在天 大人造也 上九
亢龍有悔 象曰 亢龍有
悔 盈不可久也 用九 見
群龍无首 吉 象曰 用九
天德不可爲首也

대인(大人): ① 말과 행실이 옳고 점잖은 사람. 덕이 높은 사람. ② 높은 신분·지위·관직에 있는 사람.

1) 여기서는 건의 괘사인 '원·형·이·정'을 건의 네 가지 덕을 나타내는 것으로 본다. 그러나 원·형·이·정은 다른 괘의 괘사에도 보이며 [예: 수괘(隨卦)], 이 해석을 모든 것에 적용할 수는 없다. 점치는 말로는 역시 '크게 형통하고 정(貞)하면 이롭다.'고

력하고 저녁에 삼가면 위태로우나 허물이 없으리라. **象曰**=종일토록 씩씩하다 함은 도를 반복한다는 뜻이다. **九四**=연못에서 혹 뛰어놀기도 한다. 허물이 없을 것이니라. **象曰**=연못에서 뛰어놀기도 한다 함은 허물없이 나아간다는 뜻이다. **九五**=나는〔飛〕용(龍)이 하늘에 있으니, 대인을 만남이 이로우리라. **象曰**=나는 용이 하늘에 있다 함은 대인이 만들어진다는 뜻이다. **上九**=굳센 용에 뉘우침이 있느니라. **象曰**=굳센 용에 뉘우침이 있다 함은 오래 찰〔盈〕수 없다는 것이다. **用九**=여러 마리의 용을 보더라도 우두머리가 되지 않는 것이 좋다. 길하리라. **象曰**=구(九)를 사용한다 함은 하늘의 덕이 우두머리가 될 수 없다는 것이다.

문언전(文言傳)

문언전은 건(乾)과 곤(坤)의 두 괘에만 붙여져 있으며, 문언이란 아름답게 장식하는 말이다. 건과 곤은 역(易)의 근본이며 정수(精粹)이기 때문에 특히 이 둘을 아름답게 장식하기 위하여 붙여진 해설이다.

문언에 말하기를,[1] '원'이란 모든 만물의 시작이며, 선(善)의 육성(育成)이다. '형'이란 만물이 모두 뻗어서 번영하는 것이며, 아름다움의 집중이다. '이'란 만물이 모두 마땅함을 얻는 것이며, 의(義)의 조화이다. '정'이란 만물이 모두 따라야 할 항구적인 도로서 사물의 뿌리가 되는 것이다.

군자는 인(만물을 낳고 기르는)의 덕을 체득한다. 그러므로 모든 사람을 지도 육성할 수 있다. 착하고 아름다운 것을 모두 갖추고 있다. 그러므로 예(禮)에서 벗어나는 일이 없다. 모든 사물에게 옳고 마땅한 바를 얻게 된다. 그러므로 의를 조화시킬 수가 있는 것이다. 도를 굳게 지키며 떠나지 않는다. 그러므로 모든 일을 하는 데 뿌리가 될 수 있는 것이다. 군자는 이 네 가지 덕을 실행한다. 그러므로 건은 원·형·이·정이라고 말하는 것이다.

초양(初陽)의 효사(爻辭)에, 잠복해 있는 용은 쓰지 말라 함은 무슨 뜻인가? 공자가 말하기를, "잠복해 있는 용이란 용의 덕을 구비하고 있으면서도 아직 세상에 나타나지 않은 자이다. 세속에 영합(迎合)하는 일도 없고 명성을 구하는 일도 없다. 숨어 살도록 강요당해도 불평을 하지 않으며, 비난을 받아도 결코 불만을 품지 않는다. 태평한 세상에서는 벼슬을 하여 도를 행하며, 난(亂)이 일어난 세상에서는 물러난다는 것이다. 도를 지키되 확고부동하니 이것이 잠복한 용이다."고 하였다.

2양(二陽)의 효사에, 나타난 용이 밭에 있으니 대인(大人)을 보아야 이롭다 함은 무슨 뜻인가? 공자가 말하기를, "보이는 용이란 용의 덕을 구비하고 더욱이 때와 장소를 얻은 사람이다. 항상 언행을 삼가고 악을 멀리하여 성실한 마음을 가지고 선행을 해도 자랑하지 않고 덕을 널리 베풀어 만백성을 감화한다. 역(易)에 말하여 나타난 용이 밭에 있으니 대인을 보아야 이롭다 하는 것은 임금의 덕

해석하는 것이 타당할 것이다. 또한 〈좌전〉의 양공(襄公) 9년조에 이와 비슷한 문장이 나와 있다.

文言日 元者善之長也
亨者嘉之會也 利者義
之和也 貞者事之幹也
君子體仁足以長人 嘉
會足以合禮 利物足以
和義 貞固足以幹事 君
子行此四德者 故日 乾
元亨利貞
初九日 潛龍勿用 何謂
也 子日 龍德而隱者也
不易乎世 不成乎名 遯
世无悶 不見是而无悶
樂則行之 憂則違之 確
乎其不可拔 潛龍也 九
二日 見龍在田 利見大
人 何謂也 子日 龍德而
正中者也 庸言之信 庸
行之謹 閑邪存其誠 善
世而不伐 德博而化 易
日 見龍在田 利見大人
君德也 九三日 君子終
日乾乾 夕惕若 厲无咎
何謂也 子日 君子進德
修業 忠信所以進德也
修辭立其誠 所以居業
也 知至至之 可與幾也
知終終之 可與存義也
是故居上位而不驕 在
下位而不憂 故乾乾 因
其時而惕 雖危无咎矣
九四日 或躍在淵 无咎

何謂也 子曰 上下无常
非爲邪也 進退无恒 非
離群也 君子進德修業
欲及時也 故无咎 九五
曰 飛龍在天 利見大人
何謂也 子曰 同聲相應
同氣相求 水流濕 火就
燥 雲從龍 風從虎 聖人
作而萬物覩 本乎天者
親上 本乎地者親下 則
各從其類也 上九曰 亢
龍有悔 何謂也 子曰 貴
而无位 高而无民 賢人
在下位而无輔 是而有
悔也 潛龍勿用 下也 見
龍在田 時舍也 終日乾
乾 行事也 或躍在淵 自
試也 飛龍在天 上治也
亢龍有悔 窮之災也 乾
元用九 天下治也 潛龍
勿用 陽氣潛藏 見龍在
田 天下文明 終日乾乾
與時偕行 或躍在淵 乾
道乃革 飛龍在天 乃位
乎天德 亢龍有悔 與時
偕極 乾元用九 乃見天
則 (後略)

2) 문언전에는 '대인을 보는 것이 이롭다.'는 말을 모든 백성이 성인을 우러러보는 것으로 해석하고 있다. 5양(五陽)의 효사도 이와 마찬가지이다.
3) 원문은 기(幾). 사물이 일어나기 시작하는 극히 미세한 징조를 말한다.

을 말하는 것이다."[2]고 하였다.

3양(三陽)의 효사에, 군자는 종일 쉬지 않고 노력하고 밤에는 삼가 조심하면 위태로우나 허물이 없다 함은 무슨 뜻인가? 공자가 말하기를, "군자는 덕을 기르고 사업을 이루기 위하여 항상 노력한다. 덕을 기르는 데는 충(忠)과 신(信)이 근본이다. 사업을 보존하는 데는 바른 말과 참된 마음이 근본이다. 군자는 때가 오면 곧 일어설 줄 아니 기미(機微)[3]를 말할 수가 있다. 끝을 내다보고, 끝내야만 할 때 끝내니 함께 의(義)를 지켜 나갈 수 있다. 그러므로 높은 자리에 있어도 교만하지 않고 낮은 자리에 있어도 불만을 갖지 않는다. 종일 노력하여 게을리하지 않고 자주 내 몸을 반성한다. 그래야만 위태롭긴 해도 허물을 면한다."고 하였다.

4양(四陽)의 효사에, 연못에서 혹 뛰어놀기도 한다. 허물이 없다 함은 무슨 뜻인가? 공자가 말하기를, "올라가거나 내려오거나, 나아가거나 물러가거나 하여 그 행동은 일정함이 없으나 악을 행하는 것은 아니다. 제멋대로 방자한 행동을 하지 않는다. 군자는 덕을 기르고 사업을 이루고자 노력한다. 그것은 항상 시기에 맞는 행동을 하려고 마음을 쓰기 때문이며, 그럼으로써 허물을 면할 수 있는 것이다."고 하였다.

5양(五陽)의 효사에, 나는 용이 하늘에 있으니 대인을 만남이 이롭다 함은 무슨 뜻인가? 공자가 말하기를, "무릇 동류(同類)는 동류끼리 서로 구하는 법이다. 물은 습한 땅에서 흐르고, 불은 마른 곳에 붙는다. 구름은 승천하는 용을 따라 솟아오르고, 골짜기의 바람은 호랑이의 울부짖음에 의하여 일어난다. 이와 같이 성인(聖人)이 나타나면 만백성은 그에 감응하여 그를 우러러 찬양하게 되는 것이다. 하늘의 기(氣)를 받은 것은 하늘을 따르고 땅의 기를 받은 것은 땅을 따른다. 이는 각기 그 동류를 구하는 모습이다."고 하였다.

　상양(上陽)의 효사에, 절정까지 오른 용은 뉘우침이 있으리라 함은 무슨 뜻인가? 공자가 말하기를, "다 올라가 버린 것은 존귀하기는 하나 지위를 잃고, 높은 자리에 있을지라도 민심을 잃고, 현인(賢人)을 낮은 지위에 두기 때문에 그 보좌를 받을 수도 없게 된다. 이렇게 되면 무엇을 해도 뉘우침을 남기는 결과가 되는 것이다."고 하였다.

　잠복한 용이니 쓰지 말라는 것은 아래에 있음이며, 나타난 용이 밭에 있음은 때를 잃은 것이며, 종일 쉬지 않고 부지런함은 일을 행하는 것이며, 연못에서 뛰어놀기도 한다 함은 스스로 시험함이며, 나는 용이 하늘에 있음은 위에서 다스리는 것이며, 굳센 용이 뉘우침이 있음은 궁진한 재앙이니, 건원(乾元)의 용구(用九)는 천하를 다스림이다.

　잠복한 용이니 쓰지 말라 함은 양기가 감추어진 것이며, 나타난 용이 밭에 있다 함은 천하가 문명(文明)함이며, 종일 쉬지 않고 부지런함은 때와 더불어 행함이며, 연못에서 뛰어놀기도 함은 건도(乾道)가 고쳐짐이며, 나는 용이 하늘에 있음은 천덕에 위치한 것이며, 굳센 용이 뉘우

승천(昇天) : 하늘에 오름.

현인(賢人) : 어진 사람. 덕행의 뛰어남이 성인 다음 가는 사람.
보좌(補佐) : 윗사람 곁에서 사무를 도움.

궁진(窮盡) : ① 몹시 궁함. ② 마지막으로 다하여 없어짐.
양기(陽氣) : 만물이 생성하고 움직이려고 하는 기운.

침이 있음은 때와 더불어 극에 다한 것이니, 건원의 용구는 하늘의 법칙을 나타냄이다. (후략)

2. 坤 ☷ $\begin{Bmatrix} 坤下 \\ 坤上 \end{Bmatrix}$ - 곤위지(坤爲地 : 어머니인 대지)

곤(坤)의 괘는 대지(大地)의 상징이다. 대지는 고요하고 움직이지 않으나 풍부한 힘을 갖추고 있으므로 모든 것을 낳고 육성한다. 전부 음효(--)로 되어 있는 이 괘는 건괘가 굳셈, 적극, 남성적인 데 반하여 유순하고 소극적이며 여성적인 것을 의미한다. 물론 유순하다는 것은 굳세다는 것보다 뒤떨어지는 것은 아니다. 하늘의 힘도 땅이 받아들일 때 나타난다. 남성의 정기(精氣)도 여자를 얻어야 비로소 새로운 생명을 만든다. 음양은 대립되어 있으면서 통일되어 있는 것이다. 이 괘는 소극을 지킴으로써 적극을 능가하고, 뒤떨어짐으로써 앞에 서고, 유(柔)하면서도 강(剛)을 누르는 도(道)를 나타내고 있다.

곤(坤)의 괘는 크게 형통하는 것이다. 완전한 곤의 생성력, 그 힘을 받고 만물은 태어난다. 대지는 두터워서 만물을 자기 위에 싣고 있다. 그 덕은 하늘의 넓음과 일치한다. 곤의 한없는 포용력에 의하여 만물은 저마다 성장하고 뻗어나간다. 암말(牝馬)과 같이 유순하게 스스로의 도(道)를 지킬 것. 암말은 유순한 가운데서도 무한한 힘을 내포하고 있으며, 굳게 절조를 지킨다. 이것이 곤의 도를 따르는 군자의 길이다. 그러므로 선두에 선다면 반드시 길을

정기(精氣) : ① 생명의 원천이 되는 원기. 정력. ② 만물을 생성하는 원기.

형통(亨通) : 모든 일이 뜻대로 잘되어 감.

내포(內包) : ① 내부에 포함하여 가짐. ② 어떤 개념의 내용이 되는 여러 속성.

잃고 헤매지만, 남의 뒤를 따르면 순조롭게 목적지에 도달할 수가 있다.

　결혼 전[1]에는 좋은 친구를 얻어 도움을 받으나 결혼 후에는 친구를 떠나 오직 남편을 섬겨야 한다. 최후에는 커다란 즐거움이 있을 것이다. 여성다운 정숙함을 항상 잃지 않는다면, 대지가 무한하듯 길이 행복할 것이다.

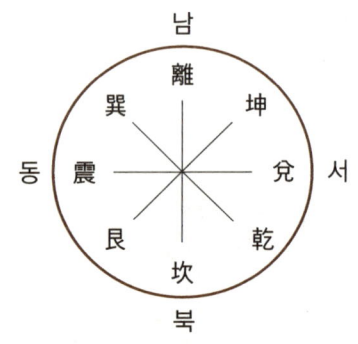

역괘 후천도(易卦後天圖)

大象　대지의 움직임(생성력), 이것이 곤의 괘상이다. 군자는 이 괘상을 보고 덕을 후하게 하여 만백성을 포용해 나간다.

　初陰　서리가 내린다. 머지않아 얼음의 계절이 오리라. 서리는 음의 기(氣)가 응고한 것이다. 먼저 찾아오는 징조를 보고 곧 미래를 내다보는 마음을 가져라.

　二陰　대지는 평편하게 사방으로 넓게 퍼져 있다. 대지처럼 평직하고 방정(方正)하며 광대한 덕을 갖춘 자는 배우지 않아도 저절로 만사가 순조롭다.

　三陰　뛰어난 재능을 안으로 간직하고 자기의 도를 지키며 때가 오기를 기다려라. 비록 실력을 인정받고 명예로운 지위에 오를지라도 화려한 성공을 바라지 말고 오직

---

1) 원문은 서남(西南). 이 부분은 의미가 분명치 않아서 예로부터 갖가지 해석이 붙어 있다. 역괘 후천도(易卦後天圖)에 의하면 곤의 본래의 방향은 서남이다. 가까이는 손(巽 : 장녀), 이(離 : 중녀), 태(兌 : 소녀)가 있고 이러한 벗들과 친하게 지내는 것이다. 동북은 간(艮)의 방향으로, 동북으로 간다면 시집간다는 뜻이 된다. 이 해석은 다소 지나친 감이 없지 않으나 '주역정의(周易正義)'에 따라 이렇게 번역해 둔 것이다.

평직(平直) : 평편하고 곧음.

최후의 대성(大成)을 위하여 온 마음을 기울여라.

四陰 주머니의 주둥이를 꽉 졸라매라. 함부로 재능과 지혜를 자랑하지 말고 몸을 삼간다면 재해는 받지 않는다. 허물도 없고 명예도 없으리라.

五陰 황색의 치마. 황색은 고귀한 색깔로서 중앙을 나타낸다. 치마는 아래에 두르는 것, 위를 따르는 것이다. 아름다운 곤의 덕에 해당되니 대길하다.

上陰 두 마리의 용이 피투성이가 되어 싸운다. 그 피는 검고 누렇다. 음이 극성하면 반드시 강건한 양과 싸움을 시작한다.

用陰 길이 음의 덕을 지킨다면 만사가 순조로우며 유종의 미를 거둘 수 있을 것이다.

坤 元亨 利牝馬之貞 君子有攸往 先迷後得主 利西南得朋 東北喪朋 安貞吉 彖曰 至哉坤元 萬物資生 乃順承天 坤厚載物 德合无疆 含弘光大 品物咸亨 牝馬地類 行地无疆 柔順利貞 君子攸行 先迷失道 後順得常 西南得朋 乃與類行 東北喪朋 乃終有慶 安貞之吉 應地无疆 象曰 地勢坤 君子以厚德載物
初六 履霜堅氷至 象曰 履想堅氷 陰始凝也 馴

| 풀이 | 곤(坤)은 크게 형통하는 괘이니, 암말은 바르고 곧아야 이롭다. 군자가 갈 곳이 있을 때 먼저 가면 잃고 나중 가면 얻는다. 서남방은 친구를 얻고, 동북방은 친구를 잃는다. 마음을 안정하고, 바르고 곧게 해나가야 길하리라. **彖曰**=곤의 원기는 지극히 크니 만물이 그것에 의하여 생성된다. 바로 순순히 하늘의 도를 이어받는 것이다. 땅은 두껍고 넓어서 물건을 싣고 있는 덕이 한정없이 합치되고 크게 빛나서 개개의 사물이 다 통한다. 암말은 땅에 속하는 동물로서 땅을 한정없이 걷는다. 유순하면서 이롭고 곧음은 군자가 행하는 것이다. 먼저 하면 아득하여 도를 잃고, 나중에 하면 늘 도를 얻는다. 서남방에서

친구를 얻는다는 것은 바로 동류(同類)와 함께 행하기 때문이요, 동북방에서 친구를 잃는다는 것은 바로 나중에 경사가 있음이다. 마음을 안정하고 굳게 나아가야 길하다는 것은 한없는 땅의 덕에 순응해야 하기 때문이다. **象曰**=지세(地勢)는 곤의 괘상이다. 군자는 두터운 덕으로써 물건을 싣는다.

初六=서리를 밟으면 장차 굳은 얼음에 이르리라. **象曰**=서리를 밟으면 장차 굳은 얼음에 이른다 함은 음기(陰氣)가 비로소 응결한다는 뜻이다. 그 도에 익숙해지고 지극히 견고하게 되면 얼음이 된다. **六二**=곧고 모나고 크다. 학습하지 않더라도 이롭지 않음이 없느니라. **象曰**=육 2의 움직임이 곧음이며 바름이다. 익히지 않아도 이롭지 않음이 없다는 것은 지도(地道)가 빛남이다. **六三**=빛남을 내포하여 마음이 곧고 바를 수 있다. 혹 왕사(王事)에 종사하더라도 이루어짐이 없이 끝이 있느니라. **象曰**=빛남을 내포하여 곧고 바를 수 있다 함은 때로 발(發)한다는 것이다. 그리고 왕사에 종사한다 함은 지혜가 빛나고 크다는 것이다. **六四**=주머니를 여미듯 하면 허물도 없고 명예도 없으리라. **象曰**=주머니를 여미듯 하면 허물이 없다 함은 삼가고 해롭지 않다는 것이다. **六五**=누런 치마를 입으면 길하리라. **象曰**=누런 치마가 크게 길하다 함은 무늬가 속에 있다는 것이다. **上六**=용(龍)이 들에서 싸우니 그 핏빛이 검고 누르스름하도다. **象曰**=용이 들에서 싸운다 함은 그 도가 궁하다는 것이다. **用六**=길이길이 곧아야 이로우

致其道 至堅氷也 六二 直方大 不習无不利 象曰 六二之動 直以方也 不習无不利 地道光也 六三 含章可貞 或從王事无成有終 象曰 含章可貞 以時發也 或從王事 知光大也 六四 括囊 无咎无譽 象曰 括囊 无咎愼不害也 六五 黃裳 元吉 象曰 黃裳元吉 文在中也 上六 龍戰于野 其血玄黃 象曰 龍戰于野 其道窮也 用六 利永貞 象曰 用六永貞 以大終也

왕사(王事) : ① 임금이 나라를 다스리는 일. ② 임금에 관한 일.

리라. **象曰**=육(六)을 사용하는 데 있어서 길이길이 곧아야 한다 함은 큰 것으로 끝을 마친다는 뜻이다.

문언전

文言曰 坤至柔而動也
剛 至靜而德方 後得主
而有常 含萬物而化光
坤道其順乎 承天而時
行 積善之家必有餘慶
積不善之家必有餘殃 臣
弑其君 子弑其父 非一
朝一夕之故 其所由來
者漸矣 由辨之不早辨
也 易曰 履霜堅氷至 蓋
言順也 直其正也 方其
義也 君子敬以直內 義
以方外 敬義立而德不
孤 直方大 不習无不利
則不疑其所行也 陰雖
有美 含之以從王事 弗
敢成也 地道也 妻道也
臣道也 地道無成 而代
有終也 天地變化 草木
蕃 天地閉 賢人隱 易曰
括囊无咎无譽 蓋言謹
也 君子黃中通理 正位
居體 美在其中 而暢於
四支 發於事業 美之至
也 陰疑於陽必戰 爲其
嫌於(无)陽也故稱龍焉
猶未離其類也 故稱血
焉 夫玄黃者 天地之雜
也 天玄而地黃

문언에 말하기를, 곤(坤)은 부드러움의 극치이나 움직일 때는 강하고 굳세다. 곤은 또 고요함의 극치이나 그 덕은 방정(方正)하고 혼란됨이 없다. 물러서서 사람의 뒤를 따르고 오래 몸을 보전한다. 만물을 포용하고 크게 성장·발전시킨다. 곤의 이치는 그 얼마나 유순한 것인가. 하늘의 힘을 받아들이고 때에 응하여 그 힘을 발휘한다.

선행을 많이 쌓아가는 집안은 자손 대대에 이르기까지 반드시 경사가 있고, 악행을 쌓아가는 집안은 자손 대대로 반드시 재화가 내린다. 신하가 임금을 죽이고 자식이 아버지를 죽이는 불상사도 그 원인은 결코 하루아침 하루저녁에 생긴 것은 아니다. 오랫동안 쌓이고 모인 결과이다. 그 결과를 분별하고도 그것을 일찍 끊어버리는 데 게을리하였기 때문이다.

역(易)에 말하기를, "서리를 밟으면 장차 굳은 얼음에 이르리라."는 것은 무슨 일이든 순차(順次)로 성장해 감을 뜻한다. 직(直)이라 함은 바른 것, 방(方)이라 함은 의(義)에 맞는 것이다. 군자는 공경함으로써 그 마음을 바르게 하고 의에 따라 행동을 방정하게 한다. 공경과 의가 확립되면 덕은 외롭지 않은 것이니 평직하고 방정하며 광대한 덕을 가진 자는 배우지 않아도 만사가 이롭지 않음이 없다는 것은 확신에 넘쳐서 행동하는 것을 말한다.

　음(--)은 뛰어난 재능을 갖추고 있는데도 안에 간직한 채 윗사람의 사업을 도와 일할 따름이며, 감히 스스로 나아가 공적을 세우려고 하지 않는다. 이것이 대지(大地)의 도(道)이며 처의 도리이자 신하의 도리이다. 대지의 도는 스스로 공적을 세우려고 하지 않고, 오직 하늘의 명을 받고 하늘을 대신하여 유종의 미를 이루는 것이다.

　천지가 화합하면 초목이 무성하고 천지의 관계가 막히면 현인(賢人)은 야(野)에 숨는다. 역에 말하기를, "주머니를 여미듯 하면 허물도 없고 명예도 없으리라."고 한 것은 임금과 신하, 상하의 마음이 통하지 않을 때는 언행을 삼가고 물러나 몸을 보전해야 함을 말한 것이다. 군자는 고귀하고 중용을 지키며 천하의 도리에 통달하고 예와 겸양을 몸에 지니고 있다. 이러한 미덕이 마음에 넘쳐 온몸에 퍼져나간다. 그래서 그 행동은 사업을 통해 나타난다. 이것이야말로 선미(善美)의 극치인 것이다.

　음이 아주 성해져서 양(陽)과 비슷해지면 반드시 양과 싸우게 된다(신하의 힘이 강해지면 임금과 싸우게 되고, 처의 입장이 남편을 능가하면 남편과 충돌하게 된다.). 음의 세력이 너무 강해서 마치 양과 같은 양상을 나타낸다면 이것을 용이라고 한다. 그러나 음은 역시 음이니 양을 누를 수 없기 때문에 두 용이 함께 상처를 입고 피를 흘리게 된다. 현황(玄黃)이란 하늘과 땅의 피가 뒤섞인 것이며 현은 하늘, 황은 땅을 나타낸다.

유종의 미〔有終之美〕: 시작한 일을 끝까지 잘하여 결과가 좋음. 유종은 끝맺음이 있음을 뜻함.

겸양(謙讓): 겸손하게 사양함.

3. 屯 ䷂ (震下/坎上) - 수뢰둔(水雷屯 : 태어나는 괴로움)

둔(屯)은 막혀서 나아가기가 괴로운 것이니, 초목의 싹이 굳은 땅을 뚫고 나오지 못하는 상태를 나타낸다. 안으로는 젊고 싱싱한 생명력을 지니고 있으면서도 충분히 뻗어나갈 수가 없는 것이다.

인간이라면 고민이 많은 청년기, 사업이라면 난관이 많은 초창기에 해당한다. 상괘 ☵(坎)은 물이므로 빠지는 것을 나타내고 하괘 ☳(震)은 천둥이므로 움직이는 것을 나타낸다. 둔은 움직이려고 하나 곤란에 빠지는 상태를 말한다. 이 괘는 네 가지 큰 어려운 괘(屯·習坎·蹇·困)의 하나이지만 나쁜 것만은 아니다. 인생 시초부터 순풍에 돛을 단 배처럼 나아갈 수 있겠는가. 젊고 싱싱한 생명력으로 고난을 견딤으로써 새로운 발전이 약속되는 것이다. 지금의 고민은 크게 성장하기 위하여 겪는 진통이다.

교합(交合) : ① 뜻이 서로 맞음. ② 남녀·자웅(雌雄)의 성교.

둔(屯)의 괘는 강(剛 : ― 乾)과 유(柔 : -- 坤)가 처음으로 교합하여 새로운 것을 태어나게 하는 그 고난〈坎〉의 때이다. 그러나 고난에 굽히지 않고 활발하게 움직여〈震〉나아간다. 그래서 마침내 막히는 것 없이 뻗어나가 번영한다. 마침 천둥과 비〈震·坎〉의 에너지가 하늘과 땅 사이에 넘쳐서 마침내 큰 비가 되어 지상의 만물을 적셔줌과 같다.

지금은 혼란과 암흑이 지배하고 있다. 초조하다고 서둘러서는 안 된다. 인재를 뽑아서 적재적소에 배치하고 꾸준히 노력하여 이루려는 계획을 밀고 나아가야 한다.

大象 구름〈坎〉이 자욱하게 덮여서 천둥이 울리나 아직 비가 되어 만물을 적시기에 이르지는 못하였다. 이것이 둔의 괘상이다. 군자는 이 괘상을 보고 이러한 침체상태를 타파하기 위하여 국가 경륜의 큰 뜻을 세운다.

【初陽】 가는 길이 막혀 고민한다. 함부로 움직이지 말고 초지를 관철하는 것이 좋다. 잘못되어 있는 것은 아니다. 동지를 얻어 함께 곤란을 극복해 가는 것이 좋다. 겸손한 마음으로 사람을 대하면 크게 민심을 얻을 것이다.

二陰 가는 길이 막혀 고민한다. 가다가 되돌아오고, 말을 타고 가다가도 다시 돌아온다. 시집가려는 여자는 망설이며 고민한다. 가까이 있는 사내〈初陽〉가 사모하여 처녀의 마음을 끌고 있기 때문이다.¹⁾ 그러나 처녀는 정조〈中正〉가 견고하여 함부로 유혹되지 않고 때를 기다렸다가 마침내 상도〈常道〉로 돌아와서 올바른 상대〈五陽〉와 결합되는 것이다.

三陰 사냥꾼이 노획물에 눈이 어두워 안내자도 없이 숲 속 깊숙이 들어가는 상태이다. 위험한 징조를 보면 곧 쫓는 것을 중지해야 한다. 깊이 쫓아 들어가면 반드시 길이 막혀서 헤어나지 못하게 된다.

四陰 말을 타고 갔으나 주저하며 되돌아온다. 그러나 주저하지 말고 구혼〈求婚〉하면 길하고 순조롭다. 자기의 재능이 부족함〈陰〉을 알고 동지〈初陽〉를 구하여 같이 곤란을 극복해 가는 것이 현명한 처사이다.

【五陽】 은덕〈恩德〉이 널리 미치지는 못한다. 분에 맞는 일을 할 때는 길하지만 분에 넘치는 일을 하려고 할 때는 흉

경륜(經綸) : ① 일정한 포부를 가지고 일을 조직적으로 계획함, 또는 그 계획. ② 나라를 다스림, 또는 그 방책.
초지(初志) : 처음에 품었던 뜻이나 의지.

1) 원문은 비구혼구(匪寇婚媾). '강도가 아니라 결혼을 구하고 있는 것'으로 번역하여 약탈결혼의 풍습을 나타낸 것이라고 해석한다.

하다.

上陰 말을 타고 가긴 하였으나 갈 곳이 없어서 되돌아온다. 곤궁한 끝에 피눈물을 흘린다. 남은 생명력이 멀지 않구나.

| 풀이 | 둔(屯)은 크게 형통하는 괘이니, 바르고 곧아야 이롭다. 갈 곳이 있어도 가지 말 것이니, 제후(諸侯)를 세워야 이로우리라. **象曰**=둔은 강(剛)과 유(柔)가 처음 사귀어 어려움이 생기는 것이며, 험한 가운데 움직인다. 우레와 비가 천지간에 가득 차야 크게 통하고 곧다. 하늘이 우매한 백성을 다스리는 데는 마땅히 후왕(侯王)을 세워야 하겠지만 편안치 않다. **象曰**=구름과 우레는 어려움이다. 군자는 이것으로써 경륜을 삼는다.

初九=머뭇거리는 모습이다. 곧고 바르게 있어야 이로우며 제후를 세워야 이로우리라. **象曰**=비록 머뭇거리는 모습이라 하나, 뜻을 행함이 바르다. 귀함으로써 천한 사람을 대하는 것이니, 크게 백성을 얻는다. **六二**=어려운 듯하다가 돌아설 듯하더니, 말 위에 올라타고 망설이는 듯하다. 도둑이 아니고 구혼하는 사람이니라. 여자는 정조를 지키려고 구혼하는 사람에게 혼인을 허락지 않다가 10년 후에 잉태한다. **象曰**=육 2(六二)의 어려움은 강(剛)한 것을 탄 것이며, 10년 후에 잉태한다 함은 상정(常情)을 위반한 것이다. **六三**=사슴 사냥을 하러 산기슭으로 갔으나, 길을 안내하는 산지기가 없다. 혼자 숲속으로 들어간다.

屯 元亨利貞 勿用有攸
往 利建侯 彖曰 屯剛柔
始交而難生 動乎險中
大亨貞 雷雨之動滿盈
天造草昧 宜建侯而不
寧 象曰 雲雷屯 君子以
經綸
初九 磐桓 利居貞 利建
侯 象曰 雖磐桓 志行正
也 以貴下賤 大得民也
六二 屯如邅如 乘馬班
如 匪寇婚媾 女子貞不
字 十年乃字 象曰 六二
之難 乘剛也 十年乃字
反常也 六三 即鹿无虞
惟入于林中 君子幾不
如舍 往吝 象曰 即鹿无
虞 以從禽也 君子舍之
往吝窮也 六四 乘馬班
如 求婚媾往 吉无不利
象曰 求而往明也 九五
屯其膏 小貞吉 大貞凶
象曰 屯其膏 施未光也
上六 乘馬班如 泣血漣
如 象曰 泣血漣如 何可
長也

군자는 기회를 보아서 일을 하는 것이니, 사냥을 그만둔다. 가면 욕을 보리라. **象日**=사슴을 사냥하러 갔으나 안내자가 없다는 것은 짐승만 쫓는다는 것이다. 군자가 이것을 버린다 함은 그대로 간다면 부끄러워 곤궁해지기 때문이다. **六四**=말을 타고 머뭇거린다. 구혼하러 가는 것이면 길하여 이롭지 않음이 없을 것이니라. **象日**=구하러 간다 함은 밝다는 것이다. **九五**=은덕을 베풀기는 어렵다. 작고 바르면 길하고, 크고 바르면 흉하리라. **象日**=은덕을 베푸는 것이 어렵다 함은 베푸는 것이 빛나지 않다는 뜻이다. **上六**=말을 타고 망설인다. 피와 눈물을 흘리느니라. **象日**=눈물과 피가 흐르는데 어찌 오래갈 수 있겠는가.

4. 蒙 ☵(坎下/艮上) - 산수몽(山水蒙 : 세상 물정을 모르는 아이)

몽(蒙)이란 덩굴풀의 일종이다. 무성하여 나무를 덮고 그 밑은 어두워지므로 곧 컴컴하다, 덮는다는 뜻이 된다. 이 괘는 갓 태어난 상태를 나타낸다. 앞 장의 뒤를 받아 무지몽매한 어린아이의 상태를 나타내고, 그 지능이 어떻게 계발되어 가는가, 즉 계몽(啓蒙)의 도를 설명한다. 따라서 지적(知的)인 일에 종사하는 자에게는 밝은 미래를 알려주는 괘이다. 상괘 ☶(艮)은 산, 하괘 ☵(坎)은 물을 나타내며, 산기슭을 흐르는 물의 형태이다. 샘에서 흐르는 물줄기는 가냘프고 의지할 것이 못되나 나중에 큰 강이 될 가능성을 가지고 있다.

따라서 어린이 또한 무한의 가능성을 내포한 것을 말한다. 다

무지몽매(無知蒙昧) : 아는 것이 없고 사리에 어두움.

계몽(啓蒙) : ① 어린아이나 무식한 사람을 깨우쳐 줌. ② 인습에 젖거나 바른 지식을 가지지 못한 사람을 일깨워, 새롭고 바른 지식을 가지도록 함.

만 그 가능성을 전면적으로 실현하기 위해서는 소박한 마음으로 좋은 지도자에게 배워야 한다.

몽(蒙)의 괘는 산〈艮〉 밑에 위험한 샘〈坎〉이 있는 형상이다. 곤란함〈坎〉을 당하여 잠시 발을 멈추는 것〈艮〉이 몽이다. 올바른 가르침으로 지도를 받고 시기를 보아 움직인다면 장차 크게 뻗어서 발전할 것이다.

그러나 지금은 무지(無知)한 유아(幼兒)에 해당하는 시기이니, 진심으로 스승의 가르침을 청해야 할 때이다. 그래야만 사제간의 마음이 호응할 것이 아닌가.

점을 치는 경우, 성심성의를 다한다면 최초에는 반드시 진실이 나타난다. 그러나 점친 결과가 마음에 들지 않는다고 다시 점친다면 이것은 점의 신성(神聖)을 모독하는 일로서 진실이 나타나지 않는다. 가르침을 의심하는 자에게 가르치는 것은 결국 가르침을 받는 자까지 모독하는 결과가 되기 때문이다. 몽의 도로써 바른 덕을 기르는 것은 장차 성인(聖人)의 길에 들어가게 하는 공이 되는 것이다.

大象 산〈艮〉기슭에 솟아나는 샘〈坎〉, 이것이 몽의 괘상이다. 군자는 이 괘상을 보고 샘이 큰 강이 되듯이, 해야 할 일을 행하고 움직이지 않는 산의 모습과 같이 몸의 덕을 기른다.

初陰 무지한 자를 계발(啓發)할 때는 형벌로 엄하게 다스리는 것이 좋다. 규율을 바르게 하기 위함이니, 제멋대로

신성(神聖) : ① 신과 같이 성스러움. ② 더럽힐 수 없도록 거룩함. 매우 존귀함.

계발(啓發) : ① 지능을 깨우쳐 열어 줌. ② 계몽.

방임하는 것은 금물이다.

【二陽】 무지한 어린이를 포용하여 처〈初陰〉와 화합하면 길하다. 어머니〈五陰〉를 도와 집안을 잘 다스릴 것이다〈中正〉.

三陰 이런 여자를 아내로 삼으면 안 된다. 돈 많은 부자〈二陽〉라고 하면 덮어놓고 유혹하려 들고, 도에서 벗어나 몸가짐이 예절에 어긋난다. 어디를 가나 잘 되지 않는다.

四陰 일생을 무지로 괴로워할 것이다. 현명한 지도자를 얻지 못하기 때문이다.

五陰 무지한 어린이. 높은 지위에 있으면서 공손한 태도로 가르침을 청한다. 그럼으로써 길할 것이다.

【上陽】 너무 엄격하므로 어린아이에게 해를 준다. 오히려 외부에서 오는 해를 막도록 마음을 쓰라. 그래야만 지도하는 자와 지도받는 자의 마음이 서로 화합할 것이다.

방임(放任) : 간섭하지 않고 내버려 둠.

| 풀이 | 몽(蒙)은 막힘이 트이는 괘이니라. 내가 몽매한 사람에게 구하는 것이 아니라, 몽매한 사람이 나에게 가르침을 구하는 것이다. 처음에 점칠 때는 좋고 나쁜 것을 잘 알려주나, 여러 번 점치면 어지러워진다. 어지러워져서 좋고 나쁜 것을 잘 알려주지 않으니, 곧고 바르게 나아가야 이로우리라. 象曰=몽은 산 아래에 위험이 있는 것이다. 위험이 있어 정지함이 몽이다. 몽이 트이는 것은 행함이 트이는 것이니, 때에 맞아야 한다. 내가 몽매한 사람에게 구하는 것이 아니요, 몽매한 사람이 나에게 가르침을 구하는 것은 뜻이 응하기 때문이다. 처음 점치는 것을 알

蒙 亨 匪我求童蒙 童蒙求我 初筮告 再三瀆 瀆則不告 利貞 象曰 蒙山下有險 險而止蒙 蒙亨 以亨行 時中也 匪我求童蒙 童蒙求我 志應也 初筮告 以剛中也 再三瀆 瀆則不告 瀆蒙也 蒙以養正 聖功也 象曰 山下出泉蒙 君子以果行育德
初六 發蒙 利用刑人 用說桎梏 以往吝 象曰 利用刑人 以正法也 九二 包蒙 吉 納婦 吉 子克

려줌은 강(剛)이 중용(中庸)이기 때문이다. 그리고 여러 번 점을 치면 흐려져서 잘 알려주지 않는 것은 교육을 흐리게 하기 때문이다. 교육함으로써 바르게 기르는 것은 성인의 공덕이다. **象曰**=산 아래에서 솟아나오는 샘물이 몽매하니, 군자는 행함으로써 덕을 기른다.

初六=우매함을 일깨워 준다. 형벌을 사용하여 사람을 다스림이 이롭다. 형틀을 사용한다는 말만 해도 사람이 부끄러워할 것이니라. **象曰**=형틀을 사용하여 사람을 다스림이 이롭다 함은 그것으로써 법을 바로잡는다는 것이다. **九二**=어리석은 백성들을 포섭하여 가르치면 좋다. 며느리를 받아들여도 좋다. 아들이 집안을 잘 다스릴 것이니라. **象曰**=아들이 집안을 잘 다스린다 함은 강(剛)과 유(柔)가 서로 접한다는 것이다. **六三**=여자에게 장가들지 말라. 금(金)을 가진 남자를 보면 따라갈 것이니 몸소 지니고 있지 못하여 이로운 것이 없느니라. **象曰**=여자를 취하지 말라는 것은 행실이 불순하다는 것이다. **六四**=몽매한 것으로 곤란을 받으니 부끄러운 일이니라. **象曰**=몽매함으로 곤란을 받아 부끄럽다고 함은 홀로 실(實)에서 멀다는 것이다. **六五**=어린아이의 몽매함이 길하리라. **象曰**=어린아이의 몽매함이 길하다 함은 유순함을 따라야 한다는 것이다. **上九**=몽매함을 일깨워 주는 것이다. 원수를 맺게 됨으로써 이롭지 못하나 그 도둑을 막으면 이로우리라. **象曰**=도둑을 막는 것이 이롭다 함은 상하가 서로 순종한다는 것이다.

家 象曰 子克家 剛柔接也 六三 勿用取女 見金夫 不有躬 无攸利 象曰 勿用取女 行不順也 六四 困蒙 吝 象曰 困蒙之吝 獨遠實也 六五 童蒙 吉 象曰 童蒙之吉 順以巽也 上九 擊蒙 不利爲寇 利禦寇 象曰 利用禦寇 上下順也

5. 需 ䷄ [乾下 / 坎上] - 수천수(水千需 : 인내하고 자중하다)

수(需)란 기다리는 것, 대기하고 대망한다는 뜻이다. 인간 세계에는 때가 올 때까지 인내하고 자중해야 할 일이 많다. 때를 기다리되, 그 기다리는 방법에는 사람마다 각각 다름이 있을 것이다. 아무튼 움직이면 위험이 따르기 때문에 기다리는 것이다. 상괘 ☵(坎)은 위험한 강(江), 하괘 ☰(乾)은 굳셈을 나타낸다. 몸과 마음이 굳세면서도 위험이 앞에 가로놓여 있기 때문에 자중하는 모습이다. 배를 기다리지 않고 강물에 뛰어드는 것과 같은 어리석은 짓은 용기가 아니다. 초조해 하지 않고 차분하게 때를 기다리는 것이 바로 참된 용기인 것이다. 힘을 기르면서 때를 기다린다면 크게 성공을 바랄 수가 있다.

자중(自重) : ① 품위를 지켜 몸가짐을 진중히 함. ② 자기 몸을 소중히 여김.

수(需)의 괘는 수(須)와 같이 기다림을 나타낸다. 위험⟨坎⟩이 앞에 가로놓일 때 굳센 사람⟨乾⟩은 잠시 때를 기다리고 절대로 무모한 폭주(暴走)를 하지 않는다. 그러므로 위험에 빠지지 않고 물 가운데서 오가지도 못하는 곤란에 몸을 던지는 일이 없는 것이다.

수의 괘는 성실함을 마음에 지니고 있어서 크게 뻗어나가 발전할 모습이다. 동요하지 않는 의지를 가진다면 길함을 얻을 수 있다. 크게 힘을 길러서 일에 대처한다면 가령 큰 냇물을 건너가는 위험을 범하더라도 순조롭게 나아갈 것이다. 5양(五陽)이 천자의 자리에 있어서 중용을 지키고 바른 위치를 점하고 있기 때문이다⟨中正⟩.

폭주(暴走) : 함부로 난폭하게 달림.

동요(動搖) : ① 불안한 상태에 빠짐. ② 움직이고 흔들림.

大象 구름〈坎〉이 하늘〈乾〉에 오르되 아직 비가 되어 대지를 윤택하게 적시지는 못한다. 이것이 수의 괘상이다. 군자는 이 괘상을 보고 성숙되는 시기를 기다리며 마음과 몸을 기른다.

초야(草野) : 시골의 궁벽한 땅.

【初陽】 초야(草野)에 묻혀 때를 기다린다. 위험을 멀리 피하고 함부로 움직이지 않는다. 헛된 일에 마음을 쓰지 않고 지조를 지켜 나간다면 허물을 면할 수 있다.

【二陽】 물가의 모래둑에서 기다린다. 위험이 점차 가까워져 오므로 다소의 비난은 받겠지만, 마음을 넓게 가지고 중용의 도를 지킨다면 마침내 길할 것이다.

【三陽】 물가의 진흙 속에서 기다린다. 재앙〈坎〉이 바로 눈앞에 닥쳤는데도 나아가기를 그치지 않는다면 재앙을 스스로 부르는 결과가 되고 만다. 신중히 때를 기다려서 나아간다면 실패하지 않는다.

유혈(流血) : ① 흐르는 피. ② 피를 흘림. ③ 살상이 벌어지는 일.

四陰 유혈 속에서 기다린다. 자기의 힘이 약한 것을 깨닫고 솔직한 마음으로 주위〈初陽〉의 가르침에 따른다면 궁지에서 벗어날 수가 있다.

【五陽】 유유자적하게 몸과 마음을 기르면서 때를 기다린다. 이것이야말로 수의 올바른 모습이니 길할 것이다.

上陰 험난의 극(極)이다〈上爻〉. 궁지에 빠지게 되나 생각지도 않은 사람들〈初·二·三陽〉로부터 도움을 받는다. 겸허한 마음으로 따른다면 자기로서 감당치 못하는 위치라도 크게 실수하지는 않을 것이니, 마침내 길할 것이다.

| 풀이 | 수(需)는 성실함이 있고, 빛나게 형통하는 괘이니라. 마음을 바르게 가져야 길하다. 큰 냇물을 건너면 이로우리라. 象曰=수는 기다리는 것이다. 험한 것이 앞에 있기 때문이다. 강(剛)하고 건실하여 함락되지 않음은 그 뜻이 곤궁하지 않기 때문이다. 기다림은 성실함이 있어야 크게 트이고, 바르고 곧아야 길하다 함은 하늘같이 높은 위치에 자리잡고 있을 뿐더러 바른데 가운데 자리를 차지하고 있기 때문이다. 큰 냇물을 건너면 이로움이 있다 함은 가면 공이 있다는 것이다. 象曰=구름이 하늘로 올라가는 것이 수괘이다. 군자는 마시고 먹고 잔치를 즐거워한다.

初九=교외에서 기다린다. 항구(恒久)한 태도를 가지는 것이 이롭다. 허물이 없으리라. 象曰=교외에서 기다린다 함은 어려움을 범하여 행하지 않는다는 것이다. 항구한 것이 이롭고 허물이 없다 함은 아직 상도(常道)를 잃지 않았다는 것이다. 九二=모래밭에서 기다리고 있다. 말썽은 약간 있으나 마침내 길하리라. 象曰=모래밭에서 기다린다 함은 여유있는 가운데 있다는 것이니, 비록 약간의 말썽이 있으나 길함으로써 끝을 맺는다는 것이다. 九三=진흙밭에서 기다린다. 원수를 끌어들이느니라. 象曰=진흙밭에서 기다린다 함은 재앙이 밖에 있다는 것이다. 내가 원수를 맺었으니, 삼가고 조심하면 패하지 않는다. 六四=피밭에서 기다리다가 구멍에서 나오느니라. 象曰=피밭에서 기다린다 함은 순종하여 듣는다는 것이다. 九五=술과 밥을 놓고 기다린다. 곧고 바르면 길하리라. 象曰=술과

需 有孚 光亨 貞吉 利涉大川 彖曰 需須也 險在前也 剛健而不陷 其義不困窮矣 需有孚 光亨 貞吉 位乎天位 以正中也 利涉大川 往有功也 象曰 雲上於天需 君子以飮食宴樂
初九 需于郊 利用恒 无咎 象曰 需于郊 不犯難行也 利用恒 无咎 未失常也 九二 需于沙 小有言 終吉 象曰 需于沙 衍在中也 雖小有言 以終吉也 九三 需于泥 致寇至 象曰 需于泥 災在外也 自我致寇 敬愼不敗也 六四 需于血 出自穴 象曰 需于血 順以聽也 九五 需于酒食 貞吉 象曰 酒食貞吉 以中正也 上六 入于穴 有不速之客三人來 敬之終吉 象曰 不速之客來 敬之終吉 雖不當位 未大失也

밥을 놓고 기다리고, 곧고 바르면 길하다 함은 바르고 치우치지 않아야 하기 때문이다. **上六**=굴로 들어간다. 청하지 않은 세 사람의 손님이 올 것이다. 그를 공경하면 마침내 길하리라. **象曰**=청하지 않은 손님이 오고 그를 공경하면 마침내 길하다 함은, 비록 정당치 못한 자리이나 아직 크게 잃지 않았다는 것이다.

6. 訟 ☵(坎下/乾上) - 천수송(天水訟 : 싸움은 물가까지)

송(訟)이란 소송(訴訟), 곧 재판을 뜻한다. 인간 세상에는 싸움이 따르게 마련이다. 개인·집단·국가간의 대립, 그리고 각자의 내부에 일어나는 모순과 상극은 그칠 날이 없다. 상괘 ☰(乾 : 하늘을 뜻함)은 위로, 하괘 ☵(坎 : 물을 뜻함)은 아래로, 완전히 의견과 방향을 달리하는 모습이 송의 괘이다. 이럴 때 끝까지 자기 주장만 내세운다면 대립은 더 격렬해지고 반대로 불리한 결과만을 초래한다. 지금 기운(氣運)은 쇠하여 있다. 헛된 고집을 버리고 친애와 협조에 마음을 쓸 일이다. 한없는 추구는 그 반동(反動)도 역시 크다는 점을 명심하라.

송(訟)의 괘는 위의 강한 것〈乾〉이 아래의 것을 학대하고, 아래의 음험한 것〈坎〉이 위를 향하여 항쟁하려는 형상이다. 송은 성실한 마음을 품고 있으면서도 남에게 방해되어 마지못해 싸우는 상태이다. 그러나 싸움(소송)은 결코 좋은 일이 못 된다. 잘 반성하여 화해한다면 길할 것이

추구(追求) : 목적한 바를 이루고자, 끝까지 쫓아 구함.

항쟁(抗爭) : 맞서 다투는 일, 또는 그 다툼.

나 끝까지 싸우기를 고집하면 흉할 것이다.
  중정(中正)을 존중하고 현자(賢者)의 중재(仲裁)를 구하는 편이 좋을 것이다. 큰 냇물을 건너가는 듯한 그런 위험을 범하면서까지 해내려고 한다면 마침내 심연에 빠져들어 비참한 결과로 끝날 것이다.

중정(中正): 어느 쪽에도 치우침이 없이 곧고 바름, 또는 지나치거나 모자람이 없이 알맞음.

大象 하늘〈乾〉은 위를 향하고 물〈坎〉은 아래로 흐른다. 이같이 서로가 배반되는 것이 송의 괘상이다. 군자는 이 괘상을 보고 어떤 일에나 그 출발점에서 깊이 생각하여 후일에 분쟁이 생기지 않도록 조심한다.

初陰 싸움을 오래 끌어서는 안 된다. 적당한 시기에 그친다면 다소의 분쟁은 있으나 결국은 시비 곡절이 가려질 것이니 길하다.

곡절(曲折): ① 자세한 사정과 내용. ② 글의 문맥 같은 것이 단조롭지 않고 변화가 많음. ③ 까닭. ④ 구부러져 꺾임.

【二陽】 패소(敗訴)하게 된다〈不正〉. 아래의 것이 도리에 어긋나게 위의 것〈五陽〉과 싸우니 화를 초래하는 것은 당연지사이다. 싸움을 피하고 적으나마 자기의 분수를 지켜서 근신하고 있으면 화를 면하게 된다.

三陰 현재의 대우에 만족하고 윗사람에게 순종하며 공손한 태도를 굳게 지켜 나간다면 위태롭기는 하나 결국은 길하다. 때로는 영예스러운 일에 종사하는 일도 있겠으나 화려한 성공을 바라며 지나친 일을 해서는 안 된다.

【四陽】 패소하게 된다〈不中〉. 물러나와 자기의 분수를 지키고 천명을 따른다. 태도를 고쳐서 정도에 안정하고 있으면 길하다.

천명(天命): ① 하늘의 명령. ② 타고난 수명.

【五陽】 소송에는 크게 길하다. 중정을 지키기 때문이다.
【上陽】 소송에 이기고 큰 띠를 하사받는 영예를 얻는 수도 있지만 그 영예가 오래 계속되지 못한다. 단시일 내에 빼앗기는 결과가 온다. 본디 소송으로 얻은 영예는 존경할 만한 가치가 없는 것이다.

| 풀이 | 송(訟)은 성실함이 있으나 막히는 괘이니라. 두려워하여 중용을 얻으면 길함이 있으나, 마침내는 흉하다. 대인을 보는 것은 이롭고, 큰 냇물을 건너는 것은 이롭지 못하리라. **彖曰**=송은 위가 강(剛)하고 아래가 험하니, 위험하고도 건실한 것은 송(訟)이다. 송에는 성실함과 막힘이 있으니 두려워하여 중용을 취함이 좋다고 함은, 강(剛)한 기운이 와서 가운데 자리를 차지하기 때문이며, 마침내 흉하다 함은 송이 이루어질 수 없다는 것이다. 대인을 봄이 이롭다는 것은 바르고 치우치지 않아야 한다는 뜻이다. 큰 냇물을 건너는 것이 불리하다 함은 깊은 곳에 빠지기 때문이다. **象曰**=하늘(天)과 물(水)이 어긋나게 운행되는 것이 송괘이다. 군자는 일을 함에 있어서 처음을 도모한다.

初六=일을 오랫동안 끌지 않으면 작은 말썽이 있으나 마침내는 길하리라. **象曰**=일을 오랫동안 끌지 않는다 함은 송을 길게 하지 않는다는 것이다. 비록 작은 말썽이 있으나, 그 변명이 밝다는 것이다. **九二**=송을 극복할 수는 없다. 도망하여 돌아오니 그 고을에 사는 300호(戶)도 아

訟 有孚窒 惕中吉 終凶 利見大人 不利涉大川 彖曰 訟上剛下險 險而健訟 訟有孚窒 惕中吉 剛來而得中也 終凶 訟不可成也 利見大人 尚中正也 不利涉大川 入于淵也 象曰 天與水違行訟 君子以作事謀始 初六 不永所事 小有言 終吉 象曰 不永所事 訟不可長也 雖小有言 其辨明也 九二 不克訟 歸而逋 其邑人三百戶 无眚 象曰 不克訟 歸逋竄也 自下訟上 患至掇也 六三 食舊德 貞厲終吉 或從王事 无成 象曰 食舊德 從上吉也 九四 不克訟 復卽命 渝安貞吉 象曰 復卽命 渝安貞 不失也 九五 訟 元吉 象曰 訟 元吉以中正也 上九 或錫之鞶帶 終朝三褫之 象曰 以訟受服 亦不足敬也

무 탈이 없으리라. **象曰**=소송에 이기지 못하니 돌아가서 숨는다는 것이다. 아랫사람이 윗사람을 소송하니 환난에 이를 것이다. **六三**=옛 은덕(恩德)을 먹으니, 바르고 곧으면 위태로우나 마침내는 길하다. 혹은 왕사(王事)에 종사할지라도 이룩함이 없으리라. **象曰**=옛 은덕을 먹으니 윗사람을 좇으면 길하다. **九四**=송을 극복할 수 없다. 돌아와 명을 받들고 안정되어, 바르게 하면 길하리라. **象曰**=돌아와 명을 받들고 안정되어 바르게 한다 함은 잃어버리지 않는다는 것이다. **九五**=송에 크게 길하리라. **象曰**=송에 길하다 함은 치우치지 않고 바르기 때문이다. **上九**=혹은 큰 띠(帶)를 줄지라도 마침내 가서는 하루아침에 세 번씩 그것을 빼앗기리라. **象曰**=송으로써 총애를 받는다는 것은 역시 존경할 것이 못 된다는 것이다.

옛 은덕을 먹다(食舊德) : 선조(先祖)의 공덕으로 자손이 벼슬과 지위를 누르는 일.

7. 師 ䷆ (坎下/坤上) - 지수사(地水師 : 싸우는 길)

〈순자(荀子)〉에 말하기를, "사람이 태어나면 무리를 이루지 않을 수 없다."고 하였듯이 인간은 본질적으로 사회적 존재이다. 사(師)라는 것은 다수의 집단 또는 군대라는 말이다. 주(周)나라 제도에서는 500사람을 여(旅), 2,500사람을 사(師), 1만 2,500사람을 군(軍)이라고 하였다. 집단·군대에는 지도자가 필요하다. 지도자의 좋고 나쁨에 따라 그 집단의 운명이 좌우된다. 다수의 장병을 통솔하여 싸움에 이기려면 어떻게 해야 하는가? 이것은 현대의 관리자로서의 당면 과제가 되고 있다.

당면(當面) : ① 일이 바로 눈앞에 당함. ② 대면(對面).

이 괘는 집단의 지도자의 도(道)를 설명한다. 그 원칙은 '정정(貞正)'이다. 아무리 괴로워도 올바른 목적이 있는 한 백성은 반드시 따라오는 것이다.

사(師)의 괘는 무엇보다 정의에 입각해서 군대나 집단을 움직여야 한다. 다수를 통솔하여 천하에 정의를 실현할 수가 있다면 천하의 왕자가 되는 것이다. 유화(柔和)한 천자〈五陰〉 밑에서 위엄에 넘친〈二陽〉 장로(長老)가 통솔한다. 그러나 험난〈坎〉, 즉 전쟁을 겪을 때도 언제나 올바른〈坤〉 도를 따르는 것이다. 일시적으로 천하를 전쟁의 고통 속으로 몰아넣는다 해도 백성들은 그것을 이해하고 심복한다. 그러므로 싸움에 이길 것이니 길하리라. 허물이 있을 리가 없다.

大象 대지〈坤〉가 풍부하게 물〈坎〉을 저장하고 있다. 이것이 사의 괘상이다. 군자는 이 괘상을 보고 대지처럼 백성을 포용하고 양육한다.

初陰 군(軍)을 움직이려면 먼저 규율을 엄중히 하라. 규율이 문란해지면 일시적인 승리를 얻었다 하여도 결국은 흉한 것이다.

【二陽】 군 안에서 상하의 신망을 모은다. 천자의 깊은 은총을 얻어서 길하다. 만국을 굴복시켜 여러 차례 상을 받는다.

三陰 적지에 출진하면 크게 패하여 시체를 마차에 가

장로(長老): 덕이 높고 나이 많은 사람의 존칭.

심복(心服): 즐거운 마음으로 성심을 다하여 순종함. 심열성복(心悅誠服).

신망(信望): 믿고 바람. 믿음과 덕망.
은총(恩寵): 높은 이로부터 받는 특별한 은혜와 사랑.

득 싣고 돌아오는 파국에 이를지도 모른다. 흉하리라.

四陰 앞으로 진격하기 어려운 줄을 알고 물러난다. 이 방법의 상도를 지킨다면〈正〉 허물을 면할 수 있다.

五陰 전답을 황폐케 하는 새와 짐승들(백성을 해치는 침략자, 반란자)이 있다. 이제야말로 대의명분을 분명히 내걸고 토벌함이 좋다. 불의(不義)의 전쟁이 아니기 때문에 허물이 있을 턱이 없다. 다만 장수에는 뛰어난 인물〈二陽〉을 써야 한다. 적격성이 결핍된 자〈三陰〉를 쓰게 된다면 시체를 마차에 싣고 패주하는 참패를 당하며, 가령 정의의 싸움이라도 결과는 흉한 것이 된다.

上陰 싸움이 끝난 후에 천자는 공신을 제후(諸侯)로 봉하고 경(卿)·대부 벼슬에 임명한다. 그러나 아무리 공적이 많다 해도 소인을 이런 지위에 앉히면 안 된다. 장차 반란을 일으키게 될 것이다.

파국(破國) : 어떤 판국이 결판이 남, 또는 그 판국.

토벌(討伐) : 반란자 등 적이 되어 맞서는 무리를 병력으로 공격하여 없앰.

| 풀이 | 사(師)는 마음이 곧아야 하는 괘이니라. 덕이 있는 어른이라야 길하고 허물이 없으리라. **彖曰**=사(師)는 여러 사람이다. 마음이 곧은 것은 바른 것이다. 능히 대중을 바로잡을 수 있으면 가히 왕이 될 수 있다. 강(剛)이 가운데 자리에 응하므로, 위험한 일을 행한다 해도 순조롭다. 이것으로써 천하를 행하더라도 백성들은 순종한다. 길하여 좋으니, 또 무엇을 바라겠는가. **彖曰**=땅[地] 가운데 물〔水〕이 있는 것이 사괘이다. 군자는 백성을 용납하고 대중을 기른다.

師 貞 丈人吉无咎 彖曰
師衆也 貞正也 能以衆
正 可以王矣 剛中而應
行險而順 以此毒天下
而民從之 吉又何咎矣
象曰 地中有水師 君子
以容民畜衆
初六 師出以律 否臧凶
象曰 師出以律 失律凶
也 九二 在師中 吉无咎
王三錫命 象曰 在師
吉 承天寵也 王三錫命
懷萬邦也 六三 師或輿

尸凶 象曰 師或輿尸 大无功也 六四 師左次 无咎 象曰 左次无咎 未失常也 六五 田有禽 利執言 无咎 長子帥師弟子輿尸 貞凶 象曰 長子帥師 以中行也 弟子輿尸 使不當也 上六 大君有命 開國承家 小人勿用 象曰 大君有命 以正功也 小人勿用 必亂邦也

初六=사는 일정한 규율 밑에서 출동시켜야 한다. 그렇지 않으면 좋은 일이 모두 나쁘게 되느니라. **象曰**=군사(軍師)는 규율 있게 활동시켜야 옳은 것이니 규율을 잃으면 흉할 것이다. **九二**=사를 동원함에는 중정의 도를 지키면 길하고 허물이 없으리라. 왕은 세 번씩 명을 내린다. **象曰**=사를 동원하는 데 중도가 있어 길하다 함은 하늘의 은총을 받는다는 것이다. 왕이 세 번씩 명을 내린다 함은 여러 나라를 회유한다는 것이다. **六三**=사가 혹 시체를 싣고 올 수도 있으니 흉하리라. **象曰**=사가 혹 시체를 싣고 돌아오게 된다 함은 크게 공이 없다는 것이다. **六四**=사가 물러나와 머무르니, 허물이 없으리라. **象曰**=사가 물러나와 머물러 해가 없다 함은 아직 상도(常道)를 잃지 않았다는 것이다. **六五**=밭에 짐승이 있으니 말씀을 받들면 이롭고 허물이 없으리라. 맏아들에게 군사를 거느리게 할 것이다. 작은아들에게 시키면 시체를 싣고 돌아오게 되니, 마음이 바르고 곧아도 흉하리라. **象曰**=맏아들이 군사를 거느린다 함은 중정의 도를 행하기 때문이요, 작은아들에게 시키면 시체를 싣고 돌아오게 된다 함은 부림(使)이 마땅치 못하다는 것이다. **上六**=천자의 명령이 있다. 제후로 봉하고 대부 벼슬을 준다. 소인을 써서는 안 되느니라. **象曰**=천자의 명이 있다 함은 공을 올바르게 평가하기 때문이요, 소인을 써서는 안 된다 함은 반드시 나라를 어지럽게 하기 때문이다.

8. 比 ䷇ (坤下/坎上) - 수지비(水地比 : 인화)

오랜 전쟁이 끝나면 사람들은 화기애애해져서 친해지는 법이다. 비(比)는 두 사람이 나란히 선 형상으로 서로 친밀하게 돕는 것이다. 괘의 형상은 땅〈☷ 坤〉 위에 물〈☵ 坎〉이 있고 이 두 개가 친하고 화목함으로써 만물을 낳고 육성하는 것이다. 또 천자의 지위를 의미하는 5양에 여러 개의 음(--)이 의좋게 붙어 있는 형상으로, 사람들이 사모하여 지도자의 주위에 모여드는 상태를 나타낸다.

너그러운 마음으로 사람들을 대한다면 처음에는 비록 우여곡절이 있겠으나 나중에는 많은 사람들의 협력을 얻어서 대사업을 완성시킨다. 혹은 많은 여성을 매혹하는 남성으로 볼 수도 있다. 따라서 여성으로서는 마음을 놓을 수 없는 상태이다. 뒤떨어지는 것은 흉이라고 하였다.

우여곡절(迂餘曲折) : 여러 가지로 뒤얽힌 복잡한 사정이나 변화.
매혹(魅惑) : 남을 호려서 정신을 현혹하게 함.

비(比)의 괘는 길한 것을 나타낸다.

무슨 일이라도 친하고 화목한 마음으로 행하면 모든 사람이 그를 흠모(欽慕)하여 따르리라. 깊이 생각하고 의논하여 대범하고 변함없는 친화(親和)의 도(道)를 가진다면 허물이 있을 수 없다. 중정〈五陽〉의 도를 행하면 상하〈群陰〉가 모두 호응하게 된다.

불온한 움직임을 보이던 자도 마침내 사모하여 모여든다. 이러한 대열에서 뒤떨어지는 자는 나아가지도 물러서지도 못하게 되어 화를 입을 것이다.

흠모(欽慕) : 기쁜 마음으로 사모함.

만국(萬國) : 여러 나라.

大象 땅〈坤〉이 물〈坎〉을 담고 있다. 이것이 비의 괘상이다. 성왕(聖王)은 이 괘상을 보고 제후를 만국(萬國)에 봉하고 대지에 물이 스며드는 것처럼 서로 친애하고 화합하였다.

初陰 성실한 마음으로 사람과 친하게 되면 허물이 없는 것이다. 마음에 가득 차서 넘칠 만큼 성의가 있다면 생각지도 않던 길한 일이 생길 것이다.

二陰 충심으로 천자〈五陽〉와 친화하고 오래 그 마음을 계속 보존하면〈中正〉 길할 것이다.

三陰 친화하려는 마음은 있으나 주위에 적합한 사람이 없다.

四陰 현명한 천자〈五陽〉와 친화하고 정성껏 도와서 오래 신하의 도리를 지켜 나간다면 길할 것이다.

【五陽】 사람과 친화하는 데 공명정대하고 조금도 사심이 없다〈中正〉. 왕자가 사냥할 때는 몰이꾼을 3면에 배치하고, 1면은 열어놓는다. 열린 곳으로 도망가는 짐승은 쫓지 않는다. 이와 같이 도망가는 자를 쫓지 않는 관대한 마음으로 대한다면 백성은 안심하고 따라온다. 길하리라.

上陰 친화하려고 해도 이미 때를 놓쳐버렸다. 처음에 남과 사귀지 못하였으니 끝을 온전히 맺지 못하고 마침내 몸을 망친다. 흉하리라.

比 吉 原筮 元永貞 无
咎 不寧方來 後夫凶 象
曰 比吉也 比輔也 下順

| 풀이 | 비(比)는 길한 괘이니라. 원래 점쳐서 크고 항상 곧으면 허물이 없다. 바야흐로 편안치 않음이 닥치고 있

다. 뒤늦은 사람은 흉하리라. **象曰**=비가 길하다 함은 서로 보존하기 때문이다. 아랫사람이 순종하여 잘 따른다. 원래의 점친 것이 크고 항상 바르면 허물이 없다 함은, 강(剛)으로 중도(中道)를 지키기 때문이다. 바야흐로 편안치 않음이 닥친다 함은 위와 아래가 서로 응하기 때문이다. 뒤늦은 사람이 흉하다 함은 그 도가 궁하기 때문이다. **象曰**=땅 위에 물(水)이 있는 것이 비괘이다. 선왕(先王)은 여러 나라를 세우고 모든 제후들과 친하다.

初六=성실함이 가득 차 있어 허물이 없으리라. 성실함이 있되 물이 항아리에 차듯이 하면 마침내 사람이 와서 다른 길함이 있느니라. **象曰**=비의 초육(初六)은 다른 길함이 있는 것이다. **六二**=상응하려면 안에서부터 해야 하니, 바르고 곧아야 길하리라. **象曰**=비가 안에서 한다 함은 스스로 잃지 않는다는 것이다. **六三**=서로 친하려고 하나 자기가 뜻하는 사람이 아니니라. **象曰**=서로 친하려고 하나 자기가 뜻하는 사람이 아니라 함은 역시 마음이 상하는 것이 아니겠는가? **六四**=바깥에서 사람과 친하려고 한다. 곧고 바르면 길하리라. **象曰**=바깥에서 어진 사람과 친하게 되면, 그것으로써 윗사람을 따르게 되는 것이다. **九五**=친근성을 나타낸다. 임금이 사냥을 할 때 3면에서 몰아가고 한 곳을 터놓으니 앞으로 도망가는 짐승을 잃어버린다. 그 고을의 사람들도 경계하지 않는다. 길하리라. **象曰**=친근성을 나타내는 것이 길하다 함은 중정에 위치한 것이다. 거슬리는 것을 버리고 순종함을 취한다는 것은 앞

從也 原筮 元永貞 无咎
以剛中也 不寧方來 上
下應也 後夫凶 其道窮
也 象曰 地上有水比 先
王以建萬國 親諸侯
初六 有孚比之 无咎 有
孚盈缶 終來有它吉 象
曰 比之初六 有它吉也
六二 比之自内 貞吉 象
曰 比之自内 不自失也
六三 比之匪人 象曰 比
之匪人 不亦傷乎 六四
外比之 貞吉 象曰 外比
於賢 以從上也 九五 顯
比 王用三驅失前禽 邑
人不誡 吉 象曰 顯比之
吉 位正中也 舍逆取順
失前禽也 邑人不誡 上
使中也 上六 比之无首
凶 象曰 比之无首 无所
終也

의 짐승을 잃어버린다는 것이다. 고을 사람들이 경계하지 않는다 함은 윗사람으로 하여금 중용의 도를 지키게 한다는 것이다. **上六**=사람을 친근히 대하려고 하나 시작이 없다. 흉하리라. **象曰**=사람을 친근히 대하려고 하나 시작이 없다 함은 마침[終止]이 되는 것이 없다는 뜻이다.

9. 小畜 ䷈ (乾下/巽上) - 풍천소축
(風天小畜 : 강한 것을 누르는 도)

축(畜)이란 머물게 하다, 모으다, 기르다는 뜻을 가진다. 작은 것(하나의 음)이 큰 것(5개의 양)을 머물게 하려는 것이기 때문에 조금밖에 머물게 할 수 없는 것이다. 소축(小畜)이란 작은 것이 머물게 하고 적게 머문다는 뜻이다. 상도를 벗어난 남편이나 군주를 아내나 신하가 머물게 하려는 것이다. 작은 것이 큰 것을 머물게 하는 데는 그 나름대로 방법이 있어야 할 것이다. 제멋대로 떠들어서는 파멸을 초래할 뿐이다. 음(陰)의 힘은 아직 약하다. 운기(運氣)는 충만해 있으나 그것이 형상을 이루지 못할 때 우울하고 초조해지는 기분이다. 구름이 잔뜩 끼었으나 비는 내리지 않는 상태이니, 결코 조급하게 굴어서는 안 된다.

소축(小畜)의 괘는 그 뜻이 크게 이루어지는 것을 나타낸다. 유일한 유효(柔爻 : --)가 바른 자리에 있고 상하의 강효(剛爻 : —)가 전부 그것에 호응하고 있다. 안으로는 굳센〈乾〉힘을 갖고 밖으로는 어디까지나 순종〈巽〉을 잃지

상도(常道) : ① 항상 사람이 지켜야 할 도리. ② 늘 정해져 있어 변하지 않는 도리.

운기(運氣) : 인간의 힘을 초월한 천운(天運)과 기수(氣數), 운수.

않는다. 다만 지금은 서쪽¹⁾ 하늘에서 뭉게구름이 일어날 뿐 아직 비가 되어 만물을 적시지 않는 때이다. 큰 뜻이 방해를 받아 침체되어 있는 것이다. 노력하여 전진하는 것이 중요하다.

大象 바람〈巽〉이 하늘〈乾〉 위로 분다. 이것이 소축의 괘상이다. 바람만으로는 만물을 윤택하게 적셔주지 못한다. 군자는 이 괘상을 보고 자신의 문덕(文德)²⁾을 닦는다.
【初陽】조급해 하는 마음을 누르고 자기의 정당한 길로 돌아가려고 한다. 무슨 허물이 있겠는가. 길하리라.
【二陽】동류끼리〈初陽·三陽〉 손을 잡고 정도〈中〉로 돌아오고 중용을 지켜 나가면 길하리라.
【三陽】폭주(暴走)한 탓으로 몸통과 바퀴가 떨어져나간다. 서둘러 내닫는 남편〈三陽〉과 그것을 말리려는 아내〈四陰〉가 맞선다. 남편이 가정을 다스릴 수 없기 때문이다.
【四陰】성의를 가지고 일에 대처하면 유혈의 참사를 피하게 되고 걱정도 사라진다. 윗사람과 마음을 통할 수가 있기 때문이다. 허물이 없다.
【五陽】성의를 가지고 남과 손을 잡고 간다. 부(富)를 독점하지 않고 이웃과 함께 영화를 누린다.
【上陽】노력을 쌓아 마침내 목적은 달성되었다. 낮에 뭉쳤던 검은 구름도 마침내 비가 되어 만물을 적시고 마구 달리던 남편도 멈추었다. 그러나 부녀자〈陰〉의 상도(常道)는 유순함에 있다. 아무리 옳은 일이라도 지나치면 위험하

1) 원문은 아서교(我西郊). 주나라의 문왕(文王)을 서백(서방 제후의 장)이라고 불렀기 때문에 아서교란 말은 왕 자신을 가리킨다는 해석도 있다. 당시 은나라 주왕(紂王)의 폭정에 대하여 문왕이 자주 간언(諫言)하였으나 듣지 않았고, 오히려 그를 유리(羑里)에 가두기까지 하였다.

2) 〈논어〉에 말하기를, "먼 데 사람이 복종하지 않으면 문덕(文德)을 펴서 오게 하고 오게 되면 편안케 해야 한다(遠人不服化 則修文德以來之 則安之)."고 하였다. 문덕을 닦는 일은 예악(禮樂)에 의한 교양을 쌓고 그것으로 백성을 교화한다는 것이다.

다. 달도 만월에 가까워지면 태양과 같이 보이기도 한다. 이것은 흉조이다. 군자는 이 이상 더 나아가서는 안 된다.

| 풀이 | 소축(小畜)은 형통하는 괘이니라. 먹구름이 일지만 비는 오지 않는다. 나는 스스로 서쪽 교외에 있느니라. **彖曰**=소축은 유(柔)하여 자리를 얻고 상하가 서로 응한다. 이것을 말하여 소축이라고 한다. 건실하면서 유순하며, 강(剛)이 중도를 지켜 뜻을 행하니, 바로 형통한다. 먹구름에 비가 오지 않는다 함은 아직도 가고 있다는 것이다. 나는 스스로 서쪽 교외에 있다 함은 베풂이 아직 행해지지 않는다는 것이다. **象曰**=바람이 하늘 위에서 부는 것이 소축괘이다. 군자는 문(文)과 덕(德)을 아름답게 한다.

初九=다시 돌아옴이 나의 도(道)이다. 어찌 허물이 있겠는가. 길하리라. **象曰**=다시 돌아옴이 나의 도라 함은 그 뜻(義)이 좋다는 것이다. **九二**=이끌고 돌아온다. 길하리라. **象曰**=이끌고 돌아온다 함은 중도가 있다는 것이니, 또한 스스로를 잃지 않음이다. **九三**=수레바퀴의 살이 벗겨졌다. 부부가 서로 눈을 돌리느니라. **象曰**=부부가 서로 눈을 돌린다 함은 집안을 바로잡을 수 없다는 것이다. **六四**=성실함이 있다. 상처가 아물어가고 위험한 곳에서 뛰쳐나온다. 허물이 없으리라. **象曰**=성실함이 있어 위험한 곳에서 뛰쳐나온다 함은 윗사람과 뜻이 맞는다는 것이다. **九五**=성실함이 있어서 사람을 이끄는 듯하다. 그 이웃과 함께 부유하게 될 것이니라. **象曰**=성실함이 있어서 사람

小畜 亨 密雲不雨 自我西郊 彖曰 小畜柔得位而上下應之曰小畜 健而巽 剛中而志行 乃亨 密雲不雨 尚往也 自我西郊 施未行也 象曰 風行天上小畜 君子以懿文德
初九 復自道 何其咎 吉 象曰 復自道 其義吉也
九二 牽復 吉 象曰 牽復在中 亦不自失也
九三 輿說輻 夫妻反目 象曰 夫妻反目 不能正室也
六四 有孚 血去惕出 无咎 象曰 有孚惕出 上合志也
九五 有孚攣如 富以其隣 象曰 有孚攣如 不獨富也
上九 旣雨旣處 尚德載 婦貞厲 月幾望 君子征凶 象曰 旣雨旣處 德積載也 君子征凶 有所疑也

을 이끄는 듯하다 함은 혼자는 부자 노릇을 하지 못한다는 것이다. **上九**=이미 비가 내려서 땅에 머물러 있다. 덕을 숭상하여 몸에 배어 있으니, 부인이 곧고 바르다 해도 위태하리라. 달이 보름에 가까웠다. 군자가 싸움을 하러 나가면 흉하리라. **象日**=비가 내려 이미 머물러 있다 함은 덕이 쌓여 있다는 것이다. 군자가 싸움을 하러 가면 흉하다 함은 의심스러운 것이 있다는 것이다.

10. 履 ☱☰ (兌下/乾上) - 천택리(天澤履 : 호랑이 꼬리를 밟는다)

이(履)란 밟는다, 실천한다의 뜻을 가지고 있다. 실천에는 항상 위험이 따른다. 그러나 위험을 두려워해서는 아무것도 할 수가 없다. 호랑이 꼬리를 밟는 것과 같은 위험 속에서 어찌 몸을 보전할 수 있겠는가.

이 괘는 강건하고 유익함을 나타내는 상괘의 ☰(乾)에 유순함을 나타내는 ☱(兌)가 따르고 있는 형상이다. 윗사람이나 경험자의 말을 솔직하게 받아들이고 선인(先人)의 경험으로부터 교훈을 찾아내는 마음가짐이 필요하다. 무턱대고 달리면 반드시 실패한다. 자기의 힘을 생각하고 착실하게 나아가면 처음에는 위험을 만나더라도 반드시 목적을 달성할 수가 있다.

이(履)의 괘는 유순함〈兌〉이 굳센 것〈乾〉을 따르는 형상이다. 충심으로 기꺼이〈兌〉 선인들을 따른다면 호랑이 꼬리를 밟는 위험을 범하더라도 물려 죽지 않고 뜻을 이룰

선인(先人) : ① 전대(前代)의 사람. 옛날 사람. ② 윗사람에게 자기의 돌아간 아버지를 일컫는 말. ③ 조상. 선조.

수가 있다.

5양(五陽)은 중정(中正)의 위치에 있어서 강건, 중정의 덕을 나타내며 천자의 자리에 올라도 전혀 부끄러움이 없을 뿐아니라 그 빛이 널리 천하에 빛난다.

中正(중정) : 지나치거나 모자람이 없고 치우침이 없이 곧고 올바름.

大象 하늘은 위로〈乾〉 연못은 아래로〈兌〉, 이것이 이의 괘상이다. 군자는 이 괘상을 보고 상하·귀천의 분별을 명백히 하고 예의를 정하여 백성에게 질서의 관념을 심어준다.

【初陽】 순수한 마음으로 홀로 자기의 도를 실천하라. 앞으로 나아가도 허물은 없을 것이다.

【二陽】 홀로 큰 길을 간다. 유혹이나 소란함에 마음이 흔들리지 않으면〈中〉 정도를 얻어서 길하리라.

三陰 애꾸눈과 절름발이이면서 남보다 더 잘 보며 더 잘 걷는다고 뽐낸다. 이런 자와 행동을 같이할 수는 없다. 자기의 비재(非才 : 陰)를 돌보려고 함부로〈不中〉 나아간다면 호랑이 꼬리를 밟아 물려 죽을 것이다. 흉하다. 무인이 군주가 된 것 같다〈不中〉. 너무 강한 점만을 내세워서는 영속될 수가 없다.

비재(非才) : ① 변변하지 못한 재주. ② 남 앞에서 자기 재능을 겸손하게 이르는 말.

【四陽】 호랑이 꼬리를 밟는 위험을 과감히 행하여 보라. 신중함만 잃지 않는다면 마지막에 목적을 달성하고 길할 것이다.

【五陽】 혼자서 결단을 내려 행하는 일이 비록 올바른 것이라 해도 위험은 있는 것이다. 그것이 가능하면 할수록 신중을 기해야만 한다.

[上陽] 과거의 실천을 돌이켜보고 미래의 길흉을 고찰해 보라. 출처진퇴(出處進退) 모두가 대길을 얻는다. 최후〈上爻〉에 웃는 자야말로 큰 축복을 받는다.

| 풀이 | 이(履)는 호랑이 꼬리를 밟아도 사람을 물지 않으니, 모든 일이 형통하는 괘이니라. **象曰**=이(履)는 유(柔)함이 강(剛)함을 밟는다. 기꺼이 건(乾)에 응한다. 이것이 바로 호랑이 꼬리를 밟아도 사람을 물지 않는다는 것이다. 모든 것이 형통하리라. 강이 바르고 치우치지 않아서 임금의 자리를 차지하게 되니, 병들지 않고 광명스럽게 되는 것이다. **象曰**=위는 하늘(天)이요, 아래에 못(澤)이 있는 것이 이 괘이다. 군자는 이로써 위와 아래를 분별하고 백성의 뜻을 정한다.

初九=순수한 마음으로 신을 신고 가면 허물이 없으리라. **象曰**=순수한 마음으로 신을 신고 간다 함은 홀로 뜻을 실행한다는 것이다. **九二**=땅을 밟아도 단단하다. 고독한 사람은 바르고 곧아야 길하리라. **象曰**=고독한 사람이 바르고 곧아야 길하다 함은 중정(中正)을 스스로 흐트리지 않아야 한다는 것이다. **六三**=애꾸눈도 물건을 볼 수 있으며, 절름발이도 땅을 딛을 수 있느니라. 그러나 호랑이 꼬리를 밟으면 사람이 물리니, 흉함이 있다. 무인(武人)이 제왕(帝王)이 되느니라. **象曰**=애꾸눈도 물건을 볼 수 있다 하나, 밝게 볼 수 있다는 것이 아니다. 절름발이도 땅을 딛을 수 있다 하나, 부족하여 함께 걸을 수 없다는 것이

履 虎尾不咥人 亨 象曰 履柔履剛也 說而應乎乾 是以履虎尾不咥人 亨 剛中正 履帝位而不疚 光明也 象曰 上天下澤履 君子以辨上下定民志
初九 素履 往无咎 象曰 素履之往 獨行願也 九二 履道坦坦 幽人貞吉 象曰 幽人貞吉 中不自亂也 六三 眇能視 跛能履 履虎尾咥人 凶 武人爲于大君 象曰 眇能視 不足以有明也 跛能履 不足以與行也 咥人之凶 位不當也 武人爲于大君 志剛也 九四 履虎尾 愬愬終吉 象曰 愬愬終吉 志行也 九五 夬履 貞厲 象曰 夬履貞厲 位正當也 上九 視履考祥 其旋元吉 象曰 元吉在上 大有慶也

다. 그리고 사람을 물어서 나쁘다 함은 위치가 적당치 않다는 것이다. 무인으로서 제왕이 된다 함은 의지만 강(剛)하다는 것이다. 九四=호랑이 꼬리를 밟는다. 두려움을 가지고 모든 일을 행하게 되면 마침내 길하리라. 象曰=두려움을 가지고 모든 일을 행하게 되면 마침내 길함이 온다 함은 뜻(志)이 실행된다는 것이다. 九五=결단코 이행하고 만다. 마음을 곧고 바르게 가져도 위험함이 있느니라. 象曰=결단코 이행하고 마음을 곧고 바르게 가져도 위험하다 함은 자리가 정당하다는 것이다. 上九=이행한 것을 보아서 길상(吉祥)과 흉상(凶祥)을 고찰해 본다. 그것이 두루 잘 살펴지면 크게 길하리라. 象曰=크게 길함이 위에 있다 함은 크게 경사가 있다는 것이다.

길상(吉祥) : 운수가 좋을 조짐. 경사가 날 조짐.

11. 泰 ☰(乾下) ☷(坤上) - 지천태(地天泰 : 상하가 화합, 태평한 길)

이 괘는 하늘을 나타내는 ☰(乾)이 밑에 있고 땅을 나타내는 ☷(坤)이 위에 있다. 즉 천지가 거꾸로 된 것이지만, 이것이 도리어 잘된 것이다. 말하자면 하늘의 기(氣)는 위로 자꾸 오르고 땅의 기는 아래로 자꾸 내려가는 성질을 가지고 있기 때문이다.
만일 하늘이 위에 있고 땅이 밑에 있다면 이 양자는 점점 더 멀어져 간다. 그러나 반대로 되어 있기 때문에 하늘의 기가 상승하고 땅의 기가 하강하여 양자가 합쳐지고 거기서 만물이 태어나는 것이다.
여기서는 대립물의 통일성을 동적(動的)으로 포착하려는 역리

역리(易理) : 역의 법칙. 역의 이치.

(易理)의 이상적인 형상이 나타나 있다. 인간관계에서 말한다면 상사(上司)와 부하, 남편과 아내, 어버이와 아들, 강자와 약자, 혹은 친구와 동지가 화합·일치하여 만사가 순조로이 이루어지게 하기 위해서는 어떻게 해야 좋은가를 제시하고 있다. 태(泰)라는 것은 안정되고 편안한 것이다. 괘의 형상을 보아도 튼튼한 기반 위에 세워진 건축물을 연상하게 된다. 안정된 번영이다. 그러나 대길은 흉으로 돌아오니, 방심은 금물이다. 따라서 3효와 상효의 말을 명심해야 한다.

기반(基盤) : 기초가 되는 지반. 기본이 되는 자리.

   태(泰)의 괘는 음(陰 : 坤)의 기(氣)가 내리고 양(陽)의 기가 오르는 형상이다. 천지가 화합하고 만물을 낳게 하여 육성하니, 상하가 화합하여 마음을 서로 통하게 한다.
   내괘(內卦)가 양(陽)이고 외괘(外卦)가 음(陰)이다. 이것은 안으로 강한 기(氣)를 품고 밖으로는 유순한 태도를 지킨다. 또 그 중심에는 군자를, 변두리에는 소인을 배치하는 것을 나타낸다. 그리하여 군자의 도는 발전하고 소인의 도는 소멸하는 것이다. 태의 괘는 길한 것으로서 성장하고 번영한다.

大象 천지가 화합한다. 이것이 태의 괘상이다. 왕자는 이 괘상을 보고 천지의 움직임에 사람의 힘을 가하여 백성을 편안한 곳으로 인도한다.
【初陽】 띠풀 한 줄기를 뽑으면 한 포기가 전부 엉켜 나온다. 많은 동지〈二陽·三陽〉와 함께 적극적으로 활동하는 것이 좋다. 길하리라.

왕자(王者) : ① 임금. ② 왕도로써 천하를 다스리는 사람.

【二陽】 더러운 것을 포용하는 도량, 큰 냇물을 두 발로 걸어가는 과단성, 멀리 떨어진 자와 친하려는 배려, 사심을 끊어버리는 공정, 즉 이런 큰 덕을 갖춘다면〈中〉태평성세로 크게 발전할 것이다.

【三陽】 가는 것은 반드시 돌아온다. 태평성세도 언젠가는 기운다. 나라를 다스림에 있어서 난(亂)을 잊지 않는 마음을 가진다면 허물이 없을 것이다. 한결같이 성실한 마음을 가지면 허물이 없을 것이니 안심하라. 성실성만 있다면 먹는 데 어려움을 당하지 않는다. 상대에게 그것이 통하지 않는다고 해도 근심할 필요는 없다. 안정된 생활을 타고난 것이다.

四陰 봉황새가 무리를 지어 춤을 추며 땅 위에 내린다. 부귀의 몸으로 자기 만족에 빠지지 말고 남〈五陰〉과 더불어 현자〈初陽〉의 가르침을 구하는 것이다. 자기의 비재(非才 : 亂)를 알고 있기 때문이다. 진심으로 가르침을 원한다면 성심은 저절로 일어난다.

五陰 은나라의 임금 제을(帝乙)¹⁾은 어진 신하를 깊이 경애하고 그 누이를 신하의 아내로 시집보냈다. 이와 같이 겸허한 마음을 가지고 일을 행한다면 경사스러운 복이 내려 크게 길할 것이다.

上陰 성벽이 무너져서 성밖의 도랑을 메운다. 태평성세도 이제 다하여 동란의 징조가 나타난다. 함부로 군을 동원하여 힘으로 누르려고 해서는 안 된다. 나라 안이 분열한다. 바른 일이라도 궁지에 빠지게 된다.

1) 은나라의 임금 제을이 누구인지는 잘 모른다. 탕왕(湯王)이라고도 하고 주왕(紂王)의 아버지라고도 한다.

동란(動亂) : 전쟁이나 재변(災變) 따위로 세상이 어지러워진 상태, 또는 그러한 전쟁이나 재변.

| 풀이 | 태(泰)는 소(小)가 물러나고 대(大)가 오는 괘이니라. 모든 일이 형통하여 길하리라. **象曰**=태는 작은 것이 가고 큰 것이 오는 것이기 때문에 길하여 형통하다 함은 천지가 사귀어 만물이 통한다는 것이다. 위와 아래가 서로 사귀어 그 뜻이 같은 것이다. 안은 양(陽)이요 밖은 음(陰)이며, 안은 건실하고 밖은 유순하며, 안은 군자이고 밖은 소인이며, 군자의 도는 자라나고 소인의 도는 사라지는 것이다. **象曰**=하늘과 땅이 교접하는 것이 태괘이다. 왕후는 천지의 도를 재성(財成)하며, 천지의 마땅함을 서로 도와 이로써 백성을 좌우한다.

初九=잔뿌리를 뽑으니 서로 엉켜 있다. 동류들과 같이 정벌하러 가면 길하리라. **象曰**=잔뿌리를 뽑으니 정벌하러 가면 길하다 함은 뜻이 밖에 있다는 것이다. **九二**=오랑캐 족속을 포섭하여 맨몸으로 물(河)을 건넌다. 먼 데 남아 있는 사람을 버리지 않으면 친구를 잃게 되나, 중용의 도를 숭상하여 그것을 얻게 되리라. **象曰**=오랑캐 족속을 포섭하고 중용의 도를 숭상하여 잃어버린 것을 다시 얻는다 함은, 그것으로써 빛남이 크다는 것이다. **九三**=아무리 평탄한 것이라도 나중에 가서는 기울어지지 않는 것이 없고, 가면 돌아오지 않는 것이 없다. 어려운 가운데서도 곧고 바르게 하면 허물됨이 없으리라. 그 성실함이 있으니 근심하지 말라. 식복(食福)이 있느니라. **象曰**=가면 다시 돌아오지 않는 것이 없다 함은 천(天)과 지(地)가 서로 교제한다는 것이다. **六四**=새가 훨훨 날아가는 모습이

泰 小往大來 吉亨 象曰 泰小往大來 吉亨 則是 天地交而萬物通也 上下交而其志同也 內陽而外陰 內健而外順 內君子而外小人 君子道長 小人道消也 象曰 天地交泰 后以財成天地之道 輔相天地之宜 以左右民
初九 拔茅茹 以其彙 征吉 象曰 拔茅征吉 志在外也 九二 包荒用馮河 不遐遺 朋亡 得尙于中行 象曰 包荒 得尙于中行 以光大也 九三 无平不陂 无往不復 艱貞无咎 勿恤其孚 于食有福 象曰 无往不復 天地際也 六四 翩翩 不富以其隣 不戒以孚 象曰 翩翩不富 皆失實也 不戒以孚 中心願也 六五 帝乙歸妹 以祉元吉 象曰 以祉元吉 中以行願也 上六 城復于隍 勿用師 自邑告命 貞吝 象曰 城復于隍 其命亂也

다. 부유하다 생각지 말고 이웃과 서로 사귀어야 한다. 서로 경계하지 않고 진실된 마음으로 가르침을 받느니라. **象曰**=새가 훨훨 날아 부(富)하지 않다 함은 모두 실(實)을 잃어버렸다는 것이다. 경계하지 않고 진실된 마음으로 가르침을 받는다 함은 중정(中正)의 마음으로 원한다는 것이다. **六五**=제을 임금이 누이를 시집보낸다. 행복하게 되니 크게 길하리라. **象曰**=행복하게 되니 크게 길하다 함은 중정의 마음으로 원하는 바를 실행한다는 것이다. **上六**=성이 무너져 다시 웅덩이가 된다. 군사(師)를 쓰지 말 것이니라. 서울에서 명령을 내린다. 말씀이 올바르더라도 부끄러움이 되리라. **象曰**=성이 무너져 다시 웅덩이가 된다 함은 그 명령이 어지럽다는 것이다.

12. 否 ☷☰(坤下/乾上) - 천지비(天地否 : 시대 봉쇄 현상)

비(否)는 앞의 태괘와는 정반대이다. 하늘은 위로 자꾸만 오르고 땅은 계속 밑으로 내려간다. 무슨 일이나 엇갈리고 배반되어 잘 들어맞지가 않는다. 주위의 모든 사람이 차가운 시선을 보내고 팔방이 꽉 막힌 상태이다. 백성의 뜻이 나타나지 못하고 빈부의 차가 심해진다. 괘의 형태도 빈약한 기반 위에 강한 것이 올라타고 있어서 언제 무너질지 모르는 모래 위의 누각을 나타내고 있다. 지금 당신은 위기에 직면해 있다. 잠시도 머뭇거려서는 안 된다. 막힌 상태를 타개하기 위해서는 진지하게 현실과 대결하지 않으면 안 된다. 각 효사는 그 암시를 보여주고 있다.

빈약(貧弱) : ① 모양이나 내용이 충실하지 못하여 보잘 것 없음. ② 가난하고 약함.
모래 위의 누각(沙上樓閣) : 모래 위에 세운 다락집이란 뜻으로, 겉모양은 번듯하나 기초가 약하여 오래가지 못하는 것, 또는 실현 불가능한 일 따위를 비유하여 이르는 말.

비(否)의 괘는 소인이 세상을 가로막고 있는 것을 나타낸다. 군자가 상도(常道)를 지켜 나가려고 해도 방해를 받아 잘되지 않는다. 양은 올라가고 음은 내려간다. 천지는 화합하지 못하고 만물은 자라지 않으니, 상하가 화합되지 못하고 국가는 망한다.

내괘(內卦)가 음이고 외괘(外卦)가 양이다. 이것은 내심(內心)이 유약하면서도 외면은 강한 듯이 꾸미는 것이다. 중심을 소인이 점령하여 군자가 밀려나가는 것을 나타낸다. 소인의 도가 횡행하고 군자의 도는 멸망하는 것이다.

내심(內心): 속마음.

大象 천지가 서로 배반하는 것이 비의 괘상이다. 군자는 이 괘상을 보고 숨어서 난을 피한다. 벼슬과 봉록으로써 그를 유혹한다 해도 움직일 수가 없다.

初陰 띠풀은 한 줄기 뽑으면 한 포기가 전부 엉켜서 나온다. 동지〈二·三陰〉와 함께 군주〈五陽〉에게 충성을 하면 길하니 번영한다.[1]

二陰 소인은 위〈五陽〉의 명령에 순종하고 받아들여야 길하다. 군자는 신념을 굽히면서까지 타협하지 않는다〈中正〉. 팔방이 꽉 막혀 있어도 신념을 관철해 나갈 수가 있다.

三陰 자신의 분수도 잊고 부귀영화에 빠진다. 수치도 모르고 체면도 없다.

【四陽】 오로지 임금의 명령에 따라 움직이면 허물이 없다. 막힌 것을 타파하려는 뜻이 이루어진다. 동지와 같이 큰 복을 받는다.

1) 초음의 효사는 해석이 여러 가지이다. 소인들이 당파를 만들고 있는 것을 보고 군자가 그것을 우려하고 있는 것이라고 해석할 수도 있고, 소인들이라도 정도(正道)를 행한다면 길하다고도 해석된다. 여기서는 군자, 소인의 구별을 하지 않고 봉쇄의 시초이기 때문에 협력해 간다면 길하다고 해석하였다.

【五陽】막힌 상태의 진행을 멈추게 한다. 군자는 길하다〈中正〉. '망하지나 않을까, 망할지도 모른다. 내 몸을 옭아매는 것은 뽕나무 하나.'라고 항상 자기를 경계하라.
【上陽】막힌 상태는 타개되려고 한다. 막힌 시대라고 해서 영원히 계속되는 것은 아니다. 처음에는 괴로우나 나중에는 즐거움이 찾아온다.

| 풀이 | 비(否)는 사람의 도가 행하지 못하는 괘이니라. 군자의 바르고 곧은 도도 이롭지 않다. 대(大)가 가고 소(小)가 오는 것이니라. 象曰=비는 사람의 도가 아니다. 군자의 도가 바르고 곧아도 이롭지 않으며 대가 가고 소가 온다 함은, 천(天)과 지(地)가 서로 사귀지 않아서 만물이 통하지 않는다는 것이다. 위와 아래가 서로 사귀지 않으니 천하에 나라가 없다는 것이다. 안은 음(陰)이고 밖은 양(陽)이며, 안은 부드럽고 밖은 강하며, 안은 소인이고 밖은 군자이니, 소인의 도는 자라나고 군자의 도는 사라지는 것이다. 象曰=하늘과 땅이 교합하지 않는 것이 비괘이다. 군자는 검소한 덕으로써 난을 피해야 하니, 복록으로 영광을 누리지 못한다는 것이다.

初六=띠풀의 뿌리를 뽑는다. 그 뿌리가 한데 엉켜 있다. 바르고 곧으면 길하고 형통하리라. 象曰=띠풀의 뿌리를 뽑으니 바르고 곧으면 길하다 함은 뜻이 군자에게 있다는 것이다. **六二**=포섭하여 이어받는다. 소인은 길하고, 대인은 막히는 일이 있지만 형통하게 되느니라. 象曰=대

否之匪人 不利君子貞 大往小來 象曰 否之匪人 不利君子貞 大往小來 則是天地不交而萬物不通也 上下不交 而天下无邦也 內陰而外陽 內柔而外剛 內小人而外君子 小人道長 君子道消也 象曰 天地不交否 君子以儉德辟難 不可榮以祿
初六 拔茅茹 以其彙 貞吉亨 象曰 拔茅 貞吉 志在君也 六二 包承 小人吉 大人否亨 象曰 大人否亨 不亂群也 六三 包羞 象曰 包羞 位不當也 九四 有命无咎 疇離祉 象曰 有命无咎 志行也 九五 休否 大人吉 其亡其亡 繫于苞桑 象曰 大人之吉 位正當也 上九 傾否 先否後喜 象曰 否終則傾 何可長也

인은 막히는 일이 있지만 형통하게 된다 함은 군중이 어지러워지지 않는다는 것이다. **六三**=남에게 포섭됨은 부끄러운 일이니라. **象曰**=남에게 포섭됨이 부끄럽다 함은 위치가 적당치 않다는 것이다. **九四**=명(命)이 있으니 허물이 없으리라. 동류들에게 복록이 붙으리라. **象曰**=명이 있으니 허물이 없다 함은 뜻이 실행된다는 것이다. **九五**=운이 막힘을 쉬게 한다. 대인은 길하다. 망할 것이다, 망할 것이다 하여 무더기로 난 뽕나무에 잡아매게 되리라. **象曰**=대인이 길하다 함은 자리가 정당하다는 것이다. **上九**=막혔던 운이 기울어진다. 먼저는 막히고 나중은 기쁘게 되느니라. **象曰**=막힌 운이 마침내 기울어진다 하니, 어찌 오래갈 수 있겠는가?

동류(同類) : ① 같은 무리. ② 같은 종류.
복록(福祿) : 복과 녹.

13. 同人 ☰(離下/乾上) - 천화동인(天火同人 : 벗을 구하여)

동인(同人)이란 남과 뜻을 같이하는 사람, 동지를 구하여 같이 가는 것이니, 동인잡지(同人雜誌)의 어원(語源)이 되는 말이다. 상괘 ☰(乾)은 강건하여 쉴 줄 모르는 활동력, 하괘 ☲(離)는 빛나는 지성(知性)을 의미한다. 그러나 창백한 인텔리 또는 수레를 끄는 말 같은 활동가도 아니다.

풍부한 지성과 실행력을 겸비한 조직자·공작자(工作者)이며 유연한 마음을 가진 사람이다. 사람들을 조직해 가는 데 결코 오래된 연고나 사연(私緣)을 의지해서는 안 된다. 어디까지나 공적인 인간관계를 창조하는 것이 중요하다. 그래서 처음에는 고

초지(初志) : 처음에 품은 뜻이나 의지.

1) 유일한 유효(柔爻)에 대하여 다른 5효(五爻)가 접근하려고 한다. 2음(二陰)은 5양(五陽)과 짝이 맞아 가장 힘차게 결합되어 있으나, 비(比)의 관계에 있는 3양이 2음을 빼앗으려고 5양과 대항하게 된다

야심(野心) : ① 야망을 이루려는 마음. ② 남을 해치려는 나쁜 계획, 또는 야비한 마음.

독감에 괴로워하지만 그렇다고 안이한 길을 택해서는 안 된다. 초지를 관철하면 반드시 즐거움이 따른다.

동인(同人)의 괘는 멀고 가까운 차별 없이 널리 동지를 구하는 것을 나타낸다. 중심이 되는 유일한 유효〈二陰〉가 중정(中正)을 지켜서 사람들과〈四·五·上陽〉 대하고 있는 것이다.[1] 뜻은 이루어진다. 늠름한 실행력은 큰 냇물을 건너는 것과 같은 어려운 사업도 성취시킨다. 지성〈離〉이 풍부하고 강건〈乾〉하여 중정을 잘 지킨다〈二陰·五陽〉. 이것이 군자의 바른 모습이다. 이 도를 변함없이 지키는 군자만이 천하 백성들의 마음을 서로 통하게 하여 합칠 수가 있다.

大象 언제나 높은 곳에 있는 하늘〈乾〉과 항상 높은 곳을 지향하는 불, 이것이 동인의 괘상이다. 군자는 이 괘상을 보고 인물을 찾아서 동지를 모은다.

【初陽】 문을 나와 널리 동지를 구한다. 누가 탓할 것인가. 허물은 없다.

■二陰 당파와 파벌주의에 떨어진다. 비난을 면치 못할 것이다.

【三陽】 분수도 모른 채 야심을 불태우면서 복병을 숲속에 배치하고 언덕에 올라 적정(敵情)을 살핀다. 그러나 상대〈五陽〉는 강건·중정하여 3년을 줄곧 기다려도 앞으로 나아갈 수가 없다.

【四陽】성벽까지 공격해 갔지만 진퇴양난이다. 야심을 버리고 정도로 돌아오면 길하다.

【五陽】동지와 더불어 나아가고 싶다. 그러나 방해하는 자가 많다. 자기 자신도 타협을 싫어하기 때문에 처음에는 고독으로 말미암아 울부짖는다. 그러나 최후에는 즐거움이 찾아올 것이다. 방해하는 자는 대군을 움직여서 이를 쳐부수고 동지〈二陰〉와 결합할 수가 있다.

【上陽】고립되어 도와주는 자가 없다. 동지를 구하러 무인지대를 헤맨다. 그러나 뉘우침은 없다.

┃풀이┃동인(同人)은 넓은 들과 같은 괘이니, 모든 일이 잘 형통하리라. 큰 냇물을 건너면 이롭다. 군자는 바르고 곧으며 이로우리라. 象曰=동인은 유(柔)하여 자리를 얻는다. 중도(中道)를 얻어 하늘에 응하는 것을 말하여 동인이라고 한다. 그러므로 동인은 넓은 들과 같다는 것이다. 모든 일이 형통한다. 큰 냇물을 건너면 이롭다 함은 건덕(乾德)의 행함이다. 문명(文明)함으로써 건실하며 중정의 도가 응함은 군자의 바른 도인 것이다. 오직 군자라야 천하의 뜻에 능히 통할 수 있다. 象曰=하늘과 불이 함께 있는 것이 바로 동인괘이다. 군자는 이로써 민족을 모으고 물건을 분별한다.

初九=동인은 문과 같은 것이다. 허물이 없으리라. 象曰=문을 나서는 동인이 또 누구를 탓하겠는가. 六二=동인이 종주(宗主)에게 가느니라. 부끄럽도다. 象曰=동인이 종

同人于野 亨 利涉大川 利君子貞 象曰 同人柔得位 得中而應乎乾 曰同人〔同人曰〕同人于野 亨 利涉大川 乾行也 文明以健 中正而應 君子正也 唯君子爲能通天下之志 象曰 天與火同人 君子以類族辨物 初九 同人于門 无咎 象曰 出門同人 又誰咎也 六二 同人于宗 吝 象曰 同人于宗 吝道也 九三 伏戎于莽 升其高陵 三歲不興 象曰 伏戎于莽 敵剛也 三歲不興 安行也 九四 乘其墉 弗克攻 吉 象曰 乘其墉 義弗克也 其吉 則困而反則也 九五 同人 先號咷而後笑 大師克相遇 象曰 同

人之先 咷以中直也 大師相遇 言相克也 上九 同人于郊 无悔 象曰 同人于郊 志未得也

주에게 간다 함은 부끄러운 도라는 것이다. **九三**=군사를 풀밭에 매복시키고 높은 언덕에 올라가서 망을 본다. 그러나 3년이 지나도록 일이 일어나지 못하느니라. **象曰**=군사를 풀밭에 매복시킨다 함은 적이 아주 강하다는 것이다. 3년이 지나도록 일이 일어나지 못한다 하니 갈 곳이 과연 어디란 말인가. **九四**=도둑이 담장을 타고 있으나 안을 침범하지 못한다. 길하리라. **象曰**=도둑이 담장을 타고 있다 함은 의(義)를 이기지 못한다는 것이다. 그 길함은 곤궁하여 법칙으로 돌아옴에 있는 것이다. **九五**=동인은 처음에는 울다가 나중에는 웃는다. 큰 군사(師)를 이겨서 서로 만나게 되는 것이니라. **象曰**=동인이 처음에 운다 함은 중도가 곧기 때문이며, 큰 군사가 서로 만난다 함은 서로 이김을 말하는 것이다. **上九**=동인은 교외(郊外)와 같은 것이다. 뉘우침이 없으리라. **象曰**=동인이 교외와 같다 함은 아직 뜻을 얻지 못하였다는 것이다.

14. 大有 ☰(乾下/離上) - 화천대유(火天大有 : 한낮의 태양)

대유(大有)란 크게 가진다는 뜻이며, 모든 것을 포용하고 왕성한 운(運)을 보존해 가는 괘이다. 대유는 또 풍년을 의미한다. 곡식이 창고에 가득 차서 유복하고 만족함을 나타내는 괘이다. 상괘 ☰(離)는 태양, 하괘 ☰(乾)은 하늘을 가리킨다. 태양이 중천에 높이 떠서 강한 빛과 열을 골고루 비춰 주는 형상이며, 귀

유복(裕福) : 살림이 넉넉함.

중한 지위에 있는 음효가 유화(柔和)한 포용력을 가지고 주위의 양효를 이끌고 있는 형상이다. 무엇을 해도 순풍에 돛단배이니 모든 것이 자기 편이다. 이제야말로 적극적으로 행동할 때이다. 호괘(互卦)는 쾌(夬)이다. 왕성한 운 속에 스며드는 불행의 원인을 항상 잊지 않도록 명심해야 한다.

　대유(大有)의 괘는 유효〈五陰〉가 존귀한 자리에 있고 그 큰 덕을 상하의 양효(陽爻 : 어진 사람들)가 모두 사모하는 형상이다. 그 덕은 강건〈乾〉하고 지성이 넘쳐 있어서〈離〉천명(天命)에 순응하여 시기를 놓치지 않는다. 그러므로 크게 뻗어서 발전한다.

大象 태양〈離〉이 중천〈乾〉에 높이 오르고 있다. 이것이 대유의 괘상이다. 군자는 이 괘상을 보고 선악을 가려내어 악을 누르고 선을 표창해서 하늘의 큰 명을 따른다.

【初陽】 해로운 것을 멀리하고 부지런히 노력을 하면 허물이 없을 것이다.

【二陽】 책임은 무겁고 길은 멀다. 그러나 큰 마차가 가득 실은 짐의 무게를 견디는 것처럼 큰 책임을 다할 수 있을 것이다〈中〉. 앞으로 나아가더라도 허물이 없다.

【三陽】 제후(諸侯)가 천자에게 조공을 드린다. 소인은 여기에 낄 수 없다. 합당치 않은 대우와 총애는 도리어 해가 된다.

【四陽】 군주를 능가하는 권세를 갖지만 강력히 자제한다.

중천(中天) : 하늘의 한복판. 반천. 중공(中空).

조공(朝貢) : 옛날 종주국(宗主國)에 속국이 때마다 예물로 물건을 바치던 일.

이성과 판단력으로 겸허하게 행동하면 허물은 없다.

五陰 성심성의로 사람을 대하고 또한 범하기 어려운 위엄을 갖추고 있다. 일부러 꾸며서 위엄을 보이려는 것은 아니다. 길하리라.

【上陽】 하늘은 이 사람을 도우므로 모든 일이 순조롭고 길하다.

大有 元亨 象曰 大有柔
得尊位 大中而上下應
之 曰大有 其德剛健而
文明 應乎天而時行 是
以元亨 象曰 火在天上
大有 君子以遏惡揚善
順天休命
初九 无交害 匪咎 艱則
无咎 象曰 大有初九 无
交害也 九二 大車以載
有攸往无咎 象曰 大車
以載 積中不敗也 九三
公用亨于天子 小人弗
克 象曰 公用亨于天子
小人害也 九四 匪其彭
无咎 象曰 匪其彭 无咎
明辨晳也 六五 厥孚交
如 威如 吉 象曰 厥孚
交如 信以發志也 威如
之吉 易而无備也 上九
自天祐之 吉无不利 象
曰 大有上吉 自天祐也

| 풀이 | 대유(大有)는 크게 형통하는 괘이니라. **象曰**=대유는 유(柔)하고 높은 자리를 얻는다. 큰 중정(中正)의 도가 위와 아래에 응하는 것을 대유라고 한다. 그 덕은 강하고 건실하여 문명함이 있으니 하늘에 응하고 때로 운행한다. 그러므로 크게 형통한다는 것이다. **象曰**=불이 하늘 위에 있는 것이 대유괘이다. 군자는 악을 막고 선을 널리 펴서 하늘의 명에 순종한다.

初九=손해보는 교제가 없느니라. 허물이 있는 것이 아니다. 어려워도 허물됨이 없으리라. **象曰**=대유괘의 초구는 손해보는 일에 휩쓸리지 않는다. **九二**=큰 수레에 짐을 싣는다. 갈 곳이 있으니 허물이 없으리라. **象曰**=큰 수레에 짐을 싣는다 함은 중용의 도를 실으니 패하지 않는다는 것이다. **九三**=제후가 천자에게 조공을 드리니, 소인은 싸워도 이기지 못하리라. **象曰**=제후가 천자에게 조공을 드린다 함은 소인에게 해가 된다는 것이다. **九四**=뽐내지 않으면 허물이 없으리라. **象曰**=뽐내지 않으면 허물이 없다 함은 명백히 분별하는 지혜라는 것이다. **六五**=그 성실

함이 남과 사귀려는 듯하다. 위엄을 보여주면 길하리라.
象曰=성실함이 남과 사귀려는 듯하다 함은 믿음으로써 뜻(志)을 작용시킨다는 것이다. 위엄이 있으면 길하다 함은 방비가 소홀하기 쉽다는 것이다. **上九**=하늘이 스스로 도와준다. 길하고 이롭지 않음이 없으리라. **象曰**=대유가 아주 길하다 함은 하늘에서 도와준다는 것이다.

15. 謙 ☶(艮下/坤上) - 지산겸
(地山謙 : 익을수록 고개를 숙이는 벼이삭)

   대유괘 다음에 겸(謙)의 괘가 놓인 점에 주의해야 한다. 대유는 풍성한 부(富)를 가졌다는 뜻이지만 겸은 공평하게 분배된다는 것이다. 국민소득이 증대하더라도 소득의 격차가 크면 사회는 안정되지 못한다. 겸이란 겸손·겸허를 뜻하는 말이니, 자신을 남 앞에서 낮추는 것이다.
   사욕(私慾)과 자만심을 버리고 사람을 따른다. 이것은 만월이 반드시 기울어지고 높은 산이 물에 깎여서 낮은 곳에 쌓이는 것과 같은 것이다. 고귀하면 고귀할수록 비천함에 봉사하는 마음을 잊지 않도록 해야 한다. 뛰어난 재능과 아름다운 용모는 겸허함으로써 더욱 빛나는 것임을 명심해야 한다.
   겸(謙)의 괘는 성장하고 번영하는 것을 나타낸다. 높은 자리에 있는 하늘도 그 기(氣)를 내려야만 만물을 낮게 하고, 그럼으로써 그 빛을 참되게 발휘하는 것이다. 땅은 낮

사욕(私慾) : 사사로운 욕심. 자기 한 몸의 이익만 꾀하는 욕심.
만월(滿月) : 이지러진 데가 없이 둥근 달. 보름달. 또 만삭(滿朔)을 이르기도 함.

은 곳을 지킴으로써 그 기가 상승하여 하늘의 움직임에 호응할 수 있다.

만월이 마침내 기울어지는 것처럼 찬〔盈〕 것은 덜고 차지 않는 것〈謙〉은 보태는 것이 하늘의 도이다. 높은 산을 깎아서 깊은 계곡을 메우는 것처럼 가득 찬 것을 변하게 해서 차지 않은 곳〈謙〉으로 가게 하는 것이 땅의 도이다. 부자에게 화를 주고 겸손한 자에게 복을 주는 것이 신령(神靈)의 도이다. 교만을 미워하고 겸허를 좋아하는 것이 사람의 도이다. 겸허한 사람이 귀한 자리에 있으면 빛을 내고 비천한 몸이라도 경멸당하지 않는다. 그러므로 군자는 유종의 미를 거둔다.

大象 높은 산〈艮〉이 낮은 땅〈坤〉 위에 있다. 이것이 겸의 괘상이다. 군자는 이 괘상을 보고 많은 것에서 덜어 적은 것에 보탠다. 그리고 사물의 균형을 잘 지켜서 공평하도록 힘쓴다.

初陰 스스로 부족함을 생각하고 겸손한 마음으로 덕을 기르는 자야말로 군자이다. 큰 냇물을 건너는 것 같은 위험을 당하더라도 길하리라.

二陰 겸허한 마음은 스스로 말과 행동에 나타난다. 이 마음을 잃지 않으면 길하리라.

【三陽】 천하를 위하여 헌신하고 겸손한 마음을 잃지 않는 자가 바로 군자이다. 만민이 마음으로 복종한다. 유종의 미를 거두어 길하리라.

신령(神靈) : ① 풍습으로 섬기는 모든 신. ② 신통하고 영묘함.

헌신(獻身) : 몸을 바쳐 있는 힘을 다함.

四陰 모든 일에 겸손한 마음으로 대처한다면 법도에 어긋남이 없이 만사가 순조롭다.

五陰 부귀한 몸이면서 자기 만족에 빠지지 않고 여러 사람들과 더불어 현자〈三陽〉의 가르침을 구한다. 그래도 복종하지 않는 자가 있다면 당당하게 정벌하는 것이 좋으리라. 만사가 순조로울 것이다.

上陰 겸손한 마음[1]이 스스로 말과 행동에 나타나 사람들에게 이해받지 못한다. 군사를 동원해도 자기 영내(領內)를 평정하는 데 그쳐야 한다.

| 풀이 | 겸(謙)은 군자의 도가 트이는 괘이니라. 군자는 유종의 미가 있으리라. 象曰=겸은 형통하는 것이다. 하늘의 도는 아래로 사귀어 밝게 빛난다. 땅의 도는 낮은 데서 위로 올라가는 것이다. 천도(天道)는 가득 참을 덜어서 겸을 보태어주고, 지도(地道)는 가득 참을 변하여 겸에 흐르게 한다. 귀신은 가득 참을 해하여 겸을 복되게 하며, 인도(人道)는 가득 참을 싫어하여 겸을 좋아한다. 겸은 높고 빛남이 있어, 낮지만 넘어갈 수 없는 것이다. 군자의 끝마침이다. 象曰=땅 가운데 산이 있는 것이 겸괘이다. 군자는 많은 것을 덜어 적은 것에 보태되, 모든 물건을 다루어 균등하게 베푼다.

初六=겸은 겸손한 군자이니라. 큰 냇물을 건너는 일이 있더라도 길하리라. 象曰=겸은 겸손한 군자라 함은 몸을 낮추어서 스스로를 처신하는 것이다. **六二**=겸이 울린다.

1) 원문은 명겸(鳴謙)이지만 명겸(冥謙)이라는 설도 있다. 다음 장의 예괘(豫卦)에 상음(上陰)이 명예(冥豫)로 되어 있기 때문이다. 이에 따른다면 '참된 겸허가 모르게 된다. 겸허가 도를 지나쳐 비굴해진다.'는 의미가 된다. 이것으로도 의미는 통한다.

謙 亨 君子有終 象曰 謙亨 天道下濟而光明 地道卑而上行 天道虧盈而益謙 地道變盈而流謙 鬼神害盈而福謙 人道惡盈而好謙 謙尊而光 卑而不可踰 君子之終也 象曰 地中有山 謙 君子以裒多益寡 稱物平施
初六 謙謙君子 用涉大川 吉 象曰 謙謙君子 卑以自牧也 六二 鳴謙 貞吉 象曰 鳴謙貞吉 中心得也 九三 勞謙君子 有終吉 象曰 勞謙君子 萬民服也 六四 无不利撝謙 象曰 无不利撝謙 不違則也 六五 不富以其隣 利用侵伐 无不利 象曰 利用侵伐 征不服也

上六 鳴謙 利用行師征
邑國 象曰 鳴謙 志未得
也 可用師征邑國也

마음을 곧게 가지면 길하리라. 象曰=겸이 울리니 마음을 곧게 가지면 길하다 함은 중용의 마음을 얻었다는 것이다. 九三=겸은 수고로운 군자이니라. 마침이 있어 길하리라. 象曰=겸이 수고로운 군자라 함은 만민이 복종한다는 것이다. 六四=이롭지 않음이 없다. 겸은 발휘하는 것이니라. 象曰=이롭지 않음이 없고 겸을 발휘한다 함은 법칙에 어긋나지 않았다는 것이다. 六五=자신을 부유하다 여기지 않고 이웃과 사귄다. 적을 침범하면 이롭다. 이롭지 않음이 없느니라. 象曰=적을 침범하면 이롭다 함은 복종하지 않는 것을 정벌한다는 것이다. 上六=겸이 널리 울려퍼진다. 군사를 보내어 영토 안의 나라를 정벌함이 이로우리라. 象曰=겸이 널리 울려퍼진다 함은 아직 뜻을 얻지 못하였다는 것이다. 군사를 보낸다면 영토 안의 나라를 정벌할 수 있다.

16. 豫 ䷏ (坤下/震上) - 뇌지예(雷地豫 : 환락의 공과 죄)

예(豫)에는 세 가지 뜻이 있다. 즐거움·게으름·미리(豫)라는 뜻이다. 환락에 빠지게 되면 부주의해서 생각지도 않은 실패를 저지른다. 따라서 미리 경계하지 않으면 안 된다. 괘의 형상으로 보면 지상〈☷ 坤〉에 양기(陽氣)가 뇌동하는〈☳ 震〉 봄이다. 겨울 동안 쌓아둔 기를 모두 발산해야 할 때이다. 지금까지의 불우(不遇)는 모두가 오늘을 위한 예비 단계였던 것이다. 준비 완료. 방심하지 말고 환희의 길을 열고 나서야 한다.

양기(陽氣) : 만물이 움직이거나 살아나려고 하는 기운.
뇌동(雷動) : 천둥처럼 격동함. 진동함.

예(豫)의 괘는 유일한 강효⟨四陽⟩에 모든 음효(陰爻)가 호응하는 형상으로 그 뜻을 크게 발전시킬 수가 있다. 인재를 적재적소에 배치한 후에 새로 일을 시작함이 좋다. 예는 도리에 순응하여⟨坤⟩ 움직이는⟨震⟩ 것을 나타낸다. 그렇기 때문에 천지도 움직임을 같이한다. 순조롭게 되어감은 말할 것도 없다. 천지도 도리에 따라 움직이기 때문에 일월(日月)의 운행, 4계절의 변화가 어긋남이 없다. 성인(聖人)도 도리에 따라 움직이기 때문에 형벌이 올바르게 행해지고 백성은 마음으로 복종한다. 예의 뜻은 참으로 중대한 것이다.

大象 천둥소리⟨震⟩가 땅 위에 울리는 것이 바로 예의 괘상이다. 성왕은 이 괘상을 보고 음악을 만들어 덕을 찬양하고 또 그것을 연주하여 상제(上帝)께 바치고 아울러 조상의 혼을 제사지냈다.

상제(上帝) : 하느님.

初陰 윗사람⟨四陽⟩의 총애를 받고 말과 행동이 가끔 득의 양양해진다. 교만한 마음이 생겨나서 마침내 앞길이 막히고⟨不正⟩ 흉하리라.

二陰 도를 지킴이 돌처럼 굳다⟨中正⟩. 게으름과 환락에 빠졌던 잘못을 깨닫고 즉시 이를 물리친다면 정도로 돌아와 길하리라.

환락(歡樂) : 기쁘고 즐거움. 기뻐하고 즐거워함.

三陰 윗사람에게 아첨하고 호랑이의 위세를 빌려서 득의만만해 한다. 뉘우침이 늦어지면 영구히 후회를 남기게 될 것이다⟨不正⟩.

위세(威勢) : 위엄 있는 기세.

【四陽】 천하의 즐거움을 실현하는 사람이다〈陽〉. 그 뜻은 사람들에게 받아들여지고 목적을 달성할 수는 있을 것이다. 분수에 넘지 않을까 의심하고 두려워할 필요는 없다. 천하의 동지(모든 음효)가 덕을 흠모하여 구름처럼 모여들 것이다.

五陰 아래에 실권을 장악하고 있는 자가 있어서 괴로운 날이 계속되지만 상도(常道)를 잃지 않는다면 망하는 일이 없다〈中〉.

上陰 환락에 빠져서 이성(理性)을 잃는다. 멸망은 눈앞에 있다. 그러나 뉘우치고 고친다면 허물은 없을 것이다.

상도(常道) : 변하지 않는 떳떳한 도리. 항상 지켜야 할 도리.

| 풀이 | 예(豫)는 임금이 제후(諸侯)를 세우고 군사를 일으킴이 이로운 괘이니라. **象曰**=예는 강(剛)하게 응함을 받고 뜻이 이루어진다. 순리에 따라 움직이는 것이 예로서, 즉 도리에 순응하여 움직이는 것이다. 그러므로 천지의 도도 이러하다. 하물며 인간의 일이니 제후를 세우고 행군하는 것이 어떻겠는가. 천지는 순리에 따라 움직인다. 그러므로 해와 달이 잘못되지 않으며 4계절이 어김이 없고, 성인(聖人)이 순리를 따라 움직이면 형벌이 맑아서 백성이 복종하게 된다. 예의 때와 뜻이 크도다. **象曰**=우레가 땅에서 나와 분발하는 것이 예괘이다. 선왕(先王)은 음악을 만들어 덕을 숭상하니, 은(殷)나라에서는 음악을 상제에게 바치고 그것으로써 조상을 제사지냈다.

初六=예가 널리 울려퍼진다. 흉하리라. **象曰**=초육(初

豫 利建侯行師 象曰 豫 剛應而志行 順以動豫 豫順以動 故天地如之 而況建侯行師乎 天地 以順動 故日月不過而 四時不忒 聖人以順動 則刑罰淸而民服 豫之 時義 大矣哉 象曰 雷出 地奮豫 先王以作樂崇 德 殷薦之上帝 以配祖 考
初六 鳴豫 凶 象曰 初 六鳴豫 志窮凶也 六二 介于石 不終日 貞吉 象 曰 不終日 貞吉 以中正 也 六三 盱豫 悔遲有悔 象曰 盱豫有悔 位不當 也 九四 由豫大有得 勿 疑 朋盍簪 象曰 由豫大 有得 志大行也 六五 貞

六)의 예가 널리 울려퍼진다 함은 뜻이 궁하여 흉하다는 것이다. **六二**=돌과 같이 굳다. 하루도 못가서 끝이 날 것이다. 마음이 바르고 곧아야 길하리라. **象曰**=하루도 못가서 끝이 나니 마음이 곧아야 길하다 함은 중정의 도이기 때문이다. **六三**=눈을 뜨는 예이니라. 후회할 것이며, 또 늦게 대비해도 후회가 있느니라. **象曰**=예가 눈을 뜸에 후회가 있다 함은 자리가 정당치 못하다는 것이다. **九四**=예로 말마암아 큰 소득이 있느니라. 의심하지 말라. 친구가 모두 모이리라. **象曰**=예로 말미암아 큰 소득이 있다 함은 뜻이 크게 실행된다는 것이다. **六五**=바르면 병에 걸린다 하더라도 영원히 죽지 않으리라. **象曰**=육 5(六五)의 곧아도 병이 있다 함은 강(剛)함을 탄다는 것이다. 영원히 죽지 않는다 함은 중정의 도를 잃어버리지 않는다는 것이다. **上六**=어두운 예(豫)이니라. 일에 변함이 있으나 허물이 없으리라. **象曰**=어두운 예가 위에 있으니 어찌 오래갈 수 있겠는가.

疾恒不死 象曰 六五貞疾 乘剛也 恒不死 中未亡也 上六 冥豫 成有渝 无咎 象曰 冥豫在上 何可長也

17. 隨 ䷐ (震下 兌上) - 택뢰수 (澤雷隨: 무엇을 따를까)

수(隨)란 따른다는 뜻으로 수행·부수·수희(隨喜)의 '수'를 말한다. 따른다는 것은 주체성을 잃고 물결의 흐름에 몸을 맡겨 버리는 것이 아니다. 무엇을 따를까, 이것은 주체성의 결단에 달려 있는 것이다. 따라갈 대상을 확실히 정해야 한다. 상괘 ☱

수희(隨喜) : 기쁘게 귀의함. 마음속으로부터 고맙게 여겨 기뻐함.

(兌)는 젊은 여자, 하괘 ☳(震)은 중년 남자이다. 중년 남자가 소녀에게 반해서 따르는 형상이다. 또한 실력 있는 자가 한걸음 물러서서 아랫사람을 따르는 형상이라고도 볼 수 있다. 어떤 경우이든 진지하게 행동을 한다면 반드시 좋은 결과가 올 것이다. 이 괘를 4계절에 적용한다면 가을이 된다(일설에는 이른 봄이라고도 한다.). 왕성하던 기운이 쇠할 때 사람을 따르는 기분을 잊지 않도록 해야 한다.

수(隨)의 괘는 강(剛 : 震)이 유(柔 : 兌)에 따르는 형상이다. 강이 움직여서〈震〉따르고 유도 기꺼이 받아들인다. 이 도는 크게 뻗어서 발전한다. 지조를 지켜 나가면 만사가 순조로워 허물이 없다. 수의 도를 실천하게 되면 천하의 백성이 기꺼이 따른다. 수의 뜻은 참으로 큰 것이다.

지조(志操) : 곧은 뜻과 절조(節操).

大象 천둥의 계절이 지나고 그 에너지가 연못〈兌〉속에 잠복한다. 이것이 수의 괘상이다. 군자는 이 괘상을 보고 날이 저물면 들어앉아 휴식을 취한다.

【初陽】지금까지 해 온 일에 변동이 있을 것이다. 그래도 초지(初志)를 굽히지 않고 관철하면 길하리라. 친척이나 사연(私緣)의 좁은 테두리에서 벗어나 널리 사람들과 사귄다면 성공할 것이다.

사연(私緣) : 사사로운 인연.

二陰 소인〈初陽〉과 친해지면〈比〉진심으로 따라야 할 군자〈五陽〉로부터 버림을 받을 것이다. 양다리를 걸칠 수가 없다.

三陰 소인을 버리고 군자를 가까이하며 적극적으로 따라

가면 받아줄 것이다. 그러나 아첨하지 않도록 해야 한다.
【四陽】 천자를 따르는 몸으로 명성과 신망을 모아 권세를 잡는다. 비록 옳은 일을 행해도 흉함이 있다. 성의를 대하여 도를 지켜서 잘못이 없으면 아무 탈도 없을 것이다.
【五陽】 고귀한 몸으로 성의를 다하여 선을 따른다〈中正〉. 상하가 화합하니 길하리라.
上陰 흩어지려는 인심을 굳게 붙들어야 한다. 문왕(文王)은 서산에서 하늘에 제사드리고 민심을 수습하였다.

| 풀이 | 수(隨)는 크게 트이는 괘이니, 마음을 곧게 가지면 이롭다. 허물이 없으리라. **象曰**=수는 강(剛)한 기운이 오고 유(柔)한 기운이 아래로 내려간다. 이렇게 움직이는 것을 수라고 한다. 크게 형통하며 바르고 곧으면 허물이 없으니, 천하의 백성이 항상 좇는다. 수의 때와 뜻은 크도다. **象曰**=못〔澤〕 가운데 우레가 있는 것이 수괘이다. 군자는 어둠 속으로 들어가서 편히 쉰다.
　初九=관직은 때에 따라서 변하니 마음이 곧아야 길하리라. 밖에 나가서 사람과 교제하면 공(功)이 있을 것이니라. **象曰**=관직이 변한다는 것은 바름을 따라야 길하다는 것이다. 밖에 나가 사람을 사귀면 공이 있다 함은 실패하지 않는다는 것이다. **六二**=소인에게 매이면 대인을 잃으리라. **象曰**=소인에게 매인다 함은 두루 겸하여 함께하지 못한다는 것이다. **六三**=대인에게 매이면 소인을 잃게 된다. 따라서 구하면 얻음이 있느니라. 바르고 곧게 있어야

隨 元亨 利貞 无咎 象
曰 隨剛來而下柔 動而
說隨 大亨貞无咎 而天
下隨時 隨之時義 大矣
哉 象曰 澤中有雷隨 君
子以嚮晦 入宴息
初九 官有渝 貞吉 出門
交有功 象曰 官有渝 從
正吉也 出門交有功 不
失也 六二 係小子 失丈
夫 象曰 係小子 弗兼與
也 六三 係丈夫 失小子
隨有求得 利居貞 象曰
係丈夫 志舍下也 九四
隨有獲 貞凶 有孚 在道
以明 何咎 象曰 隨有獲
其義凶也 有孚在道 明
功也 九五 孚于嘉吉 象
曰 孚于嘉 吉 位正中也
上六 拘係之 乃從維之
王用亨于西山 象曰 拘係
之 上窮也

이로우리라. **象曰**=대인에게 매인다 함은 그 뜻이 아랫사람을 버린다는 것이다. **九四**=좇아서〔隨〕 새로이 획득함이 있다. 옳은 일을 행하더라도 흉함이 있으리라. 성실함이 있어 도가 존재하고 그 공을 밝히는데 누가 탓하겠는가. **象曰**=좇아서 새로이 획득함이 있다 함은 그 뜻이 흉하다는 것이다. 성실함이 있어 도가 있다 함은 그 공이 명백하다는 것이다. **九五**=성실함은 아름다움과 같으니 길하리라. **象曰**=성실함이 아름다움과 같아서 길하다 함은 자리가 바르다는 것이다. **上六**=얽어매고 이에 또 매어 놓는다. 왕은 서산에서 제사를 지낸다. **象曰**=얽어맨다 함은 위〔上〕가 궁하다는 것이다.

18. 蠱 ䷑ (巽下/艮上) - 산풍고 (山風蠱 : 전화위복)

고(蠱)란 기물(器物)을 벌레들이 파먹거나 접시에 가득 담은 음식에 벌레들이 우글거린다는 뜻이다. 태평함이 계속되면 내부에 부패와 혼란이 일어난다. 괘의 형상도 산〈☶ 艮〉기슭에 바람〈☴ 巽〉이 불어닥쳐 재해(災害)를 일으키는 열풍 현상이다. 또한 중년 부인이 젊은 남자〈☶ 艮〉를 고혹(蠱惑)하는 형상을 나타낸다. 천재지변(天災地變), 풍기문란, 참으로 다사다난하다. 그러나 절망에 빠질 필요는 없다. 궁하면 통하고 모순이 깊으면 깊을수록 반대로 근본적인 해결이 가능한 것이니, 이것을 기회로 삼아 내부를 파먹는 병균을 철저하게 헤쳐내야 할 일이다. 부패와 혼란의 시기는 동시에 혁신·신생의 시대이기 때문이다.

열풍(烈風) : 맹렬하게 부는 바람.
고혹(蠱惑) : (아름다움이나 요염한 자태 등으로) 호려서 마음이 쏠리게 함.

신생(新生) : 새로 생기거나 태어남.

고(蠱)의 괘는 강(剛∶艮)이 위로 향하고 유(柔∶巽)가 아래를 향하여 서로 교합되는 일이 없다. 부하는 오로지 맹종〈巽〉할 뿐이고, 상사는 하는 일〈艮〉 없이 날을 보낸다. 이것이 고, 즉 부패 혼란의 상인 것이다. 그러나 나중에는 크게 뻗어서 발전하고 천하는 다시 평정하게 다스러질 것이다. 적극적인 진취 정신으로 일을 대하고 큰 냇물을 건너는 위험이라도 극복해 가는 것이 좋다. 사물의 이치는 항상 변화하며 궁극에 이르면 새로운 것이 시작된다. 이것이 하늘의 도이다. 지금이야말로 개혁의 때이다. 새로운 시대의 창조에 있어서는 지금까지의 경과와 금후의 전개를 신중히 고려하여 행동해야 한다.[1]

大象 산〈艮〉기슭으로 바람〈巽〉이 거칠게 불어닥친다. 이것이 고의 괘상이다. 군자는 이 괘상을 보고 괴로워하는 백성을 구하고 몸의 덕을 기른다.

初陰 아버지의 어려운 일을 맡아서 처리한다. 아버지의 뜻을 이어받아 잘 처리하는 훌륭한 아들이 있다면 아버지에게도 허물은 없을 것이다. 곤란과 위험이 따르지만 최후에는 길하다.

【二陽】 어머니의 어려운 일을 맡아서 처리한다. 중도를 지키고 임기응변으로 해결해 나가야 한다. 원칙만 고집하는 것은 좋지 않다.

【三陽】 아버지의 어려운 일을 처리한다. 지나친 바가 있어서 뉘우침을 남기는 일도 있겠으나 큰 허물은 없을 것이다.

---

[1] 원문은 선갑삼일(先甲三日), 후갑삼일(後甲三日)이다. 이 말은 예로부터 여러 설이 있으나 정확하게 알 수 없다. 여기서는 일단 갑(甲)은 십간(十干∶甲乙丙丁戊己庚辛壬癸)의 첫 글자로 출발점을 의미하고 그 세 번째 앞의 신(辛)은 신(新), 세 번째 후의 정(丁)은 정녕(丁寧)으로서, 출발점을 사이에 둔 전후의 의미로 해석해 둔다. 단순히 신(辛)의 날이나 정(丁)의 날에 행동을 시작하는 것이 좋다고 해석할 수도 있다.

四陰 아버지의 어려운 일을 태연히 방관하고 있다. 해봐도 잘 되지 않는다. 뜻을 얻지 못하니 곤경에 빠진다.

五陰 아버지의 어려운 일을 맡아서 처리한다. 성덕(盛德)을 가지고 아버지의 뜻을 이어받기 때문에 나쁜 풍습을 일신하여 큰 칭찬을 받는다.

【上陽】 왕후(王侯) 밑에서 벼슬하지 않고, 초야에 묻혀 일신을 고결하게 보존한다. 그 뜻은 모범을 삼기에 족하다.

| 풀이 | 고(蠱)는 크게 형통하는 괘이니, 큰 냇물을 건너면 이로우리라. 갑일(甲日)에 앞서서 3일이요, 갑일(甲日)에 뒤이어 3일이니라. **象曰**=고는 강(剛)이 위로 올라가고 유가 아래로 내려간다. 유순한 기운이 내려와서 머무르는 것이 고이다. 고는 크게 형통하여 천하를 다스리는 것이다. 큰 냇물을 건너면 이롭다 함은 가면 일이 있다는 것이다. 갑일에 앞서서 3일이요, 갑일에 뒤이어 3일이라 함은 끝이 나면 곧 시작이 있다는 뜻으로, 바로 천도(天道)의 운행이다. **象曰**=산 아래에 바람이 있는 것이 고괘이다. 군자는 백성을 구하고 덕을 기른다.

初六=아버지의 잘못을 바로잡는다. 아들이 있으면 돌아가신 아버지의 허물이 없어지리라. 위태하지만 마침내는 길하리라. **象曰**=아버지의 잘못을 바로잡는다 함은 돌아가신 아버지의 일을 이어받는다는 뜻이다. **九二**=어머니의 잘못을 바로잡는다. 마음을 곧게 할 수 없느니라. **象曰**=어머니의 잘못을 바로잡는다 함은 중도를 얻는다는

蠱 元亨 利涉大川 先甲三日 後甲三日 象曰 蠱 剛上而柔下 巽而止蠱 蠱元亨而天下治也 利涉大川 往有事也 先甲三日 後甲三日 終則有始 天行也 象曰 山下有風蠱 君子以振民育德 初六 幹父之蠱 有子考 无咎 厲終吉 象曰 幹父之蠱 意承考也 九二 幹母之蠱 不可貞 象曰 幹母之蠱 得中道也 九三 幹父之蠱 小有悔 无大咎 象曰 幹父之蠱 終无咎也 六四 裕父之蠱 往見吝 象曰 裕父之蠱 往未得也 六五 幹父之蠱 用譽 象曰 幹父(之)蠱 用譽 承以德也 上九 不事王侯 高尙其事 象曰 不事王侯 志可則也

것이다. **九三**=아버지의 잘못을 바로잡으니, 약간의 후회는 있으나 큰 허물은 없을 것이니라. **象曰**=아버지의 잘못을 바로잡는다 함은 마지막에는 허물이 없다는 것이다. **六四**=아버지의 잘못을 너그럽게 본다. 가면 부끄러움을 당하리라. **象曰**=아버지의 잘못을 너그럽게 본다 함은 가면 얻지 못한다는 것이다. **六五**=아버지의 잘못을 바로잡으니, 예찬(譽讚)을 받으리라. **象曰**=아버지의 잘못을 바로잡아 예찬을 얻는다 함은 덕을 이어받는다는 것이다. **上九**=왕이나 제후를 섬기지 않는다. 자기가 하는 일을 높이 숭상하느니라. **象曰**=왕이나 제후를 섬기지 않는다 함은 뜻을 가히 본받을 만한 것이다.

19. 臨 ☱(兌下) ☷(坤上) - 지택림(地澤臨 : 세상에 임하다)

임(臨)이란 위로부터 아래의 것을 내려다보는 것, 즉 위로부터 지배와 보호를 아래에 미치게 하는 것이다〔君臨〕. 지배의 방법은 여러 가지이지만 이 괘는 상하가 가까이 지내는 상태를 나타낸다. 또 아래에 두 개의 양(陽)이 있어서 운기(運氣)가 점점 융성해질 때이다.

그러나 이런 경우는 단기 작전이 필요하다. 급속히 성하고 곧 쇠할 경향이 있어서 시기를 보는 바가 민감해야 한다. 또 열중한다고 생각하면 곧 잃어버리고 마는 인간의 유형을 나타내고 있기 때문에, 어지간히 정신차려 대하지 않으면 일생에 후회를 남기기가 쉽다.

운기(運氣) : 인간의 힘을 초월한 천운(天運)과 기수(氣數).

유형(類型) : ① 비슷한 틀. ② 어떤 비슷한 것들의 본질을 개체로서 나타낸 것, 또는 그것들의 공통되는 성질이나 모양. ③ 개성이 뚜렷하지 않은 흔한 모양.

흉조(凶兆) : 불길한 조짐.

일관(一貫) : (태도나 방법 등을) 처음부터 끝까지 한결같이 함.

맹종(盲從) : (옳고 그름을 따지지 않고) 남이 시키는 대로 무턱대고 따름.

臨 元亨 利貞 至于八月

  임(臨)의 괘는 강건한 양의 기운〈初·二陽〉이 점점 왕성해지고, 상하가 가까이 지내며 기뻐하고〈兌〉 순종하는〈坤〉 형상이다. 천도(天道)에 맞기 때문에 크게 발전한다. 변함없이 지조를 지켜 나가면 만사가 순조롭다. 그러나 사물이 성하면 반드시 쇠하는 법이다. 8월에 양기가 쇠퇴할 때가 오면 흉조로 변하게 된다.

大象 기슭〈坤〉에 서서 연못에 임하다. 이것이 임의 괘상이다. 군자는 이 괘상을 보고 어디까지나 백성을 인도하며 한없이 포용하기를 원한다.

【初陽】 상하가 뜻을 하나로 해서 일에 임한다. 일관하여 올바른 도를 지키면 길하리라.

【二陽】 상하가 뜻을 하나로 해서 일에 임한다. 만사가 순조롭다. 그러나 상사의 명령〈五陰〉에 맹종하라는 것은 아니다.

三陰 달콤한 기분으로 일에 임한다. 그러나 잘될 까닭이 없다. 과거를 반성하고 자기를 경계하면 멀지 않아 허물을 면할 것이다.

四陰 지성(至誠)을 가지고 일에 임한다. 허물이 없다.

五陰 총명한 지성〈中〉으로 일에 임한다. 그 행동이 진실로 왕자다우니 길하리라.

上陰 독실한 마음으로 일에 임한다. 현인〈初·二陽〉을 진심으로 따르기 때문에 길하리라.

| 풀이 | 임(臨)은 만사가 크게 형통하는 괘이니, 마음을

곧게 가지면 이로우나 8월에는 흉함이 있느니라. **象曰**=임은 강(剛)함이 침투하여 자라나고 기뻐하여 순종하며, 강함이 가운데서 응하는 것이다. 크게 트임으로써 바르게 되니 하늘의 도이다. 8월에 이르러 흉함이 있다는 것은 오래가지 못하고 사라진다는 것이다. **象曰**=못(澤) 위에 땅이 있는 것이 임괘이다. 군자는 가르치고 생각하는 것에 궁함이 없고, 백성을 용납하여 보전함에 끝이 없다.

初九=음(陰)과 양(陽)이 다하여 임한다. 마음을 곧게 가지면 길하리라. **象曰**=음과 양이 다하여 임하니 마음을 곧게 가지면 길하다 함은 바른 일을 행할 뜻이 있다는 것이다. **九二**=음과 양이 다하여 임한다. 길하며 이롭지 않음이 없느니라. **象曰**=음과 양이 다하여 임하며 길하고 이롭지 않음이 없다 함은 아직 명령에 순종하지 않았다는 것이다. **六三**=감언(甘言)으로 임한다. 이로울 것이 없다. 이미 근심을 하고 있으니 허물이 없으리라. **象曰**=감언으로 임한다 함은 자리가 마땅치 않다는 것이다. 이미 알고 걱정을 한다 함은 허물이 길게 가지 않는다는 것이다. **六四**=지극한 태도로 사람에게 임한다. 허물이 없으리라. **象曰**=지극한 태도로 사람에게 임하여 허물이 없다 함은 자리가 마땅하다는 것이다. **六五**=지혜롭게 사람에게 임한다. 훌륭한 군자의 마땅한 일이니, 길하리라. **象曰**=훌륭한 군자의 마땅한 일이라 함은 중도를 행함을 이르는 것이다. **上六**=독실한 태도로 아랫사람에게 임한다. 길하며 허물이 없으리라. **象曰**=독실한 태도로 임하여 길하다 함은 뜻

有凶 象曰 臨剛浸而長 說而順 剛中而應 大亨以正 天之道也 至于八月有凶 消不久也 象曰 澤上有地臨 君子以敎思无窮 容保民无疆 初九 咸臨 貞吉 象曰 咸臨 貞吉 志行正也 九二 咸臨 吉无不利 象曰 咸臨 吉无不利 未順命也 六三 甘臨 无攸利 旣憂之无咎 象曰 甘臨 位不當也 旣憂之 咎不長也 六四 至臨无咎 象曰 至臨无咎 位當也 六五 知臨 大君之宜 吉 象曰 大君之宜 行中之謂也 上六 敦臨 吉无咎 象曰 敦臨之吉 志在內也

이 안에 있다는 것이다.

20. 觀 ䷓ (坤下 / 巽上) - 풍지관 (風地觀 : 사물의 관찰에 대하여)

관(觀)은 응시하는 것. 그저 막연히 보는 것이 아니라 자세히 관찰하는 것이니, 깊은 곳까지 꿰뚫어보는 것이다. 이 괘의 형상은 음(--)의 세력이 위의 양(—)을 밀어버릴 듯한 세력을 보이고 있다. 또 땅 위〈☷ 坤〉에 바람〈☴ 巽〉이 거칠게 불어오는 상태를 나타낸다. 군자의 도가 쇠하고 이욕(利慾)이 서로 싸워서 질서가 붕괴되는 시기이기 때문에 심사숙고해서 현상(現象)의 깊은 곳까지 투철하게 봐야 한다. 이런 태도가 진실로 몸에 붙는다면 덕이 되어 사람들을 감화시킬 수가 있다. 행동보다도 심사숙고하는 단계니 지도적인 지위에 있는 사람, 즉 교육자·학자·연구가 등에게는 좋은 괘이다.

관(觀)의 괘는 관찰하는 것을 나타낸다. 천자〈五陽〉가 위에 있어서 유화〈坤〉하고 겸허〈巽〉·중정〈二陰·五陽〉의 덕을 가지고 천하를 보는 것이다.

손을 깨끗이 하고 신 앞에 나아가 번잡한 의식과 예의를 차리기 직전에, 제사를 지내는 자가 순수하고 정성된 마음에 넘쳐 있어서 엄숙한 분위기가 주위를 지배하고, 보는 사람들의 마음을 감화시키는 태도이다. 신령하고 오묘한 하늘의 도를 보라.

4계절의 운행은 조금도 순서가 어긋남이 없이 계속된

이욕(利慾) : 이익을 탐하는 욕심.
현상(現象) : ① 지각(知覺)할 수 있는 사물의 모양이나 상태. ② 시간과 공간 속에 나타나는 대상.

다. 성인은 이 신령하고 오묘한 도에 따라 가르침을 줌으로써 천하를 심복케 한다.

大象 바람〈巽〉이 땅〈坤〉 위에 부는 것. 이것이 관의 괘상이다. 성왕은 이 괘상을 보고 온 천하를 순찰하여 백성의 풍속을 본 후 가르침을 준다.

初陰 유치한 관찰법. 소인이라면 그런대로 허물은 없겠으나 군자는 비난을 받고 궁지에 빠진다.

二陰 틈으로 엿보는 것 같은, 시야가 좁은 관찰법. 가정을 지키는 부녀자에게는 좋으나 군자로서는 수치스러운 관찰법이다.

三陰 자신의 행함을 돌이켜보고 진퇴를 결정하라. 그러면 도를 잃지 않으리라.

四陰 나라의 영광을 본다. 그것을 더욱 빛내기를 원한다면 왕〈五陽〉의 빈객으로 우대를 받을 것이다.

【五陽】 천자는 백성을 보고 자기 몸을 돌아본다. 군자의 도에 입각해 있다면 허물이 없을 것이다.

【上陽】 민생(民生)을 살핀다. 자만해서 마음을 놓지 않도록. 군자의 도를 따르면 허물은 없다.

빈객(賓客) : ① 귀한 손님. ② 후하게 대접해야 할 귀한 손.

| 풀이 | 관(觀)은 손만 씻고 아직 제사를 지내지 않았음을 뜻하는 괘이니라. 성실함이 있으니 그 모습이 극히 공손한 듯하도다. 彖曰=대관(大觀)은 하늘 위에서 유순하고 공손한 태도로 중정(中正)의 혜안(慧眼)을 크게 떠서 천하

觀 盥而不薦 有孚顒若 彖曰 大觀在上 順而巽 中正以觀天下 觀盥而 不薦 有孚顒若 下觀而 化也 觀天之神道 而四 時不忒 聖人以神道設

敎 而天下服矣 象曰 風行地上觀 先王以省方觀民設敎
初六 童觀 小人无咎 君子吝 象曰 初六童觀 小人道也 六二 闚觀 利女貞 象曰 闚觀 女貞 亦可醜也 六三 觀我生進退 象曰 觀我生進退 未失道也 六四 觀國之光 利用賓于王 象曰 觀國之光 尙賓也 九五 觀我生 君子无咎 象曰 觀我生 觀民也 上九 觀其生 君子无咎 象曰 觀其生 志未平也

를 두루 관찰한다는 것이다. 관(觀)은 손만 씻고 하늘에 제사를 지내지 않았으나, 성실함이 있어서 공손한 듯하다 함은 아랫사람이 우러러보아 감화된다는 것이다. 관은 하늘의 신비한 도로서 사시(四時)의 변화가 조금도 어긋나지 않는다. 성인(聖人)이 신비한 도로써 천하를 다스리니 온 천하가 복종하는구나. 象曰=바람이 땅 위에 부는 것이 관괘이다. 선왕은 지방을 살피고 백성을 관찰하며 교육제도를 설치한다.

初六=어린아이처럼 유치하게 관찰한다. 소인에게 있어서는 별 허물이 없지만, 군자에게 있어서는 부끄러운 일이니라. 象曰=초육의 어린아이처럼 유치하게 관찰한다는 것은 소인의 도이다. 六二=엿보는 것이다. 여자에게 있어서 마음이 곧으면 이로우리라. 象曰=엿보는 것이니 여자에게 정조가 있어야 한다 함은 역시 추하게 여겨야 한다는 것이다. 六三=내 생애를 먼저 관찰하여 나아가고 물러갈 것이니라. 象曰=내 생애를 관찰하여 나아가고 물러간다 함은 아직 도를 잃지 않았다는 것이다. 六四=나라의 광명함을 살펴본다. 임금의 손님 노릇하기에 이로우리라. 象曰=나라의 광명함을 살펴본다 함은 국빈(國賓)을 숭상한다는 것이다. 九五=나의 생애를 살핀다. 군자라면 허물이 없으리라. 象曰=나의 생애를 살핀다 함은 백성을 살핀다는 것이다. 上九=그 생(生)을 살펴본다. 군자라면 허물됨이 없으리라. 象曰=그 생을 살펴본다 함은 뜻이 아직 편안치 않다는 것이다.

21. 噬嗑 ䷔ (震下/離上) - 화뢰서합
(火雷噬嗑 : 연대를 저해하는 것)

   서합(噬嗑)이란 씹는 것을 말한다. 괘의 형태를 보면 상과 하의 양효(—)는 턱이고 음효(--)는 이빨이니, 이빨과 이빨 사이에 이물질이 있어서 씹는 것을 방해하는 상태이다. 방해물을 씹어서 깨뜨려버리면 상하가 합친다. 또 상괘 ☲(離)는 태양·전광(電光), 하괘 ☳(震)은 활동·뇌동(雷動)·뇌성(雷聲)으로서 어느 것이나 왕성한 활동력을 상징한다.

   왕성한 생활력과 적극성으로 장애물을 물리치고 나아가면 큰 성과가 있음을 나타낸다. 그러나 장애물은 강(剛)의 양(陽)으로서 가볍게 생각하다가는 뜻하지 않은 저항을 만나게 된다. 중도에서 머무르는 타협이나 고식적(姑息的)인 수단을 쓰지 말고 전력을 기울여서 정면으로 부딪쳐 가는 것이 중요하다.

뇌성(雷聲) : 우렛소리. 천둥소리.

   서합(噬嗑)의 괘는 뻗어서 발전함을 뜻한다. 상하의 턱 사이에 이물질이 끼여서 벌려 놓고 있는 상태이다. 이 이물질을 씹어서 깨뜨려버린다면 위아래가 꼭 맞아 형통하게 된다.

   강(剛)의 괘〈震〉와 유(柔)의 괘〈離〉는 왕성한 활동력과 예민한 통찰력을 나타내고 또 뇌성의 위력과 전광의 밝은 지성(知性)을 겸비하여 굳센 용단을 나타낸다. 주효(主爻)의 5음(五陰)은 중간 위치에 있으며 바른 위치가 아니지만 〈五爻:剛位〉 유화한 덕을 가지고 일을 대한다. 그러므로 형벌을 시행함이 좋다. 화(和)를 방해하는 것에는 징벌을

전광(電光) : 번갯불. 번개.

징벌(懲罰) : 앞날을 경계하는 뜻으로 벌을 줌, 또는 부

정이나 부당한 행위에 대하여 응징하는 뜻으로 주는 벌.

탈(頉) : ① 뜻밖에 일어난 궂은 일. 사고. ② 몸에 생긴 병. ③ 핑계나 트집.

큰칼〔首枷〕: 지난날, 중죄인의 목에 씌우던 길이 135㎝ 가량의 형틀.

가함이 좋은 것이다.

大象 뇌성〈震〉의 위력과 전광의 밝은 지성을 겸비한다. 이것이 서합의 괘상이다. 성왕은 이 괘상을 보고 형벌을 밝게 하고 법령을 정비하였다.

【初陽】발에 쇠고랑이 채워져 발의 자유를 잃는다. 다시는 악의 길을 걷지 않도록 징계받는 것이다. 이후부터 스스로 경계하면 탈을 면할 수 있다.

二陰 부드러운 살에 코가 묻힐 만큼 깊이 물어뜯는다. 상대는 강건하지만 핵심을 찔러 처치한다면 탈은 없을 것이다.

三陰 말라서 굳은 고기를 씹다가 중독이 되는 수가 있다〈不正〉. 저항을 받고 한때 곤경에 빠지기도 하지만 탈은 면할 수가 있다.

【四陽】뼈가 붙은 마른고기를 씹고 고생하다가 그 속에서 화살촉을 얻는다. 아직은 크게 발전하지 못하고 곤란이 계속된다. 그러나 초지를 관철해 나감이 좋다. 그 안에 감추어진 새 사실을 발견하여 길하게 된다.

五陰 말라서 굳은 고기를 씹으며 고생하지만 고기 속에서 황금을 발견한다. 타당성을 가진 처사만을 한결같이 시행한다면 위험하기는 하나 빛나는 진실을 발견하게 될 것이니, 허물이 없으리라.

【上陽】목에 큰칼〔首枷〕이 채워져 귀가 가려진다. 경계하는 말을 받아들이지 않아서〈不正〉 극형에 처해진다. 흉하리라.

| 풀이 | 서합(噬嗑)은 만사가 형통하는 괘이니라. 옥(獄)을 사용하면 이로우리라. 象曰=턱 가운데 물건이 있는 것을 서합이라고 한다. 투쟁을 하면 형통할 것이다. 강한 기운과 부드러운 기운이 나뉘어지고, 동(動)하여 밝고, 우레와 번개가 서로 합하여 빛나고, 부드러운 기운이 바르게 위로 올라가니 비록 자리는 마땅치 않으나 감옥을 사용함이 이로운 것이다. 象曰=우레와 번개가 싸운다. 선왕은 이로써 형벌을 밝히고 법을 정하였다.

初九=발목에 고랑을 채워 발뒤꿈치가 잘라진다. 허물이 없으리라. 象曰=발목에 고랑을 채워 발뒤꿈치가 잘라진다 함은 행하지 못한다는 것이다. 六二=살을 물어뜯고 코를 묻는다. 허물이 없으리라. 象曰=살을 물어뜯고 코를 묻는다 함은 강(剛)한 것을 탄다는 것이다. 六三=마른고기를 씹다가 독한 냄새를 맡게 된다. 조금 부끄러운 일이나 허물됨이 없으리라. 象曰=독한 냄새를 맡았다 함은 자리가 마땅치 않다는 것이다. 九四=뼈가 붙은 마른고기를 씹다가 쇠로 만든 화살을 얻는다. 힘이 들어도 마음을 곧게 가지면 길하리라. 象曰=힘이 들더라도 마음을 곧게 가지면 길하다 함은 아직 빛나지 않았다는 것이다. 六五=마른고기를 씹다가 황금을 얻게 되었도다. 마음을 곧고 바르게 가지면 약간 위태로우나 허물은 없으리라. 象曰=마음을 바르고 곧게 갖는다면 약간 위태로우나 허물이 없다 함은 정당함을 얻었다는 것이다. 上九=큰칼을 씌우고 귀를 가린다. 흉하리라. 象曰=큰칼을 씌우고 귀를 가린다

噬嗑 亨 利用獄 彖曰 頤中有物 曰噬嗑 噬嗑 而亨 剛柔分動而明 雷電合而章 柔得中而上行 雖不當位 利用獄也 象曰 雷電噬嗑 先王以明罰勅法 初九 履校滅趾 无咎 象曰 履校滅趾 不行也 六二 噬膚滅鼻 无咎 象曰 噬膚滅鼻 乘剛也 六三 噬腊肉 遇毒 小吝无咎 象曰 遇毒 位不當也 九四 噬乾胏 得金矢 利艱貞 吉 象曰 利艱貞 吉 未光也 六五 噬乾肉 得黃金 貞厲无咎 象曰 貞厲无咎 得當也 上九 何校滅耳 凶 象曰 何校滅耳 聰不明也

함은 총명하지 못하다는 것이다.

22. 賁 ☲☶ (離下/艮上) - 산화비(山火賁 : 문명과 퇴폐)

비(賁)는 장식의 뜻이다. 아름다운 장식은 사람의 마음을 기쁘게 한다. 예의범절을 지키는 것이란 몸을 아름답게 장식하는 것으로, 사회질서를 일으키는 기틀이다. 괘의 형상은 산을 의미하는 ☶(艮)에 태양을 의미하는 ☲(離)가 있어서 저녁놀이 산천초목을 아름답게 장식하는 것을 나타낸다. 그러나 그것은 동시에 몰락 직전의 찬란한 빛을 암시한다.

문명이 과도하게 진보하면 퇴폐의 미(美)를 좋아하게 되어 마침내 소박한 생명력을 잃고 만다. 개인에게 있어서는 외면만을 치장하고 내면적인 깊이를 잃고 만다. 무슨 일에 있어서나 외견상의 화려하고 성대한 것에 사로잡히지 말고 신중하게 내용을 검토해야 한다.

비(賁)의 괘는 유(柔 : 二陰)가 강(剛)을 장식하여〈下卦〉뻗어 발전하는 것을 나타내고, 강〈上陽〉이 유에게 실리를 주고 있어서 적극적으로 나아가면 이익이 있을 것임을 나타낸다. 강〈艮〉, 유〈離〉가 교차되어 무늬를 이룬다. 이것이 천문(天文)이다. 문명〈離〉이 성숙되지 않을 정도로 억제〈艮〉되어 있다. 이것이 인문(人文)이다〔文化〕. 비괘는 천문의 운행에 의하여 때의 변화를 관찰하고 문화에 의하여 천하를 교화한다.

기틀 : 일의 가장 중요한 고동.

실리(實利) : 실지로 얻은 이익. 실제의 효용(效用).

大象 산〈艮〉 아래에 불, 즉 태양〈離〉이 있다. 이것이 비의 괘상이다. 석양은 산을 아름답게 장식하지만 만물을 모두 비출 수는 없다. 군자는 이 괘상을 보고 일상의 정사(政事)를 처리하는 것으로 그치고 형옥(刑獄)과 같은 중대사는 경솔히 결정하지 않는다.

【初陽】 발〔足〕을 장식한다. 수양에 힘쓰고 발 밑에서부터 자기 몸을 아름답게 꾸민다. 의(義)에 반하면서까지 수레를 타려고(입신출세)하지 않는다.

二陰 턱수염을 장식한다. 턱수염은 턱이 움직이는 데 따라 움직인다. 출처진퇴는 선배인 윗사람을 따른다. 전력을 다하여 몸을 아름답게 장식하는 것이 좋다.

【三陽】 아름답게 빛나고 윤기가 흐른다. 허식(虛飾)에 흐르지 않는다면 모욕을 가할 자가 없어서 길하리라.

허식(虛飾): 실속 없이 겉만 꾸밈. 겉치레.

四陰 화사한 아름다움인가 또한 소박함인가를 두고서 의심하고 주저할 때 백마가 질주해 온다. 화려함을 공격하는 것은 아니다.[1] 양자의 조화를 꾀해야 한다. 그것이 가능해지면 허물을 면할 수 있을 것이다.

1) 원문은 비구혼구(匪寇婚媾). 이것도 둔괘(屯卦)의 2음(二陰)과 같이 약탈결혼을 뜻하는 것으로 해석할 수 있다.

五陰 전답을 아릅답게 꾸미는 데 힘쓴다. 선물 같은 허례를 폐하고 검소하게 한다. 한때 인색하다는 비난을 받는 일이 있으나 결국은 길하리라.

허례(虛禮): 정성이 없이 겉으로만 꾸밈, 또는 그런 예절.

【上陽】 아름다움의 극치는 지나친 화려함이 아니라 순수한 것이다. 이를 잊지 않으면 허물은 없을 것이다.

| 풀이 | 비(賁)는 형통하는 괘이니라. 갈 곳이 있으면 다

賁 亨 小利有攸往 彖曰

賁亨 柔來而文剛 故亨
分剛上而文柔 故小利
有攸往 (剛柔交錯) 天
文也 文明以止人文也
觀乎天文以察時變 觀
乎人文以化成天下 象
曰 山下有火賁 君子以
明庶政 无敢折獄
初九 賁其趾 舍車而徒
象曰 舍車而徒 義弗乘
也 六二 賁其須 象曰
賁其須 與上興也 九三
賁如濡如 永貞吉 象曰
永貞之吉 終莫之陵也
六四 賁如皤如 白馬翰
如 匪寇婚媾 象曰 六四
當位疑也 匪寇婚媾 終
无尤也 六五 賁于丘園
束帛戔戔 吝終吉 象曰
六五之吉 有喜也 上九
白賁无咎 象曰 白賁无
咎 上得志也

소 이로움이 있느니라. **象曰**=비(賁)는 형통하다는 괘이다. 부드러운 것이 와서 강한 것을 꾸며준다. 그러므로 형통하다는 것이다. 강(剛)이 나뉘어 위로 올라가서 유(柔)를 수식하는 것이므로, 갈 곳이 있으면 조금 이롭다는 것이다. 이것은 바로 하늘의 문채(文彩)이다. 문채가 밝아서 머물면 사람의 문채가 되는 것이다. 천문을 관찰하여 시변(時變)을 알며, 인문을 관찰하여 천하를 변화시킨다. **象曰**=산 아래에 불이 있는 것이 비괘이다. 군자는 서민을 위한 정치를 밝히며, 감히 옥사(獄事)를 판결하지 않아야 한다.

初九=자기의 발걸음을 예모있게 꾸미느니라. 수레를 버리고 걸어가누나. **象曰**=수레를 버리고 걸어간다 함은 의리상 타지 않는 것이다. **六二**=수염을 보기좋게 꾸미느니라. **象曰**=수염을 보기좋게 꾸민다 함은 윗사람과 함께 일어난다는 것이다. **九三**=보기좋게 꾸미는 듯하고 윤택하게 하는 듯하다. 길이 마음을 곧게 가지면 길하리라. **象曰**=길이 마음을 곧게 가지면 길하다 함은 마침내 업신여길 사람이 없다는 것이다. **六四**=보기좋게 꾸민 듯하고 희게 센 듯하다. 흰 말은 너무나 빨라서 나는 듯하다. 도둑이 아니라 청혼(請婚)하는 사람이니라. **象曰**=육 4(六四)는 정당한 자리에서 의심하는 것이다. 도둑이 아니라 청혼하는 사람이라 함은 마침내 허물됨이 없다는 것이다. **六五**=낮은 언덕과 밭을 꾸민다. 한 묶음의 비단필만이 쌓여 있다. 처음에는 부끄럽지만 마침내는 길하리라. **象曰**=육 5가 길하다 함은 기쁨이 있다는 것이다. **上九**=꾸미지 않음이니 허물이 없으리라. **象曰**=꾸미지 않으니 허물이 없다 함은 윗사람에게서 뜻을 얻는다는 것이다.

23. 剝 ☷☶ (坤下/艮上) - 산지박(山地剝 : 스며드는 위기)

박(剝)이란 벗겨서 떨어뜨린다, 깎아내린다의 뜻이다. 양의 힘이 점차로 줄어들어서 붕괴 직전의 위기를 나타내고 있다. 서괘전(序卦傳)에서는 문화상의 성숙이 극도에 달한 후에 오는 사회 쇠퇴라고 설명하고 있다. 괘의 형상도 아래로부터 상승하는 음효가 한 개 남아 있는 양효를 압도하고, 또 높이 솟은 산〈☶ 艮〉이 침식작용에 의하여 평지〈☷ 坤〉로 화하는 양상을 나타내고 있다. 자각증상이 없는 중병(重病), 실각(失脚)을 노리는 부하, 방탕〈양 하나에 음 다섯〉에 의한 파산 등 쇠운(衰運)의 극을 나타낸다. 함부로 안간힘을 쓰지 말고 조용히 겨울철이 끝날 때를 기다려야 한다. 겨울이 오면 봄이 멀지 않고 일양래복(一陽來復)의 괘가 다음에 기다리고 있는 것이다.

박(剝)의 괘는 벗기는 것을 나타낸다. 많은 음(陰)이 하나의 양〈上陽〉을 벗겨서 떨어뜨리려고 한다.[1] 소인〈陰〉의 세력이 강대해져 있을 때이다. 무리하게 일을 행하다가는 해를 부를 것이다. 괘상은 시세(時勢)에 순응하여〈坤〉 절도를 지켜서 행동을 정지〈艮〉해야 할 것을 가리키고 있다. 군자는 이런 때 이(利)와 이롭지 않음을 분별하여 행동한다. 그것이 천행의 법칙이기 때문이다.

실각(失脚) : 실패하여 지위나 설자리를 잃음.

일양래복(一陽來復) : ① 음이 끝나고 양이 돌아옴. 음력 11월 또는 동지를 일컫는 말. ② 겨울이 가고 봄이 돌아옴. ③ 궂은 일이 걷혀지고 좋은 일이 돌아옴.

1) 아래로부터 다섯 개의 효(爻)가 모두 음(--)이고, 제일 위의 것만이 양(—)이다.

大象 산〈艮〉이 무너져서 평지〈坤〉가 된다. 이것이 박의 괘상이다. 위에 서는 자는 이 괘상을 보고 먼저 아랫사람을 유복하게 하는 데 힘써서 자기의 지위를 견고히 한다.

初陰 침대[2]를 파괴한다. 먼저 다리가 흔들린다. 위기가 발 밑으로부터 스며들고 질서가 무너진다. 흉하리라.

二陰 파괴는 다리 위까지 이른다. 위기는 아직 현실화되지 않았으나 머지않아 질서를 무너뜨리고 만다. 흉하리라.

三陰 드디어 파괴된다. 그러나 군자〈上陽〉의 지도를 받고 주위에 있는 소인을 떠난다면 허물이 없을 것이다.

四陰 침대의 파괴는 그 위에 있는 사람에게까지 위험을 미치게 한다. 그 위험이 신변에 닥쳤으니 흉하리라.

五陰 왕후가 궁녀들〈郡陰〉을 잘 통솔하여[3] 천자〈上陽〉의 총애를 받는다면 결국 허물을 면하고 만사가 순조롭게 되어 갈 것이다〈中〉.

【上陽】 나무의 높은 가지에 좋은 과일 한 개가 따먹히지 않고 남아 있다. 파괴와 멸망의 세상에서 홀로 남은 큰 인물은 마침내 사람들로부터 추대를 받아 높은 지위에 오를 것이다. 소인들은 끝까지 위를 침범하려고 하나 그것은 자기 지붕을 파괴하는 것과 같은 일이니, 몸을 편안히 둘 장소까지 잃고 말 것이다.

| **풀이** | 박(剝)은 갈 곳이 있으면 불리한 괘이니라. **象曰**=박은 박탈한다는 것이니, 유(柔)가 강(剛)을 변하게 하는 것이다. 갈 곳이 있으면 불리하다 함은 소인이 자라나기

---

2) 이 괘의 효사는 상(牀 : 침대와 의자를 겸한 것)을 예로 삼고 있다. ☷☶ 는 π의 형상으로서 상을 나타내고 그것을 벗겨서 떨어뜨리는 것이다. 초효는 다리, 그로부터 점차 위로 오른다.

3) 원문에는 관어(貫魚)로 되어 있다. 고기를 나뭇가지에 꿰어 말린 것으로서 많은 물고기를 가지런히 늘어놓아 탈락하는 일이 없음을 형용한 것이다.

剝 不利有攸往 象曰 剝 剝也 柔變剛也 不利有攸往 小人長也 順而止之 觀象也 君子尙消息

때문이며, 순종하여 머무르는 것은 상(象)을 관찰한다는 것이다. 군자가 영고성쇄(榮枯盛衰)의 도를 숭상한다는 것은 하늘의 행함(天行)이기 때문이다. **象曰**=산이 땅에 붙어 있는 것이 박괘이니 윗사람은 아랫사람을 후하게 대하여 주고 집을 편안하게 해야 한다.

初六=좀벌레가 상을 갉아먹되 다리부터 시작한다. 곧고 바른 마음이 없어진다. 흉하리라. **象曰**=상을 다리부터 갉아먹는다 함은 아래서부터 먹어 올라간다는 것이다. **六二**=상을 갉아먹되 가장자리부터 시작한다. 곧고 바른 마음이 없어지니 흉하리라. **象曰**=상의 가장자리부터 갉아먹는다 함은 함께할 동료가 없다는 것이다. **六三**=갉아먹는다. 허물이 없으리라. **象曰**=갉아먹으나 허물이 없다 함은 상하를 잃었다는 것이다. **六四**=상을 갉아먹어도 껍질부터 시작한다. 흉하리라. **象曰**=상을 껍질부터 갉아먹는다 함은 재앙이 가까워서 절박하게 되었다는 것이다. **六五**=물고기를 잡아 꿰으로써 궁인(宮人)들의 총애를 받는다. 이롭지 않음이 없으리라. **象曰**=궁인들의 총애를 받는다 함은 마침내 허물이 없다는 것이다. **上九**=큰 열매를 먹을 수 없다. 군자는 수레를 얻고, 소인은 집을 헐리게 될 것이니라. **象曰**=군자가 수레를 얻었다 함은 백성들이 추대하였다는 것이다. 소인의 집이 헐리게 된다 함은 결국에는 쓸 수가 없다는 것이다.

盈虛 天行也 象曰 山附於地剝 上以厚下安宅 初六 剝牀以足 蔑貞 凶 象曰 剝牀以足 以滅下也 六二 剝牀以辨 蔑貞 凶 象曰 剝牀以辨 未有與也 六三 剝之无咎 象曰 剝之无咎 失上下也 六四 剝牀以膚 凶 象曰 剝牀以膚 切近災也 六五 貫魚 以宮人寵 无不利 象曰 以宮人寵 終无尤也 上九 碩果不食 君子得輿 小人剝廬 象曰 君子得輿 民所載也 小人剝廬 終不可用也

24. 復 ䷗ (震下/坤上) - 지뢰복(地雷復 : 일양래복)

파괴 후에는 건설이 시작된다. 부흥인 것이다. 복(復)은 동지(冬至)를 나타낸다. 음(--)의 기가 내리덮고 있는 속에 양(—)의 기가 싹트기 시작하여 서서히 봄이 돌아오는 것이다. 괘의 형상도 땅 속〈☷ 坤〉깊은 곳에 봄기운이 발동〈☳ 震〉하고 있음을 나타낸다. 오랫동안의 괴로움도 이제 한순간뿐이다. 그러나 조급하게 서둘러 뛰어나가서는 안 된다. 덤벼대면서 싹을 내려고 하면 늦은 서리를 맞아 죽고 만다. 침착하게 장래의 대계(大計)를 세워야 할 때이다. 역점(易占)에서는 회복·화해·실물(失物)에 좋다는 괘이다.

역점(易占) : 주역의 원리에 따라 앞날의 길흉을 점치는 일, 또는 그런 점.
실물(失物) : 물건을 잃어버림, 또는 그 잃어버린 물건.

복(復)의 괘는 양기〈初陽〉가 되돌아와서 발전하고 번영하는 것을 나타낸다. 때에 순응하여〈坤〉 움직이면〈震〉 나아가든 돌아오든 장애가 없다. 친구들이 모여들어서 탈은 없을 것이다. 가던 길을 7일 만에 돌아온다. 이것은 하늘의 순환과 일치한다. 양(陽)의 기운이 이제 성장하려고 하니, 적극적으로 일에 대처함이 좋다. 복은 움직여서 사물을 생성케 한다. 만물을 육성시키려는 천지의 마음을 볼 수 있다.

大象 우레의 기운이 아직 땅 속에 스며 있는 것이 복의 괘상이다. 성왕은 이 괘상을 보고 양의 한 줄기 기운이 다시 돌아오는 동지에는 관소의 문을 닫고 상인과 여객의

통행을 막으며, 자신도 순시를 중단하고 양의 기가 성대해지는 때를 기다린다.

【初陽】 지나간 과오를 깨닫고 정도(正道)로 돌아온다. 몸을 닦고 행동을 고친다면 후회를 남기지 않고 대길하리라.

二陰 훌륭하게 정도로 돌아온다. 몸을 낮추고 인자〈初陽〉를 따라가면 길하리라.

三陰 경솔히 행동하여 과오를 범하지만, 그때마다 정도로 돌아오기를 잊지 않는다면 위태롭기는 하나 탈은 없을 것이다.

四陰 중용(中庸)을 지키면서 다만 혼자서 자기 길을 갔다가 정도로 돌아온다.

五陰 독실한 마음으로 정도로 돌아온다. 중용을 지키고 스스로 생각하며 나아간다면 후회는 없으리라.

上陰 정도로 돌아올 것을 잊고 방황한다. 흉하다. 그것은 특히 군주된 자의 도에 어긋난 행동이다. 인재(人災)·천재가 겹칠 것이다. 이때 군대를 동원하면 크게 패하여 군주 자신에게도 화가 미치게 된다. 10년을 싸워도 설욕하지 못한다.

| 풀이 | 복(復)은 막혔던 것이 트이는 괘이니라. 출입을 하여도 병이 없다. 친구가 찾아오더라도 허물이 없으리라. 그 도를 다시 반복하니, 7일 만에 되돌아온다. 갈 곳이 있으면 이로우리라. **象曰**=복(復)이 형통하다 함은 강(剛)한 양기(陽氣)가 다시 돌아온다는 것이다. 움직이되 순

復 亨 出入无疾 朋來无咎 反復其道 七日來復 利有攸往 象曰 復亨剛反 動而以順行 是以出入无疾 朋來无咎 反復其道 七日來復 天行也 利有攸往 剛長也 復其

見天地之心乎 象曰 雷在地中復 先王以至日閉關 商旅不行 后不省方
初九 不遠復 无祗悔 元吉 象曰 不遠之復 以修身也 六二 休復 吉 象曰 休復之吉 以下仁也 六三 頻復 厲无咎 象曰 頻復之厲 義无咎也 六四 中行獨復 象曰 中行獨復 以從道也 六五 敦復无悔 象曰 敦復无悔 中以自考也 上六 迷復 凶 有災眚 用行師終有大敗 以其國君 凶 至于十年不克征 象曰 迷復之凶 反君道也

종함으로써 행하니, 이것이 바로 출입을 한다 해도 병이 없다는 것이다. 친구가 찾아오더라도 허물이 없으며, 그 도를 다시 반복하여 7일 만에 되돌아온다 함은 하늘의 운행이다. 갈 곳이 있으면 이롭다 함은 강(剛)한 양의 기운이 자라나기 때문이다. 복괘, 그것은 바로 천지의 마음을 보는 것이다. **象曰**=우레가 땅 가운데 있는 것이 복괘이다. 선왕은 이로써 동지(冬至)에 관소의 문을 닫고, 행상인들은 여행을 하지 않았으며, 제후들 자신도 지방을 살펴보지 않았다.

初九=머지않아 되돌아온다. 후회하는 일이 없을 것이다. 크게 길하리라. **象曰**=머지않아 되돌아온다 함은 몸을 닦기 위함이다. **六二**=되돌아와서 쉰다. 길하리라. **象曰**=되돌아와서 쉬니 길하다 함은 내려감으로써 어질게 된다는 것이다. **六三**=자주 되돌아온다. 위태로우나 허물은 없으리라. **象曰**=자주 되돌아오는 것의 위태로움은 의리상 허물이 없다는 것이다. **六四**=중정(中正)을 행하여 혼자 되돌아옴이니라. **象曰**=중정을 행하여 혼자 되돌아온다 함은 도를 따르기 위함이다. **六五**=독실하게 되돌아온다. 후회는 없으리라. **象曰**=독실하게 되돌아오는 데 후회가 없다 함은 중도로써 스스로를 이룩한다는 것이다. **上六**=되돌아오는 길을 잃었으니 흉하리라. 천재(天災)와 인화(人禍)가 있느니라. 행군을 하면 끝내 패할 것이며, 그 나라 임금에게까지 미치게 되니, 흉하리라. 10년이 지나도 정벌하지 못하리라. **象曰**=되돌아오는 길을 잃었으니 흉하다 함은 임금의 도에 어긋나기 때문이다.

25. 无妄 ䷘ (震下/乾上) - 천뢰무망(天雷无妄 : 흐르는 대로)

무(无)는 무(無)이고, 망(妄)은 망(望)을 뜻한다. 이렇게 하고 싶다는 기대나 예정, 속셈이나 속임수를 버리고 되어가는 대로 몸을 맡기는 것이다. 노자(老子)의 무위자연(無爲自然)의 도와 가깝다. 무망(無望)이란 생각지도 않던 일, 예기치 않았던 일을 말한다. 하늘의 섭리에 몸을 맡겨, 생각지도 않던 일에 부딪쳐도 동요하거나 의식적인 행동을 취하지 말고 조용하게 또는 솔직하게 그것을 받아들여야 할 것이다. 물론 그것은 단순하게 소극적인 행위와는 다르다. 가뭄이나 홍수를 만나더라도 묵묵히 대지를 밟고 떠나지 않는 농부의 미음이니 괴로움을 참고 이들을 기르는 어머니의 태도이다. 또 송대(宋代)의 학자는 망(妄)을 거짓·엉터리로 해석하고 무망(无妄)이란 지성(至誠)·진실한 것이라고 설명한 바 있다.

무위자연(無爲自然) : 인공을 가하지 않은 그대로의 자연이라는 뜻으로, 인위(人爲)를 부정하는 노장 사상의 근본 개념을 이름.

무망(无妄)의 괘는 강효(剛爻)가 하괘의 주효(主爻)가 되고, 상괘의 건(乾)과 호응하여 강건하고 움직임이 멈추지 않는다. 그러나 5양(五陽)과 2음(二陰)이 각각 정중(正中)의 위치에 있어서 천명(天命)에 따름으로써 크게 성장·번영한다. 그 도를 변함없이 지키는 자는 만사가 순조롭다. 그러나 책략을 써서 그 도를 어긴다면 반드시 재화(災禍)가 닥칠 것이다. 함부로 나아가지 말라. 무망의 때를 만나 하

정중(正中) : 한가운데.

재화(災禍) : 재액(災厄)과 화난(禍難).

늘의 뜻을 거역하고 어디로 갈 것인가. 하늘이 돕지 않을 것이다.

大象 하늘〈乾〉에 우렛〈震〉소리 진동할 때 만물이 하늘의 섭리에 따라 그 삶을 이루고 있다. 이것은 무망의 괘상이다. 성왕은 이 괘상을 보고 때에 순응하여 만물을 양육하였다.

【初陽】 사심(邪心)이 없는 진실한 마음으로 나아가면 뜻을 얻는다. 길하리라.

二陰 수확의 결과에 대해서는 개의치 않고 오직 경작에만 힘쓰며, 성패 여부를 생각지 않고 개척해 나간다면 만사는 순조롭다. 부귀를 구하지 말고 그날의 일을 수행하라.

三陰 생각지도 않던 재난을 만난다. 가령 매어둔 소를 지나가던 자가 훔쳐가고 죄 없는 동네 사람에게 혐의가 씌워짐과 같은 일이다.

【四陽】 정도(正道)를 지키라. 굳게 지켜 나가면 결코 허물이 없을 것이다.

【五陽】 뜻밖의 질병에 걸린다. 그러나 덤비며 약을 쓰지 말라. 그대로 버려두면 저절로 쾌유하리라.

【上陽】 자연히 되어가는 대로 맡겨두라. 작위(作爲)하면 재해가 있어서 궁지에 빠질 뿐이다.

사심(邪心) : 도리에 어긋난 못된 마음.

无妄 元亨利貞 其匪正
有眚 不利有攸往 彖曰
无妄剛自外來而爲主於

| 풀이 | 무망(无妄)은 크게 형통하는 괘이니라. 마음이 바르고 곧으면 이로우리라. 그것이 정도(正道)가 아니면 재

앙이 있느니라. 갈 곳이 있어도 이롭지 않으리라. **彖曰**＝무망은 강(剛)한 기운이 밖에서 와서 스스로 안의 주체가 되는 것이다. 움직이면 강건하고 강한 기운이 가운데서 응한다. 크게 형통함으로써 바르니 하늘의 명령이다. 그 바르지 않음은 재앙이 있고, 갈 곳이 있어도 이롭지 않다고 하였는데, 무망의 갈 곳이 어디리오. 천명이 돕지 않는 것을 행함이 아니겠는가. **象曰**＝하늘 아래에서 우레가 운행하니 물건은 모두 다 망함이 없느니라. 선왕은 이로써 때에 따라 힘을 쓰고 만물을 육성시킨다.

初九＝성실성 있게 가는 데 길함이 있느니라. **象曰**＝성실성 있게 간다 함은 뜻을 얻었다는 것이다. **六二**＝밭을 갈아도 거두어들임이 없고, 거친 땅을 개간하고도 좋은 밭이 되지 않는다. 갈 곳이 있어야 이로우리라. **象曰**＝밭을 갈아도 거두어들이지 못하였으면 아직 부자가 아니라는 것이다. **六三**＝뜻하지 않았던 재앙이다. 혹은 어떤 사람이 소를 매어놓았다 하더라도, 길가던 사람이 그것을 얻으니 마을 사람에게는 재앙이 될 것이니라. **象曰**＝행인이 소를 얻었다 함은 마을 사람에게는 재앙이 된다는 것이다. **九四**＝마음을 곧고 바르게 가지면 허물이 없으리라. **象曰**＝마음을 바르고 곧게 가져야 허물이 없다 함은 굳게 지킨다는 것이다. **九五**＝뜻하지 않던 질병이다. 약을 쓰지 말라. 기쁨이 있으리라. **象曰**＝뜻밖의 병으로 약이라는 것을 맛보아서는 안 된다는 것이다. **上九**＝예기치 못한 일이다. 일을 행하면 재앙이 있다. 이로울 것이 조금도 없느니

內 動而健 剛中而應 大亨以正 天之命也 其匪正有眚 不利有攸往 无妄之往 何之矣 天命不祐 行矣哉 象曰 天下雷行 物與无妄 先王以茂對時育萬物
初九 无妄往吉 象曰 无妄之往 得志也 六二 不耕穫 不菑畬 則利有攸往 象曰 不耕穫 未富也 六三 无妄之災 或繫之牛 行人之得 邑人之災 象曰 行人得牛 邑人災也 九四 可貞无咎 象曰 可貞无咎 固有之也 九五 无妄之疾 勿藥有喜 象曰 无妄之藥 不可試也 上九 无妄 行有眚 无攸利 象曰 无妄之行 窮之災也

라. **象曰**=예기치 못한 일을 행하면 막히는 재앙이 있다는 것이다.

26. 大畜 ䷙ (乾下/艮上) - 산천대축(山川大畜 : 막대한 축적)

대축은 소축과 비교되고 대(大)가 소(小)를 기른다는 것, 즉 위대한 왕자가 인재를 보호하고 기른다는 뜻이다. 또는 실력을 쌓아두는 것을 뜻하기도 한다. 축(畜)의 옛 글자는 축(蓄)으로 밭〔田〕이 무성〔兹〕하다, 즉 풍작을 뜻한다. 대축은 대풍작으로 창고에 곡물이 산과 같이 쌓여 있는 상태이다. 대망(大望)을 품는 자는 먼저 힘을 쌓아두지 않으면 안 된다. 인덕(人德), 지식, 인재, 자금을 충분히 저축한 데다 기력이 충실하고 정기가 넘쳐흐름으로써 대사업이 성취될 수 있다. 위험이나 장애도 당당히 극복해 나갈 수 있다. 괘의 형상은 하늘의 기운〈☰ 乾〉을 크게 모아 초목을 양육하는 산〈☶ 艮〉을 나타내고 있다.

인덕(人德) : 사람을 잘 사귀고, 사귄 사람들에서 도움을 받는 복. 인복(人福).

대축(大畜)의 괘는 강건〈乾〉하고 독실〈艮〉하니 그 덕이 천하에 빛나며, 날마다 새로워져 가는 상태를 나타낸다. 강(剛)의 효〈上陽〉가 최상위에 있어서 현자〈初 · 二 · 三陽〉를 공경하고 강건〈乾〉하면서도 고삐를 당겨야 하는 것도 잊지 않는다. 이야말로 크고 바른 도(道)를 걸어가는 것이다. 그 도를 끝까지 관철해 가는 것이 좋다.

현자(賢者) : 덕행의 뛰어남이 성인(聖人) 다음가는 사람. 어진 사람.

현자(賢者)를 존경하며 집 안에 머물지 말고 널리 사회적으로 활동하면 길하다. 대축은 하늘의 도에 순응하고 있어서 큰 냇물을 건너는 위험을 범한다 해도 순조롭게 진행된다.

大象 하늘〈乾〉의 기〈氣〉가 산중에 저축되어 있다. 이것이 대축의 괘상이다. 군자는 이 괘상을 보고 고대 성현(古代聖賢)의 가르침을 마음에 새기며 스스로 덕을 쌓아간다.
【初陽】나아가면 위험하다. 재난을 피하고 멈추는 것이 좋다.
【二陽】차체에서 바퀴가 떨어져 나간다. 맹진하는 자는 버려두고 중용을 지키면 탈이 없을 것이다.
【三陽】준마를 타고 질주한다. 변함없이 노력하며 계속함이 좋다. 날마다 무예를 닦고 윗사람과 뜻을 합해 나아가면 순조롭다.
【四陰】울타리 속의 작은 소. 경거망동을 삼가면 즐거움이 있어 대길하리라.
【五陰】말뚝에 매어둔 새끼돼지. 경거망동을 삼가면 즐거움이 있어 길하리라.
【上陽】광대무변한 하늘의 도를 체득하고 자유로이 행동할 수 있다. 도가 크게 행해지리라.

| 풀이 | 대축(大畜)은 마음을 곧고 바르게 가져야 이로운 괘이니라. 농사를 지어먹지 않아도 길하다. 큰 냇물을 건너는 것이 이로우리라. **象曰**=대축은 강건하며 독실하여 밝은 빛이 찬란하므로 그 덕이 날마다 새롭다. 강(剛)한 기

광대무변(廣大無邊) : 한없이 넓고 커서 끝이 없음.

大畜 利貞 不家食吉 利涉大川 象曰 大畜剛健篤實輝光 日新其德 剛上而尚賢 能止健 大正也 不家食吉 養賢也 利涉大川 應乎天也 象曰

天在山中大畜 君子以
多識前言往行 以畜其
德
初九 有厲利已 象曰 有
厲利已 不犯災也 九二
輿說輹 象曰 輿說輹 中
无尤也 九三 良馬逐 利
艱貞 日閑輿衛 利有攸
往 象曰 利有攸往 上合
志也 六四 童牛之牿 元
吉 象曰 六四元吉 有喜
也 六五 豶豕之牙 吉
象曰 六五之吉 有慶也
上九 何天之衢 亨 象曰
何天之衢 道大行也

운이 위로 올라가서 어진 이를 숭상하게 된다. 능히 건실함에 머무르면 크고 바르게 되는 것이다. 농사를 지어먹지 않아도 길하다 함은 어진 이를 기른다는 것이다. 큰 냇물을 건너는 것이 이롭다 함은 하늘에 응한다는 것이다. **象曰**=하늘이 산 가운데 있는 것이 대축괘이다. 군자는 지난 이들의 말씀과 지난 행위를 알고 스스로 그 덕을 기른다. **初九**=위태로운 일이 있다. 그만두는 것이 이로우리라. **象曰**=위태로운 일이 있으니 그만두는 것이 이롭다 함은 재앙을 범하지 않는다는 것이다. **九二**=수레의 바퀴살이 벗겨지느니라. **象曰**=수레의 바퀴살이 벗겨졌다 함은 가운데 자리이니 허물이 없다는 것이다. **九三**=좋은 말을 타고 간다. 약간 어려움이 있으나 마음을 곧게 가지면 이로움이 있느니라. 날마다 수레를 모는 일과 자기를 방어하는 법을 연습해야 한다. 갈 곳이 있으면 이로우리라. **象曰**=갈 곳이 있으면 이롭다 함은 윗사람과 서로 뜻이 맞는다는 것이다. **六四**=외양간에 있는 송아지. 크게 길하리라. **象曰**=육 4가 크게 길하다 함은 기쁨이 있다는 것이다. **六五**=거세한 돼지의 어금니. 길하리라. **象曰**=육 5가 길하다 함은 경사(慶事)가 있다는 것이다. **上九**=하늘의 길이니라. 형통하리라. **象曰**=하늘의 길이라 함은 도를 크게 행한다는 것이다.

27. 頤 ䷚ (震下/艮上) - 산뢰이 (山雷頤 : 기르는 도)

이(頤)는 턱을 말한다. 서합괘에서 설명한 것처럼 괘의 형상은 위턱, 아래턱을 나타내고 있다. 또 상괘 ☶(艮)은 멎는 것, 하괘 ☳(震)은 움직이는 것을 나타내어 턱의 움직임과 일치한다. 사람은 턱을 움직이면서 음식물을 씹어먹고 육신을 기른다. 이런 사실에서 이(頤)는 기른다는 의미가 된다. 신체를 기르고 정신을 기르고 타인을 기르고 사물을 기르는 등, 기르는 도는 다양해서 그만큼 신중을 기하는 것이 제일이다. 병은 입을 통하여 들어오고 화는 입에서 나간다. 언어와 음식에는 특히 주의하지 않으면 안 되는 것이다.

육신(肉身) : ① 고깃덩어리인 사람의 산 몸뚱이. 육체. ② 육질로 되어 단단하지 않은 몸.

이(頤)의 괘는 기르는 방법이 적절하면 길한 것이다. 무엇을 기를 것인가를 잘 살펴서 그 본질을 연구하고 그것에 알맞는 것, 즉 신체라면 영양물을, 정신이라면 교양을 스스로 노력해서 구해야 한다. 천지는 만물을 기르고 성인은 현자를 기르며, 그 자애심이 만민에 미치게 한다. 이 괘가 나왔을 때는 시기를 얻는 것이 중요하다.

大象 산⟨艮⟩ 아래에 천둥⟨震⟩의 기운이 숨어 있다. 이것이 이(頤)의 괘상이다. 군자는 이 괘상을 보고 말을 삼가고 음식을 절제한다.
【初陽】 자기가 먹고 있는 거북의 맛있는 고기를 버리고 남이 먹는 것을 보며 침을 흘린다. 자기의 아름다운 소질을

버리고 남의 재능을 부러워한다. 물론 숭상할 바가 못된다. 흉하리라.

二陰 아랫사람에게 길러지니 상도(常道)에 어긋나지만 그것뿐이라면 그래도 좋다. 친구와 처자까지 버리고 함부로 높은 곳〈上陽〉을 바라게 되면 흉하리라.

三陰 야망에 끌려서 기르는 도를 떠난다. 흉하다. 10년 간 때를 기다리고 움직이지 말라. 만일 움직이면 해로울 뿐이다.

四陰 아랫사람에게 길러지지만 길하다. 크게 아랫사람에게 은혜를 베풀기 때문이다. 호시탐탐 욕망을 좇아도 허물이 없다.

五陰 상도에 어긋나 있지만 자기를 허(虛)하게 하고 위〈上陽〉를 따른다. 그대로 변함이 없다면 길하다. 큰 냇물을 건너는 것 같은 모험은 삼가야 한다.

【上陽】 모든 것이 그의 힘으로 길러진다. 책임이 중하고 험난함이 많지만 길하다. 큰 기쁨이 있다. 큰 냇물을 건너는 것 같은 위험을 무릅써도 순조롭게 나아간다.

| 풀이 | 이(頤)는 턱을 바르게 놀려야 길한 괘이니라. 턱을 놀리는 것을 관찰하니, 스스로 구실 붙이기를 바라고 있느니라. **象曰**=턱을 놀리는 데 있어서 바르게 놀려야 길하다 함은 기르는 것이 바르면 좋다는 것이다. 턱을 관찰한다 함은 그 기르는 바를 관찰한다는 것이다. 스스로 구실을 구한다 함은 그 스스로 기르는 것을 관찰한다는 것

頤 貞吉 觀頤自求口實
象曰 頤貞吉 養正則吉
也 觀頤 觀其所養也 自
求口實 觀其自養也 天
地養萬物 聖人養賢以
及萬民 頤之時 大矣哉
象曰 山下有雷頤 君子
以愼言語 節飮食

이다. 천지는 만물을 기르고, 성인(聖人)은 어진 이를 길러서 그 영향이 만민에 미치게 하니, 이괘(頤卦)의 때〔時〕는 크도다. **象曰**=산 아래에 우레가 있는 것이 이괘이니, 군자는 말을 삼가고 음식을 절제한다.

初九=신령스러운 거북이를 버리고, 나를 보자 부러워서 입을 벌린다. 흉하리라. **象曰**=나를 보자 부러워서 입을 벌린다 함은 역시 귀히 여길 것이 못된다. **六二**=턱을 거꾸로 높게 들고 있는 것이다. 분묘 속에 있는 죽은 사람의 턱이니, 정벌하면 흉하리라. **象曰**=육 2의 정벌을 하면 흉하다 함은 행하면 동류(同類)를 잃는다는 것이다. **六三**=턱을 높이 드는 것이다. 마음을 바르게 가져도 흉하리라. 10년 간 쓰지 말라. 이로운 것이 없느니라. **象曰**=10년 간 쓰지 말라 함은 도에 크게 거슬린다는 것이다. **六四**=턱을 거꾸로 들고 있으나 길하리라. 범〔虎〕이 노려보고 있으니, 그 욕심이 다른 것을 추구하고 있으면 허물이 없으리라. **象曰**=턱을 거꾸로 들고 있어도 길하다 함은 윗사람으로서 베푸는 바가 빛난다는 것이다. **六五**=높이 들고 있으나 마음을 곧고 바르게 가지고 있으면 길하리라. 큰 냇물을 건넌다는 것은 가능하지 않다. **象曰**=마음을 곧고 바르게 가지고 있으면 길하다 함은 윗사람에게 순종한다는 것이다. **上九**=사람의 몸은 턱으로 말미암아 양육된다. 약간 위태로운 일이 있으나 길하리라. 큰 냇물을 건너면 이로우리라. **象曰**=사람의 몸이 턱으로 말미암아 양육되니 약간 위태로운 일이 있으나 길하다 함은 큰 경사가 있다는

初九 舍爾靈龜 觀我朶頤 凶 象曰 觀我朶頤 亦不足貴也 六二 顚頤 拂經 于丘頤 征凶 象曰 六二征凶 行失類也 六三 拂頤 貞凶 十年勿用 无攸利 象曰 十年勿用 道大悖也 六四 顚頤吉 虎視耽耽 其欲逐逐 无咎 象曰 顚頤之吉 上施光也 六五 拂經 居貞吉 不可涉大川 象曰 居貞之吉 順以從上也 上九 由頤 厲吉 利涉大川 象曰 由頤 厲吉 大有慶也

것이다.

28. 大過 ☴(巽下/兌上) - 택풍대과(澤風大過 : 과중한 임무)

대과(大過)는 대〈陽〉가 지나치게 많아서 그것을 받들고 지탱하고 있는 자가 약하다. 즉 조화가 되지 않는 것을 뜻한다. 벅찬 일로 고역을 치른다.

괘의 형상도 홍수〈☱ 兌〉에 빠진 나무〈☴ 巽〉를 나타내고 있다. 그렇다고 일을 포기할 수는 없다. 격류를 견디어내며 굳센 용맹심을 가지고 나아가야 한다. 남녀관계에 있어서도 부조화가 눈에 띄고, 특히 유부녀가 젊은 사내와 불의의 애욕에 빠져버리는 경향이 있다. 회사 같은 곳에서는 상하를 연결하는 유대가 막혀서 중간에 있는 존재가 강해지고 있는 상태이다. 대과는 대들보가 지붕의 무게를 견디지 못하고 휘어지는 것을 비유로 들고 있다.

대과(大過)의 괘는 강효(剛爻)가 너무 많다. 대들보를 받치고 있는 기초〈初陰〉나 기둥〈上陰〉이 약해서 휘어 있는 상태이다. 그러나 강(剛)이 너무 많다고는 해도 5양(五陽)·2양(二陽)이 중위(中位)에 있어서 중용(中庸)을 지키고, 또한 충고의 말〈兌〉을 즐겨 따르기 때문에 적극적으로 나아가 위험에 대처해도 순조롭게 발전하여 번영한다. 대과의 괘가 나올 경우에는 적절한 때를 얻는 것이 중요하다.

격류(激流) : ① 빠르고 세차게 흐르는 물. ② 사조나 정세 따위의 '급격히 변하는 기세'를 비유하여 이르는 말.
애욕(愛慾) : 이성에 집착하는 성적인 욕망. 불교에서는 욕망에 사로잡히는 일을 이름.

大象 연못〈兌〉의 물이 나무〈巽〉를 덮쳐 말라 죽게 하는 것이 대과의 괘상이다. 군자는 이 괘상을 보고 의연히 두려워하지 않고 세상을 숨어 살아도 괴로워하지 않는다.

初陰 깨끗한 흰 띠를 펴고 그 위에 제사 그릇을 놓듯이 경건하고 신중한 마음으로 일을 행하면 탈이 없다.

【二陽】 고목이 된 버드나무에 새싹이 나고 노인이 젊은 아내를 맞이하여 정력을 회복한다. 부조화이기는 하나 그런 대로 정착하면 만사가 순조롭다.

【三陽】 대들보가 휘어서 부러지려고 한다. 흉하리라. 도와주는 자가 없다.

【四陽】 대들보가 높이 솟았다. 태연한 모습으로 압력에 굴하지 않으면 길하리라. 그러나 타의(他意)가 있으면 비난을 받고 곤경에 빠지리라.

【五陽】 고목이 된 버드나무에 꽃이 핀다. 늙은 여자가 젊은 서방을 얻는다. 고목에 핀 꽃은 오래가지 못한다. 꼴사나운 일이다. 허물될 것도 없고 명예로울 것도 없다.

上陰 자기 몸의 분수를 잊고 힘에 겨운 일을 밀고 나아간다. 강을 건너려고 하다가 물속에 머리가 잠긴다. 흉하다. 그러나 어쩔 수 없는 일이기에 탈은 면할 수 있다.

의연(毅然) : 의지가 굳세고 태도가 꿋꿋하며 단호함.

타의(他意) : ① 다른 생각. 딴마음. ② 다른 사람의 뜻.

| 풀이 | 대과(大過)는 집의 대들보가 휘어지는 형상의 괘이니라. 갈 곳이 있으면 이롭다. 형통하리라. **象曰**=대과는 큰 것이 지나치다는 것이다. 집의 대들보가 휘어진다 함은 밑둥과 끝이 약하기 때문인 것이다. 강(剛)한 기운이

大過 棟橈 利有攸往 亨
彖曰 大過 大者過也 棟
橈 本末弱也 剛過而中
巽而說行 利有攸往 乃
亨 大過之時 大矣哉 象
曰 澤滅木大過 君子以

지나치지만 가운데 있다. 공손하고 기쁘게 행하는 것이다. 갈 곳이 있으면 이롭다 함은 바로 형통하다는 것이다. 대과괘의 때는 참으로 크도다. **象曰**=못(澤)이 나무를 매몰하는 것이 대과괘이다. 군자는 독립함을 두려워하지 않고, 세상에서 은신해도 고민하지 않는다.

初六=흰 띠를 깔고 있다. 허물이 없으리라. **象曰**=흰 띠를 깔고 있다 함은 유(柔)한 기운이 아래에 있다는 것이다. **九二**=말라 죽은 버드나무에 새움이 돋아나니 늙은 지아비가 딸 같은 아내를 얻는다. 이롭지 않음이 없느니라. **象曰**=늙은 지아비가 딸 같은 아내를 얻는다 함은 지나침으로써 서로 어울린다는 것이다. **九三**=대들보가 휘어진다. 흉하리라. **象曰**=대들보가 휘어지니 흉하다 함은 보탬이 있을 수 없다는 것이다. **九四**=대들보가 높다. 길하지만 다른 생각이 있으면 부끄러움을 당하게 되리라. **象曰**=대들보가 높아서 길하다 함은 밑으로 휘어지지 않는다는 것이다. **九五**=늙은 버드나무에 꽃이 피었다. 늙은 어미가 젊은 선비를 얻어 지아비로 삼는다. 허물도 없고 칭찬도 없으리라. **象曰**=늙은 버드나무에 꽃이 피었으니 어찌 오래 갈 수 있겠는가. 늙은 어머니가 젊은 선비를 얻어 지아비로 삼음은 또한 부끄러운 일이다. **上六**=지나치게 깊은 물을 건너다가 머리까지 물에 빠졌다. 흉하지만 허물은 없으리라. **象曰**=지나치게 깊은 물을 건너는 것이 흉하다 함은 탓할 수 없다는 것이다.

獨立不懼 遯世无悶 初六 藉用白茅 无咎 象曰 藉用白茅 柔在下也 九二 枯楊生稊 老夫得其女妻 无不利 象曰 老夫女妻 過以相與也 九三 棟橈 凶 象曰 棟橈之凶 不可以有輔也 九四 棟隆 吉 有它吝 象曰 棟隆之吉 不橈乎下也 九五 枯楊生華 老婦得其士夫 无咎无譽 象曰 枯楊生華 何可久也 老婦士夫 亦可醜也 上六 過涉滅頂 凶无咎 象曰 過涉之凶 不可咎也

29. 習坎 ☵ (坎下/坎上) - 감위수

(坎爲水 : 난이 지난 뒤 또 난이 닥친다)

네 개의 큰 난괘(難卦 : 屯·習坎·蹇·困) 중 하나이다. 감(坎)은 험난에 빠지는 것을 의미한다. 이 괘는 ☵(坎)이 겹쳐〈習〉계속 험난에 빠지는 것을 나타내고 있다. 이럴 때는 어떻게 처신하는가에 따라서 인간의 진가(眞價)가 결정된다. 곤란에 쓰러지고 마는가, 아니면 그 괴로움을 견디고 이겨냄으로써 용기와 힘을 기르는가이다. 지금 당장 곤란을 해결하기는 힘들다. 무엇이든 두려워하지 않는 신념과 지성을 가지고 격류와 맞서는 도리 밖에 없다. 몸을 던져야만 나아갈 기회도 생긴다.

진가(眞價) : 참된 값어치.

습감(習坎)의 괘는 험난이 겹쳐 있는 상태이다. 그러나 강물〈坎〉은 흘러가 넘치는 일이 없고 험난한 곳을 만나더라도 낮은 곳으로 흐르는 습성은 변치 않는다. 사람도 위험을 만나 성의를 변치 않으면 난관을 돌파하고 형통한다. 주저하지 않고 나아가면 성공해서 세인의 존경을 받는다.

험난(險難) : 위험하고 어려움. 고생이 됨.

하늘의 험난은 감히 오를 수 없는 높이며, 땅의 험난은 산천과 구릉이다. 임금과 제후들은 성벽을 쌓고 못을 파서 나라를 지킨다. 난괘가 나왔을 때는 대처할 방법을 신중히 생각해야 한다.

세인(世人) : 세상 사람.

大象 홍수가 겹쳐 오는 것이 습감의 괘상이다. 군자는 이 괘를 보고 덕을 기르며 백성을 가르치는 데 전념한다.

初陰 구멍에 빠져서 헤어날 길을 모른다. 흉하리라.

【二陽】 위험에 빠져서 고생한다. 쉽사리 헤어날 수는 없으나, 진지하게 노력하면 조금은 길이 열린다.

三陰 앞문에는 호랑이, 뒷문에는 늑대. 즉 앞에도 난관, 뒤에도 난관이니 진퇴양난이다. 손과 목에 올가미가 씌워져 구멍 속에 빠진다. 무엇을 해도 효과는 없다〈不中正〉. 몸부림치지 말고 때를 기다려라.

四陰 간난을 탈출할 방책을 세우는 데 있어서 예의는 소박하게 하고, 의견을 간략하게 하면 군신〈五陽〉의 마음이 서로 통하여 최후에는 탈을 면하리라.

【五陽】 험난은 아직 끝나지 않았다. 만사가 평온해진 후에 움직이면 탈을 면하리라.

上陰 몸이 결박되어 감옥에 갇힌다. 탈출할 길이 없다. 3년 동안 두고두고 흉하리라.

| 풀이 | 습감(習坎)은 두 양기(陽氣)가 서로 기운을 통하고 있는 괘이니, 믿음이 있으면 마음이 형통할 것이다. 행하면 가상스러움이 있으리라. **象曰**=습감은 겹겹이 쌓인 험지란 뜻이다. 물이 흘러도 그것을 채우지 못하고, 험한 일을 해도 그 신실함을 잃지 않는다. 두 양기가 서로 기운을 통하여 믿음으로써 마음이 형통한다 함은, 바로 강한 기운이 가운데 자리를 차지하고 있다는 것이다. 행하면 가상스러움이 있다 함은 가면 공(功)이 있다는 것이다. 하늘의 험한 곳은 사람이 오를 수 없다. 땅이 험하다는 것은

習坎 有孚 維心亨 行有尙 象曰 習坎重險也 水流而不盈 行險而不失其信 維心亨 乃以剛中也 行有尙 往有功也 天險不可升也 地險山川丘陵也 王公設險 以守其國 險之時用 大矣哉 象曰 水洊至習坎 君子以常德行 習敎事 初六 習坎 入于坎窞 凶 象曰 習坎 入坎 失道凶也 九二 坎有險 求小得

산천과 구릉을 말하는 것이다. 왕공(王公)이 험한 것을 설치하여 그 나라를 지키니, 험한 이치를 때에 따라 사용함이 아주 크도다. **象曰**=물이 거듭하여 흘러오는 것이 습감괘이다. 군자는 늘 덕을 행하고, 가르치는 일을 익힌다.

初六=겹겹이 둘러싸인 토굴 속으로 들어간다. 흉하리라. **象曰**=겹겹이 둘러싸인 토굴 속으로 들어간다 함은 길을 잃어 흉하다는 것이다. **九二**=토굴 속에 위험이 있다. 구하면 조금 얻는 것이 있으리라. **象曰**=구하면 조금 얻는 것이 있다 함은 아직 가운데서 나오지 못한다는 것이다. **六三**=오고 가도 토굴이다. 깊은 험난에 구속되어 토굴로 들어간다. 쓰지 말라. **象曰**=오고 가도 토굴이라 함은 마침내 공이 없다는 것이다. **六四**=한 그릇의 술과 한 접시의 안주를 질그릇에 담아 창문으로 들여보낸다. 마침내 허물이 없으리라. **象曰**=한 그릇의 술과 한 접시의 안주라 함은 강(剛)과 유(柔)가 서로 교접한다는 것이다. **九五**=토굴에 흙이 다 차지 않았다. 발꿈치가 이미 잘 놓여 평평하니 허물이 없으리라. **象曰**=토굴에 흙이 다 차지 않았다 함은 중도(中道)가 아직 크지 못하다는 것이다. **上六**=세 겹의 가는 노끈과 굵은 노끈으로 결박하여 가시덤불로 둘러싸인 곳에 버려두니, 3년이 지나도 얻지 못한다. 흉하리라. **象曰**=상육(上六)의 도를 잃었다 함은 흉함이 3년 동안 계속된다는 것이다.

象曰 求小得 未出中也 六三 來之坎坎 險且枕 入于坎窞 勿用 象曰 來之坎坎 終无功也 六四 樽酒簋貳 用缶 納約自牖 終无咎 象曰 樽酒簋貳 剛柔際也 九五 坎不盈 祗旣平 无咎 象曰 坎不盈 中未大也 上六 係用徽纆 寘于叢棘 三歲不得 凶 象曰 上六失道 凶三歲也

30. 離 ䷝ (離下/離上) - 이위화(離爲火 : 정열을 따라서)

이(離)의 괘는 불·태양을 상징한다. 또한 밝음이고 지성이다. 불이 탄다는 사실에서 부착된다는 뜻이기도 하다. 이 괘는 상하가 같이 ☲(離)이며, 밝은 태양, 불 같은 정열, 그리고 명철한 지성을 나타낸다. 자기의 입장에 튼튼하게 뿌리를 박아 최대한의 능력을 발휘할 때이다. 그러나 정열에 몸을 맡기고 경솔한 행동을 하는 경향이 있다. '암소를 기르면 길하다.'고 하였으니, 암소와 같은 유순함을 아울러 가지는 것이 중요하다.

명철(明哲) : 총명하고 사리에 밝음.

이(離)의 괘는 부착한다는 뜻이다. 해와 달이 하늘에 빛나고 백곡과 초목은 땅에 부착한다. 사람은 밝은 지혜를 가지고 정도(正道)를 밟으면 천하의 백성을 교화(敎化)·육성할 수가 있어서 발전하고 번영한다. 유효가 중정(中正)의 자리에 있는 것은 암소와 같은 유순함을 기르면 길하다는 것을 나타낸다.

정도(正道) : 올바른 길. 정당한 도리.

大象 밝음이 겹쳐 있다. 이것이 이(離)의 괘상이다. 대인은 이 괘상을 보고 지혜를 닦아서 널리 천하를 비춘다.

【初陽】 미명(未明)의 때. 발길이 위험하다. 실족하지 않도록 신중히 가면 탈을 면하리라.

미명(未明) : 날이 채 밝기 전. 날이 샐 무렵.

【二陰】 태양이 중천에 걸려 있고 황금빛이 만물을 비춘다. 크게 길하리라〈中正〉.

【三陽】 태양이 서쪽으로 기울 때. 술항아리를 두들기며 노

래하던 나날은 멀어가고 지금은 늙은 몸을 그저 탄식할 뿐이다. 여생이 얼마 남지 않았다. 흉하리라.

[四陽] 부딪치고 내닫고 불타고 죽음을 당하고 버림받는다. 몸둘 곳이 없어서 파멸하고 만다.

五陰 왕공(王公)의 자리에 있으면서 불행한 사람을 보면 눈물을 흘리고 도리에 어긋나는 일에 마음 아파하면 길하다.

[上陽] 왕은 군사를 거느리고 출정해서 난을 일으키는 무리들을 무찔러 나라를 바로잡는다. 원흉을 죽일 수 있으니 경하할 일이다. 그러나 그 하수인들은 관대하게 처리해야 한다. 그리하면 탈은 없을 것이다.

왕공(王公) : 왕과 공. 천자(天子)와 제후. 신분이 고귀한 사람.

원흉(元兇) : 못된 짓을 한 무리의 우두머리.

| 풀이 | 이(離)는 마음을 곧고 바르게 가져야 이로운 괘이니, 형통한다. 암소를 치면 길하리라. **象曰**=이(離)는 서로 붙어 있는 형상이다. 해와 달은 하늘에 붙어 있고, 온갖 곡식과 초목은 땅에 붙어 있다. 중첩된 광명으로 바르게 붙으면, 바로 천하를 이루게 된다. 유(柔)한 기운이 중정의 자리에 있다. 그러므로 모든 일이 형통한다. 이것이 바로 암소를 치면 길하다는 것이다. **象曰**=밝은 것이 두 번 일어나는 것이 이괘이다. 대인은 밝음을 이어받아 사방을 비춘다.

初九=신발을 한데 뒤섞었다. 공경하면 허물이 없으리라. **象曰**=신발을 한데 뒤섞었으니 공경하라 함은 그것으로써 허물을 피한다는 것이다. **六二**=정오(正午)의 모임이니 크게 길하리라. **象曰**=정오의 모임이니 크게 길하다 함

離 利貞 亨 畜牝牛吉
彖曰 離麗也 日月麗乎
天 百穀草木麗乎土 重
明以麗乎正 乃化成天
下 柔麗乎中正 故亨 是
以畜牝牛吉也 象曰 明
兩作離 大人以繼明 照
于四方
初九 履錯然 敬之无咎
象曰 履錯之敬 以辟咎
也 六二 黃離 元吉 象
曰 黃離元吉 得中道也
九三 日昃之離 不鼓缶
而歌 則大耋之嗟 凶 象
曰 日昃之離 何可久也
九四 突如其來如 焚如
死如棄如 象曰 突如其
來如 无所容也 六五 出
涕沱若 戚嗟若 吉 象曰
六五之吉 離王公也 上

九 王用出征 有嘉折首
獲匪其醜 无咎 象曰 王
用出征 以正邦也

은 중도(中道)를 얻었다는 것이다. **九三**=저녁의 모임이다. 장구를 치지 않고 노래를 부르니, 늙은이가 탄식을 한다. 흉하리라. **象曰**=저녁의 모임이라 하니, 어찌 오래갈 수 있겠는가. **九四**=갑자기 오는 듯하다. 불사르는 듯하며, 죽은 듯하며, 버리는 듯하니라. **象曰**=갑자기 오는 듯하다 함은 용납할 바가 없다는 것이다. **六五**=눈물을 비오듯 흘리며 걱정하고 슬퍼하는 듯하다. 길하리라. **象曰**=육 5가 길하다 함은 왕공에게 붙어 있다는 것이다. **上九**=왕이 나아가 정벌을 한다. 좋은 일이 있다. 우두머리만 베고, 얻은 것이 추한 조무래기가 아니면 허물이 없으리라. **象曰**=왕이 나아가 정벌한다 함은 그것으로써 나라를 바로 잡는다는 것이다.

31. 咸 ☰(艮下/兌上) - 택산함(澤山咸 : 마음의 교류-연애)

함(咸)이란 느낌, 감응한다는 말이다. 마음의 교류가 없이는 인간의 사회생활이 성립되지 않는다. 그 사회의 최소 단위는 마음이 서로 일치하는 부부가 전형이다. 이 괘의 상괘 ☰(兌)는 젊은 여자, 하괘 ☰(艮)은 젊은 남자를 뜻하며, 여자의 발 밑에 남자가 무릎꿇고 사랑을 구하는 형상이다. 젊은 남녀는 마음이 통하게 되면 곧 사랑의 불꽃을 일으킨다. 가장 감응되기 쉬운 점에서 이 괘에 의하여 감응의 원리를 나타내는 것이다.

함(咸)의 원리는 부부로부터 사회 전반, 나아가서는 천지 우주에까지 적용할 수 있다.

감응(感應) : ① 마음에 느껴 감응함. ② 신심(信心)이 부처나 신령에게 통함.

함(咸)의 괘는 느끼는 것을 나타낸다. 유(柔)의 괘〈兌〉가 위, 강(剛)의 괘〈艮〉가 아래에 있어서 변함없는 사랑을 맹세하고, 여자도 그것을 기꺼이 받아들인다. 따라서 굳은 결합을 계속한다면 발전하고 번영하니 만사가 순조롭다. 결혼에 길하다. 천지는 교감하여 만물을 생성하고 성인(聖人)은 인심을 감화시켜 천하를 평화롭게 한다. 감응의 이치를 알게 되면 천지만물의 마음을 모두 알 수 있다.

교감(交感) : 양쪽이 서로 접촉되어 감응함.

大象 산〈艮〉 위에 연못이 있어서 축축히 적셔 주고 있다. 이것이 함의 괘상이다. 군자는 이 괘상을 보고 마음을 비우고 사람들의 마음을 받아들인다.

初陰 발가락[1]에 감응한다. 남과 마음의 교류를 구하고 있으면서도 느끼는 것이 미약하여 움직임에는 이르지 않는다.

二陰 종아리에 느낀다. 종아리는 걸을 때 먼저 움직이는 것. 서둘러 앞서가면 흉하다. 유순함을 지키고 있으면 길하므로 아무런 해가 없다.

【三陽】 허벅다리에 느낀다. 허벅다리는 가장 민감한 곳이지만 함부로 움직이려고 하며 남〔上體〕에게 이끌리기 쉽다. 주체성이 없는 것이다. 함부로 나서면 비난을 받으니 궁지에 빠질 것이다.

【四陽】 굳게 자리를 지키면 길하니 후회함이 없다. 안절부절못하여 침착성을 잃으면 따라오는 것이 모두 그런 종류의 인간들뿐이다. 큰 영향력을 갖지 못한다.

【五陽】 등살에 느낀다. 감각에 이끌리는 일 없이 공평 무

1) 이 괘의 효사(爻辭)는 신체의 각 부분에 느끼는 것을 비유로 하고 있다. 아래로부터 위로 서서히 진행하는 것이다. 소박하게 해석하면 남녀의 애무를 나타낸 것이라고도 할 수 있다. 발가락의 애무에서 입맞춤에 이르고 있는 것이다.

咸 亨 利貞 取女吉 彖曰 咸感也 柔上而剛下 二 氣感應以相與 止而說 男下女 是以亨 利貞 取 女吉也 天地感而萬物化 生 聖人感人心 而天下 和平 觀其所感 而天地 萬物之情可見矣 象曰 山下有澤咸 君子以虛受 人

初六 咸其拇 象曰 咸其 拇 志在外也 六二 咸其 腓凶 居吉 象曰 雖凶居 吉 順不害也 九三 咸其 股 執其隨 往吝 象曰 咸 其股 亦不處也 志在隨 人 所執下也 九四 貞吉 悔亡 憧憧往來 朋從爾 思 象曰 貞吉悔亡 未感 害也 憧憧往來 未光大 也 九五 咸其脢 无悔 象曰 咸其脢 志末也 上 六 咸其輔頰舌 象曰 咸 其輔頰舌 滕口說也

사하여 후회는 없으나 큰 감동을 모른다.

上陰 턱과 볼, 혀에 느낀다. 경박하게 입으로만 지껄일 뿐 성의가 없다.

| 풀이 | 함(咸)은 음(陰)과 양(陽)의 기운이 서로 형통하는 괘이니, 마음을 바르고 곧게 가지면 이로우리라. 여자를 얻으면 길하리라. **彖曰**=함은 감응하는 것이다. 유(柔)한 기운이 위로 올라가고 강(剛)한 기운이 아래로 내려와서, 두 기운이 감응하여 서로 참여한다. 머물러서 기뻐하고, 남자가 여자에게로 내려온다. 이것이 바로 형통하는 것이니 마음을 바르게 가지면 이로우며, 여자를 얻으면 길하다는 것이다. 천지가 감응하여 만물이 화생(化生)하니, 성인(聖人)이 인심을 감응시켜 천하가 화평하게 된다. 그 감응하는 바를 살펴보면 천지만물의 정감(情感)을 가히 볼 수 있다. **象曰**=산 위에 못(澤)이 있는 것이 함괘이다. 군자는 허(虛)함으로써 사람을 받아들인다.

初六=남녀의 애정이 엄지발가락에서 감응되고 있다. **象曰**=남녀의 애정이 엄지발가락에서 감응된다 함은 뜻이 밖에 있다는 것이다. **六二**=남녀의 애정이 종아리에서 감응된다. 흉하다. 가만히 있으면 길하리라. **象曰**=비록 흉하나 가만히 있으면 길하다 함은 순종하면 해롭지 않다는 것이다. **九三**=남녀의 애정이 그 허벅다리에서 감응한다. 잡히는 대로 따라갈 것이다. 가면 부끄러움이 있느니라. **象曰**=애정이 허벅다리에서 감응된다 함은 역시 움직이지

말라는 것이다. 뜻이 사람을 따르는 데 있다 함은 잡는 바가 낮다는 것이다. **九四**=마음을 곧게 가지면 길하고, 후회가 없으리라. 분주하게 왔다갔다하면 친구가 너의 뜻을 좇으리라. **象日**=마음을 곧게 가지면 길하고 후회가 없다 함은 아직 감정을 해치지 않았다는 것이다. 분주하게 왔다갔다한다 함은 아직 빛이 크지 못하다는 것이다. **九五**=그 등살에서 감응한다. 후회가 없으리라. **象日**=그 등살에서 감응한다 함은 뜻이 말초에 이르렀다는 것이다. **上六**=턱과 볼과 혀끝에서 감응하니라. **象日**=턱과 볼과 혀끝에서 감응한다 함은 입에 올려 말하기를 좋아한다는 것이다.

말초(末梢) : ① 나뭇가지의 끝. 우듬지 ② 사물의 말단. ③ 사소한 일. 하찮은 일.

32. 恒 ☴(巽下) ☳(震上) - 뇌풍항 (雷風恒 : 변화없는 생활 - 결혼)

연애 뒤에는 결혼한다. 항(恒)이란 불변하고 안정된 결혼생활을 의미한다. 상괘 ☳(震)은 성인이 된 남자, 하괘 ☴(巽)은 성인이 된 여자를 나타낸다. 함괘에서는 젊었던 두 사람도 지금은 중년이 되었고, 위치도 남자가 위에 서고 여자는 아래에서 순종하는 것이다. 이전의 불타는 듯한 사랑도 평온한 생활로 변해 있다. 그렇게 되면 또 파란을 구하는 마음이 생긴다. 이른바 마음이 들뜨는 상태가 일어난다. 위험한 유혹을 물리치지 않으면 항구한 길을 얻을 수 없다. 지금은 부부간에 한한 것도 아니며, 무슨 일에나 신기한 것에 현혹되는 일이 없이 처음 가졌던 뜻을 잊지 않고 일관된 방침으로 밀고 나아가는 것이 중요한 때이다.

파란(波瀾) : 어수선한 사건이나 사고, 심한 변화나 기복을 비유하여 이르는 말.
항구(恒久) : 변함없이 오래 감.

항(恒)의 괘는 항구(恒久)를 의미한다. 강〈남자 : 震〉은 위에 있고 유〈여자 : 巽〉는 아래에 있다. 우레〈震〉와 바람〈巽〉이 힘을 합쳐서 만물의 생육을 돕고 아내는 순종하며〈巽〉남편은 일한다. 각 효의 음양이 서로 호응하고 있는 것이 항괘이다. 참으로 항구불변하는 안정된 모습이다.

그러므로 만사가 형통하여 번영한다. 탈이 없다. 일관해서 도를 지키는 자는 순조로울 것이다. 천지의 도(道)도 항구불변하여 그치는 일이 없다. 하나가 끝나면 하나가 시작된다. 이 끊임없는 변화의 과정에 따라가는 자는 만사가 순조롭다.

일월은 하늘의 움직임에 따름으로써 영원히 비출 수가 있는 것이다. 사철은 각각 변화하는 데 의하여 영원히 순환할 수가 있다. 성인이 이 도를 계속 지킴으로써 천하는 감화하고 육성되는 것이다. 변화 속에서 항구(恒久)가 있는 것이다.

이 항구란 것을 다 볼 수 있다면 천지만물의 참된 모습을 알 수 있을 것이다.

大象 뇌성과 바람이 결합되는 것, 이것이 항의 괘상이다. 군자는 이 괘상을 보고 자기의 입장을 확정시키고 방침을 바꾸지 않는다.

初陰 처음부터 너무 상대를 알려고 하는 것은 좋지 않다. 점차적으로 화합을 깊이 해야 한다. 해(害)가 될 뿐, 이유가 통한다 해도 흉하리라.

순환(循環) : 쉬지 않고 연해 돎. 돌고 돌아 제자리로 돌아옴.

감화(感化) : 남에게 받는 정신적 영향으로 마음이나 행동이 바람직하게 변화함, 또는 남을 그렇게 변화시킴.

뇌성(雷聲) : 우렛소리.

【二陽】 후회가 없어진다〈中〉. 오래도록 중용을 지키고 있기 때문이다.

【三陽】 정조를 잃는다. 몸둘 곳도 없고 수치를 당하기에 이른다. 그 나름대로 이유나 변명은 있겠으나 비난을 받아서 궁지에 빠진다.

【四陽】 부적합한 지위〈不正〉에 언제나 집착하고 있으니 어찌 좋은 일이 있겠는가. 사냥을 해도 잡히는 것이 없다.

五陰 유순한 덕을 오래 지켜서 변할 줄 모르는 것. 부인은 최후까지 일부〈二陽〉종사해야 길하다. 그러나 남자는 아내가 하자는 대로 따라서 한다면 흉하리라. 남자는 대의(大義)가 있는 바를 따라야 한다.

上陰 상도(常道)가 흔들린다. 더구나 윗자리에 있다. 큰 실패를 초래할지 모른다. 흉하리라.

| 풀이 | 항(恒)은 모든 일이 잘 형통하는 괘이니라. 허물이 없다. 마음을 바르게 가지면 이롭고, 갈 곳이 있으면 이로우리라. 彖曰=항은 장구(長久)하다는 뜻이다. 강(剛)한 기운이 위로 올라가고 유(柔)한 기운이 아래로 내려온다. 우레와 바람이 서로 참여하여 순하게 움직이며, 강(剛)한 기운과 유(柔)한 기운이 모두 응하는 것이 항괘의 형상이다. 그러므로 항괘는 모든 일에 형통하다는 것이다. 허물이 없고 마음을 곧게 가지면 이롭다 함은 오래도록 그 도(道)에 있기 때문이다. 천지의 도는 항구하여 끝남이 없다. 갈 곳이 있으면 이롭다 함은 끝나면 곧 시작이 있다는

恒 亨 无咎 利貞 利有
攸往 彖曰 恒久也 剛上
而柔下 雷風相與 巽而
動 剛柔皆應恒 恒亨 无
咎 利貞 久於其道也 天
地之道 恒久而不已也
利有攸往 終則有始也
日月得天而能久照 四
時變化而能久成 聖人
久於其道而天下化成
觀其所恒 而天地萬物
之情可見矣 象曰 雷風
恒 君子以立不易方
初六 浚恒 貞凶 无攸利
象曰 浚恒之凶 始求深

也 九二 悔亡 象曰 九二
悔亡 能久中也 九三 不
恒其德 或承之羞 貞吝
象曰 不恒其德 无所容
也 九四 田无禽 象曰 久
非其位 安得禽也 六五
恒其德貞 婦人吉 夫子
凶 象曰 婦人貞吉 從一
而終也 夫子制義從婦凶
也 上六 振恒 凶 象曰
振恒在上 大无功也

제재(制裁) : ① 법령이나 규칙 위반자에게 가하여지는 불이익 또는 징벌을 이름. ② 집단의 규율을 어겼을 때 가하여지는 심리적·물리적 압력. 또 그러한 압력을 가하는 일.

것이다. 해와 달이 하늘을 얻어 오래 비출 수 있고, 사시(四時)가 변화하여 오래 생성할 수 있으니, 성인이 그 도에 오래 있으면 천화를 화성(化成)한다. 그 항구성을 관찰하면 천지만물의 정감을 능히 볼 수 있는 것이다. **象曰**=우레와 바람으로 된 것이 항괘이니, 군자는 덕을 세우고 방침을 바꾸지 않는다.

初六=깊은 항구의 도이니라. 마음을 바르게 가져도 흉하니, 이로운 일이 없으리라. **象曰**=깊은 항구의 도가 흉하다 함은 처음에 너무 깊은 것을 구한다는 것이다. **九二**=후회가 없으리라. **象曰**=구 2(九二)의 후회가 없다 함은 능히 중앙에 오래 있을 수 있다는 것이다. **九三**=그 덕을 항구히 지키지 못하면 혹시 부끄러움을 당할지도 모른다. 마음을 바르게 가져도 허물이 있으리라. **象曰**=그 덕을 항구히 지키지 못하면 용납될 바가 없다는 것이다. **九四**=사냥을 나가지만 짐승이 없느니라. **象曰**=오랫동안 그 자리에 있는 것이 아니니, 어찌 짐승을 얻으랴. **六五**=항구히 그 덕을 바르게 지킨다. 부인은 길하고 남편은 흉하리라. **象曰**=부인이 마음을 곧게 가지면 길하다 함은 일부종사한다는 것이다. 그러나 사나이는 의(義)로 제재해야 하는데, 부인을 좇으니 흉하다는 것이다. **上六**=동요되는 항구의 도이다. 흉하리라. **象曰**=동요되는 항구의 도가 위에 있다는 것이니, 크게 공이 없다는 것이다.

33. 遯 ䷠ [艮下/乾上] - 천산둔(天山遯 : 일보 후퇴)

송나라의 대학자 주희(朱熹)가 천자의 국사(國師)였을 때 권력을 쥔 한차주(韓侘胄)의 횡포를 규탄하는 상소문을 제출하려던 일이 있었다. 그것을 안 제자들이 스승의 위험을 걱정하여 말렸으나 듣지 않으매 마침내 점을 쳐서 결정하기로 하였다. 그때 나온 괘가 이 둔괘(遯卦)였다. 주희는 묵묵히 일어나 상소문을 태워 없애고 은퇴하였다고 한다. 둔이란 피해서 물러나는 것인데, 또 돼지와도 통한다. 돼지는 도망을 잘 치는 동물이다. 나의 운기(運氣)가 쇠하여 시류(時流)에 맞지 않을 때는 재빨리 물러나는 것이 최상의 방도이다. 괘의 형상은 음(--)의 세력이 일어나고, 위에 있는 양(—)이 물러나는 것을 나타낸다. 무리하게 뚫고 나아가려 하지 말고 쇠운(衰運)이 지나가기를 기다려야 한다.

국사(國師) : ① 나라의 스승. ② 천자의 스승.

시류(時流) : 그 시대의 풍조. 그 시대의 유행.

쇠운(衰運) : 쇠퇴하는 운수.

둔(遯)의 괘는 피해서 숨어 살아야 길이 열린다는 것을 보이고 있다. 강효〈剛爻 : 五陽〉가 정중(正中)의 위치에 자리잡고, 유효(柔爻)와 상응하고 있는 것은 시세에 따라 행동할 것을 나타낸다. 소인〈初 · 二陰〉의 세력이 점차로 커져가고 있는 세상이다. 일을 해도 순조롭지가 않다. 둔의 의의는 참으로 중대하다.

大象 하늘〈陽 : 乾〉에 대하여 아래로부터 산〈陰 : 艮〉이 솟아오르려고 한다. 이것이 둔의 괘상이다. 군자는 이 괘상을 보고 증오하지 않으며 엄격하게 소인을 멀리한다.

`初陰` 돼지의 꼬리이다. 피해 가지만 뒤떨어진다. 갈 곳이

있어도 함부로 나아가지 말고 때를 기다려라. 가만히 있으면 화는 없을 것이다.

二陰 황소 가죽으로 결박해 두면 결코 풀 수 없다. 지조를 굳게 지켜서 군주를 붙잡고 나아가면 그 결합을 떼어 놓을 자 누구랴.

【三陽】 돼지를 잡아맨다(가족관계에 얽매여 마음대로 피해 갈 수 없다). 고뇌 때문에 지쳐 있어서 위험하다. 신하나 첩(妾)을 어루만지는 따위의 작은 일은 괜찮으나 큰 일을 해서는 안 된다.

【四陽】 돼지를 좋아한다(즐거운 마음으로 피한다). 군자라면 할 수 있으나, 소인은 할 수 없다.

【五陽】 돼지를 잘 꾸민다(훌륭하게 피한다). 한결같이 뜻을 지키면 길하리라.

【上陽】 돼지를 살찌게 한다(여유 있게 피한다). 아무런 마음의 맺힘도 없이 유유히 피해서 숨는다면 만사는 순조롭게 진행될 것이다.

遯 亨 小利貞 彖曰 遯
亨 遯而亨也 剛當位而
應 與時行也 小利貞 浸
而長也 遯之時義 大矣
哉 象曰 天下有山遯 君
子以遠小人 不惡而嚴
初六 遯尾 厲 勿用有攸
往 象曰 遯尾之厲 不往
何災也 六二 執之用黃
牛之革 莫之勝說 象曰

| 풀이 | 둔(遯)은 은둔생활을 해야 형통하는 괘이니라. 소인은 마음을 곧게 가져야 이로우리라. **彖曰**=둔이 형통하다는 것은 은둔생활을 하여 어려운 일이 트인다는 것이다. 강(剛)한 기운이 마땅한 자리에 앉아서 응함이 있으니 때와 함께 행한다는 것이다. 소인이 마음을 곧게 가져야 이롭다 함은 물이 스며들 듯 점차로 자란다는 것이다. 은둔하는 때와 의의는 참으로 크도다. **象曰**=하늘 아래 산이

있는 것이 둔괘이다. 군자는 소인을 멀리하되, 미워하지 않고 엄격하게 한다.

初六=최후의 은둔생활이다. 위태롭다. 갈 곳이 있어도 가지 말 것이니라. **象曰**=최후의 은둔생활이 위태하다 하나, 가지 않으면 어찌 재앙이 있으랴. **六二**=이를 얽어매려면 황소 가죽을 사용하라. 그리하면 벗어날 수 없으리라. **象曰**=황소로 잡아매라 함은 그 뜻이 견고하기 때문이다. **九三**=은둔생활을 하려고 하나 질병이 있어서 위태로우니라. 신하와 아내를 부양하면 길하리라. **象曰**=은둔생활을 하려고 하나 위태롭다 함은 질병이 있어 피로하다는 것이다. 신하와 아내를 기르면 길하다 함은 큰 일을 할 수 없다는 것이다. **九四**=좋은 은둔생활이다. 군자는 좋지만 소인은 그렇지 못하니라 **象曰**=군자는 은둔하니 좋고 소인은 그렇지 않다는 것이다. **九五**=훌륭한 은둔생활이다. 마음이 바르고 곧아야 길하리라. **象曰**=훌륭한 은둔생활이니 마음을 바르고 곧게 가져야 길하다 함은 그것으로써 뜻을 바로잡는다는 것이다. **上九**=풍성한 은둔생활이다. 이롭지 않음이 없으리라. **象曰**=풍성한 은둔생활이니 이롭지 않음이 없다 함은 의심할 바가 없다는 것이다.

執用黃牛 固志也 九三 係遯 有疾厲 畜臣妾吉 象曰 係遯之厲 有疾憊也 畜臣妾吉 不可大事也 九四 好遯 君子吉 小人否 象曰 君子好遯 小人否也 九五 嘉遯 貞吉 象曰 嘉遯貞吉 以正志也 上九 肥遯 无不利 象曰 肥遯无不利 无所疑也

34. 大壯 ䷡ (乾下/震上) - 뇌천대장(雷天大壯 : 싸움의 헛됨)

대장(大壯)이란 대(大 : 陽)가 장성(壯盛)하다는 뜻이다. 양기가

음기(陰氣) : ① 만물이 생성하는 근본이 되는 정기(精氣)의 한 가지. 음의 기운. ② 음산하고 찬 기운. 음침한 기운.

기미(機微) : ① 낌새. 눈치. ② 어떤 일이 일어날 기운.

통찰(洞察) : 온통 밝혀서 살핌. 전체를 환하게 내다봄.

아래에서 위로 왕성하게 올라가고 위의 음기(陰氣)를 쇠하게 하는 형상이다. 음침한 것을 모두 잊고 떠들썩하며 기운차게 나아가는 상태이니, 겉으로 보기보다는 실속이 따르지 못하는 결함이 있다. 하늘⟨☰ 乾⟩에서는 뇌성⟨☳ 震⟩이 치는데도 비가 올 기미가 전혀 보이지 않는 괘상이다. 이럴 때는 자기 자신을 한 번 더 되돌아볼 필요가 있다. 사업을 확장하는 것도 좋고, 힘을 믿고 돌진해 나아갈 때이다. 그러나 방심하면 큰 실패를 초래할 것이다.

　대장(大壯)의 괘는 양기가 크게 왕성한 것을 나타내니, 강건⟨乾⟩하면서 크게 활동⟨震⟩하는 형상이다. 위대한 자는 바르게 움직임으로써 비로소 순조롭다. 바르고 큰 자야말로 천지의 참된 뜻을 통찰할 수 있는 것이다.

大象 뇌성⟨震⟩이 하늘에서 진동한다. 이것이 대장의 괘상이다. 군자는 이 괘상을 보고 예의에 맞지 않는 일은 행하지 않는다.

【初陽】 발길이 닿는 대로 경솔하게 나아간다. 모처럼의 성의도 실효를 거두지 못한다. 흉하리라.

【二陽】 초지를 관철하면⟨中⟩ 길하리라.

【三陽】 소인은 왕성한 세력을 따라 돌진하지만 군자는 그런 일을 하지 않는다. 정도를 지키고 있더라도 위태롭다. 숫양이 무작정 돌진하다가 울타리를 뿔로 들이받아 괴로워하는 것과 같은 사태가 생긴다.

【四陽】 초지를 관철해 나가면 길할 것이다. 후회는 없어지

리라. 울타리가 무너졌기 때문에 무사히 괴로움에서 탈출할 수가 있다. 수레바퀴를 튼튼히 하고 앞으로 과감하게 나아가는 것이 좋다.

五陰 울타리가 무너져서 양은 도망간다〈不正〉. 그러나 무리하게 잡아두려고 하지 말라. 후회가 없으리라.

上陰 숫양의 뿔이 울타리에 걸려 앞으로 나아가지도 물러가지도 못하고 어찌할 바를 모르는 상태이다. 무엇을 해도 잘 안 된다. 우쭐대지 말고 열심히 노력하면 길하다. 허물도 오래가지 않을 것이다.

| 풀이 | 대장(大壯)은 마음을 곧고 바르게 가져야 이로움이 있는 괘이니라. 象曰=대장은 큰 것이 장성한다는 뜻이다. 강(剛)함으로써 움직이고, 움직이기 때문에 장성하는 것이다. 크게 장성하는 데 마음을 바르고 곧게 가져야 이롭다 함은 큰 것이 바르기 때문이다. 바르고 커서 천지의 정(情)을 볼 수 있을 것이다. 象曰=우레가 하늘 위에 있는 것이 대장괘이다. 군자는 예(禮)가 아니면 행하지 않는다.

初九=성 밑〔趾臺〕에서 장성해 간다. 정벌하면 흉하리라. 성실함이 있느니라. 象曰=성 밑에서 장성해 간다 함은 성실함이 있으나 곤궁하다는 것이다. **九二**=마음을 곧고 바르게 가져야 이로우리라. 象曰=구 2의 마음을 바르고 곧게 가져야 이롭다 함은 중간의 자리에 있기 때문이다. **九三**=소인은 장성한 세력을 사용하지만, 군자는 그것을 사용하는 일이 없느니라. 마음이 곧아도 위태롭다. 숫

大壯 利貞 彖曰 大壯大者壯也 剛以動 故壯 大壯利貞 大者正也 正大而天地之情可見矣 象曰 雷在天上大壯 君子以非禮弗履
初九 壯于趾 征凶 有孚 象曰 壯于趾 其孚窮也 九二 貞吉 象曰 九二貞吉 以中也 九三 小人用壯 君子用罔 貞厲 羝羊觸藩羸其角 象曰 小人用壯 君子罔也 九四 貞吉 悔亡 藩決不羸 壯于大輿之輹 象曰 藩決不羸 尚往也 六五 喪羊于易 无悔 象曰 喪羊于易位不當也 上六 羝羊觸藩 不能退 不能遂 无攸利 艱則吉 象曰 不能退 不能遂 不詳也 艱則吉

咎不長也

숭상(崇尙) : 높이어 소중하게 여김.

양이 울타리를 받아 그 뿔이 휠 것이니라. **象曰**=소인은 장성한 세력을 사용하지만 군자는 그런 일이 없다는 것이다. **九四**=마음이 곧고 바르면 길하다. 후회가 없어지리라. 울타리가 무너지니 양의 뿔이 휘어지지 않는다. 큰 수레의 바퀴살이 튼튼하고 힘이 있느니라. **象曰**=울타리가 무너져 양의 뿔이 휘어지지 않는다 함은 나아감을 숭상한다는 것이다. **六五**=양을 밭의 경계에서 잃어버렸다. 후회는 없으리라. **象曰**=양을 밭의 경계에서 잃어버렸다 함은 자리가 마땅치 않다는 것이다. **上六**=숫양이 울타리를 들이받고는 물러나지도 못하고 나아가지도 못한다. 이로울 것이 없다. 어려움을 참으면 길하리라. **象曰**=물러가지도 못하고 나아가지도 못한다 함은 상세하지 않다는 것이요, 어려움을 참으면 길하다 함은 허물이 오래가지 않는다는 것이다.

35. 晋 ䷢ (坤下/離上) - 화지진
(火地晋 : 아침해가 하늘에 솟아오른다)

진(晋)이란 나아가는 것. 그러나 대장괘(大壯卦)처럼 무턱대고 나아가는 것이 아니다. 시기를 얻어 모든 능력을 발휘하는 것이다. 상괘 ☲(離)는 불(火), 다시 말하면 태양, 하괘 ☷(坤)은 대지(大地)이니, 땅 위에 태양이 비추기 시작한 것이다. 희망의 아침이다. 지금은 얼마든지 일을 맡아도 순조롭게 해나갈 수 있는 때이다. 일하면 할수록 주위로부터 인정받고 큰 보상을 받을 것이다. 고통을 받던 사람도 이제부터는 상승 일로에 있다. 따라서 황급하게 나아갈 필요는 전혀 없다. 침착하게 자신을 가지고 자기 계획대로 나아가면 된다.

진(晋)의 괘는 진(進)과 같아서 나아가는 것을 나타낸다. 밝은 태양〈離〉이 지상〈坤〉에 떠오르기 시작할 때이다. 유순한〈坤〉 태도로 밝은 군주를 따름이 좋다. 유효〈五陰〉가 천자의 위치에 있어서 유화(柔和)의 덕으로 천하를 다스리고 있는 것이다. 강후(康侯)[1]는 많은 말을 천자에게 헌납함으로써 하루에 세 번 접견하는 우대를 받았다.

大象 밝은 태양이 지상에 나타난다. 이것이 진의 괘상이다. 군자는 이 괘상을 보고 자기의 밝은 덕〔明德〕[2]을 보고 빛나게 하고자 노력한다.

初陰 옳은 길로 나아가려고 해도 좌절되고 만다. 홀로 자기 도를 지켜서 나아가기 때문이다. 변함없이 초지를 관철하면 길하다. 성의를 인정받지 못한다 해도 침착하게 여유 있는 태도로 기다리면 탈이 없을 것이다.

二陰 나아가려고 해도 나아가지 못하니 마음이 괴롭다. 태연하게 초지를 관철하면 길하리라. 큰 복을 왕모(王母)로부터 받게 될 것이다〈中正〉.

三陰 앞으로 나아가려는 성실한 뜻이 마침내 여러 사람에게 알려져 신뢰를 받게 된다. 후회는 없으리라.

【四陽】 앞으로 나아간다. 자기 능력 이상의 위치〈不正〉에

1) 강후(康侯)는 보통명사로서 나라를 평안케 하는 제후라는 설과 무왕(武王)의 동생 강숙(康叔)이라고 하는 설이 있다. 어느 것이든 의미에는 큰 차이가 없다.

2) 밝은 덕〔明德〕은 사람이 타고난 영혼의 본질을 말하는 것이다.

왕모(王母) : ① 할머니의 존칭. ② 옛날 곤륜산에 살았다는 선인(仙人) 서왕모(西王母).

있는 것은 큰 쥐가 남을 해치는 것과 같다. 정도(正道)를 지키고 있더라도 위험하다.

五陰 후회는 없게 된다. 성공이나 실패에 기뻐하거나 걱정하지 말라. 앞으로 나아가면 길하니 즐거움이 있을 것이다. 만사가 순조롭다.

【上陽】 이미 나아갈 수 있는 곳은 없다. 자기 영토 내의 난적을 다스리는 데 그친다면 위험하나 길하고 탈은 없을 것이다. 그러나 덕을 베푸는 것이 불충분하여 반란이 일어나는 것이다. 진압이 정도를 따른다 해도 비난받고 궁지에 빠질 것이다.

晋 康侯用錫馬蕃庶 晝日三接 象曰 晋進也 明出地上 順而麗乎大明 柔進而上行 是以康侯用錫馬蕃庶 晝日三接也 象曰 明出地上晋 君子以自昭明德
初六 晋如 摧如 貞吉 罔孚 裕无咎 象曰 晋如摧如 獨行正也 裕无咎 未受命也 六二 晋如愁如 貞吉 受茲介福于其王母 象曰 受茲介福 以中正也 六三 衆允 悔亡 象曰 衆允之 志上行也 九四 晋如鼫鼠 貞厲 象曰 鼫鼠貞厲 位不當也 六五 悔亡 失得勿恤 往吉无不利 象曰 失得勿

| 풀이 | 진(晋)은 강후가 말을 여러 번 바치게 하여 낮에도 세 번씩 천자를 알현하는 괘이니라. **象曰**=진은 앞으로 나아간다는 것이다. 밝은 빛이 땅 위에서 나와 크게 밝아지고, 유순하게 진행하여 위로 올라간다. 이것이 바로 강후로 하여금 말을 여러 번 바치게 하여 낮에 세 번씩 천자를 뵙게 한 것이다. **象曰**=밝은 빛이 땅 위에서 나오는 것이 진괘이다. 군자는 스스로 밝은 덕을 밝힌다.

初六=진취(進取)하는 듯하고, 좌절하는 듯하다. 마음을 곧고 바르게 가지면 길하리라. 성실함은 없더라도 풍족하면 허물이 없으리라. **象曰**=진취하는 듯하고 좌절하는 듯하다 함은 홀로 바른 것을 행한다는 것이다. 풍족하면 허물이 없다 함은 아직 명을 받지 않았다는 것이다. **六二**=진취하는 듯하고 수심에 잠긴 듯하다. 마음을 곧게 가지

면 길하다. 이에 큰 복을 왕모에게서 받으리라. **象曰**=큰 복을 받는다 함은 중정(中正)의 자리에 있기 때문이다. **六三**=무리들이 진실하다. 후회는 없으리라. **象曰**=무리들이 진실하다 함은 뜻이 올라가서 행한다는 것이다. **九四**=진취하는 것이 들쥐와 같으니, 마음을 곧고 바르게 갖더라도 위태함이 있으리라. **象曰**=들쥐와 같으니 마음을 곧게 가져도 위태하다 함은 자리가 마땅치 않다는 것이다. **六五**=후회는 없어지리라. 잃고 얻는 것을 근심하지 말라. 가면 길하고 이롭지 않음이 없으리라. **象曰**=잃고 얻는 것을 근심하지 말라 함은 가면 경사가 있다는 것이다. **上九**=그 뿔까지 진취한다. 오직 고을을 치면 위험하나 길함이 있어서 허물이 없다. 마음을 곧고 바르게 가져도 부끄러우리라. **象曰**=오직 고을을 치다 함은 도가 아직 빛나지 않았다는 것이다.

恤 往有慶也 上九 晋其角 維用伐邑 厲吉无咎 貞吝 象曰 維用伐邑 道未光也

36. 明夷 ䷣ (離下/坤上) - 지화명이
(地火明夷 : 고난이 사람을 옥으로 만들다)

명이(明夷)란 명(明)이 깨진다, 현명한 것이 상해를 입는다는 뜻이다. 진괘(晋卦)의 경우와는 반대로 태양〈☲ 離〉이 땅〈☷ 坤〉 밑에 떨어져 암흑이 지배하고 있는 형상이다. 또 어리석은 자가 위에 자리잡고 있어서 모처럼의 재능 있는 부하를 억압하고 있다고 볼 수 있다. 이런 때 무리에게 재능을 발휘하여 국면을 타개해 보려고 한다면, 곧 주위로부터 두들겨 맞을지도 모른다.

상해(傷害) : 남의 몸에 상처를 내어 해를 입힘.

국면(國面) : 일이 되어 가는 형편. 일이 벌어진 상황.

명지(明知) : 명확히 앎.

괘상에 나타난 대로 명지〈明知 : 離〉를 어리석은〈坤〉 표정으로 숨겨 놓고 점차로 내면의 충실을 기해야 할 것이다. 바보천치라는 말을 듣는 편이 낫다. 고난 속에서 연마된 실력은 마침내 옥(玉)처럼 빛나게 될 것이다.

명이(明夷)의 괘는 태양이 땅 속에 숨겨진 상태이다. 안으로는 밝은 지혜〈離〉의 덕을 감추고 겉으로는 유순한 태도로써 난국에 대처함이 좋다. 문왕(文王)은 이렇게 해서 유리 유수(羑里幽囚)의 난국을 견딘 것이다. 어떠한 고난 속에서도 지조를 관철하는 것이 좋다. 명지를 감추고 재능을 숨기며 폭군의 학정 밑에서도 자신의 지조를 바로 지켜 나갈 수 있다. 기자(箕子)는 이렇게 해서 주왕의 폭정에 대처하였다.

유리(羑里) : 중국 주(周)나라 무왕(武王)이 은나라 주왕(紂王)에게 잡혀 갇혔던 곳.
유수(幽囚) : 잡아 가둠.
기자(箕子) : 전설상의 기자 조선의 시조. 은나라 주왕의 친척.

大象 태양〈離〉이 땅〈坤〉 속에 숨는다. 이것이 명이의 괘상이다. 군자는 이 괘상을 보고 세상에 대하여 명덕(明德)을 감추고 스스로 마음의 빛만을 밝게 가진다.

【初陽】 밝음이 깨지고 암흑이 지배한다. 조금이라도 이런 징조가 보이면 재빨리 무리를 떠나 날개를 접는다. 암흑의 세상에서 녹을 먹는 것은 의(義)에 어긋나는 일이다. 그 때문에 굶주리는 고통을 받을 수도 있다. 이르는 곳곳에서 비난을 받지만 별로 개의할 필요가 없다.

【二陰】 밝음이 깨진다. 암흑의 지배가 더해 온다. 왼쪽 다리에 상처를 입는다. 그러나 유순〈陰〉 단정〈中正〉하기 때

문에 말(현명한 부하)만 강건하다면 구출되어 길하리라.

【三陽】 밝음이 깨지고 암흑이 지배한다. 단호하게 일어나서 남방으로 토벌군을 진격시키면 명이(明夷)의 원흉을 붙잡아 뜻을 이룰 수 있다. 그러나 너무 성급히 정의를 행하려 하지 말라.

【四陰】 암흑의 지배자들 속에 있으면서 그 뱃속을 알아낸다. 곧 집을 떠나 국외로 피해야 한다.

【五陰】 기자(箕子)는 명(明)을 감추고 지조를 관철하였다. 그러나 그의 명은 멈추지 않고 계속 빛났다.

【上陰】 명덕이 없어서 어두운 군주가 군림한다. 처음에는 천자가 되어 사해(四海)에 군림하지만, 마침내 길을 잃고 전락하고 만다.

| 풀이 | 명이(明夷)는 암흑의 괘이니, 몹시 괴로움이 있으나 마음을 바르고 곧게 가지고 있으면 이로우리라. 象曰=밝은 빛이 땅 속으로 들어가는 것이 명이괘이다. 안은 문명(文明)하고 밖은 유순하지만 큰 어려움을 입는다. 문왕(文王)은 이로써 난국을 대처하였다. 괴로움이 있으나 마음을 바르고 곧게 가지면 이롭다 함은 그 밝은 빛을 어둡게 한다는 것이다. 안은 비록 어렵다고 하나 능히 그 뜻을 바로잡을 수가 있는 것이니, 기자(箕子)가 이로써 대처하였다. 象曰=밝은 빛이 땅 속으로 들어가는 것이 명이괘이다. 군자는 무리에 임하여 어두움을 쓰되 밝아야 한다.

初九=어두운 때 새가 나니 그 날개를 드리운다. 군자는

明夷 利艱貞 象曰 明入地中明夷 內文明而外柔順 以蒙大難 文王以之 利艱貞 晦其明也 內難而能正其志 箕子以之 象曰 明入地中明夷 君子以莅衆 用晦而明
初九 明夷 于飛垂其翼 君子于行 三日不食 有攸往 主人有言 象曰 君子于行 義不食也 六二 明夷 夷于左股 用拯馬壯 吉 象曰 六二之吉 順以則也 九三 明夷 于南狩 得其大首 不可疾貞 象曰 南狩之志 乃得

大也 六四 入于左腹 獲明夷之心 于出門庭 象曰 入于左腹 獲心意也 六五 箕子之明夷 利貞 象曰 箕子之貞 明不可息也 上六 不明晦 初登于天 後入于地 象曰 初登于天 照四國也 後入于地 失則也

길을 갈 때 3일이나 먹지 않는다. 갈 곳이 있으면 주인의 말씀이 있으리라. 象曰=군자가 길을 간다 함은 의리상 먹지 않는다는 것이다. 六二=어두운 때 왼쪽 다리를 다쳤다. 구원하는 데 질병 없는 건장한 말이면 길하리라. 象曰=육 2의 길함은 순종함으로써 도를 따른다는 것이다. 九三=어두운 때 남쪽으로 사냥을 가서 그곳의 우두머리를 잡아 온다. 성급하게 마음을 곧고 바르게 하려고 하지 말라. 象曰=남쪽에 사냥을 가서 우두머리를 잡는 뜻은 큰 것을 얻는다는 것이다. 六四=왼쪽 배로 들어가서 어두운 마음을 얻어 가지고 문 앞 뜰로 나오느니라. 象曰=왼쪽 배로 들어간다 함은 마음의 뜻을 얻었다는 것이다. 六五=기자가 스스로 밝은 마음을 어둡게 한 것이니, 마음이 곧고 바르면 이로우리라. 象曰=기자가 곧고 바른 마음이라 함은 밝은 빛이 쉴 수 없다는 것이다. 上六=밝지 않아서 어둡다. 처음에는 하늘에 오르고 나중에는 땅으로 들어가느니라. 象曰=처음에는 하늘에 올라간다 함은 사방의 나라를 비춘다는 것이요, 나중에 땅으로 들어간다 함은 법칙을 잃었다는 것이다.

37. 家人 ䷤ (離下/巽上) - 풍화가인
(風火家人 : 집안이 안전하다)

가인(家人)은 글자 그대로 가정의 사람, 가족을 말한다. 가족의 중심은 부부, 특히 주부의 역할이 크다. 가정이 항상 화목하기 위해서는 주부의 따뜻한 마음씨가 필요하다. 이 괘는 남편을 위로하고 아들을 귀히 여기는 현모양처를 나타내고 있다. 괘의 형상은 상양(上陽)을 제외하고는 모두가 바른 위치에 있고 상하가 바로 응하고 있다. 가정 안에서의 자기 입장을 지키고 부모·형제·부부가 화목하다. 상괘 ☴(巽)은 장녀, 하괘 ☲(離)는 중녀(中女)이다. 가정의 평화는 흔히 여자들 사이의 언쟁으로 깨진다. 며느리와 시어머니, 시누이 등 이 괘는 위에 있는 장녀를 중녀가 따르고 있으며, 이래야만 비로소 만사가 원만히 다스려지는 것이다.

현모양처(賢母良妻) : 어진 어머니인 동시에 착한 아내.

언쟁(言爭) : 말다툼.

　가인(家人)의 괘는 가정을 다스리는 데 여자가 바른 도리를 지켜야 하는 것을 나타낸다. 여자〈二陰〉가 안을 다스리고 남자〈五陽〉가 밖에서 일을 한다. 천지가 그렇듯이 남녀가 각자의 입장을 올바로 지켜 나가는 것이 불변의 대의(大義)이다. 부모는 가정의 엄한 군주이다. 부모·형제·부부가 각자 자기에게 적합한 태도를 취함으로써 가정이 올바르게 다스려진다. 가정이 올바르게 다스려져야 천하도 안정되는 것이다.

대의(大義) : 사람으로서, 특히 국민으로서 마땅히 행하거나 지켜야 할 도리.

大象 불〈離〉이 타서 바람〈巽〉이 일어난다. 이것이 가인의 괘상이다. 작은 일은 큰 일을 부른다. 군자는 이 괘상을 보고 언행을 삼가고, 말은 반드시 사실에 의거하며, 행동은 원칙만을 따른다.

【初陽】 굳게 문단속하면 후회가 없으리라.

二陰 자기의 생각을 고집하지 말라. 자기의 임무인 음식 만드는 일에 전념하고 순종하는 마음을 잃지 않으면 길하리라.

【三陽】 가족에 대하여 지나치게 엄격하다. 그 점을 뉘우치고 고쳐서 관용을 베푼다면 길할 것이다. 그러나 여아(女兒)들이 절도없이 웃어대며 흥겨워하면 예절이 없어져서 결국은 비난을 받고 곤경에 빠진다.

四陰 유화〈陰〉한 태도로 가정을 다스려 가면〈正〉 가정이 부유해진다. 길하리라.

【五陽】 주인이 훌륭하게 가정을 다스린다. 온 가족이 다 화목하게 지내면 아무 근심도 없다. 길하리라.

【上陽】 성의를 가지고 항상 자기 몸을 반성하면 스스로 위신이 갖추어진다. 마지막에는 길하리라.

家人 利女貞 象曰 家人
女正位乎內 男正位乎
外 男女正 天地之大義
也 家人有嚴君焉 父母
之謂也 父父 子子 兄兄
弟弟 夫夫 婦婦 而家道
正 正家而天下定矣 象
曰 風自火出家人 君子
以言有物 而行有恒
初九 閑有家 悔亡 象曰
閑有家 志未變也 六二
无攸遂 在中饋 貞吉 象
曰 六二之吉 順以巽也
九三 家人嗃嗃 悔厲吉
婦子嘻嘻 終吝 象曰

| 풀이 | 가인(家人)은 여자의 마음이 바르고 곧아야 이로운 괘이니라. **象曰**=가인괘는 아내가 안에서 자리를 바로잡고, 남편은 밖에서 자리를 바로잡고 있는 것이다. 남편과 아내의 자리가 바름은 천지의 큰 뜻이다. 가인괘에 엄군(嚴君)이 있다는 것은 부모를 이름이다. 아비는 아비답고 아들은 아들다우며, 형은 형답고 동생은 동생다우며, 남편은 남편답고, 아내는 아내다워서 가도(家道)가 바르게 된다. 가정을 바르게 다스리면 천하가 안정된다. **象曰**=바람이 스스로 불에서 나오는 것이 가인괘이다. 군자는 말을 하는 데 물건이 있고, 행하는 데 항구성(恒久性)이 있다.

初九=어떤 집안의 어려운 일을 막는다. 후회가 없으리라. **象曰**=어떤 집안의 어려운 일을 막는다 함은 뜻이 아직 변하지 않았다는 것이다. **六二**=일을 이룩함이 없다. 안에서 밥을 먹인다. 마음을 바르게 가지면 길하리라. **象曰**=육 2의 길함은 순종함으로써 공손한 태도를 취한다는 것이다. **九三**=집 안에서 남자들이 꽥꽥 소리를 지른다. 후회가 있으면 위태로우나 길하리라. 부녀자들이 히히덕거리고 웃는다. 마침내는 부끄러움이 있느니라. **象曰**=집 안에서 남자들이 꽥꽥 소리를 지른다 함은 아직 잃지 않았다는 것이요, 부녀자들이 히히덕거리고 웃는다 함은 가정의 예절을 잃었다는 것이다. **六四**=가정을 부유하게 한다. 크게 길하리라. **象曰**=가정이 부유하게 되어 크게 길하다 함은 순종함으로써 자리에 있다는 것이다. **九五**=왕이 어떤 가정을 가지게 되었다. 근심하지 말라. 길하리라. **象曰**=왕이 어떤 가정을 가지게 되었다 함은 사귀어 서로 사랑한다는 것이다. **上九**=성실함이 있다. 위엄이 있다. 마침내는 길하리라. **象曰**=위엄이 있어서 마침내 길하다 함은 몸을 돌이켜 살펴봄을 이르는 것이다.

家人嗃嗃 未失也 婦子嘻嘻 失家節也 六四 富家大吉 象曰 富家大吉 順在位也 九五 王假有家 勿恤 吉 象曰 王假有家 交相愛也 上九 有孚威如 終吉 象曰 威如之吉 反身之謂也

38. 睽 ䷥ (兌下 離上) - 화택규(火澤睽 : 며느리와 시어머니)

규(睽)란 배반한다, 반복한다의 뜻이다. 앞의 가인괘를 거꾸로 한 괘로서 가정의 불화, 의견의 상위(相違), 모순, 상극을 나

상극(相剋) : 둘 사이에 마음이 서로 화합하지 못하고 항상 충돌함.

알력(軋轢) : 수레바퀴가 삐걱거린다는 뜻으로, 집안이나 한 집단의 내부에서 의견이 맞지 않아 서로 충돌하는 일.

상반(相反) : 서로 반대되거나 어긋남.

타낸다. 상괘 ☲(離)는 불, 소녀이고 하괘 ☱(兌)는 연못, 중녀(中女)이다. 불은 위로, 물은 아래로, 그 향하는 곳이 정반대이다. 또한 여자들간의 음성적인 적대감정이다. 며느리와 시어머니의 알력, 그런 느낌을 주는 괘이다. 이럴 때는 큰 문제에 대들어서는 안 된다. 작은 일을 차근차근 처리해 나가는 마음자세가 필요하다. 며느리와 시어머니가 각각 따로 살 수 없는 것처럼, 만물 모두가 서로 모순된 속에서야말로 통일이 있고 진보가 있는 것이다. 모순을 살아 있는 현상으로 포착하는 것이 중요하다.

　규(睽)의 괘는 불〈離〉이 타서 위로 오르고 연못〈兌〉은 흘러 아래로 내리니, 두 여인〈小女·中女〉이 동거하면서 그 생각이 다른 것과 같다. 이것이 규괘의 상징이다. 그러나 즐거이 명덕(明德)을 따른다〈離〉. 상하의 중효〈二陽·五陰〉가 바로 응해 있어서 내면에서는 일치함을 나타내고 있다. 그러므로 규는 작은 일을 행하는 데 길한 것이다.

　천지는 상반하고 있음으로써 그 움직임은 일체가 된다. 남녀는 상반하고 있음으로써 애정이 서로 통한다. 만물은 제각기 상반하는 작용을 가짐으로써 통일되어 있다. 규의 작용은 실로 중대한 것이다.

大象 위에는 불, 아래에는 연못이 있어서 상반하고 있다. 이것이 규의 괘상이다. 군자는 이 괘상을 보고 '같으면서도 다른 것'을 생각한다.

【初陽】후회는 없어진다. 말이 도망가도 쫓지 말라. 자연히 돌아올 것이다. 상대가 악인이라도 겁내지 말고 만나는

것이 좋으리라. 그리하면 탈은 면할 수 있다(가는 자를 쫓지 않고 오는 자를 막지 않는다).

【二陽】 노상에서 주인〈五陰〉을 만난다. 탈은 없다. 길을 잃지 않고 있기 때문이다.

【三陰】 수레가 멈춰진다〈不正〉. 소는 병신이 되고 사람은 죄인이 된다. 처음에는 잘 되어가지 않지만 마지막에는 보호자〈上陽〉를 얻는다.

【四陽】 주위 사람들과 반목하여 고독하다. 서로가 성의를 가지고 사귀면 처음에 떨어져 있던 자〈初陽〉도 마음이 통한다. 위태롭지만 탈은 없을 것이다.

반목(反目): 서로 맞서서 미워함.

【五陰】 후회는 없어진다. 깊이 상대의 마음을 파고들면 적극적으로 나아가 교제를 맺는다 해도 탈은 없으리라.

【上陽】 주위 사람들과 반목하여 고독하다. 상대〈三陰〉가 진흙투성이 돼지나 수레에 탄 요귀처럼 보인다. 활을 쏘려고 시위를 당기지만 마침내 오해가 풀려 화살을 버린다. 상대는 자기에게 해를 가하는 것이 아니라 반대로 결합되기를 원하는 것이다. 오해를 물에 흘려버리고 의심을 씻는다면 길하다.

| 풀이 | 규(睽)는 작은 일에 길한 괘이니라. **象曰**=규는 불이 움직여서 올라가고 못〔澤〕이 움직여서 내려온다. 두 계집이 함께 있으나 그 뜻은 행동을 같이하게 하지 않는다. 기뻐하여 밝은 데로 붙고, 부드럽게 나아가서 위로 올라가며, 가운데 자리를 얻어 강〈剛〉한 것에 응한다. 이것이

睽 小事吉 彖曰 睽火動而上 澤動而下 二女同居 其志不同行 說而麗乎明 柔進而上行 得中而應乎剛 是以小事吉 天地睽而其事同也 男女睽而其志通也 萬物

睽而其事類也 睽之時
用 大矣哉 象曰 上火下
澤睽 君子以同而異
初九 悔亡 喪馬勿逐 自
復 見惡人无咎 象曰 見
惡人 以辟咎也 九二 遇
主于巷 无咎 象曰 遇主
于巷 未失道也 六三 見
輿曳 其牛掣 其人天且
劓 无初有終 象曰 見輿
曳 位不當也 无初有終
遇剛也 九四 睽孤 遇元
夫 交孚 厲无咎 象曰
交孚无咎 志行也 六五
悔亡 厥宗噬膚 往何咎
象曰 厥宗噬膚 往有慶
也 上九 睽孤 見豕負塗
載鬼一車 先張之弧 後
說之弧 匪寇婚媾 往遇
雨則吉 象曰 遇雨之吉
群疑亡也

바로 작은 일을 하는 데 길하다는 것이다. 하늘과 땅은 달라도 그 일은 같고, 남자와 여자는 달라도 그 뜻이 서로 통하며, 만물은 달라도 그 일의 종류는 같으니 규괘의 때와 효용성이 크도다. **象曰**=위는 불이요, 아래는 못인 것이 규괘이다. 군자는 같이하면서도 다름을 인식한다.

初九=후회는 없어지리라. 말(馬)을 잃어도 쫓아가지 말라. 저절로 돌아오리라. 악인을 보면 허물이 없으리라. **象曰**=악인을 봄으로써 허물을 피한다는 것이다. **九二**=군주를 골목에서 만난다. 허물이 없으리라. **象曰**=임금을 골목에서 만난다 함은 아직 도를 잃지 않았다는 것이다. **六三**=수레가 끌리는 것을 본다. 그 소가 멈춘다. 그 사람의 머리가 깎이고 코가 베어진다. 처음은 없으나 끝은 있으리라. **象曰**=수레가 끌리는 것을 본다 함은 자리가 마땅치 않다는 것이며, 처음은 없으나 끝은 있다는 것은 강(剛)한 것을 만난다는 것이다. **九四**=서로 뜻이 엇갈려서 고독하다. 착한 사람을 만나니 서로가 성실하도다. 위태로우나 허물이 없으리라. **象曰**=서로가 성실하여 허물이 없다 함은 뜻이 실행된다는 것이다. **六五**=후회는 없어지리라. 그 종족들이 살을 서로 합하는 듯 친하게 지낸다. 간들 무슨 허물이 있으랴. **象曰**=그 종족들이 살을 서로 합하는 듯 친근히 지낸다 함은 가서 경사가 있다는 것이다. **上九**=서로 엇갈려서 고독하다. 돼지가 진흙을 등에 진 것과, 귀신을 수레에 실은 것을 본다. 처음에는 활줄을 당겼으나 나중에는 활줄을 놓는다. 도둑이 아니라 혼인을 청하는 것이니라. 가다가 비를 만나면 길하리라. **象曰**=비를 만나면 길하다 함은 의심이 모두 사라진다는 것이다.

39. 蹇 ☶(艮下) ☵(坎上) - 수산건(水山蹇 : 나아가지 못하는 괴로움)

건(蹇)이란 다리를 못쓰는 앉은뱅이를 말하는데, 앞으로 나아가지 못하는 괴로움을 뜻한다. 앞뒤가 위험으로 가득 차 사방이 막혔기 때문에 나아가지도 못하고 물러서지도 못하는 상태이다. 괘의 형상도 험난한 산〈☶ 艮〉과 위험한 큰 강〈☵ 坎〉을 나타낸다. 이럴 때는 되도록 무리를 하지 말고 쉬운 길을 골라서 식견 있는 사람의 의견에 귀를 기울이는 것이 중요하다. 그래도 고난이 계속되는 것은 어쩔 수 없는 운명이다. '험난한 것을 보고 잘 머무르니 지혜롭지 않으랴.'— 함부로 나아가지 말고 조용히 자기 몸을 돌아보고 인덕을 연마하여 위험한 때가 지나가기를 기다려야 한다.

식견(識見) : 학식과 의견. 곧 사물을 올바르게 판단할 수 있는 능력.

인덕(仁德) : 어진 덕.

건(蹇)의 괘는 고난을 나타내니, 가는 곳에는 위험〈坎〉이 있다. 위험을 보고 가던 길을 멈출 수 있는 사람이야말로 지혜 있는 사람이다. 서남쪽〈坤 : 평지〉으로 가면 순조롭지만 동북쪽〈艮 : 산〉으로 가면 좋지 않다. 건괘가 나올 때는 중용을 지키고 평탄한 길을 선택하여 가로막힌 험난한 산길을 피해야 한다.
어진 사람의 지도에 따르면 험난을 극복하고 나아가리라. 변함없이 정도를 지키고 나라를 올바로 이끌어가면 길하다. 건괘가 나왔을 때는 대처할 방법을 신중히 생각해야 한다.

大象 험난한 산〈艮〉 위에 격류가 흐른다. 이것이 건의 괘상이다. 군자는 이 괘상을 보고 곤란에 직면할 때 먼저 자기를 반성하고 덕을 닦는다.

初陰 앞으로 나아가면 험난함이 있고 물러서면 칭찬을 받는다. 때를 기다림이 좋으리라.

二陰 임금을 위하여 모진 고생을 한다. 자기의 영달을 위해서가 아니기 때문에 마지막에는 화를 면하게 될 것이다.

【三陽】 앞으로 나아가면 험난함이 있으나, 물러나서 지키면 괴로움이 없어지고 동료들〈初·二陰〉이 기뻐한다.

四陰 앞으로 나아가면 험난함이 있고 물러나서 충실을 기하면 사람들과 협력하여 뚫고 나아갈 수가 있다.

【五陽】 크게 고통을 받지만 절도를 지켜 나가면 〈中〉 도와주는 벗이 나타난다.

上陰 앞으로 나아가면 험난함이 있으나 물러나서 지키면 천자〈五陽〉를 위하여 큰 공을 세울 수 있으리라. 뛰어난 인물의 지도를 받는 것이 좋다.

영달(榮達) : 높은 지위에 오르고 귀하게 됨.

절도(節度) : 말이나 행동 따위의 적당한 정도.

蹇 利西南 不利東北 利見大人 貞吉 彖曰 蹇難也 險在前也 見險而能止 知矣哉 蹇利西南 往得中也 不利東北 其道窮也 利見大人 往有功

| 풀이 | 건(蹇)은 서남쪽이 이롭고, 동북쪽이 불리한 괘이니라. 대인을 보면 이롭다. 마음을 바르고 곧게 가지면 길하리라. **彖曰**=건은 고난을 나타낸다. 험한 것이 앞에 있으니, 위험한 것을 보고 멈출 수 있어야 지자(知者)로다.

건은 서남쪽이 이롭다 함은 가면 가운데 자리를 얻는다는 것이다. 동북쪽이 불리하다 함은 그 도가 궁핍하기 때문이다. 대인을 보면 이롭다 함은 곧게 가면 공이 있다는 것이다. 제자리에서 마음이 바르고 곧아야 이롭다 함은 그것으로써 나라를 바로잡는다는 것이니, 건괘의 때와 효용은 크도다. 象曰=산 위에 물이 있는 것이 건괘이다. 군자는 몸을 돌이켜보고 덕을 닦는다.

初六=가면 어렵고, 오면 예탄(譽歎)을 받으리라. 象曰=가면 험하고 오면 예탄을 받는다 함은 마땅히 기다려야 한다는 것이다. 六二=왕과 신하가 다리를 절뚝거리나, 원인이 자기 몸에 있는 것은 아니니라. 象曰=임금과 신하가 절뚝거린다 함은 끝내는 허물이 없다는 것이다. 九三=가면 어렵고 오면 돌이켜지느니라. 象曰=가면 어렵고 오면 돌이켜진다 함은 안에서 기뻐한다는 것이다. 六四=가면 어렵고 오면 동지가 있느니라. 象曰=가면 어렵고 오면 동지가 있다 함은 받은 자리에 충실하기 때문이다. 九五=크게 위험을 당하지만 벗이 올 것이니라. 象曰=크게 위험을 당하지만 벗이 온다 함은 중정(中正)의 도(道)로써 절제한다는 것이다. 上六=가면 어려움을 당하고 오면 크게 길하다. 대인을 만나야만 이로우리라. 象曰=가면 어려움을 당하고 오면 크다 함은 뜻이 안에 있기 때문이다. 대인을 만나야 이롭다 함은 그럼으로써 귀함을 따르기 때문이다.

也 當位貞吉 以正邦也 蹇之時用 大矣哉 象曰 山上有水蹇 君子以反身修德
初六 往蹇來譽 象曰 往蹇來譽 宜待也 六二 王臣蹇蹇 匪躬之故 象曰 王臣蹇蹇 終无尤也 九三 往蹇來反 象曰 往蹇來反內喜之也 六四 往蹇來連 象曰 往蹇來連 當位實也 九五 大蹇朋來 象曰 大蹇朋來 以中節也 上六 往蹇來碩 吉 利見大人 象曰 往蹇來碩 志在內也 利見大人 以從貴也

40. 解 ☵(坎下) / ☳(震上) - 뇌수해(雷水解 : 눈이 녹는다)

해(解)는 풀린다, 해결한다의 뜻이다. 계절적으로는 춘분(春分)에 해당하며, 굳은 얼음이 풀리고 만물이 일제히 싹틀 때이다. 그리고 지금까지 괴롭고 어려웠던 문제도 해결되고 새로운 출발의 시기가 온 것이다. 이 기회를 놓쳐서는 안 된다. 재빨리 호기(好機)를 붙잡아야 한다. 꾸물거리다가는 기회를 잃고 만다. 괘의 형상은 봄의 천둥소리〈☳ 震〉와 봄비〈☵ 坎〉를 나타낸다. 바로 밭을 갈고 씨를 뿌려야 할 때인 것이다. 태만하여 허송세월을 보낸다면 1년의 수확이 허사가 된다. 엄동을 벗어나 해방감에 젖는 것도 좋지만, 절대로 마음을 놓아서는 안 된다.

해(解)의 괘는 곤란한〈坎〉 속을 움직여가면서〈震〉 기어이 그것을 극복하여 괴로움 밖으로 벗어나는〔진(震)은 외괘(外卦)임〕 시기를 나타낸다. 서남쪽〈坤 : 평지〉으로 가면 순조롭다. 평탄하고 광대한 도를 실천하면 쉽사리 인심을 얻을 수 있을 것이다. 곤란한 문제를 해결하면 물러나서 안정하고 있는 게 길하다. 아직 문제가 남아 있으면 신속히 처리해 버리는 것이 길하다. 꽁꽁 얼어붙어 있던 천지의 기운이 잘 풀리고 봄의 천둥〈震〉과 비〈坎〉가 내린다. 이 봄비를 맞아 온갖 과실과 초목이 모두 껍질을 깨고 새싹을 틔운다. 해(解)의 시기는 진실로 중대한 것이다.

大象 우레가 진동하고〈震〉 비가 쏟아진다. 이것이 해의

호기(好機) : (무슨 일을 하는 데) 좋은 기회.

엄동(嚴冬) : 몹시 추운 겨울.

괘상이다. 군자는 이 괘상을 보고 백성의 과실을 용서하고 벌을 가볍게 하여 자애를 베푼다.

初陰 탈은 없을 것이다. 현자〈四陽〉의 지도를 솔직하게 받아들인다.

【二陽】 사냥을 해서 세 마리의 여우를 잡는다(사악한 소인들을 물리친다는 것이다.). 황금의 화살을 얻는다. 초지를 관철하면 길하리라.

三陰 무거운 짐을 짊어진 인부가 수레를 타고 있다[1]〈不正〉(소인이 높은 자리에 오른다). 그리하면 도적이 그것을 노리게 된다. 수치스러운 일이다. 스스로 초래한 결과이기 때문에 누구를 비난할 수도 없다. 가령 정도(正道)를 간다 해도 곤경에 빠져서 비난을 받으리라.

【四陽】 소인과의 관계를 끊어버려라. 그리하면 동지〈五陰〉가 나타나서 성의 있는 교제를 맺게 될 것이다.

五陰 곤란을 원만히 해결하면 길하다. 소인들도 마음을 고쳐먹고 물러난다.

上陰 높은 성벽 위에 있는 새매〔隼〕를 쏘아 떨어뜨리면 무슨 일이라도 순조롭게 풀어나가리라. 비도(非道)를 푸는 것이다.

1) 마차를 타는 것은 사대부의 계급이다. 계사전(繫辭傳)에 이 효사에 대한 해설이 있다.

새매〔隼〕: 높은 자리에 있으면서 잔인한 성질을 가진 자의 비유.

| 풀이 | 해(解)는 서남쪽이 이로운 괘이니라. 갈 곳이 없으면 되돌아오는 것이 길하며, 갈 곳이 있으면 빨리 가야 길하리라. **象曰**=해는 험난한 것으로써 움직이는 것이며, 움직여 험난한 데서 벗어나는 것을 해(解)라고 한다. 해는

解 利西南 无所往 其來復吉 有攸往 夙吉 象曰 解險以動 動而免乎險 解 解利西南 往得衆也 其來復吉 乃得中也 有攸往夙吉 往有功也 天

地解而雷雨作 雨雷作而百果草木皆甲坼 解之時大矣哉 象曰 雷雨作解 君子以赦過宥罪 初六 无咎 象曰 剛柔之際 義无咎也 九二 田獲三狐 得黃矢 貞吉 象曰 九二貞吉 得中道也 六三 負且乘 致寇至 貞吝 象曰 負且乘 亦可醜也 自我致戎 又誰咎也 九四 解而拇 朋至斯孚 象曰 解而拇 未當位也 六五 君子維有解 吉 有孚于小人 象曰 君子有解 小人退也 上六 公用射隼于高墉之上 獲之无不利 象曰 公用射隼 以解悖也

서남쪽이 이롭다 함은 가면 무리를 얻는다는 것이다. 다시 돌아오는 것이 길하다 함은 곧 중간의 자리를 얻는다는 것이다. 갈 곳이 있으면 빨리 가야 길하다 함은 가면 공이 있다는 것이다. 천지가 풀리면 우레와 비가 일어나고, 우레와 비가 일어나면 온갖 과실과 초목들의 껍질이 터지고 새싹이 움튼다. 해괘의 때야말로 참으로 크도다. **象曰**=우레와 비가 일어나는 것이 해괘이다. 군자는 과실을 사해 주고 죄를 용서해 준다.

初六=허물이 없으리라. **象曰**=강(剛)한 것과 유(柔)한 것이 서로 교제하니, 마땅히 허물이 없는 것이다. **九二**=사냥을 나갔다가 세 마리의 여우를 잡고, 구리로 만든 누런 화살을 얻었다. 마음을 곧고 바르게 가지면 길하리라. **象曰**=구 2의 마음을 곧고 바르게 가지면 길하다 함은 중도(中道)를 얻었다는 것이다. **六三**=짐을 등에 지고 수레를 탔다. 도둑이 오게 된다. 마음을 곧고 바르게 가져도 부끄러움을 당하리라. **象曰**=등에 짐을 지고 수레를 탔다 함은 또한 추하다는 것이다. 내가 스스로 도둑을 오게 하였으니, 또 누구를 탓할 수 있으리오. **九四**=엄지발가락을 풀어놓으면 친구가 오고, 그 성실함도 따르게 될 것이니라. **象曰**=엄지발가락을 풀어놓는다 함은 아직 자리가 마땅치 못하다는 것이다. **六五**=군자만이 오직 험난에서 풀린다. 길하리라. 소인에게는 성실성이 있어야 하느니라. **象曰**=군자만이 오직 험난에서 풀린다 함은 소인의 도가 물러간다는 것이다. **上六**=공작(公爵) 벼슬을 하는 사람이 높은 담장 위에서 새매를 쏜다. 새매를 잡았으니 이롭지 않음이 없으리라. 象曰=공작 벼슬을 하는 사람이 새매를 쏜다 함은 어지러운 거슬림을 풀었다는 것이다.

41. 損 ☱(兌下/艮上) - 산택손(山澤損 : 손해보고 얻으라)

손(損)이란 손상·손실을 뜻하지만 단순한 손해가 아니라 오히려 봉사라는 말에 가깝다. 자기 힘을 나눠서 남에게 주는 것이 사회에 대한 봉사이다. 아무 이득도 없는 일을, 주위의 비웃음을 받으면서 관철해 나가는 것이 손의 도이다. 이것을 단순한 손실로 볼 것인가, 또는 기쁨을 찾아낼 것인가는 그 사람의 정신에 관계되는 문제이다. 큰 목적을 위하여 작은 욕심을 버리고, 손해보고 얻으며, 사랑하는 사람을 위하여 자기를 희생하면서, 눈앞의 작은 이익을 버리고 먼 미래를 차지하는 것이 중요하다. 괘의 형상은 산〈☶ 艮〉기슭에 있는 연못〈☱ 兌〉으로, 그 연못이 스스로를 낮춤으로써 산은 보다 높아지는 것이다.

관철(貫徹) : 자신의 주의 주장이나 방침 따위를 처음부터 끝까지 일관하여 밀고 나감.

손(損)의 괘는 아래 것을 덜어서 위를 늘리는 것을 나타낸다. 즉 아래에서 위로 봉사한다는 뜻이다. 성의를 다하고 손괘의 도리를 행하면 대길하니, 허물이 없을 것이다. 초지(初志)를 관철하여 나아감이 좋다. 성의만 있다면 형식에 구애받을 필요는 없다. 다만 손의 도는 때에 맞추어서 행해야 한다. 천지의 손익과 차고 기우는 이치는 항상 때에 따라 행해지는 것이다.

구애(拘礙) : 거리끼거나 얽매임.

大象 산〈艮〉기슭에 연못〈兌〉이 있다. 이것이 손의 괘상이다. 군자는 이 괘상을 보고 높은 이상의 실현을 위하여 낮은 욕심을 억제하도록 노력한다.

【初陽】 자신의 일을 그만두고서라도 재빨리 달려가 봉사한다면(4음에게) 남과 마음이 일치하기 때문에 허물은 없을 것이다. 그러나 실정을 잘 참작하여 지나침이 없어야 한다.

【二陽】 자기의 도를 지킴이 좋다〈中〉. 함부로 날뛰면 흉하다. 무리하게 남을 도우려고 하지 않는 것이 결국 도와주는 결과가 된다.

三陰 세 사람이 동행하면 속셈을 알려고 의심하게 되어 한 사람을 잃는다. 혼자 가면 협력자를 얻을 수 있게 된다.

四陰 곧 병의 뿌리를 뽑아버리면 완쾌의 기쁨이 생겨난다. 탈이 없을 것이다.

五陰 과거의 노력이 보답을 받게 된다. 어떤 영험한 거북점을 치더라도 흉조는 전혀 나오지 않는다. 틀림없이 대길하다 할 것이다. 하늘이 이 사람을 돕는다.

【上陽】 무리하지 않고도 사람을 도울 수 있다. 탈은 없을 것이다. 자기 할 바를 밀고 나아가면 길하리라. 자진해서 행함이 좋다. 크게 인망(人望)을 모으며 가족을 잊고 사회를 위하여 봉사한다.

| **풀이** | 손(損)은 성실함이 있어야 크게 길할 괘이니라. 허물이 없으리라. 마음을 바르고 곧게 가져야 하느니라. 갈 곳이 있으면 이롭다. 어찌 이를 사용하지 않으리오. 두

영험(靈驗): 사람의 기원에 대한 신불의 감응이 영묘함, 또는 기원에 대해서 나타나는 효험.

인망(人望): 세상 사람이 우러르고 따르는 덕망.

損 有孚元吉 无咎 可貞
利有攸往 曷之用 二簋
可用享 象曰 損下益上
其道上行 損而有孚 元

개의 제기(祭器)는 제사에 쓸 수가 있느니라. **象曰**=손은 아래를 덜어서 위를 더하는 것이니, 그 도가 위로 올라가는 것이다. 덞에 성실함이 있고, 크게 길하며, 허물이 없고, 마음을 바르고 곧게 가져야 하며, 갈 곳이 있으면 이로우니, 이런 것을 어찌 사용하지 않겠는가. 대나무로 만든 제기를 제사지내는 데 사용할 수 있다는 것은 두 개의 제기가 응당 때가 있어야 한다는 것이다. 강(剛)한 것을 덜어서 유(柔)한 것에 더하게 하는 것에도 때가 있어야 한다. 덜고 보태고 채우고 비게 하는 것은 모두 때와 함께 행해야 한다. **象曰**=산 아래 못이 있는 것이 손괘이다. 군자는 분노를 징계하고 욕심을 막는다.

初九=일을 그만두고 빨리 간다. 허물이 없으리라. 부어서 던다는 것이니라. **象曰**=일을 그만두고 빨리 간다 함은 뜻을 합함을 숭상한다는 것이다. **九二**=마음을 바르고 곧게 가지면 이로우며, 정벌하면 흉하리라. 덜지 않고 오히려 보태느니라. **象曰**=구 2의 마음을 바르고 곧게 가짐이 이롭다 함은 중도로써 뜻을 삼기 때문이다. **六三**=세 사람이 가면 한 사람을 잃고, 한 사람이 가면 벗을 얻게 되느니라. **象曰**=한 사람이 간다 함은 세 사람이 가면 의심을 받게 된다는 것이다. **六四**=그 질병을 던다. 속히 가면 기쁨이 있다. 허물이 없으리라. **象曰**=그 질병을 던다 함은 역시 기뻐할 수 있다는 것이다. **六五**=혹은 유익하게 될 수도 있다. 십붕(十朋)의 거북점이라도 어긋날 수 없다. 크게 길하리라. **象曰**=육 5가 크게 길하다 함은 하늘이 도와

吉 无咎 可貞 利有攸往 曷之用 二簋可用享 二簋應有時 損剛益柔有時 損益盈虛 與時偕行 象曰 山下有澤損 君子以懲忿窒欲
初九 已事遄往 无咎 酌損之 象曰 已事遄往 尙合志也 九二 利貞征凶 弗損益之 象曰 九二利貞 中以爲志也 六三 三人行 則損一人 一人行 則得其友 象曰 一人行 三則疑也 六四 損其疾 使遄有喜 无咎 象曰 損其疾 亦可喜也 六五 或益之 十朋之龜弗克違 元吉 象曰 六五元吉 自上祐也 上九 弗損益之 无咎 貞吉 利有攸往 得臣无家 象曰 弗損益之 大得志也

십붕(十朋) : 귀중한 보배. 붕(朋)은 고대에 통화로서 사용했던 두 개의 패화(貝貨)로, 귀중한 보화를 이름.

준다는 것이다. **上九**=손해가 아니라 유익해진다. 허물이 없으리라. 마음을 곧고 바르게 가지면 길하리라. 갈 곳이 있어야 이롭다. 신하는 얻지만 집은 없으리라. **象曰**=손해가 아니라 유익해졌다 함은 크게 뜻을 얻었다는 것이다.

42. 益 ☲☳ (震下/巽上) - 풍뢰익 (風雷益 : 질풍과 우레)

익(益)은 앞의 손괘와는 반대로 위에서 덜고 아래를 채우는 것이다. 이는 윗사람이 널리 사람들을 돌봐준다는 뜻이다. 그것이 궁극에 가서 내 자신을 위하게 된다는 것은 손괘의 경우와 같다. 상괘 ☴(巽)은 바람, 따른다는 뜻이고, 하괘 ☳(震)은 우레, 움직임을 나타낸다. 아래가 움직이면 위가 그것에 따르고 돕는다. 하늘이 자기 편에 서는 것이다. 질풍과 우레, 좋은 기회라고 판단되면 돌진하는 것이 좋다.

익괘는 적극적으로 곤란을 극복하고 널리 사회적 이익을 도모하는 자에게는 대길한 괘이다. 또 손괘의 아래를 던다 함이 민중의 권리를 제한하는 비상시의 권력집중이라고 한다면, 익괘는 민주주의의 평화시대를 나타내는 것이다.

익(益)의 괘는 위를 덜어서 아래에 보태는 것이니, 백성은 그 은덕을 항상 기뻐하며 군주의 도(道)도 그 빛을 나타낸다. 그 도를 적극적으로 행한다면 상하가 다같이 큰 기쁨을 얻는다. 상하의 중효〈二陰・五陽〉는 바른 위치에서 서로가 바로 응하고 있다. 큰 냇물을 건너는 것 같은 위험을

질풍(疾風) : 몹시 빠르게 부는 바람.
돌진(突進) : 거침없이 곧장 나아감.

범한다 해도 순조로울 것이다〔손(巽)이나 진(震)은 오행의 나무에 해당하고, 안의 음효는 도려낸 형상, 즉 배를 나타낸다〕.

익괘는 왕성한 활동력〈震〉과 유연한 순응성〈巽〉을 겸비하고 계속 나아가되 머무르는 일이 없다. 하늘은 양기를 주고 땅은 만물을 태어나게 한다. 익은 천지 자연의 이치에 따라 널리 행해지는 것이다. 천지의 익(益)은 때에 따라 행해진다. 만물을 익하게 하는 것은 때를 얻어서 행해야 한다.

오행(五行) : 동양철학에서, 만물을 생성하고 만상(萬象)을 변화시키는 다섯 가지 원소인 '금(金) · 목(木) · 수(水) · 화(火) · 토(土)'를 이르는 말.

大象 질풍〈巽〉과 우레〈震〉, 이것이 익의 괘상이다. 군자는 이 괘상을 보고 선을 보면 즉시 배우되 과실이 있으면 즉시 고친다.

【初陽】 농사에 힘씀이 좋다. 대길하리라. 허물은 없을 것이다. 아래에 있는 사람에게 중대한 일을 맡기지 않을 것이기 때문이다.

【二陰】 생각지도 않던 도움〈五陽〉이 얻어진다. 아무리 신묘한 거북점이라도 흉조는 전혀 나오지 않을 것이다. 분명히 좋은 소식이 있을 것이다. 임금이 이 사람에게 상제(上帝)의 제사를 맡긴다면 신의 뜻에 합당하여 길하리라.

신묘(神妙) : 신통하고 영묘함.

【三陰】 고된 어려움을 줌으로써 사람을 빛나게 한다. 뜻을 굳게 지키는 사람에게는 허물이 없으리라. 성의를 다하여 중도(中道)로 나아가면 군주의 신임을 받으리라.

【四陰】 중도를 지키고 나라를 유익하게 하는 뜻이 있다면 군주〈五陽〉에게 신임을 받는다. 신탁(神託)을 받고 나라의 도읍을 옮기는 대사도 순조롭게 이룩할 수 있다.

신탁(神託) : 신이 사람을 매개자로 하여 그의 의사를 나타내거나 사람의 물음에 대답하는 일.

【五陽】 성의가 넘치고 자애심이 깊은 사람은 점치지 않아도 대길할 것이다. 백성〈二陰〉도 성의를 가지고 응하며 그 은혜에 감사한다. 뜻이 크게 행해진다.

【上陽】 사리사욕에 사로잡혀 백성에게 베풀 마음이 없다〈不中正〉. 외부로부터 공격을 받는다. 그 마음에 바른 도리를 생각하는 원칙이 없다. 흉하리라.

| 풀이 | 익(益)은 갈 곳이 있어야 이로운 괘이니라. 큰 냇물을 건너야 이로우리라. 象曰=익은 위의 것을 덜어서 아래의 것을 더해 주는 것이다. 백성들의 기쁨은 한량이 없다. 스스로 위에서 아래로 내려오는 형상이니, 그 도는 크게 빛난다. 갈 곳이 있어야 이롭다 함은 중정의 자리에 경사(慶事)가 있다는 것이다. 큰 냇물을 건너면 이롭다 함은 목도(木道)를 바로 행하라는 것이다. 익괘는 움직임이 아주 유순하니, 날마다 진전함이 한없다. 하늘은 베풀고 땅은 낳으니, 그 이익됨은 일정한 방향과 장소가 없다. 무릇 더함의 도(道)는 때(時)와 함께 더불어 행해져야 한다. 象曰=바람과 우레로 된 것이 익괘이다. 군자는 선함을 보면 곧 실행에 옮기고, 과실됨이 있으면 즉시 고친다.

初九=대사(大事)를 벌이는 것이 이롭다. 크게 길하며, 허물이 없으리라. 象曰=크게 길하여 허물이 없다 함은 아랫사람의 일이 대단하지 않다는 것이다. 六二=혹은 이익이 있을 수도 있다. 큰 거북점의 징조라도 어긋날 수 없을 것이다. 오래도록 마음을 바르고 곧게 가지면 길하리라.

益 利有攸往 利涉大川 象曰 益損上益下 民說无疆 自上下下 其道大光 利有攸往 中正有慶 利涉大川 木道乃行 益動而巽 日進无疆 天施地生 其益无方 凡益之道 與時偕行 象曰 風雷益 君子以見善則遷 有過則改
初九 利用爲大作 元吉无咎 象曰 元吉无咎 下不厚事也 六二 或益之十朋之龜弗克違 永貞吉 王用享于帝 吉 象曰 或益之 自外來也 六三 益之用凶事 无咎 有孚中行 告公用圭 象曰 益用凶事 固有之也 六四 中行告公從 利用爲依遷國 象曰 告公從 以益志也 九五 有孚惠心 勿問元吉 有孚惠我德 象曰 有孚惠心勿問之矣 惠我德 大得志也 上九

왕이 하늘에 제사를 지낸다. 길하리라. **象曰**=혹은 이익이 있을 수도 있다 함은 스스로 밖에서 온다는 것이다. **六三**=흉한 일을 이용하여 이익되게 한다. 허물이 없으리라. 성실함이 있어서 중도를 행하고 공후(公侯)에게 고하고서 옥패를 사용하느니라. **象曰**=흉한 일을 이익되게 한다 함은 본래 그것이 있었다는 것이다. **六四**=중도를 행하며 공후에게 고하고 따르게 한다. 남을 의지해야 이로우리라. 나라를 옮기리라. **象曰**=공후에게 고하고 따르게 한다 함은 그럼으로써 뜻을 이익되게 한다는 것이다. **九五**=성실함이 있고 은혜로운 마음을 갖는다. 묻지 않아도 크게 길하리라. 성실함이 있어서 나의 덕을 고맙게 여기느니라. **象曰**=성실함이 있고 은혜로운 마음을 가지니 묻지 않아도 크게 길하며, 성실함으로써 나의 덕을 은혜롭게 여긴다 함은 크게 뜻을 얻었다는 것이다. **上九**=그것을 이익되게 하지 말라. 혹은 쳐야 될는지도 모른다. 항상 같은 마음을 가지지 말라. 흉하리라. **象曰**=그것을 이익되게 하지 말라 함은 편벽되기 때문에 그만두라는 것이다. 혹은 쳐야 할는지도 모른다 함은 스스로 밖에서 온다는 것이다.

莫益之 或擊之 立心勿恒 凶 象曰 莫益也 偏辭也 或擊之 自外來也

43. 夬 ䷪ [乾下 兌上] - 택천쾌(澤天夬 : 독재자를 단죄한다)

쾌(夬)란 결쾌(決夬)·결렬(決裂)의 결(決)에 해당하는 말로서

세론(世論) : 사회 대중의 공통된 의견. 여론.
학정(虐政) : (국민을) 괴롭히는 정치. 포악한 정치.

선양(宣揚) : 널리 떨침.

자계(自戒) : 스스로 경계하고 삼감.

타개한다, 중대사를 결행한다는 뜻이다. 상위에 음효(--)가 다섯 개의 양효(≡)를 억압하고 있다. 독재자가 세론을 무시하고 학정을 펴고 있는 형상이다. 위험은 따르겠으나 비상수단에 호소해서라도 이 독재자를 단죄〈夬〉하지 않으면 안 된다. 강건한 정신〈乾〉으로 그것을 행해야만이 사람들은 즐거워하고〈兌〉 화평해지는 것이다. 거기에는 불순한 동기가 있어서는 안 된다. 사리사욕을 떠나 정의를 관철해 갈 것이며, 또한 자기 기반을 굳게 닦고 실행해야 한다. 폭력은 가급적 피하는 것이 중요하다.

　쾌(夬)괘는 결행, 타개한다 뜻을 나타낸다. 다섯 개의 강효(剛爻)가 위에 있는 유효(柔爻:上陰)를 배제하는 것이다. 굳세고 의젓한〈乾〉 정신으로 소인을 단죄한다면 상하가 다 같이 기뻐하고 화목하게 되는 것이다. 권세를 휘두르는 간신을 처벌하는 데 조정에서는 정의를 선양하고 성의를 다해 사람들에게 호소해야 한다. 물론 위험을 각오하지 않으면 안 된다. 자계(自戒)해야만 큰 성과도 약속된다. 먼저 자기의 영지(領地)를 다스린 후 결행하도록 하라. 그러나 무력을 써서는 안 된다. 자기가 지키고 있는 정의의 권위를 떨어뜨리게 될지도 모른다. 정의를 관철하고 그 도를 완성시키기 위해 확고하게 쾌를 행함이 좋다.

　大象　연못〈兌〉이 하늘에 있다. 이것이 쾌의 괘상이다. 천상에 있는 연못의 물은 출구만 있으면 만물을 적신다. 군자는 이 괘상을 보고 아랫사람에게 은덕을 베풀며 사리사욕을 탐하는 일을 크게 삼간다.

【初陽】 걸음을 내딛는다는 것은 용감한 일이지만 승산도 없이 나아가면 실패한다. 허물을 입을 것이다.

【二陽】 앞길을 근심하여 동지에게 호소하려고 한다. 밤중에 불의의 습격을 받는 일이 있겠으나 염려할 것은 없다〈中〉.

【三陽】 결의와 의욕이 얼굴에 드러나면 흉하다. 결단코 혼자서만 뛰쳐나가 비를 흠뻑 맞는다. 자기 편 사람들이 성을 내지만 결국 탈은 없을 것이다.

【四陽】 엉덩이의 살갗이 벗겨져서 마음대로 걸을 수가 없으니 꾸물거리고 있다〈不正〉. 대중을 이끌어가면 후회가 없으련만 남의 충고도 믿지 못하는 우유부단함이 안타까울 뿐이다.

【五陽】 그늘진 땅에 자라난 우엉. 결단을 내려 뽑아버리고 중도를 지켜 나가면 탈을 면할 수 있다.

【上陰】 도움을 구해 보아도 호응해 주는 자가 없다. 여생이 얼마 남지 않았다. 결국은 흉하리라. 백성의 호응을 받지 못하는 독재자는 오래가지 못한다.

| 풀이 | 쾌(夬)는 조정(朝廷)에서 선양되는 괘이니라. 성의를 다하여 큰 소리로 고한다. 위태로움이 있으리라. 먼저 자기의 고을에 고한다. 무력(武力)을 따르면 불리하리라. 갈 곳이 있으면 이로우리라. 象曰=쾌는 결단하는 기운이 있다. 강(剛)한 기운이 유(柔)한 기운을 결단하는 것이다. 건실하고 기뻐하며 결단하여 평화롭다. 조정에서 선양된다는 것은 유한 기운이 다섯 개의 강한 기운을 타고 있음

夬 揚于王庭 孚號有厲 告自邑 不利卽戎 利有攸往 象曰 夬決也 剛決柔也 健而說 決而和 揚于王庭 柔乘五剛也 孚號有厲 其危乃光也 告自邑 不利卽戎 所尙乃窮也 利有攸往 剛長乃終也 象曰 澤上於天夬 君子以施祿及下 居德

則吝
初九 壯于前趾 往不勝
爲咎 象曰 不勝而往 咎
也 九二 惕號 莫夜有戎
勿恤 象曰 有戎勿恤 得
中道也 九三 壯于頄 有
凶 君子夬夬 獨行遇雨
若濡 有慍无咎 象曰 君
子夬夬 終无咎也 九四
臀无膚 其行次且 牽羊
悔亡 聞言不信 象曰 其
行次且 位不當也 聞言
不信 聰不明也 九五 莧
陸夬夬 中行无咎 象曰
中行无咎 中未光也 上
六 无號 終有凶 象曰
无號之凶 終不可長也

관골(顴骨) : 광대뼈.

이다. 성의를 다하여 큰 소리로 고하니 위태롭다 함은 그 위태함이 바로 빛난다는 것이다. 자기 고을에 먼저 고하고, 무력으로 나아가는 것이 불리하다 함은 숭상하는 바가 바로 궁하다는 것이다. 갈 곳이 있으면 이롭다 함은 강한 기운이 자라서 바로 끝이 난다는 것이다. **象曰**=못의 물이 하늘로 올라가는 것이 쾌괘이다. 군자는 녹을 베풀어 아래에 미치게 하며, 덕을 쌓아두기를 꺼린다.

初九=기운차고 씩씩하게 앞으로 나아간다. 나아가서 이기지 못하면 허물을 만드느니라. **象曰**=이기지 못할 텐데도 나아가면 허물이 된다는 것이다. **九二**=두려워서 부르짖는다. 깊은 밤에 전쟁이 있으나 근심하지 말라. **象曰**=전쟁이 있어도 근심하지 말라 함은 중도(中道)를 얻었다는 것이다. **九三**=힘차고 씩씩함이 관골(顴骨)에까지 가득 찼다. 흉한 일이 있으리라. 군자는 과단성이 있어서 혼자 가다가 비를 만나 젖음과 같다. 노여워함이 있으나 허물이 없으리라. **象曰**=군자가 과단성이 있다 함은 마침내는 허물이 없다는 것이다. **九四**=볼기에 살갗이 없다. 그 가는 모습이 몹시 꾸물거린다. 양(羊)을 끌면 후회가 없어지리라. 말(言)을 듣고도 믿지 않느니라. **象曰**=그 가는 모습이 몹시 꾸물거린다 함은 자리가 마땅치 않다는 것이다. 말을 듣고도 믿지 않는다 함은 총명하지 못하다는 것이다. **九五**=가리공은 너무 강한 풀이다. 중도를 행하면 허물이 없으리라. **象曰**=중도를 행하면 허물이 없다 함은 중도가 아직 빛나지 않았다는 것이다. **上六**=큰 소리로 외치지 말라. 마침내 흉함이 있으리라. **象曰**=큰 소리로 외치지 말라 흉함이 있다 함은 결국 오래갈 수 없다는 것이다.

44. 姤 ☰(巽下/乾上) - 천풍구(天風姤 : 여왕벌 같은 여자)

구(姤)란 해후(邂逅)의 후(逅)와 같은 뜻으로서 우연히 만난다는 것이다. 앞의 쾌괘(夬卦)에서 소인의 세력을 구축해 버리고 평화스러운 시대가 찾아왔다고 생각하였을 때, 뜻하지 않았던 곳에서 재화를 만나게 됨을 의미한다. 괘의 형상을 살펴보면 한 개의 음효가 다섯 개의 양효를 싣고 있는데, 마치 한 여자가 다섯 남자를 상대하고 있는 형상이다. 물장사를 하는 여자라도 상당한 솜씨를 가진 여자이다. 그런 방면에서는 좋을 괘이지만 결혼 상대로서는 마땅치 않다. '아내로 맞이하려면 상대하지 말라.'는 말이다. 물론 이 괘를 나쁜 면에서만 생각해서는 안 된다. 우연의 만남은 아름다운 인간의 모습을 만들기도 하기 때문이다.

구축(驅逐) : (어떤 세력이나 해로운 것을) 몰아냄. 쫓아냄.
재화(災禍) : 재앙과 화난(禍難).

구(姤)의 괘는 만남을 나타낸다. 한 개의 유(柔)가 다섯 개의 강(剛)을 만나는 형상이다. 많은 남자들 사이에 한 여자가 나타나서 남자들을 매혹하는 광경인 것이다. 여자는 거센 팔자를 지닌다. 이런 여자를 아내로 삼아서는 안 된다. 도저히 같이 살아갈 수가 없다. 천지가 서로 만나면 만물은 모두 아름답게 자라고, 강건한 〈二陽〉 것이 중정의 천자를 만나면 천하에 도가 행해진다. 구의 뜻은 참으로 중대한 것이다.

大象 하늘〈乾〉 아래에 바람〈巽〉이 분다. 이것이 구의 괘상이다. 군주는 이 괘상을 보고 널리 정령(政令)을 시행하며 천하에 알린다.

初陰 쇠기둥에 꼭 매어두라. 그대로 가면 길하리라. 경솔히 나아가면 흉함을 만난다. 야윈 돼지가 함부로 떠돌아다니는 꼴이다.

【二陽】 비린내나는 생선〈初陰〉이 짚에 싸여 있다. 그것만이라면 탈은 없겠으나 그 생선을 손님 앞에 내놓는 것은 좋지 않다. 집안에서 처리해 버려야 한다.

【三陽】 엉덩이의 살갗이 벗겨지고 마음대로 걸을 수도 없어서 꾸물거린다. 아직 빼도 박도 못하는 관계〈初陰〉는 아니다. 그것이 오히려 다행스러워 위험이 있으나 큰 탈은 없을 것이다.

【四陽】 짚에 싸여 있던 생선〈初陰〉이 없어진다. 흉사(凶事)의 근원이다. 협력해 줄 사람과 헤어지고 만다. 위정자에게 있어서는 민중으로부터 멀리 떨어져가는 것을 의미한다.

【五陽】 버드나무로 만든 바구니에 참외를 넣는다. 미덕을 안에 저장하여 드러내지 않는다면 뜻하지 않은 하늘의 은총을 받을 것이다. 항상 천명(天命)을 잊지 않았기 때문이다.

【上陽】 뿔로 충돌한다. 교만과 고집이 있으니 이래서야 어디 남과 원만히 지낼 수 있겠는가? 비난을 받아서 난처한 지경에 빠지지만 별 탈은 없으리라.

정령(政令) : 정치상의 명령이나 법령.

빼도 박도 못하다 : 이러지도 저러지도 못하는 난처한 처지를 이르는 말.

흉사(凶事) : ① 불길한 일. ② 사람이 죽는 일, 궂은 일.

| 풀이 | 구(姤)는 여자의 기운이 억센 괘이니라. 이런 여자에게 장가들지 말라. 象曰=구는 만난다는 뜻이다. 유(柔)한 기운이 강(剛)한 기운을 만난다는 것이다. 이런 여자에게 장가들지 말라 함은 더불어 오래갈 수 없다는 것이다. 하늘과 땅이 서로 만나고, 만물이 나타난다. 강한 기운이 중정의 도를 만나서 천하에 크게 행해진다. 구괘의 때(時)와 의(義)는 참으로 크도다. 象曰=하늘 아래에 바람이 있는 것이 구괘이다. 후왕(后王)은 명령을 베풀어서 사방에 알려준다.

初六=구리로 만든 수레의 멈춤대에 매어 있으니, 마음을 바르고 곧게 가져야 길하리라. 갈 곳이 있으면 흉한 일을 보게 된다. 야윈 돼지가 사로잡혀서 이리 뛰고 저리 뛰느니라. 象曰=구리로 만든 수레의 멈춤대에 매어 있다 함은 유(柔)한 기운의 도에 끌린다는 것이다. 九二=짚으로 싼 물고기가 있으니, 허물이 없으리라. 그러나 손님을 대접하기에는 이롭지 못하리라. 象曰=짚으로 물고기를 쌌다 함은 그것이 손님에게까지 미치지 못한다는 것이다. 九三=볼기짝에 살갗이 없다. 그 가는 모습이 꾸물거린다. 위태하나 큰 허물은 없으리라. 象曰=그 가는 모습이 꾸물거린다 함은 가는 것을 아직 끌지 못한다는 것이다. 九四=짚으로 싼 물고기가 없어졌다. 흉한 일이 일어나리라. 象曰=물고기가 없어서 나쁘다 함은 백성들에게서 멀어진다는 것이다. 九五=버들광주리로 참외를 싼다. 좋은 맛을 지니고 있다. 멀어진 저절로 떨어지는 것이 있으리라. 象

姤 女壯 勿用取女 彖曰 姤遇也 柔遇剛也 勿用取女 不可與長也 天地相遇 品物咸章也 剛遇中正 天下大行也 姤之時義 大矣哉 象曰 天下有風姤 后以施命誥四方 初六 繫于金柅 貞吉 有攸往 見凶 羸豕孚蹢躅 象曰 繫于金柅 柔道牽也 九二 包有魚 无咎 不利賓 象曰 包有魚 義不及賓也 九三 臀无膚 其行次且 厲无大咎 象曰 其行次且 行未牽也 九四 包无魚 起凶 象曰 无魚之凶 遠民也 九五 以杞包瓜 含章 有隕自天 象曰 九五含章 中正也 有隕自天 志不舍命也 上九 姤其角 吝无咎 象曰 姤其角 上窮吝也

曰=구 5의 좋은 맛을 지니고 있다 함은 중정의 덕이 있다는 것이다. 하늘에서 스스로 도와주는 것이 있으니 뜻(志)은 항상 천명(天命)을 버리지 말아야 한다. 上九=그 뿔에서 만나게 된다. 부끄러우나 허물은 없으리라. 象曰=그 뿔에서 만나게 된다 함은 위(上)가 궁하여 부끄럽다는 것이다.

45. 萃 ☱☷ (坤下/兌上) - 택지췌(澤地萃 : 사막의 오아시스)

췌(萃)의 원뜻은 풀이 밀접해 있는 것이니, 사람이나 물건이 집중해 있다는 뜻으로 쓰인다. 땅〈☷ 坤〉위에 연못의 물〈☱ 兌〉이 모여서 초목이 무성하고 사람이 모여들어 교역(交易)이 시작된다. 또한 이것은 마치 사막의 오아시스와 같다. 여행하는 자는 오아시스를 만나서 하늘의 은총에 감사한다. 이 괘는 현재의 번영이 하늘이나 조상의 덕으로 되었기 때문에 그것을 감사하는 마음을 잊거나 자기의 힘을 과시해서는 안 된다는 점을 경계하고 있는 것이다. 또한 연못의 물이 땅 위에 모이는 형상이기 때문에 홍수가 나도 풍작을 이룬다거나 호수·온천을 나타낸다고 생각할 수도 있다. 예로부터 '잉어가 용문(龍門)으로 오르는 상(象)'이라고 일컬어져 입시·취직·인사이동 같은 일에 대길한 괘이다.

용문(龍門) : 중국 황하 중류에 있는 여울 이름. 물살이 세어, 잉어가 이곳을 뛰어오르면 용이 된다는 전설이 있음.

췌(萃)의 괘는 취(聚), 즉 모인다는 뜻을 나타낸다. 유순하고〈坤〉기뻐하여〈兌〉강건 중정(剛健中正)한 군주〈五陽〉

와 유순 중정(柔順中正)한 신하〈二陰〉가 서로 호응하고 있다. 따라서 많은 사람과 물자가 모여든다. 왕자는 종묘에 나아가 조상의 신령에게 참배하고 번영을 진심으로 감사하면서 성대한 제사를 지낸다. 뛰어난 지도자를 따르며 정도(正道)를 지니고 췌의 도를 행한다면 더한층 뻗어 발전하리라. 이 겸허한 태도를 굳게 지키면 길하다. 지금 바로 국력이 융성한 때를 맞이하여 큰 희생을 바쳐서 성대한 제사를 지내고, 과감하게 전진해 나아가는 것이 좋다. 그것이 천명에 순응하는 길이다. 길함이 틀림없다. 어디서 어떻게 모이는가를 자세히 관찰하면 천지만물의 실정을 알 수 있다.

왕자(王者) : ① 임금. ② 왕도로써 천하를 다스리는 사람.

희생(犧牲) : 신명(神明)에게 바치는 짐승.

大象 연못의 물이 땅 위에 있다. 이것이 췌의 괘상이다. 사람이 모이면 뜻밖의 변괴가 생긴다. 군자는 이 괘상을 보고 군비를 튼튼히 하며 불의의 사변(事變)을 경계한다.

初陰 성의는 있으나 다 결실을 맺을 수는 없다. 동요하고 혼란을 일으킨다. 그러나 진지하게 벗을 구하면 즉시 서로 미소를 나누게 될 것이다. 걱정할 것 없다. 나아가 일을 수행해도 탈은 없을 것이다.

二陰 동지들을 이끌면서 중정의 도를 지킨다면 길하리라. 탈은 없다. 성의만 있으면 예는 간소하게 치르는 편이 좋다.

三陰 동지들이 모여 와서 한탄만 하고 있다. 무슨 일이든 잘 되지를 않는다. 그러나 적극적으로 구한다면 벗을 얻

사변(事變) : ① 사람의 힘으로는 피할 수 없는 천재(天災)나 그밖의 큰 변고. ② 전쟁까지는 이르지 않았으나 병력을 동원하지 않을 수 없는 국가적 사태나 난리. ③ 선전포고 없이 이루어진 국가간의 무력 충돌.

게 되고 탈이 없어진다. 약간 곤란에 빠질 것이다.
【四陽】자기 지위에 맞지 않는 위치〈不正〉에 있으나 처신을 삼가면 크게 길하리라. 탈을 면할 것이다.
【五陽】인심을 모으고 자리를 보전한다. 허물은 없다. 그러나 아직 진심으로 심복해 온 것은 아니다. 오래 이 길을 지켜 나간다면 후회는 없을 것이다.
上陰 고립한다(응함이 없다). 이런 고립상태를 탄식하며 슬퍼하면서 반성하면 탈은 없으리라.

│ 풀이 │ 췌(萃)는 나라에서 제향(祭享)을 올려야 형통할 괘이니라. 왕이 사당을 가지고 있다. 대인을 만나면 이롭다. 모든 일이 형통하리라. 마음을 바르고 곧게 가지면 이롭고 큰 희생을 바쳐야 길하리라. 갈 곳이 있으면 이로우리라. **象曰**=췌는 모이는 것이다. 유순함으로써 기뻐하고, 강(剛)한 기운이 가운데 자리에서 응한다. 그러므로 모이는 것이라고 한다. 왕이 사당을 가지고 있다 함은 효성으로 제사를 지낸다는 것이다. 대인을 만나면 이롭고 모든 일이 형통한다 함은 모이게 됨으로써 바른 도를 행한다는 것이다. 큰 희생을 바치면 길하고 갈 곳이 있으면 이롭다 함은 천명에 순종한다는 것이다. 그 모이는 것을 관찰하면 가히 천지 만물의 정(情)을 볼 수 있는 것이다. **象曰**=못의 물이 땅 위로 오르는 것이 췌괘이다. 군자는 이로써 병기(兵器)를 다시 손질하여 뜻밖의 일을 경계한다.

初六=성실함이 있으나 끝이 없다. 바로 난동이고 바로

萃 亨 王假有廟 利見大人 亨 利貞 用大牲吉 利有攸往 彖曰 萃聚也 順以說 剛中而應 故聚也 王假有廟 致孝享也 利見大人 亨 聚以正也 用大牲吉 利有攸往 順天命也 觀其所聚 而天地萬物之情可見矣 象曰 澤上於地萃 君子以除戎器 戒不虞
初六 有孚不終 乃亂乃萃 若號 一握爲笑 勿恤 往无咎 象曰 乃亂乃萃 其志亂也 六二 引吉无咎 孚乃利用禴 象曰 引吉无咎 中未變也 六三 萃如嗟如 无攸利 往无咎小吝 象曰 往无咎 上巽也 九四 大吉无咎 象曰 大吉无咎 位不當也 九五 萃有位 无咎 匪孚 元永貞 悔亡 象曰 萃有

모인다. 크게 부르는 듯하다. 손을 한 번 움켜잡고 웃는다. 근심하지 말라. 가면 허물이 없으리라. **象日**=바로 난동이고 바로 모인다 함은 그 뜻(志)이 어지럽다는 것이다. **六二**=이끌고 가면 길하고 허물이 없으리라. 성의만 있다면 여름 제사를 받드는 것이 이로우리라. **象日**=이끌고 가면 길하고 허물이 없다 함은 중도(中道)를 행함이 아직 변하지 않았다는 것이다. **六三**=모여드는 듯하고, 탄식하는 듯하다. 이로울 것이 없느니라. 가면 허물이 없으나 약간은 부끄러우리라. **象日**=가면 허물이 없다 함은 윗사람이 유순하는 것이다. **九四**=크게 길하며 허물이 없으리라. **象日**=크게 길하며 허물이 없다 함은 자리가 마땅치 않다는 것이다. **九五**=여러 사람을 모으는 자리가 있다. 허물이 없으리라. 성실함이 아니면, 오래도록 마음을 바르고 곧게 가져야 후회가 없어지느니라. **象日**=여러 사람을 모으는 자리가 있다 함은 뜻이 아직 빛나지 않았다는 것이다. **上六**=슬퍼하는 모습에 눈물과 콧물이 나온다. 허물이 없으리라. **象日**=슬퍼하는 모습에 눈물과 콧물이 나온다 함은 아직 윗자리에서 편안치 못하다는 것이다.

位 志未光也 上六 齋咨
涕洟 无咎 象日 齋咨
涕洟 未安上也

46. 升 [巽下/坤上] - 지풍승 (地風升 : 뻗어나는 새싹)

승(升)이란 솟아오른다는 뜻이다. 땅〈☷ 坤〉밑에 싹이 돋아 어

욱일승천(旭日昇天) : 떠오르는 아침 해처럼 세력이 성대함의 비유.

린 나무〈☴ 巽〉가 하늘을 향하여 쭉쭉 뻗어가는 형상을 나타내는 괘이다. 위로 뻗음을 나타내는 괘에는 세 가지가 있다. 진(晋)·승(升)·점(漸)괘로서 그 중 순조로운 성장이라는 점에서는 승괘가 최고이다. 세력으로 본다면 욱일승천(旭日昇天)하는 진괘가 가장 왕성하지만 아무래도 위험과 왜곡됨이 따르게 마련이다. 승괘는 견실하게, 또한 자신을 가지고 향상하는 것을 나타내고 있다. 단전(彖傳)에는 그때의 마음가짐으로서 '때를 얻은 것'과 '실력을 양성하는 것'과 '후원자를 얻는 것'의 세 가지를 들고 있다. 어린 싹은 봄이란 계절과 강렬한 생명력과 풍부한 영양분을 필요로 하는 것이다.

　　승(升)의 괘는 크게 뻗어 발전하는 것을 나타낸다. 유효〈五陰〉, 즉 부드러운 새싹이 때를 얻어 솟아오르고 겸양〈巽〉과 유순〈坤〉의 덕을 구비하여 강효〈二陽〉와 바로 응하고 있다. 그런 까닭으로 크게 뻗어 발전하는 것이다. 뛰어난 지도자를 따라가도록 하라. 아무런 근심도 없으니 즐거움이 찾아올 것이다. 남쪽으로 가면 뜻을 성취하여 길하리라.

大象　땅〈坤〉 속에 나무〈巽〉가 생긴다. 이것이 승의 괘상이다. 군자는 이 괘상을 보고 나무의 성장을 좇아, 작은 것을 쌓고 또 쌓아 점차로 높고 커지는 상태에 이르게 한다.

初陰　씩씩하게 오른다. 위〈二·三陽〉와 뜻이 서로 맞아 나아가니 크게 길하리라.

【二陽】　성의만 있으면 예(禮)는 간소하게 치러도 축복이 있

다. 허물은 없을 것이다.

三陽 무인(無人)의 경지를 가는 것처럼 방해 없이 뻗어간다. 망설일 것 없다. 소신껏 나아가라.

四陰 문왕은 공손한 태도로 은나라의 신하가 되어 은나라 왕을 섬겼고 제후(諸侯)의 예를 지켜서 기산(岐山)의 신에게 제사를 지냈다.

五陰 무리한 비약을 삼가고 어디까지나 견실하게 순리를 따라가면 길하리라. 뜻을 크게 성취한다.

上陰 나아가는 데 정신이 팔려서 멈출 줄을 모른다. 몸을 망치기 쉽다. 항상 반성하며 나아감이 좋다.

무인의 경지(無人之境) :
① 사람이 없는 지역. ②아무것도 거칠 것이 없는 판.

| 풀이 | 승(升)은 크게 형통하는 괘이니라. 대인을 만나게 된다. 근심하지 말라. 남쪽을 정벌하면 길하리라. **象曰**=유(柔)한 기운이 때때로 위로 올라간다. 공손하고 유순하며, 강(剛)한 기운이 가운데 자리에서 응하니, 이것이 바로 크게 형통하는 것이다. 대인을 만나게 되니 근심하지 말라 함은 경사(慶事)가 있다는 것이다. 남쪽을 정벌하면 길하다 함은 뜻이 행해진다는 것이다. **象曰**=땅 속에서 나무가 나오는 것이 승괘이다. 군자는 덕을 순종하여 작은 것을 쌓음으로써 높고 크게 된다.

初六=제사를 올린다. 크게 길하리라. **象曰**=제사를 올리는 것이 크게 길하다 함은 윗사람과 뜻이 합해진다는 것이다. **九二**=성의만 있다면 여름 제사를 받드는 것이 이롭다. 허물이 없으리라. **象曰**=구 2의 성의라 함은 기쁨이

升 元亨 用見大人 勿恤
南征吉 象曰 柔以時升
巽而順 剛中而應 是以
大亨 用見大人 勿恤 有
慶也 南征吉 志行也 象
曰 地中生木升 君子以
順德 積小以高大
初六 允升大吉 象曰 允
升大吉 上合志也 九二
孚乃利用禴 无咎 象曰
九二之孚 有喜也 九三
升虛邑 象曰 升虛邑 无
所疑也 六四 王用亨于
岐山 吉无咎 象曰 王用
亨于岐山 順事也 六五
貞吉升階 象曰 貞吉升
階 大得志也 上六 冥升
利于不息之貞 象曰 冥
升在上 消不富也

기산(岐山) : 중국 섬서성 감숙성 봉산부의 동쪽에 있는 산. 고공단보(古公亶父)가 그 기슭에 주실(周室)의 터를 열고 문왕(文王) 때 봉황이 여기서 울었다고 함.	있다는 것이다. **九三**=빈 고을에서 제사를 지내느니라. **象曰**=빈 고을에서 제사를 지낸다 함은 의심할 바가 없다는 것이다. **六四**=왕이 기산(岐山)에서 제향(祭享)을 올린다. 길하고 허물이 없으리라. **象曰**=왕이 기산에서 제향을 올린다 함은 일에 순종한다는 것이다. **六五**=마음을 바르고 곧게 가지면 길하리라. 층계를 오르리라. **象曰**=마음을 바르고 곧게 가지면 길하며, 층계를 오른다 함은 크게 뜻을 얻었다는 것이다. **上六**=어두운 제사이다. 잠시도 쉬지 않고 계속 마음을 바르고 곧게 가져야 이로우리라. **象曰**=어두운 제사가 위에 있으면 제물이 흩어져서 부(富)하게 되지 않는 것이다.
	47. 困 ☱☵ {坎下 / 兌上} - 택수곤(澤水困 : 와신상담)
봉착(逢着) : 맞닥뜨림. 당면함.	곤(困)의 글자를 한자풀이로 하면 울타리(口) 안에 있는 나무(木)로서 뻗으려고 하지만 막혀 있어서 괴로워하는 상태를 나타낸다. 괘의 형상도 가득 차 있어야 할 연못의 물〈☱ 兌〉이 말라 버린〈☵ 坎 : 물이 밑에 있다〉 상태를 나타낸다. 또 세 개의 강효가 전부 음효에 가로막혀 있어서 괴로워하는 형상이다. 즉 시시한 괘들에게 훼방을 받아 뜻대로 되지 않는다. 자금난에 봉착한다. 무엇을 말하든 믿어주지 않듯 사방이 막혀 있는 때를 가리킨다. 그러나 시련의 때야말로 인간의 참된 가치가 나타나는 것이다. 월(越)나라 왕 구천(句踐)이 오(吳)나라 왕의 신하가 되고 그 처는 오왕의 여비(女婢)가 된 역경에 처해 있으면서 와신상담
여비(女婢) : 여자 종.	

64괘 괘효사 • 191

(臥薪嘗膽)하여 뜻을 성취한 고사를 생각해 보라.

곤(困)의 괘는 시련을 겪고 뻗어 발전하는 것을 나타낸다. 강효가 음효에 덮여 있다. 그 험난함〈坎〉을 기꺼이〈兌〉받아들이고 곤란과 고통 속에서도 발전의 길을 잃지 않는 사람이야말로 참된 군자인 것이다. 변함없이 초지(初志)를 관철하라. 강건한 덕〈二·五陽〉이 내부에 갖추어져 있는 것이다. 큰 인물에게는 길하리라. 역경에 처해 있을 때는 무엇을 말하든 변명으로밖에 받아들여지지 않는다. 말이 많을수록 궁지에 빠질 것이다.

大象 연못〈兌〉에 물〈坎〉이 없다. 이것이 곤의 괘상이다. 군자는 이 괘상을 보고 목숨을 바쳐서 지조를 관철해 나간다.

初陰 나무 그루터기에 걸터앉았는데 엉덩이가 아파서 괴로워한다. 깊은 골짜기에서 3년 동안이나 벗어나지 못한다. 바보이기 때문이다.

【二陽】 먹는 음식조차 부족하여 곤란을 받는다. 그러나 스스로 구하려는 태도를 취하지 말라. 마침내 천자〈五陽〉의 방문을 받고 함께 대사(하늘의 큰 제사)를 행하는 기쁨을 얻을 것이다〈中〉.

三陰 신분까지 저버리고 나아가기 때문에〔강(剛)을 탐〕 자갈길에서 곤란을 받고, 가시덤불에 걸려들어 몸마저 움직이지 못하게 된다. 집에 돌아오면 아내까지 도망쳐버린

와신상담(臥薪嘗膽): 섶에 누워 쓸개를 맛본다는 뜻으로, 원수를 갚으려고 괴롭고 어려움을 참고 견딤의 비유.

역경(逆境): 일이 뜻대로 되지 않는 불운한 처지. 고생이 많은 불쌍한 처지.

난경(難境) : 뚫고 나가기가 어려운 상황. 어려운 처지.

후이다. 흉하리라.
【四陽】 기다리는 사람〈初陰〉이 늦는다. 금색찬란한 수레에 방해를 받아 곤경에 처해 있다. 난경〈不正〉에 처해 있으나 협력자〈初陰〉를 얻어서 유종의 미를 얻는다.
【五陽】 코를 베이고 발을 잘리는 형벌의 박해를 받아 뜻을 이루지 못한다. 신뢰할 만한 제후도 없어서 괴로워한다. 그러나 서서히 즐거움이 찾아올 것이다〈中〉. 제사를 지내면 하늘의 복을 얻을 수 있다.
【上陰】 가시덤불에 걸리고 길이 울퉁불퉁하여 괴로움을 당한다〈不正〉. 움직이면 반드시 후회가 있다. 그러나 참으로 뉘우치고 고쳐 나아가면 길하리라.

困 亨 貞大人吉无咎 有言不信 象曰 困剛揜也 險以說 困而不失其所亨 其唯君子乎 貞大人吉 以剛中也 有言不信 尙口乃窮也 象曰 澤无水困 君子以致命遂志 初六 臀困于株木 入于幽谷 三歲不覿 象曰 入于幽谷 幽不明也 九二 困于酒食 朱紱方來 利用享祀 征凶 无咎 象曰 困于酒食 中有慶也 六三 困于石 據于蒺藜 入于其宮 不見其妻 凶 象曰 據于蒺藜 乘剛也 入于其宮 不見其妻 不祥也 九四 來徐徐 困于金

| 풀이 | 곤(困)은 약간 곤궁하나 모든 것이 형통하는 괘이니라. 마음을 바르고 곧게 가져야 한다. 대인이라면 길하고 허물이 없으리라. 말을 해도 믿어주지 않느니라. **象曰**=곤은 강(剛)한 기운이 가려져 있는 괘상이다. 위험해도 기쁘고, 곤궁하면서도 그 형통함을 잃지 않는 것은 그것이 오직 군자의 도이기 때문이다. 마음을 곧고 바르게 가져야 하고, 대인은 길하다 함은 강(剛)한 기운이 중도(中道)를 지키고 있기 때문이다. 말을 해도 믿어주지 않는다 함은 입으로만 숭상하다가는 바로 궁하게 된다는 것이다.
象曰=못〔澤〕에 물〔水〕이 없는 것이 곤괘이다. 군자는 이로써 목숨을 바쳐서 뜻을 이룬다.
初六=엉덩이가 나무 그루터기에 걸려서 곤란을 당한

다. 깊은 골짜기로 들어간다. 3년 동안 보지 못하리라. **象曰**=깊은 골짜기로 들어간다 함은 깊어서 밝지 못하다는 것이다. **九二**=술과 밥을 먹기에 곤란하나, 주홍빛 인끈〔印綬〕을 찬 임금이 곧 오려고 한다. 제사를 지내는 것이 이롭다. 정벌하면 흉하리라. 허물이 없으리라. **象曰**=술과 밥을 먹기에 곤란하다 함은 가운데 자리에 경사가 있다는 것이다. **六三**=발길이 돌에 막혀 곤란하니, 가시 돋은 찔레풀에 의지한다. 그 궁(宮)에 들어가도 아내를 볼 수 없다. 흉하리라. **象曰**=가시 돋은 찔레풀에 의지한다 함은 강(剛)한 것을 탔음이다. 그 궁에 들어가도 아내를 보지 못한다 함은 상서롭지 못하다는 것이다. **九四**=천천히 온다. 쇠수레에 곤란을 당한다. 부끄러움을 당하나 끝이 있느니라. **象曰**=천천히 온다 함은 뜻〔志〕이 아래에 있다는 것이니, 비록 자리가 마땅치 않으나 함께 일할 사람이 있다는 것이다. **九五**=코를 베이고 발을 잘려서 붉은 인끈을 맨 신하에게 곤란을 받는다. 곧 서서히 다가오는 기쁨이 있으리라. 제사를 지내면 이로우리라. **象曰**=코를 베이고 발을 잘린다 함은 아직 뜻을 얻지 못하였다는 것이다. 곧 서서히 다가오는 기쁨이 있다 함은 중도(中道)를 곧게 지켜나간다는 것이다. 제사를 지내면 이롭다 함은 복을 받는다는 것이다. **上六**=위태한 곳에서 칡덩굴에 곤란을 당한다. 움직이면 후회가 있을 것이며, 후회하는 일이 있으면 정벌하면 길하리라. **象曰**=위태한 곳에서 칡덩굴에 곤란을 당한다 함은 아직 마땅치 못하다는 것이다. 움직이면

車 吝有終 象曰 來徐徐 志在下也 雖不當位 有與也 九五 劓刖 困于赤紱 乃徐有說 利用祭祀 象曰 劓刖 志未得也 乃徐有說 以中直也 利用祭祀 受福也 上六 困于葛藟于臲卼 曰動悔有悔 征吉 象曰 困于葛藟 未當也 動悔有悔 吉行也

후회가 있고, 후회하는 일이 있다 함은 행하면 길하다는 것이다.

48. 井 ☴(巽下/坎上) - 수풍정(水風井 : 맑은 물이 넘치는 우물)

정(井)이란 우물을 의미한다. 괘상은 물〈☵ 坎〉아래 나무〈☴ 巽〉가 있고, 우물에 두레박을 드리운 형상이다. 우물은 겉모양이 잠잠해 있는 것 같지만 길어내도 마르지 않는 생명력을 가지고 있다.

인간생활에 없어서는 안 되는 것인데도 평소에는 그 고마움을 모른다. 모든 사람에게 개방되어 있고, 지나가는 나그네도 그 은혜를 입는다. 우물은 때때로 퍼내어 새 물이 괴게 해야 한다. 신진대사가 필요한 것이다.

우물에는 두레박이 없어서는 안 된다. 맑은 물도 길어내지 않으면 헛되이 썩고 만다. 우물은 이동하지 않는다. 고요하게 자기 자리를 지키고 있기 때문이다. 이러한 성질을 인간 사이에 적응시켜서 생각해 보게 하는 것이 정괘이다.

정(井)의 괘는 옮길 수 없는 우물을 나타낸다(2·5양이 강중에 있기 때문이다). 거리나 나라의 도읍은 옮길 수 있어도 우물은 옮기지 못한다. 우물은 마르는 일도 없고 넘쳐 흐르는 일도 없다. 왕래하는 사람은 누구나 그 은혜를 입는다. 쉽게 길어낼 수 있다고 하여 밧줄을 마련하지 않고 두레박을 부수어버려서는 안 된다. 그렇게 하면 우물을

잠잠(潛潛) : ① 아무 소리도 없이 조용함. ② 아무 말이 없이 가만히 있음.

신진대사(新陳代謝) : 묵은 것이 없어지고 새것이 대신 생기거나 들어서는 일.

잘 이용할 수 없는 데다 보기에도 흉하다. 물⟨坎⟩ 속에 두레박⟨巽⟩을 넣어서 물을 퍼올리는 것이 우물이다. 우물은 사람이 길어내도 마름이 없는 것이다.

大象 나뭇가지⟨巽⟩ 끝에도 물⟨坎⟩은 오른다. 이것이 정의 괘상이다. 군자는 이 괘상을 보고 백성을 위로하며 권장하고 도와준다.

初陰 우물이 더러워서 먹을 수 없고 나는 새도 찾아오지 않는 낡은 우물이다. 세상 사람에게 버림받는다.

二陽 펑펑 솟는 우물이 어린 붕어를 기를 정도밖에 되지 않는다. 두레박도 깨어져 새고 있다. 써 주는 사람이 없다 (응함이 없다).

三陽 우물을 깨끗이 쳐냈는데 아무도 마셔주지 않는다. 마음은 괴롭고 슬프다. 길어내면 맑은 물이다. 임금이 만일 현명하다면 이 사람을 등용하여 함께 축복을 받을 것이다.

四陰 우물의 안벽을 벽돌로 쌓아 깨끗이 수리한다. 탈은 없을 것이다.

五陽 우물은 맑고 깨끗하며 차디찬 물은 사람들을 기쁘게 한다.

上陰 모든 사람에게 우물의 물을 마시게 해야 한다. 한 사람만이 차지하여 뚜껑을 닫는 따위의 일을 해서는 안 된다. 성의가 있으면 크게 길하리라. 대성할 것이다.

권장(勸獎) : 권하고 장려함.

井 改邑不改井 无喪无
得 往來井井 汔至亦繘
井 羸其瓶 凶 象曰 巽
乎水而上水井 井養而
不窮也 改邑不改井 乃
以剛中也 汔至亦未繘井
未有功也 羸其瓶 是以
凶也 象曰 木上有水井
君子以勞民勸相
初六 井泥不食 舊井无
禽 象曰 井泥不食 下也
舊井无禽 時舍也 九二
井谷射鮒 甕敝漏 象曰
井谷射鮒 无與也 九三
井渫不食 爲我心惻 可
用汲 王明竝受其福 象
曰 井渫不食 行惻也 求
王明 受福也 六四 井甃
无咎 象曰 井甃无咎 修
井也 九五 井洌 寒泉食
象曰 寒泉之食 中正也
上六 井收勿幕 有孚元
吉 象曰 元吉在上 大成
也

| 풀이 | 정(井)은 고을[邑]은 고치되 우물[井]은 고치지 않는다는 괘이니라. 잃는 것도 없고 얻는 것도 없다. 가고 오고 하는 데 우물[井]을 우물로 쓴다. 거의 이르러도 아직 우물을 길어내지 못하리라. 두레박이 깨어지면 흉하리라. 象曰=두레박을 물 속에 넣어서 물을 퍼올리는 것이 정괘이다. 우물은 아무리 길어내도 궁하지 않다. 고을은 고쳐도 우물은 고치지 않는다 함은 바로 강(剛)한 기운이 가운데 위치에 있기 때문이다. 거의 이르렀어도 아직 우물물을 긷지 않았다 함은 아직 공이 없다는 것이다. 그 두레박을 깨뜨리면 그것이 바로 흉하다는 것이다. 象曰=나무[木] 위에 물[水]이 있는 것이 정괘이다. 군자는 백성을 위로하고 서로 돕는 것을 권한다.

初六=우물이 흐려서 마시지 못한다. 옛 우물에는 날짐승이 없느니라. 象曰=우물이 흐려서 마시지 못한다 함은 아래에 있기 때문이다. 옛 우물에 날짐승이 없다 함은 때가 가버렸다는 것이다. 九二=우물은 붕어에게 물을 대어 준다. 두레박이 깨어져 물이 새느니라. 象曰=우물물을 붕어에게 대어준다 함은 함께 일할 사람이 없다는 것이다. 九三=우물을 쳐내도 먹을 수 없다. 나의 마음이 몹시 측은하다. 가히 물을 퍼낼 만하다. 왕께서 총명하시다면 그 복을 함께 받으실 것이니라. 象曰=우물을 쳐내도 먹을 수 없다 함은 행함을 측은하게 여긴다는 것이다. 왕이 총명하기를 구한다 함은 복을 받는다는 것이다. 六四=우물에 돌을 쌓아올린다. 허물이 없으리라. 象曰=우물에 돌을 쌓

아올리면 허물이 없다 함은 우물을 수리한다는 것이다. **九五**=우물물이 맑고 차다. 차가운 샘물을 마시느니라. **象曰**=차가운 샘물을 마신다 함은 중정(中正)의 도를 행한다는 것이다. **上六**=물을 길어낸 우물이라도 뚜껑을 덮지 말라. 성실함이 있어서 크게 길하리라. **象曰**=크게 길함이 있다 함은 위에 있으므로 크게 이룬다는 것이다.

49. 革 ䷰ (離下/兌上) - 택화혁(澤火革 : 혁신할 때가 무르익다)

혁(革)이란 바로잡는다는 뜻이다. 낡은 것을 바꾸고 새로운 것을 창조해 내는 과정을 말한다. 괘의 형상을 보면 불〈☲ 離〉과 물〈☱ 兌〉이 대항하고 있다. 또한 중녀(中女)와 소녀(小女), 즉 상하가 대항하고 충돌해 있는 형상이기도 하다. 혁은 이런 모순과 상극을 해결하는 방도이다. 그렇게 하려면 잔꾀를 부리거나 사욕(私慾)으로 움직여서는 안 된다. 다소의 혼란은 피할 수 없지만 어디까지나 정도(正道)를 지켜야 한다. 혁신은 단순한 변화만은 아니다. 거기에는 적극적인 가치가 포함되어 있는 것이다. 추악한 수단으로 목적을 더럽히지 말고, 이(離)가 나타내는 명지(明知)와 용기로써 보다 높은 단계로 비약할 때인 것이다.

혁(革)의 괘는 충분히 시기가 무르익은 다음에 행해야 사람들의 신뢰를 받을 수 있는 것을 나타낸다. 물〈兌〉과 불〈離〉이 서로 싸우고, 두 여자가 동거하며 서로 승강이하는 모순을 밝은 덕〈離〉에 의하여 즐거움〈兌〉으로 바꾼다면

혁신(革新) : 제도나 방법, 조직이나 풍습 등을 고치거나 버리고 새롭게 함.

상극(相剋) : 둘 사이가 서로 화합하지 못하고 늘 충돌함을 이르는 말.

혁신적인 사업은 크게 뻗어서 발전할 것이다. 그리고 정도를 관철할 수가 있다. 혁신이 필연적으로 행해진 것이라면 후회를 남기는 일 따위는 일어나지 않는다. 천지가 변하고 새로워져 계절의 순환이 이루어진다. 탕왕(湯王)·무왕(武王)의 혁명도 이 하늘의 이치에 따르고 백성의 마음에 응하였던 것이다. 혁은 바로 그 시기를 택하는 것이 중요하다.

大象 물〈兌〉과 불〈離〉이 싸운다. 이것이 혁의 괘상이다. 군자는 이 괘상을 보고 개혁의 시작을 맞아서 먼저 역서(曆書)를 펼치고 때를 분명히 한다.[1]

【初陽】 황소 가죽으로 굳게 동여맨다. 절대로 경솔한 행동을 해서는 안 된다.

二陰 시기가 충분히 무르익은 다음에 개혁을 단행한다. 전진하면 즐거움이 있고 길하리라. 탈은 없다.

【三陽】 맹목적으로 나아가면 흉하다. 바른 일이라도 위험하다. 개혁을 구하는 세론(世論)이 무르익어 달리 무슨 방도가 없는 상태에 놓일 때 실행한다면 만백성의 신뢰를 얻고 성공하리라.

【四陽】 후회는 없다. 만백성의 신뢰가 두터우니 혁명을 단행할 때이다. 길하리라. 뜻을 성취할 수가 있다.

【五陽】 대인이 호변한다[2](천자가 되고 모든 것이 일신되어 색이 선명하고 아름답다). 점칠 것도 없이 천하 만민의 신뢰를 받는다.

---

1) 혁명이 수행되면 반드시 역(曆)이 변한다. 고대는 물론이고 현대에 와서도 그렇다. 중화민국이 건국되면서 음력이 태양력(太陽曆)으로 채용된 것이다. 프랑스 혁명 때는 혁명력이 사용되었다.

2) 호변(虎變)·표변(豹變)은 호랑이나 표범이 가을이 되어 털갈이하고 일변하여 아름다운 모양을 나타내는 것을 말하는 것이다.

上陰 군자가 표변한다(지도층의 사람들도 면목을 일신해서 훌륭해진다). 소인(서민)도 뜻을 새롭게 고쳐서 군주를 따른다. 그러나 숙청을 강행하면 흉하다. 혁명의 성과를 굳게 지키고 이전의 것이라도 바르고 좋은 것은 그대로 유지해 가는 것이 길하다.

숙청(肅淸) : ① 엄하게 다스려 잘못된 것을 모두 치워 없앰. ② 반대파를 모두 제거하는 일.

| 풀이 | 혁(革)은 기일(己日)이 바로 성실한 괘이니라. 크게 형통하리라. 마음을 바르고 곧게 가져야 이롭다. 후회가 없어지리라. **象曰**=혁은 물과 불이 서로 꺼지는 것이다. 두 계집이 같이 있어도 뜻을 서로 얻지 못하는 것을 말하여 혁괘라고 한다. 기일이 바로 성실한 것이라 함은 개혁을 하여 믿게 한다는 것이다. 문명(文明)함으로써 기뻐하고, 크게 형통함으로써 바르게 나아가며, 개혁이 정당하게 이루어지면 그 후회가 바로 없어지는 것이다. 천지가 변혁하여 사시(四時)가 이루어지고, 탕왕(湯王)과 무왕(武王)이 혁명을 일으켜서 천도(天道)에 순종하고 사람에게 응하니, 혁괘의 때는 참으로 크도다. **象曰**=못(澤) 가운데 불이 있는 것이 혁괘이다. 군자는 이로써 역수(曆數)를 다스리고 때를 밝힌다.

初九=황소의 가죽을 가죽테에 사용하느니라. **象曰**=황소의 가죽을 가죽테를 만드는 데 사용한다 함은 하는 일이 가능치 않다는 것이다. **六二**=기일에 가서 혁명을 일으킨다. 정벌하면 길하고 허물이 없으리라. **象曰**=기일에 가서 혁명을 일으킨다 함은 행하는 데 아름다운 경사(慶事)

革 己日乃孚 元亨 利貞 悔亡 象曰 革水火相息 二女同居其志不相得曰 革 己日乃孚 革而信之 文明以說 大亨以正 革而當其悔乃亡 天地革 而四時成 湯武革命 順乎天而應乎人 革之時 大矣哉 象曰 澤中有火 革 君子以治曆明時 初九 鞏用黃牛之革 象曰 鞏用黃牛 不可以有爲也 六二 己日乃革之 征吉无咎 象曰 己日之 行有嘉也 九三 征凶 貞厲 革言三就 有孚 象曰 革言三就 又何之矣 九四 悔亡 有孚改命 吉 象曰 改命之吉 信志也 九五 大人虎變 未占有孚 象曰 大人虎變 其文炳也 上六 君子豹變 小人革面 征凶 居貞吉 象曰 君子豹變 其文蔚也 小人革面 順以從君也

가 있다는 것이다. **九三**=정벌하러 가면 흉하리라. 마음을 곧고 바르게 가져도 위태하다. 혁명을 일으켜야 한다는 말은 세 번 나아가면 성실함이 있다는 것이니라. **象曰**=혁명을 일으켜야 한다는 말이 세 번 나아가면 성실함이 있다 함은 또 어떤 것을 행해야 하느냐는 것이다. **九四**=후회가 없어지리라. 성실함이 있으니 개혁하면 길하리라. **象曰**=개혁하면 길하다 함은 뜻을 믿어야 한다는 것이다. **九五**=대인이 범(虎)같이 변한다. 아직 점도 치기 전에 성실함이 있느니라. **象曰**=대인이 범같이 변한다 함은 그 무늬가 빛난다는 것이다. **上六**=군자가 표범같이 변한다. 소인은 얼굴빛을 고친다. 정벌하면 흉하리라. 마음을 바르고 곧게 가지면 길하리라. **象曰**=군자가 표범같이 변한다 함은 그 무늬가 진해진다는 것이다. 소인이 얼굴빛을 고친다 함은 순종함으로써 군주를 따른다는 것이다.

50. 鼎 ☴(巽下/離上) - 화풍정(火風鼎 : 무쇠솥)

공물(供物) : 신불(神佛)에 바치는 물건.

경중(輕重) : ① 가벼움과 무거움. ② 큰 일과 작은 일. 중요함과 중요하지 않음. ③ 무게.

정(鼎)이란 세 발 달린 무쇠솥을 말한다. 삶고 익히는 그릇으로 세개의 발이 달려 있다. 신령에게 바치는 공물을 담아 끓이는 제사 그릇으로, 과거에는 국가 권위의 상징이기도 하였다. 권위를 의심한다는 것을 세 발 달린 솥의 경중(輕重)을 묻는다는 말로 나타내는 것도 여기서 비롯되었다. 세 개의 발은 협력과 안정을 나타낸다. 세 점은 한 평면을 결정하며 세 발은 가장 안정성이 있는 것이다. 세 사람이 힘을 모아 무거운 짐을 드는 형상이다. 개인으로서는 이른바 3박자가 가지런히 된 형상으로, 무슨 일에나 순조로운 진전을 나타내는 괘이다. 남녀관계에서는 삼각관계를 나타내는데 그것도 원만히 수습되는〈初爻〉것이다. 끝까지 협력관계를 잃지 않는 것이 긴요하다.

정(鼎)의 괘는 크게 뻗어 발전하는 것을 나타낸다. 이 괘는 무쇠솥을 상징하고 있다. 나무〈巽〉를 불〈離〉속에 넣어서 삶고 익힌다. 성천자(聖天子)는 이렇게 조리한 공물을 바쳐서 천제(天帝)를 제사하고 천하의 현자(賢者)들에게 향연을 베푼다. 겸손〈巽〉하고 총명〈離〉하여 남의 말과 의견을 존중한다. 유효가 천자〈五陰〉의 자리에 있어서 강효〈二陽〉와 서로 응하고 있다. 그런 까닭으로 크게 뻗어 발전한다.

성천자(聖天子) : 덕이 높은 천자.
천제(天帝) : 종교적 신앙의 대상. 인간을 초월한 절대자로서 우주를 창조하고 주재(主宰)하며 불가사의한 능력으로써 선악을 판단하고 화복(禍福)을 내린다고 하는 범신론적(汎神論的)인 신.

大象 나무〈巽〉에 불〈離〉이 붙어 타오른다. 이것이 정(鼎)의 괘상이다. 군자는 이 괘상을 보고 질서를 정비하고 주어진 천명(天命)을 성취한다.

【初陰】 솥을 거꾸로 뒤집어놓고 밑에 있는 찌꺼기를 깨끗이 털어내는 것이 좋다. 상도(常道)는 아니지만 낡은 악폐(惡弊)를 일신하고 존귀〈四陽〉함을 따른다. 아들을 얻기 위해서라면 첩을 두는 것도 무방할 것이다. 상도는 아니지만 탈은 없다.

【二陽】 솥에 음식이 가득 담겨 있다. 신중하게 다루어야 한다. 처는 임신하여 입덧이 생겨 동침할 수가 없다. 결국 탈은 없고 길할 것이다.

【三陽】 솥의 손잡이를 바꾼다. 들고 운반할 수가 없다. 어

쩔 도리가 없다. 솥 안에 끓여놓은 꿩고기도 먹을 수 없다. 비가 내려서 솥이 파손되기도 한다. 후회는 있으나 마지막에는 길하리라.

【四陽】 공식 연회석에서 솥의 다리가 부러지고 음식이 엎질러진다. 큰 실수로서 중형(重刑)에 처해질 것이다. 흉하리라.

五陰 솥에 황금의 귀와 고리가 달려 있다. 현자〈上陽〉를 따르고 겸허하게 말을 듣는 태도를 가짐이 좋으리라.

【上陽】 솥에 옥의 고리가 달려 있다. 강유〈柔位剛爻〉가 좋은 자리를 얻어서 길하리라. 무슨 일이나 순조롭다.

| 풀이 | 정(鼎)은 불과 바람이 합작하여 크게 길하게 될 괘이니 만사가 형통하리라. **象曰**=정은 그 모양이 솥을 본뜬 형상이다. 나무를 불에 넣어서 물건을 삶고 익힌다. 성인(聖人)이 제물(祭物)을 삶아서 상제(上帝)에게 제향(祭享)을 올리고 크게 물건을 삶아서 성현들을 기른다. 공손하여 귀와 눈이 총명하며, 유함은 올라가서 가운데 자리를 얻어 강한 것에 응한다. 이것이 바로 크게 형통하는 것이다. **象曰**=나무 위에 불이 있는 것이 정괘이다. 군자는 위치를 바로잡고 명을 소중히 여긴다.

初六=솥의 발이 뒤집힌다. 나쁜 것을 떼어내면 이롭다. 첩을 얻어 아들에게 미치니 허물이 없으리라. **象曰**=솥의 발이 뒤집힌다 함은 아직 거슬리지 않는다는 것이다. 나쁜 것을 떼어내면 이롭다 함은 그렇게 하여 귀한 것을 따

鼎 元吉亨 彖曰 鼎象也 以木巽火 亨飪也 聖人 亨以享上帝 以大亨以養 聖賢 巽而耳目聰明 柔 進而上行 得中而應乎 剛 是以元亨 象曰 木上 有火鼎 君子以正位凝 命
初六 鼎顚趾 利出否 得 妾以其子 无咎 象曰 鼎 顚趾 未悖也 利出否 以 從貴也 九二 鼎有實 我 仇有疾 不我能卽 吉 象 曰 鼎有實 愼所之也 我 仇有疾 終无尤也 九三 鼎耳革 其行塞 雉膏不 食 方雨 虧悔 終吉 象 曰 鼎耳革 失其義也 九 四 鼎折足 覆公餗 其形 渥 凶 象曰 覆公餗 信

른다는 것이다. **九二**=솥에 실(實)이 있다. 나의 원수에게 질병이 있다. 그를 나에게 가까이할 수 없게 하면 곧 길함이 있으리라. **象曰**=솥에 실이 있다 함은 가는 바를 삼간다는 것이다. 나의 원수에게 질병이 있다 함은 마침내 허물이 없다는 것이다. **九三**=솥의 귀가 변혁된다. 그 행함이 막히리라. 꿩고기가 맛은 있으나 먹지 못한다. 곧 비가 오리라. 후회가 없으며, 마침내 길하리라. **象曰**=솥의 귀가 바뀌어진다 함은 그 의(義)를 잃었다는 것이다. **九四**=솥의 다리가 부러진다. 임금의 좋은 반찬을 엎지르고 얼굴에 땀이 난다. 흉하리라. **象曰**=임금의 좋은 반찬을 엎지른다 함은 믿음이 어떠하냐는 것이다. **六五**=솥에 누런 귀와 쇠로 만든 고리가 있다. 마음을 바르고 곧게 가지면 이로우리라. **象曰**=솥의 누런 귀라 함은 가운데 자리로써 실을 삼는다는 것이다. **上九**=솥에 옥으로 만든 고리가 있다. 크게 길하리라. 이롭지 않음이 없으리라. **象曰**=옥으로 만든 고리가 위에 있다 함은 강(剛)과 유(柔)가 서로 맞는다는 것이다.

如何也 六五 鼎黃耳金鉉 利貞 象曰 鼎黃耳中以爲實也 上九 鼎玉鉉 大吉无不利 象曰 玉鉉在上 剛柔節也

변혁(變革) : 근본적으로 바꾸어 아주 달라지게 함.

51. 震 ䷲ (震下/震上) - 진위뢰
(震爲雷 : 큰 산이 진동하여 울린다)

진(震)이란 천둥소리, 움직이는 것을 나타낸다. 진괘가 두 개로 겹쳐 있어서 하늘과 땅 사이를 진동시키니 하늘이 무너지고

진동(震動) : 몹시 울려서 흔들리거나 떨림.

땅이 꺼질 것 같은 천둥소리를 상징한다.

 고대 사람에게는 천둥이 바로 하늘의 노여움을 나타내는 소리라 하여 크게 두려워하는 마음이 있었다. 그러나 그 천둥이 실제로는 별로 큰 해를 주지 않는다는 것을 경험을 통하여 잘 알게 되었다. 눈과 귀가 놀라서 움직일 정도로 뜻밖의 무서운 일을 당했을 때는 이 천둥소리를 생각해 내는 것이 좋다. 침착하고 냉정한 태도를 지닌다면 예상 외로 무사히 지나칠 수가 있다. 이 괘는 또한 큰 소리만 치면서 속이 빈 것을 말한다(천둥이 요란하지만 실제로는 아무 위력도 없는 것과 같다). 태산처럼 진중하게 처신해야 할 것이다.

 진(震)의 괘는 뻗어서 발전하는 것을 나타낸다. 천둥이 칠 때는 놀라고 두려워하지만 천둥이 지나고 나면 웃으면서 평상시로 돌아온다. 근신하고 두려워하는 마음이 있으면 마침내 행운이 찾아올 것이다. 100리를 진동시키는 무서운 천둥소리에도 허둥거리며 당황하지 않고 침착한 태도로써 제사를 올리되, 그릇을 떨어뜨리며 예절을 그르치는 일이 없는 인물이야말로 나아가서 천자의 지위를 계승하고 상제에게 제사를 드릴 수가 있다.

大象 천둥이 계속 겹쳐오는 것이 진의 괘상이다. 군자는 이것을 보고 근신하고 두려워하며 반성과 수양에 힘쓴다.

【初陽】 천둥이 칠 때는 겁내고 두려워하지만 지나가면 웃으면서 평상시와 다름없어진다. 근신하고 두려워하기 때문에 행운이 찾아오는 것이다.

진중(鎭重) : 점잖고 무게가 있음.

상제(上帝) : 천제(天帝).

二陰 음양이 부딪쳐서 벼락이 떨어질 위험이 있다. 냉정히 판단하여 재산 따위는 버리고 산으로 피난하도록 하라. 미련을 남겨서는 안 된다. 7일이 지나면 다시 찾을 수 있을 것이다.

三陰 천둥이 멀리 사라지고 다시는 재난이 찾아오지 않는다.

【四陽】 벼락이 떨어져서 땅 속으로 들어갔다. 천둥은 이미 그 큰 힘을 잃었다.

五陰 천둥소리가 왕래하니 나아감이 위험하다. 그러나 달아나서는 안 된다. 냉정히 판단하고 계속 제사를 지내라.

上陰 천둥소리는 사라져간다. 그러나 아직도 겁에 질려 당황한 태도이다. 이런 상태에서 앞으로 나아간다는 것은 흉할 뿐이다. 벼락은 자기 집에 떨어진 것이 아니라 이웃 집에 떨어진 것이다. 이웃집의 재화(災禍)를 보고 스스로 경계하는 마음을 가지면 탈이 없다. 친척간에 분쟁이 일어난다.

| 풀이 | 진(震)은 위아래에서 우렛소리가 진동하여 막힌 일이 트일 괘이니라. 우렛소리가 진동하니 두려워한다. 웃음소리가 연이어 터져나온다. 100리 근방을 진동시켜 놀라게 하더라도 숟가락과 술을 잃지 않느니라. **象曰**=진이 형통하는 괘라 함은 우렛소리가 진동함을 두려워하기 때문에 복을 받는다는 것이다. 웃음소리가 연이어 터져나온다 함은 그런 뒤에야 법칙이 있다는 것이다. 우렛소리

震 亨 震來虩虩 笑言啞啞 震驚百里 不喪匕鬯 象曰 震亨震來虩虩 恐致福也 笑言啞啞 後有則也 震驚百里 驚遠而懼邇也 出可以守宗廟社稷 以爲祭主也 象曰 洊雷震 君子以恐懼修省 初九 震來虩虩 後笑言啞啞 吉 象曰 震來虩虩

恐致福也 笑言啞啞 後有則也 六二 震來厲 億喪貝 躋于九陵 勿逐 七日得 象曰 震來厲 乘剛也 六三 震蘇蘇 震行无眚 象曰 震蘇蘇 位不當也 九四 震遂泥 象曰 震遂泥 未光也 六五 震往來厲 意无喪有事 象曰 震往來厲 危行也 其事在中 大无喪也 上六 震索索 視矍矍 征凶 震不于其躬 于其隣 无咎 婚媾有言 象曰 震索索 中未得也 雖凶无咎 畏隣戒也

가 진동하여 100리 근방을 놀라게 한다 함은 먼 데 있는 사람이 놀라고 가까운 데 있는 사람이 두려워한다는 것이니, 나아가면 종묘 사직을 지킬 것이며, 그로써 제주(祭主)가 될 수 있다는 것이다. 象曰=거듭하여 우렛소리가 일어나는 것이 진괘이다. 군자는 두려워하여 자신을 반성하고 수양한다.

初九=우렛소리가 진동할 때 두려워한다. 그 다음에는 웃음소리가 연이어 터진다. 길하리라. 象曰=우렛소리가 진동하는 것을 두려워한다 함은 두려워함이 있으나 복이 있다는 것이다. 웃음소리가 연이어 터져나온다 함은 그런 뒤에야 법칙이 있다는 것이다. **六二**=우렛소리가 진동하니 위태롭다. 재물을 잃을까 미리 헤아리고, 지극히 높은 언덕 위에 올라가 본다. 쫓지 말라. 7일 만에 다시 찾으리라. 象曰=우렛소리가 진동하니 위태롭다 함은 강(剛)한 기운을 탔다는 것이다. **六三**=우렛소리가 진동하니 정신이 없어서 어리둥절하고 있다. 우렛소리가 있더라도 그대로 행하여 나아가면 재앙이 없으리라. 象曰=우렛소리가 진동하니 정신이 없어서 어리둥절하고 있다 함은 자리가 마땅치 않다는 것이다. **九四**=진동하는 우렛소리가 마침내 침체되느니라. 象曰=진동하는 우렛소리가 마침내 침체된다 함은 아직 빛나지 않았다는 것이다. **六五**=진동하는 우렛소리가 왕래하니 매우 위태롭다. 모든 것을 잘 생각해서 행하면, 가지고 있는 일을 잃어버리지 않으리라. 象曰=진동하는 우렛소리가 왕래하니 위태롭다 함은 행함이 위태롭다는 것이고, 그 일이 가운데 있으니 크게 잃어버리는 일이 없다는 것이다. **上六**=우렛소리가 계속하여 사라지지 않으니, 놀라는 얼굴로 주시한다. 정벌하면 흉하리라. 진동하는 우렛소리를 몸소 느끼지 말고, 그 이웃에서 난다고 생각하면 허물이 없으리라. 혼인은 집에서 말〔言〕이 있으리라. **象曰**=진동하는 우렛소리가 계속하여 사라지지 않는다 함은 가운데 자리를 아직 얻지 못하였다는 것이다. 비록 흉함이 있으나 허물이 없다 함은 이웃의 경계를 두려워한다는 것이다.

52. 艮 ䷳ [艮下 / 艮上] - 간위산(艮爲山 : 움직이지 않은 산)

앞의 진괘(震卦)를 거꾸로 한 형상이다. 따라서 이 괘가 갖는 의미도 전적으로 그 반대가 되는 것이다. 진괘는 움직이는 천둥소리였으나 간괘는 태연하게 움직이지 않는 산이다. 심사숙고하고 경거망동을 삼가야 할 시기이다. 경솔히 나아가면 산에 산이 중첩하는 난관에 부딪친다. 정지해야 할 때는 정지해야 하는 것이다. 괘의 형상은 각 효가 바로 응해 있는 것이 하나도 없다. 협력해 주는 사람을 기대할 수 없고, 홀로 자기 길을 가야 할 각오가 필요하다. 의뢰심은 금물이다. 태연하고 여유있는 마음으로 차분히 노력하여 현재의 지위를 지켜 나가는 것이 중요하다. 기회가 올 때까지 스스로 힘을 길러야 한다. 간괘는 쾌괘(夬卦)나 함괘(咸卦)와 같이 신체의 각 부분을 예로 삼아서 발부터 머리까지 순서대로 올라간다.

경거망동(輕擧妄動) : (깊이 생각해 보지 않고) 경솔하게 함부로 행동함, 또는 그런 행동.
중첩(重疊) : 거듭 겹쳐지거나 겹침.

간(艮)의 괘는 멈춘다는 뜻을 나타낸다. 머물러야 할 때는 머무르고 가야할 때는 가야 한다. 움직이고 정지하는 것이 그 때를 잃지 않으면 광명이 비치는 미래가 약속된다. 이 괘는 각 효가 하나도 바로 응하는 것이 없다. 가령 사람의 등 뒤에 머물러서〈艮〉서로 얼굴을 마주보려 하지 않고 뜰 앞까지 나아가서도 만나려고 하지 않음과 같다. 이와 같이 머물러야 할 곳에 머문다면 탈은 없다.

大象 산이 중첩되어 있는 것이 간의 괘상이다. 산은 제 위치를 지켜서 움직이지 않는다. 군자는 이 괘상을 보고 자기 본래의 입장을 지키고 야심을 품지 않는다.

初陰 우뚝 서서 발을 움직이지 않는다. 자기의 입장을 굳게 지켜 나가면〈正〉탈은 없을 것이다.

二陰 우뚝 서서 종아리를 움직이지 않는다. 위(허리)를 따르기 때문에 어쩔 수 없이 머무른다. 자기의 의견이 받아들여지지 않기 때문에 항상 불쾌하고 낙이 없다.

【三陽】 우뚝 서서 허리를 움직이지 않는다. 몸을 굽히거나 펴지 않으니 등골이 깨어질 듯 아프다. 닥쳐올 위험이 마음을 초조하게 한다.

四陰 우뚝 서서 상반신을 움직이지 않는다. 자기가 할 일만을 하는 소극성을 지키면 탈은 없다.

五陰 우뚝 서서 볼을 움직이지 않는다. 말을 삼가면 후회할 일은 없어진다.

【上陽】 조용한 마음으로 자기 위치를 지킨다. 길할 것이

야심(野心) : ① 야망을 이루려는 마음. ② 남을 해치려는 나쁜 계획, 또는 야비한 마음.

다. 유종의 미를 거두리라.

|풀이| 간(艮)은 모든 사물이 등지고 있는 괘이니라. 그 몸이 물건을 획득하지 못하고 행하여 뜰에 나아가더라도 그 사람이 사물을 보지 못한다. 그러나 허물이 없으리라. **象曰**=간은 머무르는 것이다. 때가 머물게 하면 머물고 때가 갈 만하면 가니, 동(動)과 정(靜)이 때를 잃지 않아서 그 도(道)가 크게 빛난다. 그 머물러야 하는 데 머무르는 것은 제자리에 머무르는 것이다. 그래서 위와 아래가 적대하며 응하고 서로 함께하지 않는다. 이것이 그 몸이 얻지 못하지만 행하여 뜰에 나아가도 그 사람이 보지 못하며 허물이 없다는 것이다. **象曰**=겹쳐진 산이 간괘이다. 군자는 생각하여 제 위치에서 벗어나지 않는다.

初六=기운이 그 발가락에 머물러 있다. 허물이 없으리라. 오래도록 마음을 바르고 곧게 가지면 이로우리라. **象曰**=기운이 그 발가락에 머물러 있다 함은 아직 정도를 잃지 않았다는 것이다. **六二**=기운이 그 종아리에 머물러 있으니, 발가락을 들지 못한다. 마음이 유쾌하지 못하리라. **象曰**=발가락을 들지 못한다 함은 물러가서 아직 듣지 못하였다는 것이다. **九三**=기운이 그 허벅지에 머물러 있다. 등마루뼈를 쓰지 못한다. 위태로워 가슴이 몹시 탄다. **象曰**=기운이 그 허벅지에 머물러 있다 함은 위태로워 마음이 초조하게 된다는 것이다. **六四**=기운이 그 몸에 머물러 있다. 허물이 없으리라. **象曰**=기운이 그 몸에 머물러 있

艮 其背不獲其身 行其庭不見其人 无咎 象曰 艮止也 時止則止 時行則行 動靜不失其時 其道光明 艮其止 止其所也 上下敵應 不相與也 是以不獲其身 行其庭不見其人 无咎也 象曰 兼山艮 君子以思不出其位
初六 艮其趾 无咎 利永貞 象曰 艮其趾 未失正也 六二 艮其腓 不拯其隨 其心不快 象曰 不拯其隨 未退聽也 九三 艮其限 列其夤 厲薰心 象曰 艮其限 危薰心也 六四 艮其身 无咎 象曰 艮其身 止諸躬也 六五 艮其輔 言有序 悔亡 象曰 艮其輔 以中正也 上九 敦艮 吉 象曰 敦退之吉 以厚終也

다 함은 모든 기운이 몸에서 정지하고 있다는 것이다. **六五**=기운이 그 볼에 머물러 있다. 말(言)에 순서가 있다. 후회가 없어지리라. **象曰**=기운이 그 볼에 머물러 있다 함은 중정(中正)의 도로써 바로잡는다는 것이다. **上九**=기운이 돈독하게 머물러 있다. 길하리라. **象曰**=기운이 돈독하게 머물러 있어서 길하다 함은 후한 것으로써 끝을 마친다는 것이다.

53. 漸 ䷴ [艮下 / 巽上] - 풍산점(風山漸 : 착실한 성장)

급격(急激) : 급하고 격렬함.
순리(順理) : ① 마땅한 도리나 이치. ② 도리에 순종함.

점(漸)이란 서서히 나아가는 것으로, 급격한 성장을 바랄 수 없으나 착실하게 순리를 따라 나아가는 것을 의미한다. 괘의 형상은 산〈☶艮〉위에 나무〈☴巽〉가 눈에 띄지 않는 속도로, 그러면서도 착실하게 자라나고 있음을 나타낸다. 또한 여자가 차분하게 구혼을 기다리고 있는 것이다. 각 효의 사(辭)는 기러기가 물가에서 바위로, 나아가서 뭍으로, 다시 나무 위로, 나무 위에서 언덕 위로, 그리고 높은 구름 속으로 순서에 따라 날아다니는 모습을 상징하고 있다. 기러기는 엄격한 일부일처제를 지키는 새로서 이상적인 부부관계의 상징이다. 또한 날 때도 그 서열을 결코 흐트리지 않는다. 혼례의식이 올바른 순서로 행해지는 것처럼 무슨 일이든지 순서를 올바르게 잡아 나아가면 길한 것이다.

점(漸)의 괘는 여자의 결혼에 길한 것을 나타낸다. 올바른 순서를 따라서 일을 진행해 나아가는 것이 좋다. 상효와 초효를 빼고는 각 효가 바른 위치를 갖고 있는 일은 앞으로 나아가 일을 행하면 공적이 있음을 나타낸다. 정도를 지키면 국가를 바로잡을 수도 있는 것이다. 천자의 위치〈五陽〉에는 강효(剛爻)가 있다. 그러나 머물러야 할 때 머무르고〈艮〉 시세를 따른다〈巽〉. 그런 까닭으로 움직이면 막힘이 없는 것이다.

시세(時勢) : 시국의 형편. 시대의 추세.

大象 산〈艮〉 위의 나무〈巽〉가 착실하게 자라난다. 이것이 점의 괘상이다. 군자는 이 괘상을 보고 현덕(賢德)을 굳게 지키며 점차로 한 나라의 풍속을 정화해 간다.

初陰 기러기가 날아가려고 물가까지 나아간다. 어린 놈이 급히 날려고 하면 위험하다. 비난을 받는 일이 있으나 탈은 없다.

二陰 기러기가 바위 위까지 나아간다. 안정된 장소에서 음식을 먹으며 유유히 영기(英氣)를 기른다. 그것은 결코 무위도식하는 게 아니다. 비약의 날을 기다리는 것이다. 길하리라.

영기(英氣) : 뛰어난 기상. 뛰어난 재기(才氣).
비약(飛躍) : ① 높이 뛰어오름. ② 급격히 발전하거나 향상됨. ③ 밟아야 할 단계나 순서를 거치지 않고 앞으로 나아감.
외간(外間) : 동기나 친척이 아닌 남.

【三陽】 기러기가 단숨에 날려고 고지로 올라가 무리와 헤어진다. 남편은 집을 나가 돌아오지 않고, 아내는 외간 남자의 자식을 낳았지만 기르려고 하지 않는다. 언제나 바른 도를 벗어난 결과가 되어 흉할 것이다. 시세를 거역하지 말고 물러나 방위체제를 갖추는 것이 좋다.

四陰 기러기가 나뭇가지에 오른다. 순종함을 잃지 않으면 안정된 나뭇가지를 얻어서 탈을 면할 것이다.

【五陽】 기러기가 산꼭대기까지 나아간다. 소원이 모두 성취되고 어떤 방해도 받지 않는다. 그러나 아내는 3년이 지나도 아이를 낳지 못한다.

【上陽】 기러기가 멀리 구름 속으로 날아간다. 날개를 나란히 하고 가지런히 날아가는 모습은 우리들의 모범이 될 만하다. 길하리라.

| 풀이 | 점(漸)은 여자가 시집을 가면 길한 괘이니라. 마음을 바르고 곧게 가지면 이로우리라. **象曰**=점은 나아가는 기운을 가지고 있다. 여자가 시집을 가면 길하다. 나아가서 자리를 얻으니, 가면 공이 있다는 것이다. 나아감에 있어서 올바르게 하니 가히 나라를 바로잡을 수 있다. 그 자리는 강(剛)한 기운이 가운데를 얻는 것이다. 멈추어 순종하니, 움직임에 궁하지 않을 것이다. **象曰**=산 위에 나무가 있는 것이 점괘이다. 군자는 현명한 덕의 자리에 머물면서 풍속을 선하게 한다.

初六=기러기가 점점 물가로 날아간다. 어린아이가 위태롭다. 말이 있으나 허물은 없으리라. **象曰**=어린아이의 위태로움은 의(義)로운 일이라서 허물이 없다는 것이다.

六二=기러기가 차츰 바위 위로 날아간다. 마시고 먹는 모습이 화락(和樂)하다. 길하리라. **象曰**=화락한 모습으로 마시고 먹는다 함은 부질없이 배를 채우지 않는다는 것이다.

九三=기러기가 점점 육지로 날아간다. 남편이 정벌하러 가서 돌아오지 않고, 아내가 아이를 배더라도 키우지

漸 女歸吉 利貞 彖曰 漸之進也 女歸吉也 進得位 往有功也 進以正 可以正邦也 其位剛得中也 止而巽 動不窮也 象曰 山上有木漸 君子以居賢德善俗
初六 鴻漸于干 小子厲 有言无咎 象曰 小子之厲 義无咎也 六二 鴻漸于磐 飮食衎衎 吉 象曰 飮食衎衎 不素飽也 九三 鴻漸于陸 夫征不復 婦孕不育 凶 利禦寇 象曰 夫征不復 離群醜也 婦孕不育 失其道也 利用禦寇 順相保也 六四 鴻漸于木 或得其桷 无咎 象曰 或得其桷 順以巽也 九五 鴻漸于陵 婦三歲不孕 終莫之勝 吉 象曰 終莫之勝 吉 得所願也 上九 鴻漸于逵 其羽可用爲儀 吉 象曰 其羽可用爲儀 吉 不可亂也

않는다. 흉하리라. 도둑을 막음이 이로우리라. **象曰**=남편이 정벌하러 가서 돌아오지 않는다 함은 군거(群居) 생활을 떠나서 사니 추하다는 것이다. 아내가 아이를 배어도 기르지 않는다 함은 그 도를 잃었다는 것이다. 도둑을 막는 것이 이롭다 함은 유순한 태도로 서로 보전한다는 것이다. **六四**=기러기가 차츰 나무 위로 날아간다. 혹은 가로 뻗은 나뭇가지를 얻을지도 모른다. 허물이 없으리라. **象曰**=혹은 가로 뻗은 나뭇가지를 얻을지도 모른다 함은 유순한 태도로 겸손하다는 것이다. **九五**=기러기가 언덕 위로 날아간다. 며느리가 3년이 지나도 어린아이를 배지 못한다. 마지막까지 이것을 이기지 못한다. 길하리라. **象曰**=마지막까지 이것을 이기지 못하여 길하다 함은 원하는 바를 얻었다는 것이다. **上九**=기러기가 점점 구름 속으로 날아간다. 그 깃을 의식 때 쓸 수가 있다. 길하리라. **象曰**=그 깃을 의식에 사용할 수 있어서 길하다 함은 어지럽힐 수 없다는 것이다.

군거(群居): 떼를 지어 있음. 떼를 지어 삶.

54. 歸妹 ䷵ (兌下/震上) - 뇌택귀매
(雷澤歸妹 : 올바르지 못한 연애)

귀매(歸妹)란 젊은 여자가 시집가는 것을 뜻한다. 그러나 이 괘가 나타내는 것은 정상적인 결혼이 아니다. 젊은 여자〈☱ 兌〉쪽에서 적극적으로 나이가 많은 남자〈☳ 震〉에게 접근해 와서 여자는 기다려야 하는, 상도(常道)에 어긋나고 있는 것이다. 또

상도(常道) : ① 늘 정해져

있어 변하지 않는 도리. ② 항상 사람이 지켜야 할 도리.

한 음효(--)가 양효(—)를 누르고 있는 형상이며 남자가 움직이므로〈☳ 震〉여자가 기뻐한다〈☱ 兌〉. 즉 육체적 관계만으로 결합될 뿐이니 애정이 결핍되어 있다. 역(易) 가운데는 남녀관계를 나타내는 괘가 네 개(함·항·점·귀매괘) 있으나, 이 괘만이 불길한 운명을 나타내는 것은 그 때문이다. 정신적인 면의 충실을 기하고, 결합이 오래 지속되도록 드높여야만 한다. 이것은 하나의 예에 불과하고, 결혼뿐만 아니라 모든 일에서 그러하다는 것을 알아야 한다.

　귀매(歸妹)의 괘는 여자가 적극적으로 행동하는 형상이다. 흉하다. 무엇 하나 좋은 결과를 얻는 것이 없다. 여자가 시집가는 것은 천지간의 큰 법칙이다. 천지가 서로 교합하지 않으면 만물은 생기지 않는다. 여자가 시집가는 것은 인간의 상도인 것이다. 그러나 여자 쪽에서 기쁘게〈兌〉움직여〈震〉결혼을 먼저 서두르는 것은 사도(邪道)이고 흉이 되는 것이다. 유효가 강효를 누르고 있어서는 좋은 결과를 얻지 못한다.

사도(邪道) : 올바르지 않은 길.

大象　연못〈兌〉위에서 천둥〈震〉이 치고 수면에 파문을 일으킨다. 이것이 귀매의 괘상이다. 군자는 이 괘상을 보고 일시적인 형상에 사로잡히는 폐해를 깨닫고 영속되는 길을 마음에 둔다.

【**初陽**】소실[1]로 시집간다. 그것이 정해진 운명이다. 그러나 절름발이도 걸을 수는 있다. 성심성의껏 남편과 정부인을 섬긴다면 길할 것이다.

1) 원문은 제(娣)이다. 고대 풍습에서는 젊은 여자가 제후(諸侯)에게 시집갈 때 동족(同族)의 여자가 들러리로 따라가서 소실이 되었다. 이를 잉첩(媵妾)이라고 한다.

【二陽】 애꾸눈도 볼 수는 있다. 과부가 된 것을 탄식하며 쓸쓸한 나날을 보내지만 끝까지 정절을 지키는 것이 좋을 것이다.

【三陰】 비천한 여자. 첩으로서 지위가 있는 남자의 애정을 얻으려고 해도 무리이다〈不正〉. 몸을 삼가서 부처가 되는 것이 분수에 맞는 줄을 알아야 한다.

【四陽】 혼기를 놓친다. 그러나 서두르지 말고 때를 기다리면 반드시 좋은 인연을 만난다.

【五陰】 제을(帝乙)이 누이를 시집보낼 때 신부의 의상은 부처의 의상보다 더 검소하였다. 외면의 장식보다 속마음의 고귀함을 가지고 시집간 것이다. 달은 만월에 가깝다. 길하리라.

제을(帝乙) : 은나라의 임금인 탕왕(湯王)이라고도 하고 주왕(紂王)의 아버지라고도 함. 확실하지 않음.

【上陰】 신전에 서약할 때 여자가 바치는 함 속에는 든 것이 없고 남자가 바치는 희생물〔羊〕에는 피가 없다. 실(實)이 없는 것이다. 좋은 결과는 오지 않는다.

| 풀이 | 귀매(歸妹)는 남을 정벌하면 흉한 괘이니라. 이로울 것이 없느니라. 象曰=귀매는 천지의 대의(大義)이다. 하늘과 땅이 사귀지 않으면 만물이 흥하지 않는다. 여자가 시집을 가는 것은 사람의 마지막이자 처음인 일이다. 기뻐함으로써 움직이는 것이 여자가 시집을 가는 일이다. 정벌을 하면 흉하다 함은 자리가 마땅치 않다는 것이다. 이로울 바가 없다 함은 유(柔)한 기운이 강(剛)한 기운을 탔기 때문이다. 象曰=못 위에 우레가 있는 것이 귀매괘이

歸妹 征凶 无攸利 象曰 歸妹天地之大義也 天地不交而萬物不興 歸妹人之終始也 說以動 所歸妹也 征凶 位不當也 无攸利 柔乘剛也 象曰 澤上有雷歸妹 君子以永終知敝
初九 歸妹以娣 跛能履 征吉 象曰 歸妹以娣 以恒也 跛能履吉 相承也
九二 眇能視 利幽人之

다. 군자는 끝남의 이치를 영원히 마음에 새겨서 낡아지는 것을 알고 있다.

初九=누이동생을 시집보내는데 시비(侍婢)를 딸려 보내느니라. 절름발이가 걸을 수 있다. 정복하면 길하리라. **象曰**=누이동생을 시집보내는 데 시비를 딸려 보낸다 함은 오래도록 살기 위함이다. 절름발이가 걸을 수 있어서 길하다 함은 서로 뜻을 이어받는다는 것이다. **九二**=애꾸눈으로 볼 수 있다. 숨어 사는 사람은 마음이 바르고 곧아야 이로우리라. **象曰**=숨어 사는 사람은 마음이 바르고 곧아야 이롭다 함은 아직 상도(常道)가 변하지 않았다는 것이다. **六三**=누이동생 시집보내는 것을 기다린다. 되돌아와서 시비와 함께 시집을 보내느니라. **象曰**=누이동생 시집보낼 것을 기다린다 함은 아직 합당치 않다는 것이다. **九四**=누이동생 시집보내는 것을 연기한다. 시집을 늦게 보내는 것은 때가 있기 때문이니라. **象曰**=연기하는 뜻은 기다림이 있어서 그렇게 행한다는 것이다. **六五**=은나라의 천자 제을(帝乙)이 누이동생을 시집보낸다. 그 누이의 옷소매가 시비의 옷소매만큼 좋지 못하다. 달이 보름에 가까우면 길함이 있으리라. **象曰**=은나라의 천자 제을이 누이동생을 시집보내는데, 그 옷소매가 시비의 옷소매만큼 좋지 못하다 함은 그 자리가 가운데 있어서 귀하게 행해진다는 것이다. **上六**=아내는 실(實)이 없는 광주리를 이어받고, 남편은 피가 없는 양(羊)을 잡았다. 이로울 바가 없느니라. **象曰**=상 6에 실(實)이 없다 함은 빈 광주리를 이

貞 象日 利幽人之貞 未變常也 六三 歸妹以須 反歸以娣 象日 歸妹以須 未當也 九四 歸妹愆期 遲歸有時 象日 愆期之志 有待而行也 六五 帝乙歸妹 其君之袂 不如其娣之袂良 月幾望 吉 象日 帝乙歸妹 不如其娣之袂良也 其位在中以貴行也 上六 女承筐 无實 士刲羊无血 无攸利 象日 上六无實 承虛筐也

어받는다는 것이다.

55. 豊 ☲☳ (離下/震上) - 뇌화풍(雷火豊 : 충족 속의 슬픔)

풍(豊)이란 성대하고 풍만한 것을 뜻한다. 이 괘는 모든 점에서 풍족한 상태를 나타낸다. 그러나 궁하면 통하게 마련이고 성하면 반드시 쇠하는 것이 역(易)의 원리이다. 역경 속에 빠진 자에게는 구원의 길을 나타내고 운이 성한 자에게는 반드시 경고를 주고 있다. '해가 중천에 솟아 있으면 곧 기울고 달이 차면 곧 이지러진다.' 이는 현재의 상태를 유지하는 데도 상당한 노력이 필요함을 말하고 있는 것이다. 새로운 사업을 확장할 수 없는 노릇이다. 남녀관계에서는 장남〈☳ 震〉과 중녀〈☲ 離〉, 즉 원숙한 부부이기는 하지만 머지않아 쇠한다는 것을 암시하고 있다. 각 효사는 암흑이 지배하는 속에서 명지〈☲ 離〉를 가지고 움직이는〈☳ 震〉 처신법을 말한다.

풍만(豊滿) : 넉넉하고 그득함.

역경(逆境) : 일이 뜻대로 되지 않는 불운한 처지.

풍(豊)의 괘는 뻗어서 발전하는 것을 나타낸다. 풍이란 성대한 것이다. 명지〈離〉에 의하여 움직이기 때문에 성대한 것을 얻을 수 있다. 왕자는 그 극치이다. 태양은 중천에 달하면 기울기 시작하고 달은 차면 이지러지기 시작한다. 천지는 4계절의 추이에 따라서 성하고 쇠한다. 천지가 그러하니 하물며 인간이 그 법칙에서 벗어날 수 있을 것인가. 귀신도 못하리라. 그러나 쓸데없는 걱정을 할 필요가 없다. 중천에 솟아 있는 태양과 같이 공명정대하게 행동하는 것이 좋다.

극치(極致) : 극도에 이른 경지. 그 이상 더할 수 없을 만한, 최고의 경지나 상태.

위령(威令) : ① 위엄 있는 명령. ② 위광(威光)과 명령.

공명(功名) : ① 공을 세워 널리 알려진 이름. ② 공을 세워 널리 이름을 떨치는 일.

실의(失意) : 기대가 어긋나 뜻이나 의욕을 잃어버리는 일.

大象 천둥소리〈震〉, 번갯불〈離〉이 함께 일어난다. 이것이 풍의 괘상이다. 군자는 이 괘상을 보고 밝은 지혜에 따라서 소송(訴訟)을 공정하게 판결하고 형벌을 집행하여 위령(威令)을 세운다.

【初陽】 함께 나아가야 할 주인〈四陽〉을 만난다. 같은 성격〈陽〉이기 때문에 반발하는 일도 있으나 탈은 없을 것이다. 함께 나아가면 공명을 얻지만 시시한 세력다툼이나 한다면 재앙을 받을 것이다.

二陰 거적을 두껍게 둘러친다. 낮에도 밤같이 어둡고 북두칠성(北斗七星)이 보일 정도이다. 실의의 때이다. 함부로 나아가면 의혹과 미움을 받는다. 성실한 뜻을 지켜가면 저절로 사람을 감동시키니 길할 것이다.

【三陽】 천막을 두껍게 둘러친다. 낮에도 밤과 같이 어둡다. 작은 별까지 보일 정도이다. 큰 일을 행할 시기는 못된다. 오른팔이 부러진다. 재능을 감추고 나아가면 탈이 없을 것이다.

【四陽】 거적을 두껍게 둘러친다. 낮에도 밤과 같이 어둡다. 북두칠성이 보일 정도이다. 그러나 앞으로 나아가면 협력자〈初陽〉를 만나 길할 것이다.

五陰 현자(賢者)를 초빙하여 쓰면 경사와 명예를 얻는다. 길할 것이다.

上陰 한때는 하늘에라도 오를 듯한 권세를 자랑하던 사람의 큰 저택에 지금은 거적이 두껍게 둘러쳐져 있다. 문틈으로 들여다봐도 인기척이 없다. 사람의 눈을 피해서

살고 있는 것이다. 3년 동안 누구 하나 얼굴을 본 사람이 없다. 흉하리라.

| 풀이 | 풍(豊)은 만사가 형통하다는 괘이니라. 왕이 여기에 이를 것이다. 근심하지 말라. 마땅히 해가 중천에 뜰 것이니라. **象曰**=풍은 아주 성대한 것이다. 밝음으로써 움직이고, 그러므로 성대하다고 한다. 왕이 여기에 이른다는 것은 큰 것을 숭상한다는 것이다. 근심하지 말라. 해가 중천에 떠오른다 함은 마땅히 천하를 비춘다는 것이다. 해는 한가운데 오면 곧 서쪽으로 기울고, 달도 차면 곧 이지러진다. 천지의 도가 차고(盈) 비우는 것(虛)은 때와 함께 자라고 사라지는 것이다. 하물며 사람이랴. 하물며 귀신이랴. **象曰**=우레와 번개가 다 함께 일어나는 것이 풍괘이다. 군자는 이로써 옥사(獄死)를 판단하여 형벌을 준다.

初九=서로 걸맞는 군주를 만난다. 비록 고르다 할지라도 허물이 없다. 가면 숭상함이 있느니라. **象曰**=비록 고르다 할지라도 허물이 없다고 함은 고른 것도 지나치면 재앙이 된다는 것이다. **六二**=그 장애물은 커가게 된다. 해 가운데서 북두칠성을 본다. 가면 의심과 미움을 산다. 성실함이 있어서 발(發)하는 듯하다. 길하리라. **象曰**=성실함이 있어서 발하는 듯하다 함은 믿음으로써 뜻을 발하게 한다는 것이다. **九三**=소나기가 쏟아진다. 해 가운데서 물방울을 본다. 그 오른팔이 꺾인다. 허물이 없으리라. **象曰**=소나기가 쏟아진다 함은 큰 일을 하는 데 불가능하다는

豊亨 王假之 勿憂 宜日中 彖曰 豊大也 明以動故豊 王假之 尚大也 勿憂 宜日中 宜照天下也 日中則昃 月盈則食 天地盈虛 與時消息 而況於人乎 況於鬼神乎 象曰 雷電皆至豊 君子以折獄致刑
初九 遇其配主 雖旬无咎 往有尙 象曰 雖旬无咎 過旬災也 六二 豊其蔀 日中見斗 往得疑疾 有孚發若 吉 象曰 有孚發若 信以發志也 九三 豊其沛 日中見沬 折其右肱 无咎 象曰 豊其沛 不可大事也 折其右肱 終不可用也 九四 豊其蔀 日中見斗 遇其夷主 吉 象曰 豊其蔀 位不當也 日中見斗 幽不明也 遇其夷主吉 行也 六五 來章 有慶譽 吉 象曰 六五之吉 有慶也 上六 豊其屋 蔀其家 闚其戶 闃其无人 三歲不覿 凶 象曰 豊其屋 天際翔也 闚其戶 闃其无人 自藏也

것이다. 그 오른팔이 꺾인다 함은 마침내 쓸 수 없다는 것이다. **九四**=가시덤불이 무성하다. 해 가운데서 북두칠성을 본다. 그 오랑캐의 임금을 만난다. 길하리라. **象曰**=가시덤불이 무성하다 함은 자리가 마땅치 않다는 것이다. 해 가운데서 북두칠성을 본다 함은 어두워서 밝지 않다는 것이다. 그 오랑캐의 임금을 만나서 길하다 함은 행하는 것이다. **六五**=빛남이 오면 경사와 예찬이 있다. 길하리라. **象曰**=육 5의 길함은 경사가 있다는 것이다. **上六**=그 집을 풍성하게 하고 그 집의 지붕을 덮는다. 문틈으로 엿보니 고요하고 사람이 없다. 3년이 되어도 보이지 않는다. 흉하리라. **象曰**=그 집을 풍성하게 한다 함은 하늘가에 닿을 듯 한다는 것이다. 문틈으로 엿보니 고요하고 사람이 없다 함은 스스로 간직한다는 것이다.

예찬(禮讚) : 존경하여 찬양함. 매우 좋게 여겨 찬양하고 감탄함.

56. 旅 ䷷ [艮下 / 離上] - 화산여(火山旅 : 고독한 나그네)

여행이 즐겁다는 것은 근래에 와서이다. 고대의 사람들에게는 여행이 아주 어려운 일이었다. 교통의 불편, 숙소의 불비, 낯선 고장, 생소한 사람들 틈에서 혼자 지내는 불안은 현대를 사는 우리들로서는 상상할 수조차 없는 일이다. 여관을 전전하는 고독한 나그네가 상징하는 것은 불안정한 생활(이사를 자주 하고 직장을 옮기는 생활), 고독한 성격, 실연(失戀) 같은 것이다. 이런 때는 무리하게 난관을 타개하려 들지 말고 덤비는 일 없이 온전하게 대처해야 한다. 마을에 들어가면 그 마을의 풍습에 따르고

불비(不備) : 제대로 갖추지 못함.

전전(轉轉) : 여기저기로 떠돌아다님.

걸림이 없어야 한다. 그러나 나그네가 목적지를 잊지 않도록 내심으로는 자기의 이상(理想)을 충실하게 지켜 나가는 것이다. 인생은 길고 긴 하나의 여행이기 때문이다.

이상(理想) : ① 이성으로 생각할 수 있는, 사물의 가장 완전한 상태나 모습. ② 그렇게 되었으면 하고 마음에 그리며 추구하는 최상·최선의 목표.

여(旅)의 괘는 약간의 발전을 뜻하고 있다. 유효〈五陰〉가 상괘에서 중용(中庸)을 지키고〈中位〉유순하게 강효(剛爻)를 따르고 있다. 침착하게 행동하여 명지〈離〉를 잃지 않는다. 그러므로 길이 약간 열리는 것이다. 여행할 때 이러한 태도를 굳게 지키면 길하다. 여의 뜻은 참으로 중대하다.

大象 산〈艮〉위에 불〈離〉이 타오른다. 이것이 여의 괘상이다. 군자는 이 괘상을 보고 스스로 경계하여 재판을 공명정대하고 신속하게 처리한다.

初陰 여행에 나서서 자질구레한 일에 머리를 쓴다. 도량이 좁다. 재난을 초래할 것이다.

도량(度量) : ① 너그러운 마음과 깊은 생각. ② 일을 잘 알아서 경영할 수 있는 품성.

二陰 여행에 나서서 안전한 숙소를 얻는다. 여비도 충분하고 충실한 하인〈初陰〉도 있다. 최후에는 탈을 면한다.

三陽 유숙하던 곳에 불이 나서 쫓겨난다. 따르던 하인한테도 배신당한다. 불쌍한 일이다. 위험이 닥치고 있는 것이다.

四陽 여행 도중에 머물 만한 장소를 얻고 장기간 우대를 받는다. 그러나 목적지가 있기 때문에 마음속은 항상 안정되지 않는다〈不正〉.

五陰 꿩을 쏘아서 명중시키지만 꿩은 화살을 맞은 채 그

대로 도망가고 만다. 그러나 그 수완은 윗사람의 인정을 받아서 큰 영예를 얻게 된다.

【上陽】새가 나뭇가지에 만든 보금자리를 불에 태운다. 여행길인데도 마음이 교만〈上爻〉하였기 때문이다. 득의만만한 절정에서 실의의 밑바닥에 떨어져 울부짖는다. 여행에 없어서는 안 될 소까지 잃고 만다. 흉하리라.

旅 小亨 旅貞吉 象曰 旅小亨 柔得中乎外 而順乎剛 止而麗乎明 是以小亨 旅貞吉也 旅之時義 大矣哉 象曰 山上有火旅 君子以明慎用刑 而不留獄
初六 旅瑣瑣 斯其所取災 象曰 旅瑣瑣 志窮災也 六二 旅卽次懷其資 得童僕貞 象曰 得童僕貞 終无尤也 九三 旅焚其次 喪其童僕貞 厲 象曰 旅焚其次 亦以傷矣 以旅與下 其義喪也 九四 旅于處 得其資斧 我心不快 象曰 旅于處 未得位也 得其資斧 心未快也 六五 射雉 一矢亡 終以譽命 象曰 終以譽命 上逮也 上九 鳥焚其巢 旅人先笑 後號咷 喪牛于易 凶 象曰 以旅在上 其義焚也 喪牛于易 終莫之聞也

|풀이|여(旅)는 모든 일이 조금씩 트이는 괘이니라. 마음을 곧고 바르게 가지고 여행을 하면 길하리라. 象曰=여는 만사가 조금씩 통하는 괘라 함은 유(柔)한 기운이 밖에서 가운데 자리를 얻어, 강(剛)한 기운에 순종하고 머물러 밝은 기운에 붙는다는 것이다. 이것이 바로 조금씩 트이는 것이며, 여괘는 마음을 곧고 바르게 가지면 길하다는 것이다. 여괘의 때와 의의가 크도다. 象曰=산 위에 불〔火〕이 있는 것이 여괘이다. 군자는 밝은 덕을 삼가 형벌을 사용하고, 옥(獄)에 머물러 있게 하지 않는다.

初六=여행할 때 사소한 일에 구애받으면 바로 그 사소한 일이 재앙을 가져오게 되느니라. 象曰=여행할 때 사소한 일에 구애받는다 함은 뜻이 궁하여 재앙을 받는다는 것이다. 六二=여행하다가 숙소에 들어간다. 여비를 가지고 있다. 마음이 곧고 바른 아이종을 얻느니라. 象曰=마음이 곧고 바른 아이종을 얻는다 함은 마침내는 허물이 없다는 것이다. 九三=여행하다가 들어간 그 숙소가 불에 탄다. 그 아이종은 곧고 바른 마음을 잃어버렸다. 위태하

리라. **象曰**=여행중에 들어간 숙소가 불에 탄다 함은 역시 피해를 당한다는 것이다. 아랫사람과 함께 여행을 한다는 것은 그 의의를 잃어버렸다는 것이다. **九四**=여행하다가 한 곳에 처해 있다. 그 여비와 도끼를 얻었으나, 나의 마음은 불쾌하도다. **象曰**=여행하다가 한 곳에 처해 있다 함은 아직 자리를 얻지 못하였다는 것이다. 그 여비와 도끼를 얻었다 함은 아직 마음이 불쾌하다는 것이다. **六五**=꿩을 쏘다가 화살 한 개를 잃어버린다. 마침내 예탄(譽歎)과 작명(爵命)이 있으리라. **象曰**=마침내 예탄과 작명이 있다 함은 위에서 내려준다는 것이다. **上九**=새가 그 보금자리를 불에 태운다. 여행하는 사람이 먼저 웃고 그런 뒤에야 부르짖는다. 소(牛)를 역(易) 땅에서 잃어버린다. 흉하리라. **象曰**=여괘에서 맨 윗자리에 있으니 그 의미가 불살라 없어지는 것이다. 소를 역 땅에서 잃어버렸으니, 끝내 듣지 못한다는 것이다.

예탄(譽歎) : 칭찬하여 감탄함.
작명(爵命) : 작위(爵位)를 내리는 명령.

57. 巽 ☴(巽下/巽上) - 손위풍(巽爲風 : 부드러운 바람)

손(巽)은 바람을 상징한다. 이 괘는 손이 두 개 겹친 형상으로, 산들산들 불어오는 바람이다. 바람이 물체를 만나면 부드럽게 몸을 피해 간다. 손이란 손(遜)의 뜻으로서 겸손하고 사양하는 것을 말한다. 바람은 또한 어떤 구석이라도 파고든다. 손(巽)이란 들어간다는 뜻도 된다. 어떤 일이라도 어떤 관계 속에서도 유연한 적응성을 가지고 들어갈 수 있는 인간을 나타내는 것이다. 그러나 유연성은 나쁘게 말해서 무원칙성에 빠질 위험이 다분히 있기 때문에 자칫하면 우유부단하다는 비난을 받을지도 모른다. 이 괘가 나올 때는 진퇴가 어렵고 결단을 내리지 못하는 일이 많으므로, 뛰어난 지도자를 따라서 잘못을 저지르지 않도록 주의해야 한다.

손(巽)의 괘는 조금씩 길이 열리는 것을 나타낸다. 중첩된 손(상·하괘)은 항상 겸허한 태도로 사람에게 접촉하는 것이다. 강효〈五陽〉는 중정의 도에 순종하여 뜻을 수행하고 유효〈初·四陰〉는 언제나 강효를 따라간다. 그런 까닭으로 길은 약간 열리고 나아가 일을 행하면 만사가 순조롭다. 항상 뛰어난 지도자를 따라가는 것이 좋다.

大象 바람〈巽〉이 불어온다. 이것이 손의 괘상이다. 군자는 이 괘상을 보고 항상 겸허하게 일을 행한다.

初陰 확고한 신념이 없고 진퇴가 분명치 않아서는 안 된다. 죽어도 변하지 않는 무인(武人)의 절조를 배워야 한다.

二陽 겸손한 태도로 꿇어앉는다. 자주 무당[1]에게 빌어서 신의 도움을 받는다면 길하여 탈이 없을 것이다〈中〉.

三陽 겸손함도 그 도가 지나치면 비굴하게 된다. 마음에 진실이 없으니 비난을 받아 곤경에 빠지리라.

四陰 후회가 없어진다. 사냥을 나가면 여러 가지 짐승을 잡아 가지고 온다.

五陽 중정(中正)을 지켜 나가면 길하다. 후회는 없어진

---

1) 원문에는 사무(史巫)로 나와 있는데 사(史)는 신에게 인간의 뜻을 전하는 것, 무(巫)는 신의 의지를 인간에게 전하는 것이다. 결국 어느 것이나 무당을 말한다.

다. 순조롭게 되지 않음이 없다. 처음에는 난항이지만 나중에는 순조롭다. 개혁을 함에 있어서는 심사숙고하여 한계를 짓고 나아가야 한다. 길하리라.[2]

【上陽】겸손도 도가 지나쳐서 누구에게나 비열하게 머리를 숙인다면 재산도 권위도 잃고 말 것이다. 따라서 옳은 일이라도 흉하리라.

| 풀이 | 손(巽)은 위와 아래가 바람이니, 크게는 통하지 못하고 조금 형통하는 괘이니라. 갈 곳이 있으면 이로우며, 대인을 만나면 이로우리라. 象曰=중복된 바람으로 명령을 거듭하는 괘상이다. 강(剛)한 기운이 중정(中正)의 자리에서 뜻을 얻어 행해지고, 유(柔)한 기운은 모두 유순하게 강(剛)한 것에 순종을 한다. 이것이 바로 조금 형통하는 것이며, 갈 곳이 있으면 이롭고, 대인을 만나면 이롭다는 것이다. 象曰=쫓아가는 바람이 손괘이다. 군자는 명령을 거듭하여 일을 행한다.

初六=나아가고 물러간다. 무인의 마음이 바르고 곧아야 이로우리라. 象曰=나아가고 물러간다 함은 뜻을 의심한다는 것이다. 무인의 마음이 바르고 곧아야 이롭다 함은 뜻을 다스려야 한다는 것이다. 九二=겸손히 제상(祭牀) 아래 꿇어앉아 있다. 사관(史官)과 무당을 많이 쓰면 길하고 허물이 없으리라. 象曰=많이 사용함이 길하다 함은 중도(中道)를 얻었다는 것이다. 九三=자주 겸손히 꿇어앉아 있다. 부끄러우리라. 象曰=자주 겸손하여 부끄럽다 함은

2) 원문은 선경 3일 후경 3일(先庚三日 後庚三日)인데 이와 유사한 사(辭)는 고괘(蠱卦)에도 있다. 여기서도 앞서와 같이 십간(十干)의 경(庚)은 개혁한다는 것이다. 앞에서 세 번째는 정(丁)으로서 정녕(丁寧 : 틀림이 없는), 뒤에서 세 번째 계(癸)는 추측한다는 것으로 해석해 둔다.

巽 小亨 利有攸往 利見大人 彖曰 重巽以申命 剛巽乎中正而志行 柔皆順乎剛 是以小亨 利有攸往 利見大人 象曰 隨風巽 君子以申命行事 初六 進退 利武人之貞 象曰 進退志疑也 利武人之貞 志治也 九二 巽在牀下 用史巫紛若 吉 无咎 象曰 紛若之吉 得中也 九三 頻巽 吝 象曰 頻巽之吝 志窮也 六四 悔亡 田獲三品 象曰 田獲三品 有功也 九五 貞吉 悔亡 无不利 无初有終 先庚三日 後庚三日 吉 象曰 九五之吉 位正中也 上九 巽在牀下 喪其資斧 貞凶 象曰 巽在牀下 上窮也 喪其資斧 正乎凶也

뜻이 궁하다는 것이다. **六四**=후회가 없어진다. 사냥을 나가서 세 가지 물건을 얻으리라. **象曰**=사냥을 나가서 세 가지 물건을 얻었다 함은 공(功)이 있다는 것이다. **九五**=마음을 바르고 곧게 가지면 길하고, 후회가 없어지며, 불리함이 없으리라. 처음은 없으나 끝이 있다. 경일(庚日)보다 앞선 3일이며, 경일보다 뒤진 3일이다. 길하리라. **象曰**=구 5의 길함은 자리가 바르고 가운데 있다는 것이다. **上九**=겸손히 제상(祭牀) 아래에 꿇어앉아 있다가 가지고 있는 돈과 도끼를 잃었다. 마음을 곧고 바르게 가지더라도 흉하리라. **象曰**=겸손히 상 아래 꿇어앉았다 함은 위가 궁하다는 것이다. 가지고 있는 돈과 도끼를 잃었다 함은 바로 흉하다는 것이다.

돈과 도끼(資斧) : 옛날 여행 때 지니고 다니던 것. 바뀌어 노자(路資)의 뜻으로 쓰임.

58. 兌 ䷹ (兌下/兌上) - 태위택(兌爲澤 : 화합하니 즐겁다)

태(兌)란 즐거워하는 것. 태(☱)는 연못, 소녀(少女), 입(口)을 나타낸다. 이 괘는 두 개가 나란히 겹쳐 있어서 처녀 둘이 즐겁게 말하며 웃는 모습을 보여주고 있다. 거기서 보는 사람을 저절로 미소짓게 하는 화목한 분위기가 있는 것이다. 이 괘는 즐겁고 화목하게 사는 것이 중요함을 말하고 있다. 입은 웃거나 말하는 것으로 마음을 통하게 하지만, 한 번 잘못되면 더러워지고 오가는 말이 불화를 가져온다. 인간관계를 원활하게 하는 입은 무엇보다도 성실한 마음에 그 바탕을 두고 있어야 한다. 감언이설로는 참된 인간관계를 만들 수 없다. 아직도 학교관계의

감언이설(甘言利說) : 남의 비위를 맞추는 달콤한 말과 이로운 조건만 들어 그럴듯하게 꾸미는 말.

단체나 모임에 여택(麗澤)이란 이름이 많은 것은 이 괘의 대상전(大象傳)에서 취한 것이다.

여택(麗澤): 연접해 있는 두 늪이 서로 물을 윤택하게 한다는 뜻으로, 벗끼리 서로 도와 학문과 덕을 닦음을 비유하여 이르는 말.

　태(兌)의 괘는 번영하고 발전하는 것을 나타낸다. 태란 즐거운 것으로 강효(剛爻)는 안에, 유효(柔爻)는 밖에 있어서 외유내강의 덕을 말하고 있다. 정도(正道)를 가는 데 일어나는 자연의 즐거운 마음을 끝내 지니고 간다면 만사가 순조롭고 천명에 부합되어 사람들과 마음을 서로 통할 수 있는 것이다. 함께 즐거워하는 마음으로 백성을 인도한다면 백성은 그 노고(勞苦)를 잊고 따를 것이다. 어떠한 위험과 곤란에도 백성은 죽음을 두려워하지 않고 순종한다. 즐거움의 큰 힘은 백성을 격려하고 분발하게 하는 것이다.

大象　잇달아 있는 연못, 이것이 태의 괘상이다. 군자는 이 괘상을 보고 벗들과 모여 서로 학문을 닦고 연마하여 향상의 길로 나아간다.

연마(練磨): 학문이나 지식·기능 따위를 힘써 배우고 닦음.

【初陽】시기하는 마음 없이 화목하고 즐거워한다〈正〉. 길하리라.
【二陽】신뢰하는 마음으로 결합하고 성의〈中〉에 넘쳐서 즐거워한다. 길하므로 후회가 없다.
【三陰】영합하는 것을 즐거워하는 경향이 있다〈不正〉. 흉하리라.

영합(迎合): (비위를 맞추기 위하여) 자기의 생각을 상대편이나 세상 풍조에 맞춤.

【四陽】어떤 즐거움을 취할 것인가(물질적인가, 정신적인가)를 결정짓지 못하고 번민한다. 깊이 생각하고 의젓한 태

도로써 사도(邪道)와 불의(不義)를 멀리하면 참된 즐거움이 찾아올 것이다.

【五陽】 사심을 가지고 자기를 공격하는 사람에게도 성의 〈正〉로써 대하기 때문에 위기에 빠지는 경우가 있다.

上陰 권력에 아첨하는 자들을 모아서 작당하고 기뻐한다. 뜻이 높지 못하다.

兌 亨 利貞 象曰 兌說
也 剛中而柔外 說以利
貞 是以順乎天而應乎
人 說以先民 民忘其勞
說以犯難 民忘其死 說
之大 民勸矣哉 象曰 麗
澤兌 君子以朋友講習
初九 和兌 吉 象曰 和
兌之吉 行未疑也 九二
孚兌 吉悔亡 象曰 孚兌
之吉 信志也 六三 來兌
凶 象曰 來兌之凶 位不
當也 九四 商兌未寧 介
疾有喜 象曰 九四之喜
有慶也 九五 孚于剝 有
厲 象曰 孚于剝 位正當
也 上六 引兌 象曰 上
六引兌 未光也

| 풀이 | 태(兌)는 물과 물이 서로 만나므로 만사가 형통하는 괘이니라. 마음을 바르고 곧게 가지면 이로우리라. **象曰**=태는 기쁨을 상징한다. 강(剛)한 기운이 가운데 있고, 유(柔)한 기운이 밖에 있다. 기뻐함으로써 마음을 곧고 바르게 가지는 것이 이롭다. 이것이 바로 하늘에 순종하고 사람에게 응하는 것이다. 기쁜 마음으로 먼저 백성에게 대하면 백성이 그 수고로움을 잊고, 기쁜 마음이라면 어려운 일을 범하더라도 백성은 그 죽음을 잊는다는 것이다. 기뻐함의 큼을 백성에게 권하도다. **象曰**=두 못(澤)이 붙어 있는 것이 태괘이다. 군자는 친구들과 강습한다.

初九=화목하며 기뻐한다. 길하리라. **象曰**=화목하며 기뻐함이 길하다 함은 행하고 아직 의심하지 않는다는 것이다. **九二**=성실하며 기뻐한다. 길하다. 후회가 없어지리라. **象曰**=성실하며 기뻐함이 길하다 함은 뜻이 믿을 만하다는 것이다. **六三**=와서 기뻐한다. 흉하리라. **象曰**=와서 기뻐함이 흉하다 함은 자리가 마땅치 않다는 것이다. **九四**=서로 상의하며 기뻐하나 아직 편안치 않다. 절개 있게

남을 질투하면 기쁨이 있느니라. **象曰**=구 4의 기쁨이란 경사가 있다는 것이다. **九五**=성실함이 긁혀나간다. 위태함이 있느니라. **象曰**=성실함이 긁혀나간다 함은 자리가 정당하여 그렇다는 것이다. **上六**=이끌려서 기뻐하리라. **象曰**=상 6의 이끌려서 기뻐한다 함은 아직 빛나지 않았다는 것이다.

59. 渙 ☵☴ (坎下/巽上) - 풍수환(風水渙 : 민심의 떠남을 막는다)

환(渙)은 분산하다, 분산시키다의 의미를 갖고 있다. 돛을 달고 배가 물 위를 가는 상이라고 알려져 있으니, 밖을 향하여 큰 기운을 발산하고 대사업을 이룩해 가는 시기이다. 괘의 형상은 수면 위〈☵ 坎〉를 불어 가는 바람〈☴ 巽〉이 물결에 떠도는 나뭇잎이나 검불을 흐트러놓는 상태를 나타내고 있다. 정체된 상태를 불어젖히고 새로운 출발을 기하는 데 좋은 괘이다. 그러나 흐트린다는 것은, 민심이 떠난다, 한 가족이 뿔뿔이 헤어진다라는 여러 가지 어두운 전도를 암시하고 있다. 출발에 임해서는 먼저 이 사실을 깊이 명심하고 나아가야 할 것이다. 그러면 큰 위험과 난관을 극복하고 뜻을 성취할 수 있다.

환(渙)의 괘는 크게 발전하는 것을 나타낸다. 강효〈二陽〉가 중위(中位)에 있어서 전 능력을 발휘하고, 유효〈四陰〉가 정위(正位)에 있어서 상〈五·上陽〉과 뜻을 같이하여 이상을 막는다. 천자 또한 몸소 종묘에 제사를 지내고 백성이 흩

전도(前途) : 앞으로 나아갈 길. 장래.

난관(難關) : ① 뚫고 나가기 어려운 사태나 상황. ② 통과하기 어려운 관문. 통과하기 매우 힘든 곳.

중위(中位) : 중간 정도의 자리나 순위.
정위(正位) : 바른 자리. 정당한 위치.

위난(危難): 매우 위급하고 어려운 경우.

어져 떠나감을 막는다.

　이 노력을 변함없이 계속해 나가면 강〈坎〉을 건너는 데 뗏목〈巽〉을 얻는 것처럼 큰 냇물을 건너는 위난(危難)을 이기니, 큰 공을 세울 수가 있다.

大象 바람〈巽〉이 물 위〈坎〉를 불어 간다. 이것이 환의 괘상이다. 성왕은 이 괘상을 보고 천제(天帝)에 제사지내고 종묘를 세워서 백성의 흩어짐을 막는다.

【初陰】 위기로부터 구원된다. 구해 주는 말〈二陽〉은 씩씩하고 용감하다. 그대로 따라가기만 하면 길하리라.

【二陽】 흐트러질 위기를 만나면 급히 서둘러서 지원자〈初陰〉에게 달려가 의지해야 한다. 바라는 바가 이루어져서 후회는 없어지리라.

헌신(獻身): 어떤 일이나 남을 위해서 자기의 이해관계를 돌보지 아니하고 몸과 마음을 다하여 힘씀.

【三陰】 몸 바쳐서 남을 위하여 헌신한다. 후회는 없으리라.
【四陰】 사사로운 당파를 해산시키면 크게 길하다. 일단 해산시켜 버린 후에야 대동단결이 가능하다. 놀라운 대사업이 성취될 것이다.

호령(號令): ① 큰 소리로 꾸짖음. ② 명령함, 또는 그 명령.

【五陽】 흩어질 위기에 직면하였을 때 천하를 호령하고 그것을 막으면 왕위는 안정되며〈中〉 허물이 없어진다.
【上陽】 유혈(流血)의 위기를 만난다. 조심스럽게 위험을 멀리하면 허물은 없을 것이다.

渙 亨 王假有廟 利涉大川 利貞 彖曰 渙亨 剛來而不窮 柔得位乎外

| 풀이 | 환(渙)은 크게 발전하여 만사가 형통하는 괘이니라. 왕이 묘당에 있게 되었다. 큰 냇물을 건너는 것이 이

로우리라. 마음을 바르고 곧게 가져야 이로우리라. **象曰**=환이 형통하다 함은 강(剛)한 기운이 와서 궁하지 않고, 유(柔)한 기운이 밖에서 자리를 얻어서 위와 같기 때문이다. 왕이 묘당에 있게 되었다 함은 왕이 바로 가운데 자리에 있게 되었다는 것이다. 큰 냇물을 건너는 것이 이롭다 함은 나무를 타는 데 공(功)이 있다는 것이다. **象曰**=바람이 물 위에서 부는 것이 환괘이다. 선왕(先王)은 천제께 제향을 올리고 종묘를 세운다.

初六=사람을 건지는데 말의 힘이 세다. 길하리라. **象曰**=초 6의 길하다 함은 순종한다는 것이다. **九二**=책상으로 달려가서 몸을 의지한다. 후회가 없어지리라. **象曰**=책상으로 달려가서 몸을 의지한다 함은 소원을 얻었다는 것이다. **六三**=몸을 흐트린다. 후회는 없으리라. **象曰**=몸을 흐트린다 함은 뜻이 밖에 있다는 것이다. **六四**=그 군중을 숙청한다. 크게 길하리라. 숙청에 언덕이 있으니 보통 사람은 생각할 바가 아니니라. **象曰**=그 군중을 숙청함에 크게 길하다 함은 빛이 크다는 것이다. **九五**=그 대호령(大號令)을 땀을 뿌리듯 한다. 왕의 재물을 뿌린다. 허물이 없으리라. **象曰**=왕의 재물을 뿌리므로 허물이 없다 함은 바른 자리라는 것이다. **上九**=그 피를 흐트린다. 근심이 가고 나면 아무 허물이 없으리라. **象曰**=그 피를 흐트린다 함은 해(害)를 멀리한다는 것이다.

而上同 王假有廟 王乃在中也 利涉大川 乘木有功也 象曰 風行水上 渙 先王以享于帝立廟 初六 用拯馬壯 吉 象曰 初六之吉 順也 九二 渙奔其机 悔亡 象曰 渙奔其机 得願也 六三 渙其躬 无悔 象曰 渙其躬 志在外也 六四 渙其群 元吉 渙有丘 匪夷所思 象曰 渙其群 元吉 光大也 九五 渙汗其大號 渙王居无咎 象曰 王居无咎 正位也 上九 渙其血 去逖出 无咎 象曰 渙其血 遠害也

60. 節 ䷻ (兌下/坎上) - 수택절(水澤節 : 유혹을 이겨낸다)

절(節)이란 한계를 지켜서 머문다는 뜻으로, 이른바 절도를 지키는 것이다. 절의 본래 의미는 대나무의 마디를 가리키는데, 그 마디로 한계를 짓는 것이다. 개인의 건강(절제)으로부터 대인 관계(절조), 정치(절의), 그리고 천지의 추이(4계절의 순환)도 모두 절(마디)이 있기 때문에 순조롭게 진행되는 것이다. 괘의 형상도 연못〈☱ 兌〉이 물〈☵ 坎〉을 담고 있는 상태를 나타내며, 강물이 범람하지 않고 마르지도 않게 조절되어 있는 것이다. 달콤한 유혹을 물리치기는 괴로울 것이다. 그러나 그 괴로움〈☵ 坎〉을 즐거운 마음〈☱ 兌〉으로 받아들이는 것이 절이다. 절을 지킴으로써 참된 행복이 있는 것이다. 그러나 너무 절을 고집하는 것도 좋지 않다. 절제가 너무 지나쳐서 병에 걸린다면 아무 효과가 없기 때문이다.

절(節)의 괘는 크게 발전하는 것이다. 강효·유효가 다 같이 평형을 기키고 있는 데다 강효〈二·五陽〉가 가운데 위치에서 중용을 유지하고 있기 때문이다. 괴로움을 참아 나가는 절제를 갖는 데도 평형·중용의 감각을 유지하지 않으면 안 된다. 무리하게 원칙만 고집하면 가는 길이 막혀서 움직일 수 없게 된다. 절은 즐겁게〈兌〉 위난〈坎〉을 받아들이고, 자기의 입장을 지켜서 절도를 보존하며 중정(中正)의 행함에 의하여 발전해 간다. 천지는 절의 도에 의하여 사계(四季)를 움직인다. 절의 도에 의하여 국정(國政)을 행하면 재정적 파탄을 겪지 않고 백성을 고통에 몰아넣는

절도(節度) : 말이나 행동 따위의 적당한 정도.

사계(四季) : ① 봄·여름·가을·겨울의 사철. ② 봄·여름·가을·겨울의

일도 없다.

大象 연못〈兌〉이 물〈坎〉을 담고 있다. 이것이 절의 괘상이다. 군자는 이 괘상을 보고 생활의 규율을 정하며 덕행(德行)의 기준을 의논한다.

【初陽】 때의 이로움과 이롭지 못함을 가려서 경거망동을 삼가고 신중히 처신할 것. 집 안에 들어앉아 문 밖으로 나오지 않으면 허물은 없으리라.

【二陽】 집 안에 들어앉아 있어서는 이롭지 못하다. 흉하리라. 기회를 잃고 나아가지 못한다.

三陰 유혹을 이기지 못하여 절도를 잃었기 때문에 비탄과 슬픈 결과에 빠진다. 스스로 택한 일이다. 누구를 원망하랴.

四陰 위에서〈五陽〉정한 길을 따라 안정된 절도를 지켜 나가면 크게 발전한다.

【五陽】 절도를 지켜서 중용에 안주(安住)한다. 길하다. 그러나 꼭 해야 할 일은 나아가서 행해야 한다. 영예를 얻을 것이다.

上陰 괴로운 절제를 지켜 나간다. 그러나 너무 원칙만 고집하면 길이 막혀 흉하리라. 그래도 후회는 없다.

| 풀이 | 절(節)은 모든 일이 형통하는 괘이니라. 괴로운 절제는 마음을 바르고 곧게 가질 수가 없느니라. 象曰=절이 형통하는 것이라 함은 강한 기운과 유한 기운이 나뉘

각 계절의 마지막 달. 곧 음력 삼월 · 유월 · 구월 · 섣달을 아울러 이름. 사계삭(四季朔).

비탄(悲嘆) : 슬퍼하고 탄식함.

안주(安住) : ① 자리를 잡아 편안하게 삶. ② 현재의 상태에 만족하고 있음.

節 亨 苦節不可貞 象曰
節亨 剛柔分而剛得中
苦節不可貞 其道窮也
說以行險 當位以節 中

正以通 天地節而四時成 節以制度 不傷財不害民 象曰 澤上有水節 君子以制數度議德行 初九 不出戶庭 无咎 象曰 不出戶庭 知通塞也 九二 不出門庭 凶 象曰 不出門庭 凶 失時極也 六三 不節若 則嗟若 无咎 象曰 不節之嗟 又誰咎也 六四 安節 亨 象曰 安節之亨 承上道也 九五 甘節 吉 往有尙 象曰 甘節之吉 居位中也 上六 苦節 貞凶 悔亡 象曰 苦節 貞凶 其道窮也

어서 강한 기운 가운데의 자리를 차지하게 된다는 것이다. 괴로운 절제는 마음을 바르고 곧게 가질 수 없다 함은 그 도(道)가 궁하기 때문이란 것이다. 기뻐함으로써 험한 일을 행하고, 정당한 자리에 있음으로써 절약하는 것이 중정의 도로써 통하는 것이다. 천지에는 절기가 있어 사시(四時)가 이루어지는 것이니, 절약함으로써 제도(制度)하여 재물을 상하지 않게 하고 백성에게도 해를 주지 않는 것이다. **象曰**=못 위에 물이 있는 것이 절괘이다. 군자는 도수(度數)를 만들고, 덕행을 논의한다.

初九=창문 밖의 안뜰로 나가지 않는다. 허물이 없으리라. **象曰**=창문 밖의 안뜰로 나가지 않는다 함은 통한 것과 막힌 것을 안다는 것이다. **九二**=대문 안의 뜰에도 나가지 않는다. 흉하리라. **象曰**=대문 안의 뜰에도 나가지 않아서 흉하다 함은 지나치게 때를 잃었다는 것이다. **六三**=절약하지 않으면 가엾게 되리라. 허물이 없으리라. **象曰**=절약하지 않으면 가엾게 된다 함은 또 누구를 탓하겠느냐는 것이다. **六四**=절약하여 편안하게 된다. 만사가 형통하리라. **象曰**=절약하여 편안하게 되고 만사가 형통한다 함은 윗사람의 도를 이어받는다는 것이다. **九五**=절약을 달갑게 여기니 길하리라. 가면 가상스러운 일이 있을 것이니라. **象曰**=절약을 달갑게 여겨서 길하다 함은 거처하는 위치가 가운데 있다는 것이다. **上六**=절약을 괴롭게 여긴다. 마음을 바르고 곧게 가져도 흉하리라. 후회가 없어지리라. **象曰**=절약을 괴롭게 여기니, 마음을 곧고 바르게 가져도 흉하다 함은 그 도가 곤궁하다는 것이다.

61. 中孚 ䷼ (兌下 / 巽上) - 풍택중부
(風澤中孚 : 지성이면 감천이라)

중부(中孚)란 마음에 성실함이 넘쳐 있는 것을 뜻한다. 부(孚)라는 한자는 과(瓜)와 자(子)가 합쳐진 것으로서 어미새가 날개 밑에 알을 품고 부화하는 것을 나타낸다. 어미새의 사랑이 알의 생명을 불러일으키듯, 성의는 반드시 사람의 마음을 감동시킨다. 위에 있는 바람〈☴ 巽〉이 사방에서 불어닥쳐 아래에 있는 연못〈☱ 兌〉을 움직인다. 즉 윗사람의 성의있는 마음이 아랫사람을 감동시켜서 즐겁게 따르도록 한다. 지성이면 감천이라, 성의를 가지고 나아가면 위난을 극복하고 뜻을 성취할 수 있다. 또한 상하의 괘가 입을 맞대고 있는 형상이니, 진실하게 결합된 두 사람을 상징하는 괘이다.

지성(至誠) : 지극한 정성.

중부(中孚)의 괘는 유효〈三·四陰〉가 괘의 중심에 있어서 허심(虛心)을 나타내고, 강효〈二·五陽〉가 중위를 얻어서 성의가 충실함을 나타낸다. 이 성의로 국가를 태평하게 이끈다면 백성은 즐겁게〈兌〉 따른다〈巽〉. 무지하고 둔감한 돼지와 물고기[1]까지도 감동시키는 것이다. 길하다. 성실하면 큰 냇물을 건너는 위험을 범해도 만사가 순조로울 것이다. 괘상은 나무〈巽〉를 파서 구멍을 뚫는(가운데가 그늘지고 비어 있다) 형상을 나타내고 있다. 무슨 일에나 성의를

허심(虛心) : ① 마음속에 아무 생각이나 거리낌이 없음. ② 남의 말을 잘 받아들임.

1) 원문은 돈어(豚魚). 돼지와 물고기라고도 하고, 돌고래의 종류라고도 한다.

다해야 한다. 그래야 하늘의 의지에 합당하기 때문이다.

大象 연못〈兌〉 위에 바람이 불어서 물을 움직인다. 이것이 중부의 괘상이다. 군자는 이 괘상을 보고 따뜻한 정으로써 재판을 판결하고 사형수를 감형시킨다.

【初陽】 현상태에 만족하고 마음을 움직이지 않으면 길하다. 지나친 야심을 품으면 안식을 얻지 못한다.

안식(安息) : 몸과 마음을 편히 쉼.

【二陽】 학(鶴)이 산그늘에서 울고 그 새끼가 응답한다. 마음으로 동지를 구하고 서로 부르며 산다. 즉 '내게 좋은 술잔이 있으니 당신도 함께 마십시다.'라는 것이다.

三陰 적을 만난다. 어떤 자는 진격하고 어떤 자는 도망친다. 우는 자가 있고 노래하는 자가 있으며, 대열은 지리멸렬하고〈不正〉 계통이 깨진다.

지리멸렬(支離滅裂) : 갈가지 흩어지고 찢기어 갈피를 잡을 수가 없이 됨.

四陰 달은 만월에 가깝다. 지금이야말로 한패들과의 관계를 끊고 위〈五陽〉에 봉사해야 한다. 그리하면 탈은 없을 것이다.

【五陽】 성실한 마음으로 손을 잡고 나아가면 탈은 없다〈中正〉.

【上陽】 학이 하늘에 오르려고 한다. 분수에 넘치는 일을 해보지만 오래 계속되지 못한다. 설사 정도(正道)를 지켰다 해도 흉하리라.

| 풀이 | 중부(中孚)는 돼지와 물고기가 길한 괘이니라. 큰 냇물을 건너면 이롭다. 마음을 곧고 바르게 가져야 이로

中孚 豚魚吉 利涉大川
利貞 彖曰 中孚柔在內

우리라. **象曰**=중부는 유한 기운이 안에 있고, 강한 기운이 가운데 자리를 얻은 것이다. 기뻐하고 공손하니 믿음으로 바로 나라에 귀화한다. 돼지와 물고기가 길하다 함은 믿음이 돼지와 물고기에 미쳤기 때문이다. 큰 냇물을 건너면 이롭다 함은 나무[木]를 타니 배[舟]는 비어 있다는 것이다. 중부괘에 마음을 곧고 바르게 가져야 이롭다 함은 바로 하늘에 순응해야 한다는 것이다. **象曰**=못 위에 바람이 부는 것이 중부괘이다. 군자는 옥사(獄事)를 의논하여 사형을 늦춘다.

初九=돼지와 물고기를 헤아리면 길하리라. 다른 것이 있으면 편안치 않으리라. **象曰**=초 9(初九)의 돼지와 물고기를 헤아리면 길하다 함은 뜻이 아직 변하지 않았다는 것이다. **九二**=우는 학(鶴)이 그늘에 있다. 그 새끼가 화답한다. 내가 좋아하는 벼슬이 있으니, 나는 너와 더불어 그 벼슬을 하리라. **象曰**=그 새끼가 화답한다 함은 중정(中正)의 마음으로 바란다는 것이다. **六三**=적을 얻었다. 혹은 북을 치기도 하고 그만두기도 하며, 혹은 울기도 하고 노래부르기도 하느니라. **象曰**=혹은 북을 치기도 하고 그만두기도 한다 함은 자리가 마땅치 않다는 것이다. **六四**=달이 보름달에 가까워졌다. 짝 말이 없어졌다. 허물이 없으리라. **象曰**=짝 말이 없어졌다 함은 동류(同類)와 절교하고 위로 올라간다는 것이다. **九五**=성실함이 있어서 주인에게 매인 것과 같다. 허물이 없으리라. **象曰**=성실함이 있어서 주인에게 매인 것과 같다 함은 위치가 정당하다는

而剛得中 說而巽 孚乃化邦也 豚魚吉 信及豚魚也 利涉大川 乘木舟虛也 中孚以利貞 乃應乎天也 象曰 澤上有風中孚 君子以議獄緩死 初九 虞吉 有它不燕 象曰 初九虞吉 志未變也 九二 鳴鶴在陰 其子和之 我有好爵 吾與爾靡之 象曰 其子和之 中心願也 六三 得敵 或鼓或罷 或泣或歌 象曰 或鼓或罷 位不當也 六四 月幾望 馬匹亡 无咎 象曰 馬匹亡 絶類上也 九五 有孚攣如 无咎 象曰 有孚攣如 位正當也 上九 翰音登于天 貞凶 象曰 翰音登于天 何可長也

것이다. **上九**=닭이 홰를 치면서 우는 소리가 하늘에까지 미친다. 마음을 바르고 곧게 가져도 흉하리라. **象曰**=닭이 홰를 치며 우는 소리가 하늘에까지 미친다 함은 어찌 장구(長久)히 갈 수 있겠느냐는 것이다.

62. 小過 ☳☶ (艮下 / 震上) - 뇌산소과(雷山小過 : 저자세)

소과(小過)란 작은 자가 너무 많다는 것과 또한 약간 지나치다는 뜻이다. 대과괘(大過卦)는 이와 정반대이다. 소(小)라는 것은 음(陰)을 말하는데 음효(--)가 양효(—)에 비하여 많은 것이다. 즉 소인들이 판을 친다는 뜻이다. 괘의 형상은 상하가 서로 등지고 있어서 두 효를 합치면 위험〈☵ 坎〉이 된다. 분열이나 어긋남에 의하여 곤란에 마주치는 때에 해당한다. 이런 때는 무리하게 문제를 취급하려 들지 말고 그날그날의 사무를 민첩하게 처리하는 것이 중요하다. 너무 소극적이라는 비난을 받을 만큼 저자세로 일에 임하면 크게 길할 것이다.

시세(時勢) : 그때의 형세. 세상의 형편. 시대의 추세.

대사(大事) : 큰 일.

소과(小過)의 괘는 크게 발전하는 것을 나타낸다. 시세(時勢)에 순응하여 저자세로 일관하는 것이 좋다. 중위(中位)에는 유효(柔爻)가 있어서 강행할 만한 힘이 없다. 그러므로 작은 일을 처리하는데 그치면 길하다. 강효〈三·四 陽〉는 중위를 잃고 있다. 그러므로 대사를 치르지는 못한다. 이 괘는 나는 새의 형상이 있다(중앙의 양효는 새의 몸통, 상하의 음효는 날개). 새가 지저귀며 높이 날아오름은 시세를 거역하는 것이니 좋지 않다. 일찍이 지상으로 내려온다면(자연에 순응하기 때문에) 대길함을 얻는다.

大象 산〈艮〉위에서 천둥〈震〉이 친다. 이것이 소과의 괘상이다. 군자는 이 괘상을 보고 지나치다고 할 만큼 공손한 태도를 가지고, 상(喪)이 있을 때는 지나치다고 할 만큼 슬퍼하며, 금전은 인색하다고 할 만큼 절약한다.

初陰 새가 높이 날아오른다. 욕심이 지나친 사람은 별 도리가 없다. 흉하리라.

二陰 할아버지에게 직접 말하지 않고 할머니를 통하여 전하는 것처럼 군주에게도 신분을 넘어선 알현을 하지 않고〈中正〉먼저 신하를 만나야 한다. 겸손하고 낮은 자세로 있으면 탈은 없을 것이다.

알현(謁見) : 지체가 높은 사람을 찾아 뵘.

【三陽】 지나치게 나아가려는 마음을 막는 데 힘써야 한다. 질질 끌려가면 살해당할지 모른다. 흉하리라. 언제 재난이 닥칠지 모른다.

【四陽】 탈은 없다. 지나치게 나아가지 말고 주위와 조화되게 가라〈不正〉. 자기 마음대로 일을 행하면 몸을 온전히 보존할 수 없고 위험하다. 항상 스스로 경계하고 때를 기다리라. 오랫동안 정도를 계속 지켜 나가는 것이 좋다.

五陰 서쪽 하늘에 뭉게구름이 솟아오르고 있으나 아직 비가 되어 만물을 적셔주지는 않는다. 군주는 주살을 가지고 굴 속에 숨어 있는 짐승을 잡는 데(숨어 있는 현인을 찾아내어 그 보필을 받는다.) 힘쓴다.

주살 : 오늬에 줄을 매어 쏘는 화살. 오늬는 화살의 머리를 시위에 끼도록 에어 낸 부분을 말함.

小過 亨 利貞 可小事
不可大事 飛鳥遺之音
不宜上宜下 大吉 象曰
小過小者過而亨也 過
以利貞 與時行也 柔得
中 是以小事吉也 剛失
位而不中 是以不可大
事也 有飛鳥之象焉 飛
鳥遺之音 不宜上宜下
大吉 上逆而下順也 象
曰 山上有雷小過 君子
以行過乎恭 喪過乎哀
用過乎儉
初六 飛鳥以凶 象曰 飛
鳥以凶 不可如何也 六
二 過其祖 遇其妣 不及
其君 遇其臣 无咎 象曰
不及其君 臣不可過也
九三 弗過防之 從或戕
之凶 象曰 從或戕之凶
如何也 九四 无咎 弗過
遇之 往厲必戒 勿用 永
貞 象曰 弗過遇之 位不
當也 往厲必戒 終不可
長也 六五 密雲不雨 自
我西郊 公弋取彼在穴
象曰 密雲不雨 已上也
上六 弗遇過之 飛鳥離
之凶 是謂災眚 象曰 弗
遇過之 已亢也

上陰 시세에 편승하여 지나치게 나아가면 조화를 잃는다. 나는 새는 그물에 걸린다. 흉하리라. 천재(天災)와 인재(人災)가 함께 겹쳐 온다.

| 풀이 | 소과(小過)는 만사가 형통하는 괘이니라. 마음을 바르고 곧게 가지면 이로우리라. 작은 일은 할 수 있지만 큰 일은 할 수 없느니라. 나는 새가 소리를 남긴다. 올라가는 것은 마땅치 않지만 내려가는 것은 마땅하다. 크게 길하리라. **象曰**=소과는 작은 것이 지나쳐서 형통하는 것이다. 지나침으로써 마음을 바르고 곧게 가지는 것이 이롭다 함은 때와 더불어 행한다는 것이다. 유(柔)한 기운이 가운데 자리를 얻은 것은 이것이 바로 작은 일이 길하는 것이다. 강(剛)한 기운이 자리를 잃어서 가운데 자리를 차지하지 못하는 것은 이것이 바로 큰 일을 할 수 없다는 것이다. 하늘을 나는 새(鳥)의 상(象)이 있다. 나는 새가 소리를 남기고, 올라가는 것은 마땅치 못하고 내려가는 것은 마땅하니 크게 길하다 함은 올라가는 것은 거슬리고 내려가는 것은 순탄하다는 것이다. **象曰**=산 위에 우레가 있는 것이 소과괘이다. 군자는 이로써 행위가 지나치게 공경하고 상사(喪事)에 지나치게 비애(悲哀)하며 비용의 검약(儉約)이 지나치다.

初九=새가 난다. 그러므로 흉하리라. **象曰**=나는 새이므로 흉하다 함은 어찌할 수 없다는 것이다. **六二**=그 할아버지를 지나쳐 그 할머니를 만난다. 그 임금에게는 미

치지 못하고 그 신하를 만난다. 허물이 없으리라. **象曰**=그 임금에게 미치지 못한다 함은 신하를 지나칠 수 없다는 것이다. **九三**=지나치지 않고 막는다. 따라서 혹 그것에 해를 입을는지 모른다. 흉하리라. **象曰**=따라서 혹 그것에 해를 입을는지 모른다 함은 어떻게 나쁠까 하는 것이다. **九四**=허물이 없으리라. 지나치지 않아도 그를 만난다. 가면 위태로우니 반드시 경계해야 한다. 쓰지 말라. 오래도록 마음을 곧고 바르게 가져야 하느니라. **象曰**=지나치지 않아도 그를 만난다 함은 자리가 마땅치 않다는 것이다. 가면 위태로우니 반드시 경계하라 함은 마침내 오래갈 수 없다는 것이다. **六五**=먹구름이 있어도 비가 내리지 않는다. 나는 스스로 서쪽 교외에 있다. 공(公)께서 줄을 맨 화살로 굴 속에 있는 그를 취하느니라. **象曰**=먹구름이 떠돌아도 비가 내리지 않는다 함은 이미 올라가 있다는 것이다. **上六**=만나지 않고 지나친다. 새가 날아서 떠난다. 흉하리라. 이것을 재앙이라고 하는 것이니라. **象曰**=만나지 않고 지나친다 함은 이미 높아졌다는 것이다.

줄을 맨 화살(弋) : 240페이지의 주살을 말함.

63. 旣濟 ☰(離下/坎上) - 수화기제(水火旣濟 : 완성미)

기제(旣濟)란 만사가 이미 이루어진 것이니 일이 모두 성취됨을 뜻한다. 이 괘는 각 효 모두가 정위(正位: 음효는 2·4·상음, 양효는 초·3·5양)에 있는 데다 바로 응하고 있다. 역(易)의 이

정위(正位) : 바른 자리. 정당한 위치.

론에 의하면 아주 이상적인 형상이다. 고난과 노력 끝에 모든 사람이 상응하는 지위를 얻어서 안정되고, 일치협력하여 평화를 지키고 있는 상태이다. 그러나 역이란 끊임없는 변화이며 완성은 동시에 붕괴의 시작인 것이다. 완성되면 창조의 기운은 다 없어지고 만다. 지금은 새로운 사업에 손대지 말고 현상유지에 뜻을 기울이는 것이 중요하다.

기제(既濟)의 괘는 약간 발전하는 것을 나타낸다. 강효(剛爻)·유효(柔爻)가 모두 정위(正位)에 있어서 완성의 모습을 보이고 있다. 완성된 현상을 굳게 유지하여 변함이 없으면 순조로운 것이다. 유효〈二陰〉가 정중(正中)의 자리를 얻어서 처음에는 길하지만 태평의 종말은 마침내 혼란으로 바뀔 것이다.

정중(正中) : 한가운데.

大象 물〈坎〉이 불〈離〉 위에 있어서 타오르는 불길을 끄려고 한다. 이것이 기제의 괘상이다. 군자는 이 괘상을 보고 재환(災患)이 내릴 것을 두려워하며 그 예방에 힘쓴다.

【初陽】 앞으로 나아갈 수 없음을 알고 마차를 멈춘다. 여우가 꼬리를 적시고 되돌아온다. 자제하여 몸을 조심하면 탈이 없으리라.

【二陰】 마차로 가는 부인이 마차의 가리개를 도적맞는다. 찾으려고 소란을 피우지 말고 포기하는 것이 좋다. 7일이 지나면 자연히 되돌아온다.

고종(高宗) : 은나라의 왕 무정(武丁).
귀방(鬼方) : 북방의 야만족.

【三陽】 고종(高宗)은 귀방(鬼方)을 토벌하고 3년이 걸려서 간신히 평정하였으나 국력은 매우 쇠퇴해졌다. 훌륭한 임

금도 그러했는데 하물며 소인이 그와 같은 모험을 할 수 있겠는가.

四陰 배 밑에 스며드는 물을 헝겊으로 막는다. 방심하지 말고 항상 경계해야 한다.

【五陽】 동쪽 이웃에서는 소를 희생으로 바쳐서 성대하게 제사지낸다.[1] 그러나 서쪽 이웃에서 치른 성의를 다한 검소한 제사가 더 많은 복을 받을 것이다.

上陰 지나치게 나아가서 깊은 곳에 빠지니 머리까지 적신다. 위험하다. 몸을 보전하기가 어렵다.

1) 일설에는 동쪽 이웃이 은나라의 주왕(紂王)이고, 서쪽 이웃은 주나라의 문왕(文王)을 가리킨다.

| 풀이 | 기제(旣濟)는 형통한 것이 작은 괘이니라. 마음을 바르고 곧게 가지면 이롭다. 처음에는 길하나 나중에는 어지러울 것이니라. **象曰**=기제가 형통하다 함은 작은 것이 형통한다는 것이다. 마음을 곧고 바르게 가지면 이롭다 함은 강(剛)한 기운과 유(柔)한 기운이 바르게 자리잡고 있기 때문에 위치가 정당하다는 것이다. 처음에는 길하다 함은 유한 기운이 가운데 자리를 얻었다는 것이다. 나중에 머물면 어지럽다 함은 그 도가 곤궁하다는 것이다. **象曰**=물이 불 위에 있는 것이 기제괘이다. 군자는 환난을 생각하여 미리 방지한다.

初九=그 수레바퀴를 끈다. 그 꼬리를 적신다. 허물이 없으리라. **象曰**=그 수레바퀴를 끈다 함은 의(義)로워서 허물이 없다는 것이다. **六二**=부인이 머리의 장식물을 잃어버렸다. 찾지 말라. 7일 만에 얻으리라. **象曰**=7일 만에 얻

旣濟 亨小 利貞 初吉終亂 彖曰 旣濟亨 小者亨也 利貞 剛柔正而位當也 初吉 柔得中也 終止則亂 其道窮也 象曰 水在火上旣濟 君子以思患而豫防之
初九 曳其輪 濡其尾 无咎 象曰 曳其輪 義无咎也 六二 婦喪其茀 勿逐七日得 象曰 七日得 以中道也 九三 高宗伐鬼方 三年克之 小人勿用 象曰 三年克之 憊也 六四 繻有衣袽 終日戒 象曰 終日戒 有所疑也 九五 東隣殺牛 不如西隣之禴祭 實受其福 象曰 東隣殺牛 不如西隣之時也 實受其福 吉大來也 上六 濡其首 厲 象

曰 濡其首 厲 何可久也

는다 함은 중도(中道)로써 얻는다는 것이다. **九三**=고종이 북쪽 나라를 정벌한 지 3년 만에야 평정하였다. 소인은 쓰지 말라. **象曰**=3년 만에 평정하였다 함은 피로하다는 것이다. **六四**=해진 옷을 입는다. 종일토록 경계하느니라. **象曰**=종일토록 경계한다 함은 의심할 바가 있다는 것이다. **九五**=동쪽 이웃에서 소를 잡는 것은 서쪽 이웃에서 여름 제사를 지내는 것만 못하다. 참으로 그 복을 받으리라. **象曰**=동쪽 이웃에서 소를 잡는 것은 서쪽 이웃의 때〔時〕를 맞추는 것만도 못하고, 참으로 그 복을 받는다 함은 길함이 크게 온다는 것이다. **上六**=그 머리를 적신다. 위태하리라. **象曰**=그 머리를 적시니 위태하다 함은 어찌 오래갈 수 있겠느냐는 것이다.

64. 未濟 ䷿ (坎下/離上) - 화수미제

(火水未濟 : 유전은 멈추지 않는다)

기제괘(旣濟卦)는 완성미의 상징이었다. 그러나 역(易)은 거기서 끝나지 않는다. 완성으로 끝난다면 역(변화)이 아니다. 완성 또한 유전의 한 모습인 것이다. '처음은 길하고 마지막은 흩어진다〈旣濟〉.' — 그 혼란 속에 위험과 곤란〈☵ 坎〉을 무릅쓰고 광명〈☲ 離〉을 구하는 것이 이 괘이다. 좌절도 있고 고통도 많다. 해야 할 일들이 계속 닥친다. 그것을 단숨에 처리하려 들지 말고 끈질기고 차근차근하게 대처해 나아가야 한다. 각 효는 정위(正位)를 떠나 있지만 모두 바로 응하고 있다. 일치협력하여 난관을 뚫고 나아가는 것이 중요하다. 그것이 가능하면 강건의 기가 넘쳐흘러서 건(乾)으로 돌아오는 것이다.

　　미제(未濟)의 괘는 크게 발전하는 것을 나타낸다. 유효〈五陰〉가 중위(中位)에 있어서 유순함을 보이고 시세에 순응하여 강행을 삼간다. 그러므로 크게 발전하는 것이다. 새끼여우가 강을 건너면서 한걸음을 남긴 채 꼬리를 적시고 만다. 좌절되고 만사가 순조롭지 못하다. 그러나 6효 모두가 정위를 벗어났지만 전부 바로 응하고 있다. 일치협력하여 난관을 뚫고 나아감이 좋다.

중위(中位) : 가운데 위치.

大象　불〈離〉이 물〈坎〉 위에 있어서 장소를 얻지 못한다. 이것이 미제의 괘상이다. 군자는 이 괘상을 보고 신중하게 사물을 구별하며 적소에 두고자 주의한다.

적소(適所) : 알맞은 자리. 적당한 곳.

初陰　앞길을 내다보지 못하고 물을 건너려고 하다가 꼬리를 적신다. 곤경에 빠진다.

【二陽】 나아갈 수 없음을 알고 마차를 멈춘다〈中正〉. 시종일관 자중하고 있으면 길하리라.

三陰　아직은 뜻을 이룰 수 없는 때이니, 맹진(盲進)하면 흉하리라〈不正〉. 준비를 갖추어서 큰 냇물을 건너는 위험도 무릅쓰고 나아간다.

맹진(盲進) : 무턱대고 나아감.

【四陽】 지조를 관철하면 길하다. 후회는 없어진다. 위무당당하게 귀방을 토벌한다. 3년 후에는 상을 받고 대국의 제후로 봉해질 것이다.

귀방(鬼方) : 북방의 야만족.

五陰 지조를 관철하면 길하다. 후회는 없으리라. 군자의 덕은 빛나고 그 성의는 만백성의 신뢰를 받아 길하리라.
【上陽】 성의를 다하여 술잔을 들고 모든 사람과 함께 큰 소원이 성취되기를 축복한다면 탈이 없으리라. 다만 마음이 느긋해져서 환락에 빠지면 안 된다. 성의가 있어도 정도(正道)를 잃는다.

未濟 亨 小狐汔濟 濡其尾 无攸利 彖曰 未濟亨 柔得中也 小狐汔濟 未出中也 濡其尾 无攸利 不續終也 雖不當位 剛柔應也 象曰 火在水上未濟 君子以愼辨物居方
初六 濡其尾 吝 象曰 濡其尾 亦不知極也 九二 曳其輪 貞吉 象曰 九二貞吉 中以行正也 六三 未濟征凶 利涉大川 象曰 未濟征凶 位不當也 九四 貞吉悔亡 震用伐鬼方 三年有賞于大國 象曰 貞吉悔亡 志行也 六五 貞吉无悔 君子之光 有孚 吉 象曰 君子之光 其暉吉也 上九 有孚于飮酒 无咎 濡其首 有孚失是 象曰 飮酒濡首 亦不知節也

| 풀이 | 미제(未濟)는 형통하는 괘이니라. 작은 여우가 날쌔게 물을 건너려다가 그 꼬리를 적신다. 이로울 바가 없느니라. **彖曰**=미제가 형통하다 함은 유(柔)한 기운이 가운데 자리를 얻었다는 것이다. 작은 여우가 날쌔게 건넌다 함은 아직 가운데에서 나오지 못한다는 것이다. 그 꼬리를 적시니 이로울 것이 없다 함은 계속하여 마치지 못한다는 것이다. 비록 자리가 정당치 못하지만 강(剛)한 기운과 유(柔)한 기운이 응한다. **象曰**=불(火)이 물(水) 위에 있는 것이 미제괘이다. 군자는 삼가고 물건을 분별하여 제자리에 놓는다.
初六=그 꼬리를 적신다. 부끄러우리라. **象曰**=그 꼬리를 적신다 함은 역시 극(極)을 알지 못한다는 것이다. **九二**=그 수레바퀴를 끈다. 마음을 바르고 곧게 가지면 길하리라. **象曰**=구 2의 마음을 곧고 바르게 가지면 길하다 함은 중도(中道)로써 바름을 행한다는 것이다. **六三**=미제는 정벌하러 가면 흉하리라. 큰 냇물을 건너면 이로우리라. **象曰**=미제에 정벌하러 가면 흉하다 함은 자리가 마땅치 않

다는 것이다. **九四**=마음을 바르고 곧게 가지면 길하다. 후회가 없어지리라. 천하를 진동시키며 북쪽 나라를 정벌한다. 3년 만에 큰 나라에서 상을 주리라. **象曰**=마음을 곧고 바르게 가지면 길하고 후회가 없어진다 함은 뜻이 행해진다는 것이다. **六五**=마음을 곧고 바르게 가져야 길하리라. 후회가 없다. 군자의 덕이 빛나서 성실함이 있다. 길하리라. **象曰**=군자의 덕이 빛난다 함은 그 빛남이 길하다는 것이다. **上九**=술을 마시는 데 성실함이 있다. 허물이 없으리라. 그 머리를 적신다면 성실함이 있다 해도 실수를 하리라. **象曰**=술을 마시는 것과 머리를 적신다 함은 역시 절제를 모른다는 것이다.

계사전(繫辭傳)

계사 상전
계사 하전

〈계사전〉에 의하면 복희는 하늘과 땅 사이에 있는 모든 사물을 관찰하여, 그 성질을 깊이 연구하고 복잡한 것을 간추려서 8괘를 삼았다고 한다. 그러나 8괘만으로는 모든 사물을 포괄할 수 없으므로 8괘를 겹쳐서 64괘를 만들었다고 하였다. 8괘를 경괘(經卦), 64괘를 중괘(重卦)라 부른다. 8괘의 형성 과정에 대하여 복희는 모든 사물의 성질을 건(健)과 순(順), 강(剛)과 유(柔), 기(奇)와 우(偶), 대(大)와 소(小), 장(長)과 만(短) 등으로 나누고 이것을 음(陰 : ─ ─)과 양(陽 : ─)으로 나타냈다. 이 음양은 스스로 하나의 음양을 낳아 건괘(乾卦 : ☰), 곤괘(坤卦 : ☷)를 생성한다.

계사 상전(繫辭上傳)

❖ 대립과 통일의 원리

하늘은 위에 있어서 능동적이며 땅은 밑에 있어서 수동적이다. 양자는 대립하지만 대립을 통하여 통일되어 있다. 건(天)과 곤(地)의 대립과 통일, 이것이 우주(공간·시간) 구성의 근본 원리이다.[1]

만물은 서로 높고 낮은 것으로 갈라져서 귀천의 질서를 형성하고, 동적인 것과 정적인 것으로 갈라져서 강(剛 : 양)과 유(柔 : 음)의 관계를 맺는다. 만물은 또 그 성질이나 운동법칙에 따라서 나름대로의 무리로 갈라지고 상호작용함으로써 길흉을 자아낸다. 즉 하늘에 있어서는 상(象 : 일월성신), 땅에 있어서는 형(形 : 산천초목)이 바로 그것이며, 이들의 상호작용이 모든 변화의 원천이 되는 것이다. 그러므로 강과 유가 부딪쳐서 8괘의 변화가 생긴다. 그 변화의 결합을 나타낸 것이 바로 역(易)이다.

자연계에서는 천둥이 진동하여 만물의 힘을 돋우며, 바람이 불고 비가 옴으로써 만물은 윤택해진다. 또한 해와 달이 운행함으로써 춥고 더움의 계절이 순환된다.

생물에게도 건도(乾道)로써 이룬 남성적인 것과 곤도(坤

---

1) 천지의 모습은 그 자체가 우주 구성의 원리를 나타내는 것으로 생각된다. 천지와 마찬가지로 모든 사상(事象)은 제각기 고립하여 존재하는 것이 아니라 반드시 대립된 것이 있고, 그것들이 상호작용하는 관계에서 존재하는 것이다. 이른바 모순(矛盾)의 동일성이다. 원문은 천존지비 건곤정의(天尊地卑 乾坤定矣)로서 대개의 주석서에서 말하기를, '천지는 높고 낮음이 있으니, 이를 모방하여 건·곤의 괘가 정해졌다.'고 해석하고 있지만, 여기서는 그 점을 채택하지 않았다. 계사전은 단순한 해설서가 아니라 역(易)의 원리를 설명하여 해석한 것이기 때문이다.

天尊地卑 乾坤定矣 卑高以陳 貴賤位矣 動靜有常 剛柔斷矣 方以類聚 物以群分 吉凶生矣 在天成象 在地成形 變化見矣 是故剛柔相摩 八卦相盪 鼓之以雷霆 潤之以風雨 日月運行 一寒一暑 乾道成男 坤道成女 乾知大始 坤作成物 乾以易知 坤以簡能 易則易知 簡則易從 易知則有親 易從則有功 有親則可久 有功則可大 可久則賢人之德 可大則賢人之業 易簡而天下之理得矣 天下之理得而成位乎其中矣

1) 상(象)·사(辭)·변(變)·점(占)은 역을 구성하는 네 가지 요소이다. 상은 괘상이며 천지만물을 상징하는 것, 사는 괘효사로서 처세의 도(道)를 나타내는 것, 변은 괘효의 변화로서 천지인륜(天地人倫)의 변화의 도를 나타내는 것, 점은 점단(占斷)으로서 미래를 예고하는 것이다.

道)로써 이룬 여성적인 것이 있다. 건은 시동(始動)을 맡아서 하고 곤은 그것을 받아서 완성으로 이끄는 일을 한다. 이 경우 건은 쉬운 방법으로 시동을 행하고, 곤은 간편한 형태로 그것을 받아들인다. 따라서 한쪽은 쉽기 때문에 시동이 지체없이 행해져서 곤에 대한 친화력(親和力)을 가지며, 다른 쪽에서는 간편하기 때문에 상대의 작용을 저항없이 받아들여서 완성을 향하여 큰 힘을 발휘할 수가 있다.

그러므로 건의 작용은 영속하고 곤의 작용은 확대된다. 이 영속성이야말로 현인(賢人)의 덕성의 특색이며, 확대성이야말로 현인의 공적의 특색인 것이다. 사람은 쉽고 간편한 데서 우주의 근본원리를 체득할 수 있고 그것에 의하여 천지와 나란히 하는 지위를 획득할 수 있다.

❖ **역은 천·지·인(天地人)의 도를 나타낸다**

이에 성인이 나타나서 삼라만상을 관철하는 법칙을 역(易)으로써 체계화하고 거기에 설명〔卦爻辭〕¹⁾을 붙여서 길흉을 밝힌 것이다.

역괘(易卦) 중 강효(剛爻)와 유효(柔爻)는 우주의 반영이기 때문에 서로가 변화하고 소멸한다. 그것을 의미하는 것이 길(吉)·흉(凶)·회(悔)·인(吝)이다. 길이란 일의 성취를, 흉은 실패를, 회는 현상태를 우려하고 길로 향하는 것을, 인(吝 : 半凶)은 현상태에 만족하여 흉으로 향하는 것을 나타낸다. 변화는 나아가고 물러가는 것을 나타낸다.

강유(剛柔)를 하루에 비긴다면 낮과 밤의 상징이고 그 교체, 순환의 변화이다. 따라서 6효의 움직임은 천(天)·지(地)·인(人) 세 가지의 도를 나타내고 있다.

군자는 이 역의 질서에 안주하고 역의 효사(爻辭)를 즐기는 사람이다. 일상생활에서는 역의 상(象)과 사(辭)를 맛보고 행동을 일으킬 때는 역의 변(變)과 점(占)을 참조한다. 그렇게 함으로써 하늘의 조력을 받을 수가 있고 길해지는 것이다. 즉 만사가 순조로워진다.

단사는 괘의 상을 설명하는 것이며, 효사는 괘의 변을 설명하는 것이다. 괘효사에서 말하는 길흉이란 성취와 실패를 의미하고 회린(悔吝)이란 약간의 결함이 있다는 것을 의미하며, 허물이 없다는 것은 과실을 고치면 탈을 면할 수 있음을 뜻하는 것이다.

귀천의 질서는 6효의 위치에 나타나 있다. 음양 대립의 관계는 괘의 형상에 나타난다. 길흉의 판단은 괘효사에 나타난다. 회린의 갈림길은 새싹이 틀 때의 처리에 달렸고, 탈을 면하느냐 못면하느냐는 그 반성하여 뉘우치는 마음에 달려 있다.

괘의 형상에 대소가 있어서 강양(剛陽)을 나타내는 것과 유음(柔陰)을 나타내는 것이 있는 것처럼, 괘효사에도 위험을 나타내는 것과 평탄함을 나타내는 것이 있다. 즉 괘효사는 제각기 사상(事象)의 진전하는 방향을 제시해 주고 있다.

聖人設卦觀象 繫辭焉而明吉凶 剛柔相推而生變化 是故吉凶者失得之象也 悔吝者憂虞之象也 變化者進退之象也 剛柔者晝夜之象也 六爻之動 三極之道也 是故君子所居而安者 易之序也 所樂而玩者 爻之辭也 是故君子居則觀其象而玩其辭 動則觀其變而玩其占 是以自天祐之 吉无不利 象者言乎象者也 爻者言乎變者也 吉凶者言乎其失得 悔吝者言乎其小疵也 无咎者善補過也 是故列貴賤者存乎位 齊小大者存乎卦 辨吉凶者存乎辭 憂悔吝者存乎介 震无咎者存乎悔 是故卦有小大 辭有險易 辭也者各指其所之

❖ **역은 천지와 일치한다**

易與天地準 故能彌綸天地之道 仰以觀於天文 俯以察於地理 是故知幽明之故 原始反終 故知死生之說 精氣爲物 遊魂爲變 是故知鬼神之情狀 與天地相似 故不違 知周乎萬物而道濟天下 故不過 旁行而不流 樂天知命 故不憂 安土敦乎仁 故能愛 範圍天地之化而不過 曲成萬物而不遺 通乎晝夜之道而知 故神无方而易无體

역은 천지와 일치한다. 따라서 천지의 도(道)는 모두 이 속에 포용되어 있다. 위로는 일월성신을 나타내는 천문(天文)을, 아래로는 산천초목을 만들어내는 땅의 지리를 포괄적으로 관찰하고 이것을 체계화한 것이 역이다.

그러므로 역의 원리는 눈에 비치는 세계뿐만 아니라 눈에 보이지 않는 세계에도 통용된다. 또한 역은 사상(事象)의 시작과 마지막을 순환적으로 포착한 체계이니, 처음을 찾아서 연구하여 끝으로 돌아가는 것이다. 그렇기 때문에 역의 원리는 삶과 죽음을 체계적으로 설명할 수 있다. 정기(精氣)가 응집한 것이 유형의 생물이며, 확산된 것이 영혼이다. 따라서 이 집산(集散)의 원리에서 신령(神靈)의 모습을 통찰할 수도 있다.

역(易)은 천지의 움직임을 그대로 비쳐낸 것이니, 어긋나지 않는다. 역의 지식은 만물을 덮고, 역의 도(道)는 천하를 구한다. 그러므로 역의 법칙에는 추호의 지나침도 없다. 역은 부분 원리가 아니라 보편 원리이기 때문에 역에 따른다는 것은 천명(天命)을 따르는 것이다. 그래서 역을 따르는 사람은 눈앞의 현상에 기뻐하거나 슬퍼하지 않는다. 자기의 입장에 만족하고 인(仁)의 마음에 넘쳐 있어서 널리 만백성을 사랑할 수 있다.

역은 천지가 만물을 생육하는 모든 활동을 망라하여 지나치거나 남기지 않는다. 또한 음양(陰陽)의 대립, 변전(變轉)의 원리를 완전히 체현한다. 그러므로 역이 나타내는

변전(變轉) : 어떤 상태에서 다른 상태로 바뀌어 달라짐.

바는 신령과 같이 전지전능하다.

❖ 역의 변증법

음양 상의 대립과 변전이 끊임없이 진행하는 그 원리의 나타남이 도이다. 이 천지의 도를 계승하여 실천하는 것이 인간의 선성(善性)이다. 그러나 인간의 품성은 기울게 마련하니, 이 천지의 도를 보고 인(仁)으로 기우는 것을 인이라 규정하고, 지(知)로 기우는 것을 지라 규정한다. 인자(仁者)도, 지자(知者)도 아닌 대중은 이 도에 따라서 생활하고 있으나 그것을 자각하지 못하니, 도를 체득한 참된 군자는 드물다.

천지의 도는 만물을 키우면서도 인의 힘을 자랑하지 않고 자연의 변화 속에서 보이지 않는 형태로 만물에 그 힘이 미치게 하지만, 성인(聖人)처럼 인위적인 지도는 하지 않는다. 이야말로 성대한 덕이요, 대업의 극치가 아니겠는가! 만물을 널리 포섭하는 대업, 만물을 나날이 새롭게 하는 성대한 덕이 아니겠는가!

이 생성·발전·변화의 한없는 연속이 바로 역이다. 하늘에 있어서 일월성신의 상은 건(乾)을 나타내고, 땅에 있어서 산천초목의 육성(育成)은 곤(坤)을 나타낸다. 이 역(易)의 변화를 통찰하고 미래를 예지하는 수단이 점(占)이다. 사람은 점을 수단으로 하여 변화에 대처하고, 그것에 의하여 음양의 영묘하고 불가사의한 작용에 가까이할 수 있는 것이다.

一陰一陽之謂道 繼之自善也 成之者性也 仁者見之謂之仁 知者見之謂之知 百姓日用而不知 故君子之道鮮矣 顯諸仁 藏諸用 鼓萬物而不與聖人同憂 盛德大業至矣哉 富有之謂大業 日新之謂盛德 生生之謂易 成象之謂乾 效法之謂坤 極數知來之謂占 通變之謂事 陰陽不測之謂神

夫易廣矣大矣 以言乎
遠則不禦 以言乎邇則
靜而正 以言乎天地之
間則備矣 夫乾其靜也
專 其動也直 是以大生
焉 夫坤其靜也翕 其動
也闢 是以廣生焉 廣大
配天地 變通配四時 陰
陽之義配日月 易簡之
善配至德 子曰 易其至
矣乎 夫易 聖人所以崇
德而廣業也 知崇禮卑
崇效天 卑法也 天地設
位 而易行乎其中矣 成
性存存 道義之門

聖人有以見天下之賾 而

❖ 역의 광대함

역의 작용은 넓고 크다. 움직여서 한 점에 응집하기도 하다가 또한 무한히 퍼져나간다. 따라서 천지간에 막힘이 없다.

건(乾)은 정지하고 있을 때는 힘이 응집하고, 활동을 개시할 때는 그 힘을 전부 방출한다. 그러므로 건의 활동은 큰 것이다. 또한 곤(坤)은 정지하고 있을 때는 모여 있으나, 활동을 개시할 때는 건의 힘을 남김없이 받아들인다. 따라서 곤의 활동은 넓은 것이다.

그러므로 역의 광대함은 천지의 광대함에 합치한다. 그와 같이 역의 변통(變通)은 4계절의 추이(推移)에 합치하고, 음양의 변화는 일월(日月)의 생기와 소멸에 합치한다. 건곤의 '쉽고 간편함'은 인간의 지덕(至德)에 합치한다.

역(易)이야말로 지상(至上)의 원리라고 말할 수 있다. 역에 순종함으로써 성인은 덕을 높이고 실천을 확장할 수 있다. 성인이 높은 지성과 자기를 낮추는 예의와 겸양을 갖추고 있다지만 그 높은 지성은 하늘에서 배우고, 자기를 낮추는 예의와 겸양은 땅에서 배운 것이다.

하늘은 높고 땅은 낮다. 이 양자의 관계를 드러낸 것이 역이다. 지(知)에 의하여 선성을 완성하고 예(禮)에 의하여 선덕을 온전히 하는 것이 곧 인륜의 첫걸음이다.

❖ 역의 말은 인생의 지침이다

성인(聖人)은 눈에 보이지 않는 숨은 도리를 통찰하고,

그것을 눈에 보이는 모습으로 나타내기 위하여 형상화하였다. 눈에 보이지 않는 도리를 형상화하였다는 뜻으로 이것을 상(象)이라고 한다.

성인은 또 무수히 변화하는 만물의 상(相)을 보고 그 변화의 법칙을 탐구하여 이것을 이론화하였다. 또 그 변화를 길흉에 따라 뜻을 더하기 위하여 괘사(卦辭)에 설명을 붙였다. 사물의 변화에 따른다는 의미로서 이것을 효사(爻辭)라고 한다.

상(象)은 깊은 도리를 나타낸 것으로 형상화되어 있기 때문에 이해하기 쉽다. 효는 복잡한 변화를 논한 것이지만 법칙성이 관철되어 있어서 선택에 어려움이 없다. 우리들은 언행과 함께 항상 역(易)을 따름으로써 이 변화의 도에 대응할 수 있다. 그렇다면 역의 사(辭)에 어떻게 따르면 좋은가를 사례로 나타내 보자.

중부괘(中孚卦) 구 2의 효사에 말하기를, "우는 학이 그늘에 있고 그 새끼가 울음에 화답한다. 내게 좋은 술잔이 있으니 그대와 더불어 술잔을 나누리라(학이 산기슭에서 울면 그 새끼가 어미의 모습이 보이지 않아도 그 소리에 맞추어 운다. 이와 같이 사람의 마음은 뜻없는 말에도 민감하게 감응한다.)."고 하였다.

군자의 말은 그것이 집안에서 한 말이라도 선의 도(道)에 적합한가 아닌가에 따라서 가까운 사람은 물론 멀리 떨어진 사람이라도 그에 호응하여 선할 수 있도록 노력하게도 하고 등을 돌리게도 한다는 뜻이다. 말은 입 밖으로

擬諸其形容 象其物宜 是故謂之象 聖人有以見天下之動 而觀其會通 以行其典禮 繫辭焉以斷其吉凶 是故謂之爻 言天下之至賾而不可惡也 言天下之動而不可亂也 擬之而後言 議之而後動 擬議以成其變化 鳴鶴在陰 其子和之 我有好爵 吾與爾靡之 子曰 君子居其室出其言 善則千里之外應之 況其邇者乎 居其室出其言 不善則千里之外違之 況其邇者乎 言出乎身加乎民 行發乎邇見乎遠 言行君子之樞機 樞機之發榮辱之主也 言行君子之所以動天地也 可不愼乎 同人先號咷而後笑 子曰 君子之道 或出或處 或默或語 二人同心 其利斷金 同心之言 其臭如蘭 初六 藉用白茅 无咎 子曰 苟錯諸地而可矣 藉之用茅 何咎之有 愼之至也 夫茅之爲物薄 而用可重也 愼斯術也以往 其无所失矣 勞謙 君子 有終吉 子曰 勞而不伐 有功而不德 厚之至也 語以其功下人者也 德言盛 禮言恭 謙也者 致恭以存其位者也 亢

龍有悔 子曰 貴而无位 高而无民 賢人在下位 而无輔 是以動而有悔 也 不出戶庭 无咎 子曰 亂之所生也 則言語以 爲階 君不密則失臣 臣 不密則失身 幾事不密 則害成 是以君子愼密 而不出也 子曰 作易者 其知盜乎 易曰 負且乘 致寇至 負也者 小人之 事也 乘也者 君子之器 也 小人而乘君子之器 盜思奪之矣 上慢下暴 盜思伐之矣 慢藏誨盜 冶容誨淫 易曰 負且乘 致寇至 盜之招也 易曰 自天祐之 吉无不利 子 曰 祐者助也 天之所助 者順也 人之所助者信 也 履信思乎順 又以尙 賢也 是以自天祐之 吉 无不利也

나올 당시는 소수의 사람에게 전해지는 데 불과하지만 나중에는 천하 만인에게 영향을 준다. 행동 또한 가까운 데서 멀리 영향을 미치게 된다. 그러므로 언행은 군자가 되는 자격의 열쇠로서 영예와 수치를 결정하는 요인인 것이다. 군자가 천지마저 움직임은 언행으로써 하는 것이므로 군자는 언행에 극히 신중을 기하지 않으면 안 된다.

동인괘(同人卦) 구 5의 효사에 말하기를, "사람과(마음을) 같이한다. 처음에는 울부짖고 나중에는 웃는다(군자의 도를 행하려는 자는 자주 고독에 빠져서 울부짖는다. 그러나 마음과 마음이 서로 마주칠 때 미소가 떠오르는 것이다.)."고 하였다.

군자의 도는 세상에 나가서 섬기고, 물러나면 야(野)에 묻힌다. 또한 침묵을 지키거나 웅변을 토할 때도 있다. 이와 같이 그 표현이 여러 가지이다. 그러나 군자된 사람들이 마음을 하나로 하면 그 힘은 쇠붙이도 잘라낼 수 있는 예리함을 가지며, 그 말은 난(蘭)과 같은 향기를 풍긴다.

대과괘(大過卦) 초육의 효사에 말하기를, "흰 띠풀〔白茅〕을 제물 밑에 깐다. 탈이 없다."고 하였다. 신에게 바치는 공물은 땅바닥에 놓아도 무방하지만, 더욱 정성들여 띠풀을 깔고 그 위에 놓는다면 결코 탈을 받는 일이 없다는 뜻이다. 이러한 태도야말로 신중함의 극치이다. 띠풀은 그 자체가 보잘것없으나 그 역할은 중요한 것이다. 이러한 마음가짐을 명심한다면 어떠한 경우에도 실패하는 일은 없을 것이다.

겸괘(謙卦) 구 3의 효사에 말하기를, "힘쓰면서도 겸손하다. 이것이 군자의 행위이다. 끝이 있고 길하다."고 하였다. 사람들을 위하여 헌신하나 스스로 자랑하지 않는다. 큰 공을 세우고도 자만심을 갖지 않는다. 이야말로 독실한 태도의 극치가 아닌가. 이 사(辭)는 공을 세우고도 남을 대함에 있어서 자기를 낮추는 것을 말한다. 사람은 덕을 더욱더 풍성하게 하고 예를 더욱더 공손하게 하도록 명심해야 한다. 겸(謙)이란 높은 지위에 있어도 공손함을 다하여 그 지위를 보존하는 것이다.

헌신(獻身) : 어떤 일이나 남을 위해서 자기의 이해관계를 돌보지 않고 몸과 마음을 다하여 힘씀.

　건괘(乾卦) 상구의 효사에 말하기를, "솟아오르는 용(龍)이 후회함이 있다."고 하였다. 솟아오른 자가 교만해지면 어떻게 될 것인가. 존귀한 자도 지위를 잃고, 높은 지위에 있어도 민심을 잃는다. 현인(賢人)을 낮은 지위에 두기 때문에 그 보필을 받지 못한다. 이렇게 되어서는 무엇을 해도 후회를 남기는 결과가 된다는 것을 의미한다.

현인(賢人) : 어진 사람. 덕행의 뛰어남이 성인(聖人) 다음가는 사람.

　절괘(節卦) 초구의 효사에 말하기를, "문 밖에 나가지 않으면 탈이 없다."고 하였다(이것은 경솔히 표면에 나타내지 않는 신중함을 가르친 것이다.). 난이 일어나는 것은 경솔한 말이 그 첫째 원인이다. 발언하는 데 신중함이 결해 있다면 군주는 신하의 마음을 잃고 신하는 자기 몸을 위태롭게 한다. 만일 기밀이 누설된다면 나라에 큰 해를 초래한다. 그러므로 군자는 경솔하게 발언하지 않는다는 뜻이다.

　역(易)의 작자는 도적에 대해서는 깊은 통찰을 가지고 있었던 것 같다. 해괘(解卦) 육 3의 효사에 말하기를, "짐을 지고 수레를 탄다. 도적을 불러들인다."고 하였다. 짐을 등에 지는 것은 천한 소인이 하는 일이요, 수레는 고귀한 군자가 타는 것이다. 따라서 짐을 등에 져야 할 인부가 신분의 질서를 문란시키고 수레를 탄다면 당연히 도적이 노리게 되는 것이다. 즉 상위에 있는 사람이 기강을 문란시키고, 하위에 있는 자가 반항적이라면 침략자에게 공략당한다는 뜻이다. 문단속을 허술하게 하는 것은 도적에게 도적질을 하라고 가르치는 것과 같으며, 또 짙은 화장을 하는 것은 음탕한 정을 도발하는 데 지나지 않는다. 역(易)에 짐을 지고 수레를 타니 도적이 이른다는 것은 도적을 스스로 불러들이는 것임을 이 효사는 가르치고 있는 것이다.

대유괘(大有卦) 상구의 효사에 말하기를, "하늘이 이것을 도우니 길하고 이롭지 않음이 없다."고 하였다. 하늘이 도움을 주는 것은 사람이 도를 따르는 경우이지만, 이 경우에는 인간관계에서 신의를 중요시하는 것이기 때문에 사람 또한 도움을 주는 것이다. 신의를 중요시하고 천자의 도에 따른다면 당연히 옛날의 성인을 모범으로 삼는다. 거기서 하늘의 의지와 합치하고 하늘의 도움을 받아서 만사가 순조로워 길하고 이롭다는 뜻이다.

❖ **점서의 원리**

하늘을 나타내는 수는 1, 3, 5, 7, 9의 기수(奇數)이고, 땅을 나타내는 수는 2, 4, 6, 8, 10의 우수(偶數)이다. 천수(天數)와 지수(地數)가 짝지어져 오행(五行:木火土金水)

天一地二 天三地四 天五地六 天七地八 天九地十 天數五 地數五 五位相得而各有合 天數

을 나타낸다. 오행의 자리가 서로 얻어서 각기 합해지니, 천수의 합계는 25, 지수의 합계는 30으로서 무릇 천지 수의 총계는 55이다. 이 55의 수가 모든 변화를 나타내고, 귀신(음양의 작용)을 나타내는 요소이다.

서죽(筮竹 : 산가지)은 이 55로부터 단수를 제외한 50개이지만 실제로 쓰이는 것은 49개이다. 먼저 50개에서 1개를 제외한 나머지 49개의 서죽을 둘로 나눈다. 이것은 천지 음양을 상징하는 것이다. 좌수(左手)의 서죽을 천책(天策), 우수(右手)의 서죽을 지책(地策)이라고 한다. 다음에는 지책 속에서 1개를 뺀다. 이것은 사람을 나타내고 천책, 지책, 거기에 이 1개를 더하여 천·지·인(天地人)을 상징하는 것이다. 다음에 4개씩 셈하며 제해 가는 것은 사계(四季)를 상징하고 끝으로 남은 것을 손가락 사이에 끼워 윤달[閏月]을 상징한다. 5년에 윤달은 두 번 있다. 그러므로 천책·지책을 두 번 손가락에 끼우는 것이다. 건(乾)의 책수(策數)는 216개, 곤(坤)의 책수는 144개,[1] 합계 360개로서 1년의 날수와 일치한다. 64괘 384효의 책수는 총계 1만 1520개로서 거의 만물의 수에 해당한다.[2]

이상 4개의 조작에 의하여 역변(易變)이 나타나고 이것을 세 번 되풀이하여 한 효가 생기며, 6효를 거듭하여 한 괘가 생기는 것이다. 8괘는 역의 원형이다. 이 8괘를 거듭하여 64개로 확대하고 그것에 의하여 유추(類推)와 부연(敷衍)―비슷한 것을 찾아내고, 덧붙여 설명―함으로써 모든 변화를 알아낼 수 있다.

二十有五 地數三十 凡
天地之數五十有五 此
所以成變化而行鬼神也
大衍之數五十 其用四
十有九 分而爲二以象
兩 掛一以象三 揲之以
四 以象四時 歸寄於扐
以象閏 五歲再閏 故再
扐而後掛 乾之策二百一
十有六 坤之策百四十
有四 凡三百有六十 當
期之日 二篇之策萬有
一千五百二十 當萬物
之數也 是故四營而成
易 十有八變而成卦 八
卦而小成 引而伸之 觸
類而長之 天下之能事
畢矣 顯道神德行 是故
可與酬酢 可與祐神矣
子曰 知變化之道者 其
知神之所爲乎

1) 노양(老陽)의 책수는 36개, 노음(老陰)의 책수는 24개이다. 건괘(乾卦)는 전부 양(陽), 곤괘는 전부 음(陰)이기 때문에 36×6효=216(乾), 24×6효=144(坤) ∴ 216+144=360
2) 384효는 음양이 각각 192개씩이기 때문에 36×192효=6,912, 24×192효=4,608 ∴ 6,912+4,608=11,520

이 수리(數理)는 천도를 밝히고 사람의 덕행을 신령의 활동과 일치시킨다. 그래서 이를 체득한다면 모든 변화에 대처하는 것과 신령과 함께 움직이는 것, 이런 사실들이 가능해지는 것이다. 참으로 역(易)의 수리, 곧 변화의 도를 아는 것이야말로 신령의 활동을 아는 것이다.

❖ 성인의 네 가지 도

역(易)에는 성인(聖人)의 네 가지 도가 갖추어져 있다. 언론(言論)으로 지도하려고 하는 경우에는 역의 사(辭)를 중시한다. 실천으로 행하려고 하는 경우에는 역의 변(變)을 중시한다(음양의 변화).

문물제도(文物制度)를 갖추어 백성을 풍족하게 하려는 경우에는 역의 상(象)을 중시한다(계사 하전 참조). 복서(卜筮)에 의하여 예견하려고 하는 경우에는 역의 점을 중시한다.

따라서 군자는 어떤 행동을 시작하기에 앞서 큰 일이나 작은 일을 불문하고 역에 물어보는 것이다. 역은 소리에 응하는 메아리처럼 멀고 가깝고, 깊고 얕은 구별 없이 모든 문제에 대하여 그 미래에 야기될 사태를 예고해 준다. 무상의 인식력(認識力)을 갖추고 있기 때문에 이것이 가능한 것이다.

역은 음양 교체에 의한 변화와 서수(筮數)의 혼합에 의하여 만들어진다. 이 변화는 멈추는 일 없이 이루어져서 천문지리를 밝히고, 그 서수는 천태만상의 변화로서 만물의 상징을 만들어내는 것이다. 무한한 도를 갖추고 있기

易有聖人之道四焉 以言者尙其辭 以動者尙其變 以制器者尙其象 以卜筮者尙其占 是以君子將有爲也 將有行也 問焉以言 其受命也如響 无有遠近幽深 遂知來物 非天下之至精 其孰能與於此 參伍以變 錯綜其數 通其變 遂成天地之文 極其數 遂定天下之象 非天下之至變 其孰能與於此 易无思也 无爲也 寂然不動 感而遂通天下之故 非天下之至神 其孰能與於此 夫易 聖人所以極深而研幾也 唯深也 故能天下之志 唯幾也 故能成天下之務 唯神也 故不疾而速 不行而至 子曰 易有聖人之道四焉者 此之謂也

때문에 이것이 가능한 것이다.

역은 무심(無心)하다. 또한 작위(作爲)가 없다. 그것이 부동이기 때문에 감응하면 즉시 사물의 법칙을 비춰내니, 천하의 일에 통한다. 무상의 영묘함을 갖추고 있기 때문에 이것이 가능한 것이다.

그렇기 때문에 성인은 역에 의하여 천지의 심오함을 구명하고 만물의 기미(機微)를 관찰하는 것이다. 성인은 진심으로 심오함을 탐구한다. 그러므로 사람들의 뜻을 수행해 주는 것이다. 진심으로 기미를 관찰한다. 그러므로 천하의 사업을 성취할 수가 있다. 진심으로 그 활동은 영묘하다. 그러므로 서둘지 않아도 성취는 빠르고 움직이지 않아도 목적을 달성한다.

역에 성인의 네 가지 도가 갖추어져 있다는 것은 이와 같은 사실을 말해 주는 것이다.

❖ **역의 효용**

역의 효용(效用)이란 무엇인가.

만물의 진상(眞相)을 지시하고 있다. 사람들의 행동을 성공으로 이끈다. 천하의 도리를 밝힌다. 이것이 역의 효용이다. 그래서 성인은 역을 써서 사람들의 뜻을 이루게 하고 모든 사업을 성취하게 하며, 사람들의 의심에 결단을 내리게 하는 것이다.

산가지(筮竹)가 둥근 것은 움직여 멈춤이 없는 원융(圓融)과 영묘(靈妙)의 덕을 나태내고, 괘(卦 : 산목(算木))의 사

부동(不動) : ① 움직이지 않음. ② 마음이 안정되어 흔들리지 않음.

기미(機微) : ① 낌새. 눈치. ② 어떤 일이 일어날 기운.

子曰 夫易何爲者也 夫
易開物成務 冒天下之
道 如斯而已者也 是故
聖人以通天下之志 以
定天下之業 以斷天下
之疑 是故蓍之德 圓而
神 卦之德 方以知 六爻
之義 易以貢 聖人以此
洗心 退藏於密 吉凶與
民同患 神以知來 知以
藏往 其孰能與於此哉
古之聰明睿知 神武而

不殺者乎 是以明於天
之道 而察於民之故 是
興神物以前民用 聖人
以此齋戒以神明其德夫

신무(神武) : 뛰어난 무덕
(武德).

각(四角)은 방정(方正)과 영지(英知)의 덕을 나타내며, 6효(六爻)의 변화는 변전하는 미래를 예고하는 것이다. 성인은 산가지, 괘, 효에 의하여 사념을 모아서 심연의 경지에 마음을 숨기고 길하거나 흉하거나 항상 백성을 염려한다. 미래를 예지하는 영묘함과 과거를 포용하는 영지를 대체 어떤 자가 자기 것으로 할 수 있었단 말인가. 총명과 예지를 갖춘 태고의 성인이나 형벌을 쓰지 않고 만민을 승복시킨 신무(神武)의 성왕이기라도 하였더란 말인가.

성인은 하늘의 도를 밝혀서 백성의 일을 살피고 〈주역〉의 법칙〔筮策·龜甲〕에 좇아 만백성을 인도해야 한다. 성인이야말로 진실로 역의 도에 의하여 재계(齋戒)하고 자신의 덕을 영묘하게 하였다고 할 것이다.

❖ 문의 비유

是故闔戶謂之坤 闢戶
謂之乾 一闔一闢 謂之
變 往來不窮 謂之通 見
乃謂之象 形乃謂之器
制而用之 謂之法 利用
出入 民咸用之 謂之神

역의 이치는 하나의 문〔戶〕으로 비유할 수 있다. 문이 닫혀 있는 소극적 상태가 곤(坤 : 음)이고, 문이 열려 있는 적극적 상태가 건(乾 : 양)이다. 열고 닫음을 되풀이하는 것이 변(變 : 음양의 상호변화)이고, 열고 닫음이 막힘 없이 영구히 행해지는 것이 통(通)이다. 문이 열려 있을 때는 물(物)로서 존재하지 않기 때문에 이것이 상(象)이며, 닫혀 있을 때는 물(物)로서 존재하기 때문에 이것이 기(器)이다. 문은 이용하기 위하여 제작되었다는 점에서 법(규범)이며, 만인이 그것을 의식하지 않고 출입할 수 있기 때문에 그 작용은 신(神 : 영묘함)인 것이다.

❖ 역의 근원

역의 근원은 태극(太極)¹⁾이다. 태극에서 양의(兩儀)가 생겨나고〈陰陽〉, 양의에서 사상〔四象 : 노양(老陽)·소양(少陽)·노음(老陰)·소음(少陰)〕이 생겨나며, 사상에서 8괘가 생겨난다. 8괘는 길흉을 예측한다. 길흉의 예측으로 인간의 활동은 전진하는 것이다.

최대의 형상은 천지이며, 최대의 변통(變通)은 사계(四季)이다. 천상(天象) 가운데 가장 빛나는 것이 일월(日月)이며, 인간사회에서 가장 존귀한 것이 부귀이다.

물자를 풍부하게 하고 문물제도를 갖추어서 천하의 복리를 이룩하는 데 가장 공적이 큰 것은 성인(聖人)이며, 깊이 감추어진 도리를 찾아내고 길흉을 예고하여 인간 활동을 왕성하게 하는 데 가장 큰 공헌을 한 것은 시책(蓍策)·귀갑(龜甲)이다.

역은 인위적으로 만들어진 것은 아니다. 하늘이 만들어낸 시구(蓍龜)에 따라 천지의 변화를 배우고 하늘이 가리키는 길흉²⁾을 찾아내며, 하도(河圖)와 낙서(洛書)³⁾에 따라서 성인이 이를 체계화한 것이다.

어째서 역에 사상(四象)이 있는가. 변화를 나타내기 위해서이다. 어째서 사(辭)는 필요한가. 미래를 예고하기 위해서이다. 어째서 미래에 길과 흉의 구별이 생기는가. 사람들의 의심에 결단을 내리기 위해서이다.

---

1) 역(易)은 본래 음과 양의 이원론(二元論)이지만 상대의 깊숙한 곳에는 절대적인 존재가 있다고 생각되어 태극(太極)이라고 한 것이다.
2) 하늘의 일식(日蝕)·월식(月蝕)·혜성(慧星)·풍우(風雨) 등에 의하여 길흉을 나타낸다.
3) 전설에, 하도(河圖)는 포희(包犧)시대에 황하(黃河)에 나타난 용마(龍馬)의 문신이고, 낙서(洛書)는 우(禹)임금이 치수(治水)하던 때 낙수(洛水)에서 나온 신구(神龜)의 문신이라고 한다.

是故易有太極 是生兩儀 兩儀生四象 四象生八卦 八卦定吉凶 吉凶生大業 是故法象莫大乎天地 變通莫大乎四時 縣象著明莫大乎日月 崇高莫大乎富貴 備物致用 立成器 以爲天下利 莫大乎聖人 探賾索隱 鉤深致遠 以定天下吉凶 成天下之亹亹者 莫(大)〈善〉乎蓍龜 是故天生神物 聖人則之 天地變化 聖人效之 天垂象見吉凶 聖人象之 河出圖 洛出書 聖人則之 易有四象 所以示也 繫辭焉 所以告也 定之以吉凶 所以斷也

子曰 書不盡言 言不盡
意 然則聖人之意 其不
可見乎 子曰 聖人立象
以盡意 設卦以盡情僞
繫辭焉以盡其言 變而
通之以盡利 鼓之舞之
以盡神

❖ **역서와 성인의 마음**

책이 말의 전부를 기록할 수는 없다. 말은 마음의 모든 것을 표현할 수 없다. 그렇다면 역서(易書)에서 성인의 마음을 자세히 알아낼 수는 없단 말인가.

성인은 역의 상(象)을 세워서 마음의 모든 것을 표현하였다. 64괘를 만들어서 온갖 사물을 판단하였다. 사(辭)를 붙여서 말해야 할 것을 다 밝혔다. 또한 변통의 이치를 나타내어 백성의 활동을 원활하게 이끌고, 백성의 마음을 무언중에 고무격려하여 영묘한 작용을 나타나게 하였다. 이렇듯 역이란 한 권의 책에는 성인의 마음이 모두 표현되어 있는 것이다.

乾坤其易之縕邪 乾坤成
列 而易立乎其中矣 乾
坤毀 則无以見易 易不
可見 則乾坤或幾乎息
矣

❖ **대립이 없으면 운동이 없다**

건(乾)과 곤(坤)의 관계가 역의 핵심이라고 말할 수 있다. 건과 곤이 대립하는 가운데서 비로소 역이 성립한다. 건·곤 중에 어느 하나가 없어지면 변화, 즉 역은 성립되지 않는다. 따라서 뒤에 남겨진 것이 건이건 곤이건 간에 그 활동은 끝나는 것이다.

是故形而上者 謂之道
形而下者 謂之器 化而
裁之 謂之變 推而行之
謂之通 舉而錯之天下
之民 謂之事業 極天下
之賾者存乎卦 鼓天下之

❖ **도(道)·기(器)·변(變)·통(通)**

눈에 보이는 않는 실재(형이상학적)가 도(道)이고, 그것이 형태(形態)로 나타난 것이 현상(現象 : 형이하학적)인 기(器)이다. 현상이 상호작용하여 여러 가지로 변화하는 것이 변(變)이다. 변화하는 데 따라서 새롭게 발전되는 것이

통이다. 그리고 이 통의 이치에 따라서 백성을 이끄는 것이 사업이다.

  깊이 감추어진 도리(道理)는 역의 괘에 나타난다. 길흉을 예고하여 만백성의 활동을 원활하게 하는 일은 역의 사(辭)에 나타난다. 만상(萬象)의 온갖 변화는 역의 변화로 나타난다. 새롭게 발전하는 도는 역의 통에 나타난다. 영묘한 움직임에 의하여 만민을 발전하도록 이끄는 것이 성인이다. 그것을 의식하지 않고 말없이 신실하게 자연의 변화에 순응하여 일을 성취하는 것이 성인의 덕이다.

動者存乎辭 化而裁之存乎變 推而行之存乎通 神而明之存乎其人 默而成之 不言而信 存乎德行

계사 하전(繫辭下傳)

八卦成列 象在其中矣
因而重之 爻在其中矣
剛柔相推 變在其中矣
繫辭焉而命之 動在其
中矣 吉凶悔吝者 生乎
動者也 剛柔者立本者
也 變通者趣時者也 吉
凶者貞勝者也 天地之
道貞觀者也 日月之道
貞明者也 天下之動貞
夫一者也 夫乾確然示
人易矣 夫坤隤然示人
簡矣 爻也者效此者也
象也者像此者也 爻象
動乎內吉凶見乎外 功
業見乎變 聖人之情見
乎辭

❖ **불변의 원리**

강효(양)·유효(음)를 세 개씩 맞추어 놓은 것이 8괘로서 이는 천지만물을 상징한다. 이 8괘를 두 개씩 겹친 것이 64괘로서 이는 천지만물을 능동적으로 표현한 것이다.

괘효사(卦爻辭)는 그 변화의 뜻을 설명한 것이기 때문에 괘효사에서 말하는 길(吉)·흉(凶)·회(悔)·인(吝)은 변화에 대응하는 것이다. 사물의 본질은 강유(剛柔)이지만 그 강유는 변화의 상(相)에서 나타나기 때문이다. 64괘는 각각 6효 중에 강효와 유효의 위치가 다르지만, 이것은 강과 유가 한 번씩 위치를 바꾸어놓은 것으로 볼 수 있다. 즉 창과 유리와의 상호전화(相互轉化)에 의한 천지만물의 변화가 나타나 있는 것이다.

따라서 길흉의 법칙은 변함없는 기준에 의하여 사람의 운명을 좌우하는 것이라고 할 수 있다. 마치 천지의 도가 변함없는 순환에 의하여 사람에게 진리의 불변성을 나타내고, 일월(日月)의 도가 변함없는 운행에 의하여 사람에게 진리의 명석성을 나타내는 것처럼 인간사회의 움직임도 종국에 가서는 변함없는 도리에 귀착하는 것이다.

건은 강건한 활동에 의하여 사람에게 역의 덕을 나타내고 곤은 유순한 활동에 의하여 사람에게 간편한 덕을 나타낸다. 효(爻), 즉 효(效)라는 것은 64괘에 각각 6효(爻) 총계 384효가 모두 이 역간(易簡)의 도를 따랐다는 것을 의미한다. 상(像)이란 64괘의 괘상 또한 모두 이를 모방한 것이라는 의미이다. 이 6효, 괘상의 변화에 대응하는 것이 길흉이기 때문에 길흉의 판단에 따라 행동한다면 공적을 이루게 될 것이며, 괘효사를 읽는 것만으로도 성인의 마음을 알 수 있어서 덕성을 발전시킬 수 있는 것이다.

❖ 역의 괘상과 문물제도

만물을 낳고 기르는 것이 천지의 큰 덕이고, 천자(天子)의 자리에서 만백성을 다스리는 것이 성인의 큰 보화인 것이다. 성인이 천자의 자리를 보전하는 것은 인덕을 갖추고 있기 때문이며, 민중을 복종시킬 수 있는 것은 물질을 풍족하게 하기 때문이다. 민중의 생활을 풍족하게 하고 민중을 교육시키며 법에 의하여 모든 악행을 금지시키는 것이 의(義)이며, 곧 정치이다.

옛날 천하를 다스리던 포희씨(包犧氏)는 위로는 일월성신의 천상(天象)을, 아래로는 산천의 지형을 관찰하고, 나아가서는 새와 짐승의 모양, 초목의 상태에서 가까이는 자기의 신체에 이르기까지 온갖 것을 관찰하여 그것을 종합해서 8괘를 창조하였다. 그리고 이 8괘에 의하여 천지의 영묘한 덕을 밝히고 만물의 성질과 그 활동을 구별하

天地之大德曰生 聖人之大寶曰位 何以守位曰仁 何以聚人曰財 理財正辭 禁民爲非 曰義 古者包犧氏王天下也 仰則觀象於天 俯則觀法於地 觀鳥獸之文與地之宜 近取諸身 遠取諸物 於是始作八卦 以通神明之德 以類萬物之情 作結繩而爲網罟 以佃以漁 蓋取諸離 包犧氏沒 神農氏作 斲木爲耜 揉木爲耒 耒耨之利 以敎天下 蓋取諸益 日中爲市 致天下之民 聚天下之貨 交易而退 各得其所 蓋取諸噬嗑 神農氏沒 黃帝堯舜氏作 通其變使民不倦 神而

였다. 포희씨는 새끼를 꼬아서 그물을 만들고, 그 그물로 사냥이나 고기잡이하는 법을 가르친 사람인데, 이는 이(離)의 괘상에 따른 해석이라고 할 수 있다.

포희씨가 죽은 후 신농씨(神農氏)가 천하를 다스렸다. 신농씨는 나무를 깎아서 괭이날을 만들고 나무를 휘어서 자루를 만들어 농구의 편리함을 만백성에게 가르친 사람인데, 이는 익(益)의 괘상에서 취한 것으로 해석할 수 있다. 또한 신농씨는 시장제도를 고안하고 정오를 기하여 많은 사람들이 재화를 가지고 교역함으로써 서로의 유무를 상통시켰는데, 이는 서합(噬嗑)의 괘상에서 취한 것으로 해석할 수 있다.

신농씨가 죽은 후에 천하를 다스린 사람은 황제(黃帝)·요·순이다. 그들도 역시 전대의 풍습을 개량하여 생활의 변화에 적응시키고 생산력의 향상과 생활의 안정을 도모하였다. 이것을 역(易)의 법칙에 비추어본다면, 사상(事象)은 궁극에 이르면 변화하고 변화함으로써 새로운 발전을 이룬다는 것이다. 이 생성 발전은 영속적이다. 그러므로 말하기를, "하늘이 스스로 도우니 길하고 이롭지 않음이 없다."고 하였다. 즉 대유괘의 상구효가 되는 것이다.

황제·요·순은 상하 귀천의 신분을 정하기 위하여 복식제도를 만들었다. 이는 건·곤의 괘상에서 취한 것으로 해석할 수 있다. 또한 나무를 잘라서 배를 만들고 나무를 깎아서 노를 만들었다. 이것을 이용하여 강을 건너고 멀리 있는 것을 운반할 수 있게 하였다. 이는 환(渙)의 괘상

化之 使民宜之 易窮則
變 變則通 通則久 是以
自天祐之 吉无不利 黃
帝堯舜垂衣裳而天下治
蓋取諸乾坤 剝木爲舟
剡木爲楫 舟楫之利 以
濟不通 致遠以利天下
蓋取諸渙 服牛乘馬 引
重致遠 以利天下 蓋取
諸隨 重門擊柝 以待暴
客 蓋取諸豫 斷木爲杵
掘地爲臼 臼杵之利 萬
民以濟 蓋取諸小過 弦
木爲弧 剡木爲矢 弧矢
之利 以威天下 蓋取諸
睽 上古穴居而野處 後
世聖人易之以宮室 上
棟下宇 以待風雨 蓋取
諸大壯 古之葬者 厚衣
之以薪 葬之中野 不封
不樹 喪期无數 後世聖
人易之以棺椁 蓋取諸大
過 上古結繩而治 後世
聖人易之以書契百官以
治 萬民以察 蓋取諸夬
是故易者象也 象也者
像也 彖者材也 爻也者
效天下之動者也 是故
吉凶生而悔吝著也

계사 하전 • 269

에서 취한 것으로 해석할 수 있다. 또한 소나 말을 길러서 짐을 운반시켰기 때문에 무거운 짐을 멀리까지 옮길 수 있게 되어 경제가 발전하였다. 이는 수(隨)의 괘상에서 취한 것으로 해석할 수 있다.

또한 문(門)을 이중으로 마련하고 딱딱이를 치게 하여 도적을 예방하였다. 이는 예(豫)의 괘상에서 취한 것으로 해석할 수 있다. 또한 나무를 잘라서 절굿공이(杵)를 만들고 돌을 파서 절구를 만들어 탈곡을 편하게 하여 만민을 구제하였다. 이는 소과(小過)의 괘상을 취한 것으로 해석할 수 있다. 또한 나무를 구부려서 줄을 매어 활을 만들었으며 나무를 깎아 화살을 만들었다. 이것을 병기로 삼아 군비를 향상시켰다. 이는 규(睽)의 괘상을 취한 것으로 해석할 수 있다.

포희·신농의 시대에는 사람들이 굴이나 들에서 살았다. 후세의 성인은 이 주택 양식을 개량하여 가옥을 만들고 바람과 비를 대비하였다. 이는 대장(大壯)의 괘상에서 취한 것으로 해석할 수 있다.

옛날에는 죽은 사람을 매장할 때 벌판에 굴을 파서 시체를 놓고, 그 위를 나뭇가지로 덮어서 흙을 씌웠을 뿐으로 봉분을 만드는 일도 묘비로 나무를 세우는 일도 하지 않았다. 상복을 입는 기간도 결정되어 있지 않았다. 후세의 성인이 이 풍습을 고쳐서 관(棺)과 곽(槨)을 만들었는데, 이는 대과(大過)의 괘상에서 취한 것으로 해석할 수 있다.

곽(槨) : 관을 싸는 겉 상자.

포희·신농의 시대에는 사람이 새끼를 매듭지어 기록이나 계약에 도움이 되도록 하였으나 몹시 불편하였다. 후세의 성인은 글자를 만들어 이 불편을 없앴다. 그래서 관원들은 자기의 직무를 정확히 수행하게 되었고, 또 백성들 사이에서도 의사소통이 원활하게 되었다. 이것은 쾌(夬)의 괘상을 취한 것으로 해석할 수 있다.

이 역사의 발자취를 보아도 알 수 있듯이 역(易)은 상(象)이다. 상이란 형상화한다는 뜻으로, 우주만물을 형상화하는 것이다. 또한 역이란 단(彖)이다. 단이란 판단(判斷)을 나타내는 재목이다. 또 역이란 효(爻)이다. 효란 본받는다는 뜻으로 천하의 움직임을 본받는다는 것이다.

형상화하고 표시하고 모방하는 것이 있기 때문에 그것과의 대응관계로서 길·흉·회·인(吉凶悔吝)이 밝혀지는 것이다.

❖ 양괘와 음괘

陽卦多陰 陰卦多陽 其故何也 陽卦奇 陰卦耦 其德行何也 陽一君二民 君子之道也 陰二君而一民 小人之道也

양괘(陽卦)에는 음효(陰爻)가 많고 음괘(陰卦)에는 양효(陽爻)가 많다. 이것은 어째서인가. 기수(奇數) 획으로 되어 있는 것이 양괘가 되고, 우수(偶數) 획으로 된 것이 음괘가 되기 때문이다. 양괘·음괘가 나타내는 뜻은 무엇인가. 양괘는 양효 한 개와 음효 두 개로서, 이는 한 사람의 군주 밑에 많은 백성이 따르는 형상이다. 즉 군자의 도를 나타내고 있다. 음괘는 반대로 두 사람의 군주에게 소수의 백성이 따르는 형상으로 소인의 도를 나타낸다.

❖ **역이 말하는 함축성**

　함괘 구 4의 효사에 말하기를, "이리저리 말하기를 왕래하면 벗만이 그대의 생각을 따른다(천박한 지혜로 이것저것 생각하다가는 소수의 사람밖에 따르지 않는다.)."고 하였다. 귀찮은 사색을 해서 괴로워할 필요는 없다. 가는 길은 다르나 돌아갈 곳은 모두 같다. 생각하는 방법은 천차만별이지만 궁극의 원리는 하나밖에 없다. 쓸데없는 사색 따위는 필요없는 것이다. 모든 것이 하나로 일관하면 사색하지 않아도 절로 얻을 수 있다.

　해가 지면 달이 뜨고 달이 지면 해가 뜨며, 겨울이 지나면 여름이 오고 여름이 지나면 겨울이 온다. 이렇듯 일월, 한서(寒暑)가 상호 전화(轉化)함에 따라 하루 또는 1년이 성립된다. 사라진다는 것은 소멸한다는 뜻이 아니라 구부리는 것, 곧 몸을 움츠리고 힘을 모은다는 뜻이다. 온다는 것은 뻗는 것, 곧 몸을 펴서 힘을 발휘하는 것이다. 이 구부림과 뻗음의 교체, 순환에 의하여 천지는 순조롭게 운행된다.

　자벌레가 몸을 움츠림은 다음에 뻗기〔伸〕 위해서이다. 용이 숨어 있음은 크게 날기 위해서이다. 이와 마찬가지로 사람이 의리를 정하게 하여 진리를 탐구함은 마침내 활용하게 될 힘을 기르기 위해서이다. 힘의 활용에 의하여 스스로를 보전함으로써 덕을 높이는 것이다. 이를 지나쳐 간다면 혹 알지 못할 것이므로 진리를 궁구하여 변화를 아는 것이 덕의 성함이니, 이는 덕성(德性)의 향상이다. 그 이상의 것은 인간 능력의 한계를 넘어선다. 근본원

易曰 憧憧往來 朋從爾思 子曰 天下何思何慮 天下同歸而殊塗 一致而百慮 天下何思何慮 日往則月來 月往則日來 日月相推而明生焉 寒往則暑來 暑往則寒來 寒暑相推而歲成焉 往者屈也來者信也 屈信相感而利生焉 尺蠖之屈 以求信也 龍蛇之蟄 以存身也 精義入神 以致用也 利用安身 以崇德也 過此以往 未之或知也 窮神知化 德之盛也 易曰 困于石 據于蒺藜 入于其宮 不見其妻 凶 子曰 非所困而困焉 名必辱 非所據而據焉 身必危 既辱且危 死期將至 妻其可得見耶 易曰 公用射隼于高墉之上 獲之无不利 子曰 隼者禽也 弓矢者器也 射之者人也 君子藏器於身 待時而動 何不利之有 動而不括 是以出而有獲 語成器而動者也 子曰 小人不恥不仁 不畏不義 不見利不勸 不威不懲 小懲而大誡 此小人之福也 易曰 履校滅趾 无咎 此之謂也 善不積不足以成名 惡

不積不足以滅身 小人
以小善爲无益而弗爲也
以小惡爲无傷而弗去也
故惡積而不可揜 罪大
而不可解 易曰 何校滅
耳 凶 子曰 危者 安其
位者也 亡者 保其存者
也 亂者有其治者也 是
故君子安而不忘危 存
而不忘亡 治而不忘亂
是以身安而國家可保也
易曰 其亡其亡 繫于苞
桑 子曰 德薄而位尊 知
小而謀大 力小而任重
鮮不及矣 易曰 鼎折足
覆公餗 其形渥 凶 言不
勝其任也 子曰 知幾其
神乎 君子上交不諂 下
交不瀆 其知幾乎 幾者
動之微 吉(凶)之先見者
也 君子見幾而作 不俟
終日 易曰 介于石 不終
日 貞吉 介如石焉 寧用
終日 斷可識矣 君子知
微知彰 知柔知剛 萬夫
之望 子曰 顔氏之子 其
殆庶幾乎 有不善未嘗
不知 知之未嘗復行也
易曰 不遠復 无祇悔 元
吉 天地絪縕 萬物化醇
男女構精 萬物化生 易
曰 三人行則損一人 一
人行則得其友 言致一
也 子曰 君子安其身而
後動 易其心而後語 定

리를 파악하고 천지화육(天地化育)에 일체화하는 것, 여기까지가 인간 능력의 목표이다.

곤괘(困卦) 육 3의 효사에 말하기를, "돌에 고통을 받고 가시돋은 찔레풀에 의지한다. 궁(宮)에 들어가서 아내를 못보니 흉하다(자기 분수를 모르는 자는 반드시 진퇴유곡에 빠져 흉사가 찾아온다.)."고 하였다. 자기 힘 이상의 것을 행하려고 괴로워하는 자는 욕을 면할 수가 없다. 자기에게 맞지 않는 지위를 원하는 자는 위험을 회피하지 못하게 된다. 이리하여 파멸의 궁지에서 운명을 같이할 아내에게 마저 버림받는 것이다.

해괘(解卦) 상육의 효사에 말하기를, "공(公)이 높은 담 위에 있는 매를 쏜다. 그것을 잡아서 이롭지 않음이 없다."고 하였다. 새매는 쏘아야 할 표적이고 활은 쏘기 위한 도구로서 그것을 쓰는 주체는 인간이다. 군자는 부단한 수양으로 재능, 곧 용구(用具)를 몸에 지닌다. 따라서 시기를 놓치지 않고 행동할 수 있다. 그리하여 행동의 방해를 받지 않기 때문에 만사가 순조롭게 진행되고 목적을 달성할 수가 있다. 이 효사는 평소에 힘을 모아두었다가 일에 임해야 한다는 것을 가르쳐 주고 있다.

소인은 불인(不仁)을 수치스럽게 여기지 않고 불의를 두려워하지 않는다. 이(利)를 가지고 꾀지 않으면 선(善)을 행하려고 하지 않는다. 벌을 가지고 위협하지 않으면 악을 버리려고 하지 않는다. 이와 같은 소인에게는 작은 죄라도 벌을 가하고 엄중하게 훈계할 필요가 있다. 그 편이 소인을 위해서도 차라리 행복한 것이다. 서합(噬嗑)괘 초구의 효사에 말하기를, "발목에 고랑을 채워 발을 망친다. 허물이 없다."고 한 것은 이러한 처지를 말해 주고 있는 것이다.

 선행도 많이 쌓지 않으면 명예를 얻을 수 없고, 악한 일도 많이 행하지 않으면 몸을 망치는 데까지 이르지 않는다. 그러나 소인은 약간의 선행 같은 것은 이익이 되지 못한다고 생각하고 행하려고 하지 않으며, 약간의 악행 따위는 그리 대수롭지 않게 여겨서 중하게 생각지 않는다. 그러나 이렇듯 악행을 쌓아가는 가운데 마침내는 파멸을 피할 수 없게 된다. 서합괘 상구의 효사에 말하기를 "목에 큰 칼이 채워져 귀가 가려진다. 흉하다."고 하였다.

 태평함을 과신하면 위기에 빠지게 되고, 순탄함을 방심하면 멸망을 초래하는 것이다. 치안(治安)을 소홀하게 다루면 난(亂)이 일어나니, 군자는 태평할 때도 위기를 잊지 않고 순탄할 때도 멸망을 잊지 않으며, 치안에 있어서도 분쟁을 잊지 않는다. 그렇게 행함으로써 적게는 내 몸을, 크게는 가정과 국가를 보전할 수가 있다. 비괘(否卦) 구 5의 효사에 말하기를, "망하지나 않을까, 망할지도 모른다 하여 뽕나무에 매어둔다."고 하였다.

 인덕을 갖추지 못하면서 고위층에 있고 지혜가 없이 대사를 치르려고 하며, 힘이 부족하면서 중임을 맡는 자에게는 반드시 화가 내릴 것이다. 정괘(鼎卦) 구 4의 효사에 말하기를, "공식석에서 솥의 다리가 부러지고 연회상에 놓을 음식이 쏟아진다. 얼굴에 땀이 난다. 흉하다."고 한 것

其交而後求 君子修此三者 故全也 危以動 則民不與也 懼以語 則民不應也 无交而求則民不與也 莫之與 則傷之者至矣 易日 莫益之 或擊之 立心勿恒 凶

영묘(靈妙): 신령스럽고 기묘함.

단서(端緒): 일의 처음. 일의 실마리.

무위(無爲): 아무 일도 아니함.
미(微): 적은 것.
현(顯): 높고 큰 것.

안연(顏淵): 공자의 수제자인 안회(顏回)를 자(字)로 일컫는 이름. 십철(十哲)의 한 사람.

은 그 중책을 이기지 못하여 화가 닥친 것을 말한 것이다.

사물의 기미를 관찰하면 그야말로 영묘하다고 아니할 수 없다. 군자는 이에 대해서 공손함을 지키지만 아부하는 일은 없다. 아랫사람에 대해서는 친밀하지만 그로 인하여 몸을 더럽히지 않는다. 장차 닥쳐올 화(禍)에 대한 기미를 알 수 있기 때문이다. 기미란 사물의 움직임의 작은 징조이다. 거기에는 이미 길흉의 단서가 나타나 있다. 그런 까닭으로 군자는 기미를 보고 즉시 일어나 때를 놓치지 않고 처리한다.

예괘(豫卦) 육 2의 효사에 말하기를, "굳기가 돌과 같다. 하루 해를 다 보내지 않으니 곧고 바르면 길하다."고 하였다. 의지는 돌과 같이 굳은 것이다. 어찌 기미를 보면서 무위로 하루 해를 보낼 수 있겠는가. 과단성은 기미를 아는 데서 생기는 것이다. 군자는 미(微)를 알기 때문에 현(顯)을 알고 유(柔)를 알기 때문에 강(剛)을 안다. 그렇기 때문에 만인의 숭앙을 받게 되는 것이다.

안연(顏淵)은 거의 도를 터득한 인격자였다. 항상 반성함을 잊지 않고 한 번 저지른 잘못은 두 번 다시 되풀이하지 않았다. 복괘(復卦) 초구의 효사에 말하기를, "머지않아 돌아온다. 후회하는 일이 없으니 길하리라."고 한 것은 이러한 태도를 말한 것이다.

천지의 기(氣)가 교감하여 비로소 만물이 형(形)을 이룬다. 남녀의 정(精)이 완전히 일체가 되어 처음으로 생명이 태어난다. 손괘(損卦) 육 3의 효사에 말하기를, "세 사람이

가면 한 사람을 잃고, 한 사람이 가면 벗을 얻는다."고 한 것은 두 사람이 합일함으로써 새로운 발전이 이룩됨을 말한 것이다.

　군자는 기반을 굳힌 다음에 움직이고 신념을 얻은 다음에 말하며 교제를 깊이 한 다음에 상대에게 구한다. 그런 까닭으로 목적을 달성할 수 있다. 반대로 위태로운 상태에서 움직이면 사람은 따라오지 않는다. 동요하면서 말해도 귀를 기울이지 않는다. 교제도 없이 구하면 주는 자가 아무도 없다.

　이렇게 고립되고 말면 반대로 위해를 받을 뿐이다. 익괘(益卦) 상구의 효사에 말하기를, "이익되게 하지 말라. 혹은 쳐야 할지도 모른다. 마음을 항구히 세우지 말라. 흉하다."는 것은 이것을 가리키는 말이다.

❖ 역의 말

　건(乾)과 곤(坤)의 관계에서 만물을 포착하는 것이 역(易)의 기본이다. 건, 즉 순수한 양(陽)과 곤, 즉 순수한 음(陰)의 덕이 서로 작용하여 만물을 태어나게 한다. 사람은 역에 의해서만 조화의 묘미를 터득한다.

　역의 말은 얼핏 보면 잡다하고 무질서한 것 같지만 사실 하나의 법칙으로 일관되어 있다. 그러나 그 말에 화(禍)를 염려함이 많은 까닭은 세상의 난(亂)이 그와 같은 염려를 일으키게 하기 때문이다.

　역은 과거를 밝히고 미래를 예견하며 사물이 싹틀 때부

子曰 乾坤其易之門邪 乾陽物也 坤陰物也 陰陽合德而剛柔有體 以體天地之撰 以通神明之德 其稱名也雜而不越 於稽其類 其衰世之意邪 夫易 彰往而察來 而微顯闡幽 開而當名 辨物正言 斷辭則備矣 其稱名也小 其取類也大 其旨遠 其辭文 其言曲而中 其事肆而隱 因貳以濟民行 以明失得之報

터 관찰하여 그 결과를 예측해 보는 것이다. 사물의 발전 과정은 그 본질에 의하여 분류되고 상징적인 명칭이 붙는다. 괘효사는 그것을 정연하게 나타낸다. 그 명칭이 적은 것은 상징적인 것으로 포괄하는 범위가 광대하기 때문이다. 그 뜻은 머니 함축성은 깊고 그 의미하는 바의 변화가 무한하다.

역의 말은 복잡다양해 보이지만 그 지시하는 바는 명쾌하다. 역의 괘상(卦象)은 단순해 보이지만 그 함축성은 깊다. 이 양자가 서로 만나서 사람의 행위를 돕고 실패와 성공을 예견하여 사람을 올바로 이끈다.

❖ 역괘와 수양의 덕

역경(易經)이 성립된 것은 은(殷)나라와 주(周)나라 때이다. 역경의 작자는 세상의 형편을 깊이 근심하고 있었던 것 같다. 역의 모든 것은 염려하고 근심하는 가운데서도 덕을 닦고 괴로움을 이겨나가는 길을 제시하고 있다.

예를 들면 이(履)는 덕(德)의 기초를 표현하고 있다. 예를 이행함으로써 사람의 행동은 조화를 얻고 최고의 이치에 도달한다. 즉 이는 행동의 조화를 도모하는 것이다.

겸(謙)은 덕의 근본을 표현하고 있다. 겸양의 태도를 가짐으로써 사람은 존경받고 이윽고 영예를 얻을 수 있게 된다. 즉 겸은 예를 정하는 것이다.

복(復)은 덕의 시작을 나타내고 있다. 정도(正道)로 돌아옴으로써 싹이 틀 때 시비를 가릴 수가 있다. 복은 자신을

易之興也 其於中古乎 作易者其有憂患乎 是故 履德之基也 謙德之柄也 復德之本也 恒德之固也 損德之修也 益德之裕也 困德之辨也 井德之地也 巽德之制也 履和而至 謙尊而光 復小而辨於物 恒雜而不厭 損先難而後易 益長裕而不設 困窮而通 井居其所而遷 巽稱而隱 履以和行 謙以制禮 復以自知 恒以一德 損以遠害 益以興利 困以寡怨 井以辨義 巽以行權

알아야 한다는 것을 말하고 있다.

항(恒)은 덕을 굳게 지키는 것을 의미한다. 항심(恒心)을 가지면 혼란 중에서도 길을 잃는 일이 없다. 항은 시종일관 덕을 지켜야 한다는 것을 말하고 있다.

손(損)은 덕의 수양을 나타낸다. 악을 감손(減損)시킴으로써 괴로움 뒤에 낙을 얻을 수 있는 것이다. 손은 해악을 멀리하는 길을 가르쳐 주고 있다.

익(益)은 덕의 성대함을 나타내고 있다. 길이 성대하면서 베풀지 않는 것이다. 익은 이익을 도모한다.

곤(困)은 덕의 시련을 나타내고 있다. 곤란 속에서도 도를 지켜 나가면 궁지를 뚫고 나갈 수 있다. 곤에 의하면 사람을 원망하는 일도 없거니와 사람한테 원망받는 일도 없다.

정(井)은 덕의 소재를 나타낸다. 우물처럼 일정한 장소를 지킴으로써 스스로는 움직이지 않고도 사람들을 윤택하게 한다. 정은 정도를 밝히는 것이다.

손(巽)은 덕의 적용을 의미한다. 주위의 사정에 따름으로써 일의 가볍고 중함을 그르치지 않고, 임기응변으로 자연스럽게 처리할 수 있다. 손은 임기응변의 필요를 말하고 있다.

> **항심(恒心)**: 늘 지니고 있어 변함이 없는 올바른 마음. 흔들리지 아니하는 마음.

❖ 역서의 본질

역서(易書)는 옆에 두고 오래 정독해야 할 책이다. 왜냐하면 역이 말하는 도(道)는 한순간도 멎지 않고 변동하기 때문이다. 6효(六爻)는 끊임없이 상하의 위치가 바뀌고 강

> 易之爲書也 不可遠 爲道也屢遷 變動不居 周流六虛 上下无常 剛柔相易 不可爲典要 唯變

所適 其出入以度 外內
使知懼 又明於憂患與
故 无有師保 如臨父母
初率其辭 而揆其方 既
有典常 苟非其人 道不
虛行 易之爲書也 原始
要終 以爲質也 六爻相
雜 唯其時物也 其初難
知 其上易知 本末也 初
辭擬之 卒成之終 若夫
雜物撰德 辨是與非 則
非其中爻不備 噫亦要
存亡吉凶 則居可知矣
知者觀其彖辭 則思過
半矣 二與四 同功而異
位 其善不同 二多譽 四
多懼 近也 柔之爲道 不
利遠者 其要无咎 其用
柔中也 三與五 同功而
異位 三多凶 五多功 貴
賤之等也 其柔危 其剛
勝邪 易之爲書也 廣大
悉備 有天道焉 有人道
焉 有地道焉 兼三材而
兩之 故六 六者非它也
三材之道也 道有變動
故曰爻 爻有等 故曰物
物相雜 故曰文 文不當
故吉凶生焉 易之興也
其當殷之末世 周之盛德
邪 當文王與紂之事邪
是故其辭危 危者使平
易者使傾 其道甚大 百
物不廢 懼以終始 其要
无咎 此之謂易之道也

유(剛柔)는 상호 전화(轉化)하는 것이다. 그 변화는 일견 불규칙해 보이고 붙잡을 수 없는 것처럼 느껴지나 잘 관찰해 보면 거기에는 일정한 법칙성이 있다. 그 법칙성은 인륜에 합치하고, 또한 사람이 품고 있는 불만을 그 근원에까지 소급해서 설명하는 것으로 해결할 길을 나타내고 있다. 스승의 엄격함이 아니라 부모의 자애심을 가지고 사람을 이끄는 것이다.

역(易)을 읽는 데는 먼저 말을 잘 음미하며 변화의 법칙을 생각해야 한다. 그것을 몇 번이고 되풀이하는 데서 차차 법칙성이 밝혀진다. 법칙을 알고 나면 그후는 실천인데 본시 역의 원리를 체득한 사람이 아니면 도를 행할 수 없다.

역서는 사상(事象)의 시초와 종말을 관련적으로 포착하는 데 그 본질이 있다. 음과 양을 서로 맞추어 이룬 6효는 각각 그 효가 그 시점에 있는 사상(事象)의 상태를 나타낸다. 초효(初爻)의 사(辭)는 사상(事象)의 극히 미세한 징조를 나타내고 있는 것이며, 그 때문에 알기 어렵지만, 상효(上爻)의 사는 완성된 상태를 나타내기 때문에 알기 쉬운 것이다. 따라서 하나의 괘(卦)가 가지고 있는 복잡한 요소 중에 무엇이 본질적인 것인가, 그것이 시(是)인가 비(非)인가를 판단하는 데는 특히 중효(中爻: 2·3·4·5효)에 의하는 것이 중요하다. 중효를 음미하면 쉽사리 길흉존망(吉凶存亡)을 알 수 있다. 물론 참으로 역의 원리를 터득한 사람이라면 괘의 단사(彖辭)만 보아도 바로 알 수가 있다.

2효와 4효는 같이 음(陰)의 위치를 나타내고 그 활동은 같지만 위치가 틀리기 때문에 그 뜻이 다르다. 2효는 내괘(內卦)의 중심에 있기 때문에 길(吉)이 되는 수가 많다. 4효는 천자(天子 : 5효)에 가까운 위치에 있기 때문에 두려워서 일을 삼가는 미덕을 가지는 수가 많다. 일반적으로 유(柔)의 도는 강(剛)의 힘을 받고 성립되는 것을 본질로 삼고 있기 때문에 강(剛 : 5효)으로부터 멀리 떨어진다는 것은 불리하지만 2효의 유(柔)는 내괘의 중심에서 중용을 지키고 있으므로 결국 탈을 면할 수 있게 되는 것이다.

3효는 5효와 같이 양(陽)의 위치를 나타내고 그 활동은 같지만 위치가 틀리기 때문에 의미가 다르다. 3효는 흉이 되는 수가 많고 5효는 공을 세우는 일이 많다. 5효는 천자의 위치에 있어서 존귀하며, 3효는 위험한 위치에 있어서 비천하기 때문이다. 3효·5효는 강(剛)의 위치이기 때문에 만일 거기에 유효(柔爻)가 오면 3효는 본래에 의하여 5효에까지 위험이 미치게 되는 것이며, 반대로 거기에 강효(剛爻)가 오면 5효는 본래에 의하여 3효까지도 그 덕을 발휘할 수 있게 되는 것이다.

역서는 내용이 광대하고 천(天)·지(地)·인(人)의 모든 법칙을 포함하고 있다. 이 천·지·인 세 개가 각각 둘이 되며, 그 합계가 곧 6효인 것이다. 즉 6효는 천·지·인의 도를 나타낸 데 지나지 않는다.[1]

천·지·인의 도는 변동이 끊이지 않는다. 6효의 효란 그 변동을 표시하는 뜻이다. 효에는 음과 양이 있고, 이 양자를 서로 결합하여 맞춤으로써 괘의 형(形)을 정하는

위험한 위치 : 내괘의 끝.

1) 6효 가운데 상효·5효가 천(天)이고, 4효·3효가 인(人)이며, 2효·초효가 지(地)이다.

것이다. 따라서 괘의 형상을 보고 길흉을 판단한다.

　역서가 성립된 것은 은나라 말기로, 주나라가 번성할 무렵이다. 문왕이 주왕(紂王) 때문에 유리(羑里)에 갇혀 있을 때가 아닌가 한다. 왜냐하면 역에는 파국(破國)을 나타내는 말이 많이 나오기 때문이다. 두려워서 삼가는 자는 평안을 얻고, 교만하고 경솔한 자는 파멸한다는 주된 근본 사상이 흐르고 있으니, 이로써 일관한다면 탈이 없는 것이다. 모든 것에 존재이유를 준다는 점에서도 역의 도(道)는 참으로 크다.

❖ 역의 길흉

　건(乾)은 강건(剛健)의 극치이며 그 본질은 역(易)이다. 그런 까닭으로 그 덕의 작용은 위험을 알고 지체하는 일이 없다.

　곤(坤)은 유순(柔順)의 극치이며 그 본질은 간(簡)이다. 그러므로 그 덕의 작용은 막힘을 알고 상대의 움직임을 저항없이 받아들인다. 그 역간(易簡)의 덕(德)에 공감하고 사색에 잠길 때 사람은 천하의 길흉을 미리 알고 천하를 분기(奮起)시킬 수가 있는 것이다.

　자연의 변화 및 인간의 언행은 그 선악과 같이 반드시 길흉의 전조(前兆)가 역괘 가운데 나타난다. 역의 상을 보면 문물제도의 역사를 알 수 있듯이 역의 점을 보면 미래를 알게 된다. 하늘은 높고 땅은 낮다. 양자는 대립하는 데서 서로 활동하게 된다. 그 활동을 성인이 법칙으로 세

夫乾 天下之至健也 德行恒易以知險 夫坤 天下之至順也 德行恒簡以知阻 能說諸心 能研諸(侯)之慮 定天下之吉凶 所天下之亹亹者 是故變化云爲 吉事有祥 象事知器 占事知來 天地設位 聖人成能 人謀鬼謀 百姓與能 八卦以象告 爻象以情言 剛柔雜居 而吉凶可見矣 變動以利言 吉凶以情遷 是故愛惡相攻而吉凶生 遠近相取而悔吝生 情僞相感而利害生 凡易之情 近而不相得 則凶或害之 悔且吝

운 것이다. 그것에 의하여 사람은 누구나 노력 여하에 따라 천지의 활동에 참여할 수 있다.

8괘는 상(象)에 의하여, 괘효사(卦爻辭)는 구체적인 사물의 모습을 빌려서 천지의 도를 사람에게 알린다. 강효·유효는 서로 맞추어지고 결합되는 변화에 따라서 길흉을 나타낸다. 이에 의하여 인간 세계의 변하는 길흉 또는 이(利)와 불리(不利)의 의미가 붙여지는 것이다.

길흉은 각 효의 관계에 의하여 나타난다. 바로 응하는 것은 서로 돕고, 적대하는 것은 서로 반발한다. 또한 응효(應爻)와 비효(比爻)는 서로가 경합한다. 이러한 관계에 의하여 사랑과 미움, 멀고 가까움, 거짓과 진실이 서로 공격하거나 취하고 교감하여 길(吉)·흉(凶)·회(悔)·인(吝)·이(利)·불리(不利)가 나타나는 것이다. 무릇 역에 있어서는 관여해야 할 위치에 있으면서도 결합이 없는 경우에는 흉하고, 비효가 응효를 방해하는 경우는 회·인인 것이다.

❖ 말은 마음의 나타남이다

남을 배반하려는 자의 말에는 꺼림칙한 것이 나타난다. 마음에 의심을 갖는 자는 말에 미혹됨이 나타난다. 덕이 있는 자는 말이 적고 덕이 없는 자는 말을 많이 늘어놓는다.

선을 악이라고 속이려는 자는 논리의 일관성이 없다. 신념을 갖지 않는 자는 말을 하는 데 비굴함이 나타난다.

將叛者 其辭慙 中心疑者 其辭枝 吉人之辭寡 躁人之辭多 誣善之人 其辭游 失其守者 其辭屈

설괘전·서괘전·잡괘전

說卦傳·序卦傳·雜卦傳

설괘전은 당(唐)나라 공영달의 '주역정의'에 제명(題名)의 유래를 설명하고 포희(包犧)가 8괘를 거듭해서 64괘를 만든 이유와, 8괘가 나타내는 사물의 상(象)을 설명한 것이기 때문에 붙여진 이름이라고 한다. 서괘전은 64괘의 서열(序列)이 지닌 뜻을 설명하는 부분이다. 잡괘전은 각 괘의 경향을 한마디로 요약한 것이다.

설괘전(說卦傳)

옛날 성인(聖人)이 역(易)을 만들 때 신명(神明)의 작용을 깊이 통찰하여 시초[蓍草 : 톱풀. 국화과에 속하는 다년초. 점치는 데 썼으나, 후세에 와서 대 조각을 썼기 때문에 서죽(筮竹)이라고 이름]를 가지고 괘를 세우는 방법을 만들었다. 하늘을 3으로 하고 땅을 2로 하여 수(數)를 정하였고, 변(變)을 음양으로 관찰하여 괘를 세웠으며, 강유(剛柔)를 발휘하여 효를 생기게 하였다. 또한 도덕을 화순(和順)케 하고 의(義)를 다스리게 하였으며, 이치를 찾아내고 본성을 극진히 하여 천명(天命)에 이르게 하였다.

옛날 성인이 역을 만들 때 사람의 성(性)과 하늘의 명(命)의 이치에 순응하려고 하였다. 하늘의 도를 세워서 음과 양이라 하고, 땅의 도를 세워서 유(柔)와 강(剛)이라고 하였으며, 사람의 도를 세워서 인(仁)과 의(義)라고 하였다. 삼재(三才)¹⁾를 겸하여 이것을 둘로 만들었으므로 역은 6획으로 한 괘(卦)를 이룬다.

이것은 다시 음효로 나뉘고 양효로 나뉘어 서로 유(柔)와 강(剛)을 쓴다. 따라서 역은 6위(位)가 되어 문장을 이

昔者聖人之作易也 幽贊於神明而生蓍 參天兩地而倚數 觀變於陰陽而立卦 發揮於剛柔而生爻 和順於道德而理於義 窮理盡性以至於命

昔者聖人之作易也 將以順性命之理 是以立天之道曰陰與陽 立地之道曰柔與剛 立人之道曰仁與義 兼三才而兩之 故易六畫而成卦 分陰分陽迭用柔剛 故易六位而成章

1) 삼재(三才)는 천지인(天地人)을 말함. 삼재의 도를 정의하여 음과 양, 유와 강, 인과 의라고 하였다. 유·

강은 기(氣)가 모여서 형체를 갖춘 것이다.

天地定位 山澤通氣 雷風相薄 水火不相射 八卦相錯 數往者順 知來者逆 是故易逆數也

8괘의 상(象)으로부터 괘가 성립되는 것을 설명한 문장이다.

雷以動之 風以散之 雨以潤之 日以晅之 艮以止之 兌以說之 乾以君之 坤以藏之

청나라의 왕부지(王夫之)에 의하면 앞 장의 8괘 순서는 하늘과 땅에서 산과 연못에 이르기까지 형체가 확실한 것에서 미세한 것에 미치고 있으나, 이 장의 순서는 자연의 작용을 좇은 것으로 최후에는 8괘의 기본인 건·곤에 이르러 끝을 맺었다. 주자가 말하였듯이 괘의 방위에 대한 배열은 아니라는 것이다.

帝出乎震 齊乎巽 相見乎離 致役乎坤 說言乎兌 戰乎乾 勞乎坎 成言乎艮 萬物出乎震 震東方也 齊乎巽 巽東南也 齊也者 言萬物之潔齊

루는 것이다.

　하늘과 땅의 위치는 정해졌다. 산과 못이 기(氣)를 통하고 우레와 바람이 서로 부딪치며, 물과 불은 서로 침범하지 않고 8괘는 서로 섞인다.
　가는 것을 셈하는 것은 순서이고 오는 것을 아는 것은 거스른다(逆)는 것이다. 그러므로 역(易)은 미래를 거슬러 셈하는 것이다.

　우레로 움직이고 바람으로 흩어지게 하며, 비로 윤택하게 하고 햇볕으로 마르게 하며, 간(艮)으로 머물게 하고 태(兌)로 즐겁게 하며, 건(乾)으로 임금이 되게 하고 곤(坤)으로 간직하게 한다.

　우주의 만물은 진(震)에서 시작하여 손(巽)에서 가지런하게 되고, 이(離)에서 서로 보고 곤(坤)에서 그 역할을 다하며, 태(兌)에서 기뻐하고 건(乾)에서 싸우며, 감(坎)에서 힘쓰고 간(艮)에서 성취한다.
　만물은 진(震)에서 나오는데 진은 동방(東方)이다. 손(巽)에서 가지런하게 되며 손은 동남(東南)이다. 가지런히 한다는 것은 만물이 깨끗이 정리되는 것을 말한다.
　이(離)는 밝은(明) 것이다. 만물은 모두가 서로 보는 것이니, 이는 남방의 괘이다.
　성인은 남쪽을 향하여 천하의 상태를 듣는다. 밝은 데

를 향하여 다스린다. 이 모든 것은 대체로 여기서 취한 것이다.

곤이란 땅이다. 만물이 모두 길러진다. 그러므로 모두가 곤에서 힘써 일한다고 하였다.

태(兌)는 올바른 가을을 말한다. 그때 만물이 기뻐하는 것이다. 그러므로 태를 기뻐한다고 하였다.

건에서 싸운다는 것은, 건은 서북(西北)을 가리키는 괘로서 음양이 서로 부딪쳐 싸우는 것을 말한다.

감은 물[水]로서 정북방의 괘이다. 힘써 수고하는 괘로서 만물이 되돌아가는 곳이다. 그러므로 감에서 힘써 수고한다고 말하였다.

간은 동북의 괘로서 만물의 종말을 이루게 하는 것이자 그 시작인 것이다. 그러므로 간에서 성취한다고 하였다.

신(神)이란 만물의 오묘한 작용을 말하는 것이다. 만물을 움직이는 것 중 우레보다 더 빠른 것이 없다. 만물을 흔들어놓는 것 중 바람보다 더 빠른 것이 없다. 만물을 마르게 하는 것 중 불보다 더 뜨거운 것이 없다. 만물을 기쁘게 하는 것 중 연못보다 더 기쁘게 하는 것이 없다. 만물을 윤택하게 하는 것 중 물보다 더 윤택케 하는 것이 없다. 만물이 끝나고 시작하게 하는 것 중 간(艮)보다 더 성대한 것이 없다. 따라서 물과 불이 서로 도와주고 우레와 바람이 서로 호응하며, 산과 연못이 기(氣)를 통하게 한 후에야 능히 변화할 수 있고 성취시킬 수 있는 것이다.

也 離也者明也 萬物皆相見 南方之卦也 聖人南面而聽天下 嚮明而治 蓋取諸此也 坤也者地也 萬物皆致養焉 故曰致役乎坤 兌正秋也 萬物之所說也 故曰說言乎兌 戰乎乾 乾西北之卦也 言陰陽相薄也 坎者水也 正北方之卦也 勞卦也 萬物之所歸也 故曰勞乎坎 艮東北之卦也 萬物之所成終而所成始 故曰成言乎艮

제출호진(帝出乎震) 이하의 7구는 전체의 요강이며, 만물출호진(萬物出乎震) 이하는 그 설명이다. 왕부지는 전자가 공자의 본문이요, 후자는 그후 유가(儒家)의 해석이 아닌가 추측하였다.

神也者 妙萬物而爲言者也 動萬物者 莫疾乎雷 撓萬物者 莫疾乎風 燥萬物者 莫熯乎火 說萬物者 莫說乎澤 潤萬物者 莫潤乎水 終萬物始萬物者 莫盛乎艮 故水火相逮 雷風不相悖 山澤通氣 然後能變化 旣成萬物也

여기에서는 건·곤 이외 6괘의 작용을 설명하고 그것이 모두 신의 작용임을 말한 것이다.

乾 健也 坤 順也 震 動
也 巽 入也 坎 陷也 離
麗也 艮 止也 兌 說也

8괘의 성질을 말한 것이다
(해제 참조).

건(乾)은 건실함을 의미하고 곤(坤)은 유순함을 나타낸
다. 진(震)은 움직이는 것이고 손(巽)은 들어가는 것이다.
감(坎)은 빠지는 것이고 이(離)는 붙는 것을 나타내며, 간
(艮)은 머물러 있는 것이고 태(兌)는 기뻐하는 것이다.

乾爲馬 坤爲牛 震爲龍
巽爲雞 坎爲豕 離爲雉
艮爲狗 兌爲羊

8괘가 상징하는 동물 이름
을 나타내고 있다.

건(乾)은 말이고 곤(坤)은 소이며, 진(震)은 용이고 손(巽)
은 닭이며, 감(坎)은 돼지이고 이(離)는 꿩이며, 간(艮)은 개
이고 태(兌)는 양을 뜻한다.

乾爲首 坤爲腹 震爲足
巽爲股 坎爲耳 離爲目
艮爲手 兌爲口

8괘를 신체의 구조로 나타
내고 있다(해제 참조).

건(乾)은 머리이고 곤(坤)은 배이며, 진(震)은 발이고 손
(巽)은 다리이며, 감(坎)은 귀이고 이(離)는 눈이며, 간(艮)
은 손이고 태(兌)는 입을 상징한다.

乾 天也 故稱乎父 坤
地也 故稱乎母 震 一索
而得男 故謂之長男 巽
一索而得女 故謂之長
女 坎 再索而得男 故謂
之中男 離 再索而得女
故謂之中女 艮 三索而
得男 故謂之小男 兌 三
索而得女 故謂之小女

8괘를 인간의 혈연관계로
상징하고 있다(해제 참조).

건은 하늘이다. 그러므로 아버지라고 부른다. 곤은 땅
이다. 그러므로 어머니라고 부른다.

진은 첫 번째로 구하여 아들을 얻으므로 장남이라고 한
다. 손은 첫 번째로 구하여 딸을 얻으므로 장녀라고 한다.

감은 두 번째로 구하여 아들을 얻으므로 중남(中男)이라
고 한다. 이는 두 번째로 구하여 딸을 얻으므로 중녀(中女)
라고 한다.

간은 세 번째로 구하여 아들을 얻으므로 소남(小男)이라
고 한다. 태는 세 번째로 구하여 딸을 얻으므로 소녀(小女)
라고 한다.

건괘가 상징하는 것은 하늘이고 원(圓)이며, 임금이고 아버지이며, 옥(玉)이고 금이며, 추위이고 얼음이며, 크고 붉은 것이며, 좋은 말이고 늙은 말이며, 여윈 말이고 얼룩말이며, 나무의 과일이다.

　곤괘가 상징하는 것은 땅이고 어머니이며, 베(布)이고 가마(釜)이며, 인색한 것이고 균등한 것이며, 새끼를 가진 어미소이고 큰 수레이며, 무늬이고 무리(衆)이며, 자루(柄)이다. 그것이 땅에서는 검은 것이다.

　진괘가 상징하는 것은 우레이고 용이며, 검은 황색이고 꽃이며, 큰 길이고 맏아들이며, 결단하여 나아가는 것이고 푸른 대나무이며, 갈대이다. 말(馬)로 비하면 잘 울고 뒷다리가 흰 것이며, 빨리 달리는 말, 튼튼한 발, 흰 이마가 된다. 심은 곡식으로 치면 솟아오르는 새싹이니, 진의 성질이 극치에 이르면 건실하게 번성하는 것이다.

　손괘가 상징하는 것은 나무이고 바람이며, 맏딸이고 곧은 먹줄이다. 직공이고 흰 빛이며, 긴 것이고 높은 것이며, 진퇴하는 것이고 과감하지 못한 것이며, 냄새이다. 사람으로 치면 머리카락이 적고 이마가 넓으며, 흰자위가 많은 눈이다. 이익을 세 배로 하는 장사이니, 결국 조급하게 움직이는 괘가 된다.

　감괘가 상징하는 것은 물이고 도랑이며, 숨어서 엎드리는 것이고 굽은 것을 바로잡는 것이며, 활과 수레이다. 사람으로 치면 근심을 더하는 것이고 마음의 병이 되는 것이며, 귀를 앓는 것이고 피를 상징하는 괘이며, 붉은 것이

乾爲天 爲圜 爲君 爲父 爲玉 爲金 爲寒 爲冰 爲大赤 爲良馬 爲老馬 爲瘠馬 爲駁馬 爲木果 坤爲地 爲母 爲布 爲釜 爲吝嗇 爲均 爲子母牛 爲大輿 爲文 爲衆 爲柄 其於地也 爲黑 震爲雷 爲龍 爲玄黃 爲敷 爲大塗 爲長子 爲決躁 爲蒼筤竹 爲萑葦 其於馬也 爲善鳴 爲馵足 爲作足 爲的顙 其於稼也 爲反生 其究爲健 爲蕃鮮 巽爲木 爲風 爲長女 爲繩直 爲工 爲白 爲長 爲高 爲進退 爲不果 爲臭 其於人也 爲寡髮 爲廣顙 爲多白眼 爲近利市三倍 其究爲躁卦 坎爲水 爲溝瀆 爲隱伏 爲矯輮 爲弓輪 其於人也 爲加憂 爲心病 爲耳痛 爲血卦 爲赤 其於馬也 爲美脊 爲亟心 爲下首 爲薄蹄 爲曳 其於輿也 爲多眚 爲通 爲月 爲盜 其於木也 爲堅多心 離爲火 爲日 爲電 爲中女 爲甲冑 爲戈兵 其於人也 爲大腹 爲乾卦 爲鼈 爲蟹 爲蠃 爲蚌 爲龜 其於木也 爲科上槁 艮爲山 爲徑路 爲小石 爲門闕 爲果蓏 爲閽寺 爲指 爲狗 爲鼠 爲黔喙之屬 其於木

也 爲堅多節 兌爲澤 爲
少女 爲巫 爲口舌 爲毁
折 爲附決 其於地也 爲
剛鹵 爲妾 爲羊

문궐(門闕) : 대궐의 문. 궁
(宮) 같은 곳의 문.

다. 말[馬]로 치면 아름다운 등이고 조급함이며, 머리를 아래로 숙이는 것이고 얇은 발굽이며, 끄는 것이다. 수레로 치면 고장이 많은 것이고 통하는 것이며, 달이고 도둑이다. 나무로 치면 단단하고 심(心)이 많은 것이다.

이괘가 상징하는 것은 불이고 해이며, 천둥이고 중녀(中女)이며, 갑옷과 투구이고 창과 무기이다. 사람으로 치면 큰 배(腹)이고 건괘이며, 자라이고 게이며, 소라이고 조개이며, 거북이다. 나무로 치면 속이 비고 위가 마른 나무이다.

간괘가 상징하는 것은 산이고 오솔길이며, 작은 돌이고 문궐(門闕)이며, 과일과 풀열매이며, 문지기이고 손가락이며, 개이고 쥐이며, 주둥이가 검은 짐승이다. 나무로 치면 마디가 많은 것이다.

태괘가 상징하는 것은 연못이고 소녀이며, 무당이고, 입과 혀이며, 헐어서 꺾어짐이고 붙어서 떨어짐이다. 땅으로 치면 강건한 것과 짠 것이며, 첩(妾)이고 양이다.

서괘전(序卦傳)

　진(晉)나라의 한강백(韓康伯)은 서괘전이 역의 온(蘊)은 아니라고 하였으며〈주역정의〉, 청(淸)나라의 왕부지(王夫之)는 결코 성인의 작(作)이 아니라고 하였다〈주역외전(周易外傳)〉. 송(宋)나라의 주자(朱子)는 한강백을 계승하여 말하기를, "성인의 정(精)은 아니지만 역의 온이라고 할 수 있다. 정이란 계사전에 보이는 태극(太極)·양의(兩儀)라는 정밀한 이론이며, 온이란 잡다한 것을 포함하는 축적이다."고 하였다〈어류칠칠(語類七七)〉.

　천지(天地)가 있은 후에야 만물이 생겼다. 하늘과 땅 사이에 가득 차 있는 것은 오직 만물뿐이다. 그러므로 이것을 받는 데 둔(屯)을 가지고 한다. 둔이란 가득 찬 것을 뜻한다. 둔이란 사물이 처음으로 생기는 것이다. 사물이 생기면 반드시 갓 자란 어린 상태이다. 그러므로 이것을 받는 데 몽(蒙)을 가지고 한다. 몽이란 불충분함이니, 사물이 어리다는 뜻이다. 사물이 어리지 않으면 자랄 수가 없는 것이다. 그러므로 이것을 받는 데 수(需)를 가지고 한다. 수란 음식의 도(道)이다. 음식에는 반드시 소송이 있다. 그러므로 이것을 받는 데 송(訟)을 가지고 한다.
　송에는 반드시 여러 무리〔衆〕가 일어난다. 그러므로 이

有天地然後萬物生焉
盈天地之間者唯萬物
故受之以屯　屯者盈也
屯者物之始生也　物生
必蒙　故受之以蒙　蒙者
蒙也　物之穉也　物穉不
可不養也　故受之以需
需者飮食之道也　飮食
必有訟　故受之以訟　訟
必有衆起　故受之以師
師者衆也　衆必有所比
故受之以比　比者比也
比必有所畜也　故受之
以小畜　物畜然後有禮
故受之以履　履而泰然
後安　故受之以泰

이(履)는 예(禮)와 같은 뜻으로도 통한다.

泰者通也 物不可以終通 故受之以否 物不可以終否 故受之以同人 與人同者物必歸焉 故受之以大有 有大者不可以盈 故受之以謙 有大而能謙必豫 故受之以豫 豫必有隨 故受之以隨 以喜隨人者必有事 故受之以蠱 蠱者事也 有事而後可大 故受之以臨 臨者大也 物大然後可觀 故受之以觀 可觀而後有所合 故受之以噬嗑 嗑者合也 物不可以苟合而已 故受之以賁 賁者飾也 致飾然後亨則盡矣 故受之以剝 剝者剝也 物不可以終盡 剝窮上反下 故受之以復 復則不妄矣 故受之以无妄 有无妄然

것을 받는 데 사(師)를 가지고 한다. 사란 여러 무리이다. 여러 무리는 반드시 친하게 된다. 그러므로 이것을 받는 데 비(比)를 가지고 한다. 비란 친하게 지내는 것이다. 친하게 되는 것에는 반드시 저축이 있다. 그러므로 이것을 받는 데 소축(小畜)을 가지고 한다. 물(物)은 저축이 된 후에야 예(禮)가 있다. 그러므로 이것을 받는 데 이(履)를 가지고 한다. 예가 있고 태평한 후에야 편안함이 있다. 그러므로 이것을 받는 데 태(泰)를 가지고 한다.

태(泰)란 통하는 것이다. 사물은 끝까지 통할 수는 없다. 그러므로 이것을 받는 데 비(否)를 가지고 한다. 사물은 끝까지 막힐 수는 없다. 그러므로 이것을 받는 데 동인(同人)을 가지고 한다. 사람과 같이하는 자에게는 사물이 반드시 돌아올 것이다. 그러므로 이것을 받는 데 대유(大有)를 가지고 한다.

대(大)를 갖는 자는 채울 수가 없다. 그러므로 이것을 받는 데 겸(謙)을 가지고 한다. 대를 가지고 능히 겸손할 수 있으면 반드시 기뻐하게 된다. 그러므로 이것을 받는 데 예(豫)를 가지고 한다. 기쁘면 반드시 따르는 일이 있다. 그러므로 이것을 받는 데 수(隨)를 가지고 한다. 기쁨을 가지고 사람을 따르는 자는 반드시 일이 있다. 그러므로 이것을 받는 데 고(蠱)를 가지고 한다.

고(蠱)란 일이다. 일이 있은 후에야 크게 될 수 있는 것이다. 그러므로 이것을 받는 데 임(臨)을 가지고 한다. 임이란 큰 것이다. 사물은 커진 후에야 볼 수 있다. 그러므로 이것을 받는 데 관(觀)를 가지고 한다. 볼 수 있은 후에야 합하는 것이 있다. 그러므로 이것을 받는 데 서합(噬嗑)을 가지고 한다. 합(嗑)이란 합하는 것이다. 사물은 꼭 합할 수만은 없다. 그러므로 이것을 받는 데 비(賁)를 가지고 한다.

비란 꾸미는 것이다. 꾸민 후에 형통하면 다 이룰 수 있다. 그러므로 이것을 받는 데 박(剝)을 가지고 한다. 박이란 박탈하는 것, 벗겨버리는 것이다. 사물은 끝까지 다 없어질 수는 없다. 박탈하는 것이 위에서 다하고 아래로 돌아오는 것이다. 그러므로 이것을 받는 데 복(復)을 가지고 한다. 되돌아오면 허망하지 않다. 그러므로 이것을 받는 데 무망(无妄)을 가지고 한다.

무망이 있는 후에야 저축을 할 수 있다. 그러므로 이것을 받는 데 대축(大畜)을 가지고 한다. 사물은 저축된 후에야 기를 수 있다. 그러므로 이것을 받는 데 이(頤)를 가지고 한다. 이란 기르는 것이다. 기르지 않으면 움직일 수 없다. 그러므로 이것을 받는 데 대과(大過)를 가지고 한다. 사물은 끝까지 지나치게 기를 수는 없다. 그러므로 이것을 받는 데 감(坎)을 가지고 한다.

감은 빠지는 것이다. 빠지면 반드시 붙는 곳이 있다. 그러므로 이것을 받는 데 이(離)를 가지고 한다. 이란 붙는다는 것이다.

後可畜 故受之以大畜 物畜然後可養 故受之以頤 頤者養也 不養則不可動 故受之以大過 物不可以終過 故受之以坎 坎者陷也 陷必有所麗 故受之以離 離者麗也

有天地然後有萬物 有
萬物然後有男女 有男
女然後有夫婦 有夫婦
然後有父子 有父子然
後有君臣 有君臣然後
有上下 有上下然後禮
義有所錯 夫婦之道不
可以不久也 故受之以
恒 恒者久也 物不可以
久居其所 故受之以遯
遯者退也 物不可以終
遯 故受之以大壯 物不
可以終壯 故受之以晋
晋者進也 進必有所傷
故受之以明夷 夷者傷
也 傷於外者必反其家
故受之以家人 家道窮
必乖 故受之以睽 睽者
乖也 乖必有難 故受之
以蹇 蹇者難也 物不可
以終難 故受之以解 解
者緩也 緩必有所失 故
受之以損 損而不已 必
益 故受之以益 益而不
已 必決 故受之以夬 夬
者決也 決必有所遇 故
受之以姤 姤者遇也 物
相遇而後聚 故受之以
萃 萃者聚也 聚而上者
謂之升 故受之以升 升
而不已 必困 故受之以
困 困乎上者必反下 故
受之以井

천지가 있은 후에야 만물이 있다. 만물이 있은 후에야 남녀가 있고 남녀가 있은 후에야 부부가 있다. 부부가 있은 후에야 부자가 있고 부자가 있은 후에야 군신이 있다. 군신이 있은 후에야 상하가 있고 상하가 있은 후에야 예의가 행해질 수 있다. 부부의 도는 오래 계속되지 않을 수 없다. 그러므로 이것을 받는 데 항(恒)을 가지고 한다. 항이란 오래가는 것이다. 사물은 오래도록 그곳에 있을 수 없다. 그러므로 이것을 받는 데 둔(遯)을 가지고 한다.

둔이란 물러가는 것이다. 사물은 끝까지 물러갈 수는 없다. 그러므로 이것을 받는 데 대장(大壯)을 가지고 한다. 사물은 끝까지 장성할 수 없다. 그러므로 이것을 받는 데 진(晋)을 가지고 한다. 진이란 나아가는 것이다. 나아가면 반드시 해침을 받는다. 그러므로 이것을 받는 데 명이(明夷)를 가지고 한다. 이(夷)란 손상되는 것이다. 밖에서 손상을 받은 자는 반드시 그 집으로 돌아온다. 그러므로 이것을 받는 데 가인(家人)을 가지고 한다. 집안을 다스리는 법도가 궁하면 반드시 어긋나게 된다. 그러므로 이것을 받는 데 규(睽)를 가지고 한다. 규는 어긋나는 것이다. 어긋나면 반드시 어려움이 있다. 그러므로 이것을 받는 데 건(蹇)을 가지고 한다. 건이란 어려운 것이다. 사물은 끝까지 어려울 수만은 없다. 그러므로 이것을 받는 데 해(解)를 가지고 한다.

해란 완만한 것이다. 완만하면 반드시 잃게 마련이다. 그러므로 이것을 받는 데 손(損)을 가지고 한다. 손해를 계속 보면 반드시 유익하게 된다. 그러므로 이것을 받는 데 익(益)을 가지고 한다. 이익을 계속 보면 반드시 결렬된다. 그러므로 이것을 받는 데 쾌(夬)를 가지고 한다. 쾌란 결렬하는 것이다. 결렬하면 반드시 만나는 바가 있다. 그러므로 이것을 받는 데 구(姤)를 가지고 한다. 구란 만나는 것이다. 사물은 서로 만난 후에야 모인다. 그러므로 이것을 받는 데 췌(萃)를 가지고 한다.

췌란 모인다는 것이다. 모여서 올라가는 것을 오른다고 한다. 그러므로 이것을 받는 데 승(升)을 가지고 한다. 계속 오르기만 하면 반드시 곤경에 빠진다. 그러므로 이것을 받는 데 곤(困)을 가지고 한다. 위에서 곤궁한 자는 반드시 아래로 돌아온다. 그러므로 이것을 받는 데 정(井)을 가지고 한다.

정(井)의 도는 혁신하지 않을 수 없다. 그러므로 이것을 받는 데 혁(革)을 가지고 한다. 사물을 혁신시키는 데 정(鼎)만한 것이 없다. 그러므로 이것을 받는 데 정(鼎)을 가지고 한다. 기구를 주관하는 자로는 맏아들만한 자가 없다. 그러므로 이것을 받는 데 진(震)을 가지고 한다. 진이란 움직이는 것이다. 사물은 끝까지 움직일 수 없어서 머무르게 된다. 그러므로 이것을 받는 데 간(艮)을 가지고 한다. 간은 머무르는 것이다. 사물은 끝까지 머무를 수가 없다. 그러므로 이것을 받는 데 점(漸)을 가지고 한다. 점이란 나아가는 것이다. 나아가면 반드시 돌아온다. 그러

井道不可革 故受之以革
革物者莫若鼎 故受之以
鼎 主器者莫若長子 故
受之以震 震者動也 物
不可以終動 止之 故受
之以艮 艮者止也 物不
可以終止 故受之以漸
漸者進也 進必有所歸
故受之以歸妹 得其所歸
者必大 故受之以豊 豊
者大也 窮大者必失其居
故受之以旅 旅而无所容
故受之以巽 巽者入也
入而後說之 故受之以兌
兌者說也 說而後散之

故受之以渙 渙者離也
物不可以終離 故受之
以節 節而信之 故受之
以中孚 有其信者必行
之 故受之以小過 有過
物者必濟 故受之以旣
濟 物不可窮也 故受之
以未濟終焉

므로 이것을 받는 데 귀매(歸妹)를 가지고 한다.

돌아갈 곳을 얻는 자는 반드시 크게 된다. 그러므로 이 것을 받는 데 풍(豊)을 가지고 한다. 풍이란 큰 것이다. 큰 것이 궁하면 반드시 그 자리를 잃는다. 그러므로 이것을 받는 데 여(旅)를 가지고 한다. 여행을 가서 있을 곳이 없 다. 그러므로 이것을 받는 데 손(巽)을 가지고 한다. 손이 란 들어가는 것이다. 들어간 후에야 기뻐할 수 있다. 그러 므로 이것을 받는 데 태(兌)를 가지고 한다. 태란 기뻐하는 것이다. 기뻐한 후에야 흩어진다. 그러므로 이것을 받는 데 환(渙)을 가지고 한다. 환이란 떠나는 것이다.

사물은 끝까지 떠날 수 없다. 그러므로 이것을 받는 데 절(節)을 가지고 한다. 절도가 있기에 믿게 된다. 그러므로 이것을 받는 데 중부(中孚)를 가지고 한다. 믿는 자는 반드 시 행한다. 그러므로 이것을 받는 데 소과(小過)를 가지고 한다. 사물을 지나치는 자는 반드시 구제한다. 그러므로 이것을 받는 데 기제(旣濟)를 가지고 한다. 사물은 궁할 수 가 없는 것이다. 그러므로 이것을 미제(未濟)로 받아서 끝 을 맺는 것이다.

잡괘전(雜卦傳)

〈주자어류(朱子語類)〉 77에 말하기를, "서괘·잡괘는 그리 중요한 것은 아니다."고 하였으나 잡괘 속에는 정밀한 이론도 있다고 한다. 원(元)나라의 용인부(龍仁夫)가 말하기를, "〈좌전〉 속에, 둔(屯)은 굳고 비(比)는 들어간다고 한마디로 괘의 성격을 말한 예도 있어서 잡괘 역시 낡은 점서(占書)의 한 종류이다."고 하였다.

건(乾)은 강건하고 곤(坤)은 유순하다. 비(比)는 즐겁고 사(師)는 근심이 있다. 임(臨)과 관(觀)은 뜻을 주기도 하고 구하기도 한다. 둔(屯)은 나타나서 제자리를 잃지 않는다. 몽(蒙)은 섞여서 나타난다. 진(震)은 일어나는 것이다. 간(艮)은 머무르는 것이다. 손(損)과 익(益)은 성하고 쇠하는 시초이다. 대축(大畜)은 때이고 무망(无妄)은 재앙이다. 췌(萃)는 모이는 것이고 승(升)은 오지 않는 것이다. 겸(謙)은 가벼운 것이고 예(豫)는 게으른 것이다. 서합(噬嗑)은 먹는 것이고 비(賁)는 색이 없는 것이다. 태(兌)는 나타나는 것이고 손(巽)은 숨어 엎드리는 것이다. 수(隨)는 옛 것이 없는 것이고 고(蠱)는 잘 다스리는 것이다. 박(剝)은 벗겨져 떨어진다는 것이고 복(復)은 되돌아오는 것이다.

乾剛坤柔 比樂師憂 臨觀之義 或與或求 屯見而不失其居 蒙雜而著 震起也 艮止也 損益盛衰之始也 大畜時也 无妄災也 萃聚而升不來也 謙輕而豫怠也 噬嗑食也 賁无色也 兌見而巽伏也 隨无故也 蠱則飭也 剝爛也 復反也 晉晝也 明夷誅也 井通而困相遇也 咸速也 恒久也 渙離也 節止也 解緩也 蹇難也 睽外也 家人內也 否泰反其類也 大壯則止 遯則退也 大有衆也 同人親也 革去故也 鼎取新也 小過過也

中孚信也 豊多故也 親
寡旅也 離上而坎下也
小畜寡也 履不處也 需
不進也 訟不親也 大過
顚也 姤遇也 柔遇剛也
漸女歸待男行也 頤養正
也 旣濟定也 歸妹女之
終也 未濟男之窮也 夬
決也 剛決柔也 君子道
長 小人道憂也

진(晉)은 낮이고 명이(明夷)는 베는 것이다. 정(井)은 통하고 곤(困)은 서로 만나는 것이다. 함(咸)은 빠른 것이고 항(恒)은 오래되는 것이다. 환(渙)은 떠나는 것이고 절(節)은 멈추는 것이다. 해(解)는 완만한 것이고 건(蹇)은 어려움이다. 규(睽)는 밖이고 가인(家人)은 안이다. 비·태(否泰)는 그 종류와 반대된다. 대장(大壯)은 머무른다는 것이고 둔(遯)은 물러가는 것이다. 대유(大有)는 많은 무리이고 동인(同人)은 친한 것이다. 혁(革)은 옛 것을 버리는 것이고 정(鼎)은 새로운 것을 취하는 것이다. 소과(小過)는 지나치는 것이고 중부(中孚)는 믿는 것이다. 풍(豊)은 옛 것이 많은 것이고 친함이 적은 것은 여(旅)이다. 이(離)는 올라가고 감(坎)은 내려가는 것이다. 소축(小畜)은 적은 것이고 이(履)는 처해 있지 않은 것이다. 수(需)는 무모하게 나아가지 않는 것이고 송(訟)은 친밀하지 않은 것이다.

대과(大過)는 전복되는 것이다. 구(姤)는 만나는 것이니 유(柔)가 강(剛)을 만나는 것이다. 점(漸)은 여자가 시집가기 위하여 남자를 기다리는 것이다. 이(頤)는 바른 것을 기르는 것이고 기제(旣濟)는 정해지는 것이다. 귀매(歸妹)는 여자의 끝이고 미제(未濟)는 남자의 궁해짐이다. 쾌(夬)는 결단하는 것이니 강(剛)이 유(柔)를 결단시키는 것이다. 군자의 도는 성장하고 소인의 도는 근심스러운 것이다.

부록

현대 역점 · 사상으로서의 〈주역〉

1. 현대 역점(現代易占)
2. 사상(思想)으로서의 〈주역〉

상괘 하괘	1〔天〕☰	2〔澤〕☱	3〔火〕☲	4〔雷〕☳	5〔風〕☴	6〔水〕☵	7〔山〕☶	8〔地〕☷
1〔天〕☰	乾爲天	澤天夬	火天大有	雷天大壯	風天小畜	水天需	山川大畜	地天泰
2〔澤〕☱	天澤履	兌爲澤	火澤睽	雷澤歸妹	風澤中孚	水澤節	山澤損	地澤臨
3〔火〕☲	天火同人	澤火革	離爲火	雷火豐	風火家人	水火旣濟	山火賁	地火明夷
4〔雷〕☳	天雷无妄	澤雷隨	火雷噬嗑	震爲雷	風雷益	水雷屯	山雷頤	地雷復
5〔風〕☴	天風姤	澤風大過	火風鼎	雷風恒	巽爲風	水風井	山風蠱	地風升
6〔水〕☵	天水訟	澤水困	火水未濟	雷水解	風水渙	坎爲水	山水蒙	地水師
7〔山〕☶	天山遯	澤山咸	火山旅	雷山小過	風山漸	水山蹇	艮爲山	地山謙
8〔地〕☷	天地否	澤地萃	火地晉	雷地豫	風地觀	水地比	山地剝	坤爲地

1. 현대 역점(現代易占)

오랜 역사를 가진 인류의 생활에서 문화, 문명, 과학은 눈부신 발전을 거듭하였으나 인간 그 자체는 아무 변화도 없었다. 역경(易經)은 인간생활의 경험을 통하여 얻은 경험철학(經驗哲學)이다.

몇 천 년 전의 성격이 현대생활에서 그대로 아무 저항 없이 받아들여지는 것처럼 이 역경도 현대생활에 유효한 가치를 인정받게 되어 그 진가를 발휘하고 있다.

미신이라고 오해를 받게 된 것은 역경에서 파생된 신비성 때문이다. 그러나 역경은 어디까지나 자연의 이치를 근거로 한 것이기 때문에 극히 과학적이라고 할 수 있다.

여기서는 역경을 현대화시켜서 64괘(卦)의 하나하나에 인생의 가능성을 12종류로 분류하여 생각해 보았다. 물론 역경 그 자체를 근거로 하였기 때문에 비약적인 해석은 없을 것이다.

12종류라는 것은 인생의 전부를 나타내는 범주는 아니다. 그러나 우리 생활과 아주 밀접한 관계를 갖고 있는 사항들로, 전반적인 운세를 비롯하여 사업, 교섭과 거래, 금전, 연애, 결혼, 건강, 분실물 및 여행과 이전, 소원, 취직, 입학, 그리고 기후이다. 그런데 역점(易占)이란 유추의 세계에 속하기 때문에 그밖의 것에 대해서도 해석의 가능성과 자유로운 추리를 남기고 있다.

이 책은 몸을 지키는 하나의 수양서로서, 또한 미래를 내다보는 예언서로서 그 가치를 지닐 것이다. 어떤 문제에 부딪쳐서 혼자 괴로워할 때 부담 없이 읽는다면 가장 진실한 교훈과 충고를 얻을 것이다. 그러나 결국 결단을 내리는 것은 당신 자신이다.

점치는 방법

정식으로 점치는 방법에 대해서는 해제(解題)에 자세히 설명하였으므로 참조하기 바란다. 여기서는 누구나 손쉽게 점칠 수 있는 방법을 설명하겠다.

동전으로 치는 점

먼저 6개의 10원짜리 동전을 두 손 안에 몰아넣고 잘 흔든다. 그리고 자기가 점을 치고자 하는 문제를 정하고 조용히 숨을 죽인다. 머릿속에서 진지하게 생각한 다음에 1개씩 뽑아낸다. 뽑아낸 것은 앞뒤를 정하여 반드시 밑에서부터 위로 순번대로 놓는다. 앞면이 양(陽 : ―)이고 뒷면이 음(陰 : --)이다. 양과 음이 6개가 배열되면 64괘 중에 한 괘가 나오는 것이다. 그런 다음 괘를 찾아서(300쪽 도표 참조) 해답을 구하면 된다.

만일 6개가 없으면 1개를 가지고 여섯 번 되풀이하면 된다. 이때도 밑에서 위로 배열시켜야 한다. 밑에서부터 괘를 놓는 이유는 역(易)의 규칙이지만 자연법칙에 따라 생각해 봐도 타당한 이유가 된다. 모든 초목(草木)의 싹이 밑에서부터 나오고 그것이 성장하여 위로 뻗는 원리에서 볼 수 있다. 지구가 회전하여 하루가 끝나고 4계절이 바뀌어서 1년이 끝난다. 이런 의미에서 역(易)의 괘도 밑에서 위로 오르는 것이 당연하다.

1. 건위천(乾爲天) ☰

건(乾)은 굳세고 강건하다는 뜻이다. 하늘이 넓고 무한히 큰 것처럼 올바른 사람은 앞이 막히는 일 없이 정정당당히 나아갈 수 있는 것이다. 사람은 항상 원만성을 몸에 지니고 건실하게 정도(正道)를 밟아가지 않으면 안 된다.

운세_ 건(乾)은 무한히 큰(元) 하늘을 의미한다. 또한 위대한 부친을 의미한다. 이 괘는 전부가 양효(陽爻)로 되어 있어서 역경(易經)에서는 여섯 마리의 용(龍)이 하늘을 나는 모습으로 비유하고 있다. 또한 "군자는 노력을 쉬지 않는다."는 대상(大象)의 말은 언제나 건강하고, 일상생활에서는 게으르지 않으며, 꾸준히 행동함으로써 현실을 뚫고 나아가 무사히 지날 수 있다는 것을 의미한다. 운기(運氣)는 향상되어 오르지만 실질이 따르지 못하는 때이다. 관념만이 공전하는 일이 많고 발이 땅에 붙어 있지 않은 들뜬 상태이다.

사업_ 물질적으로는 속이 비어서 아무 보답이 없다는 뜻을 갖기 때문에 사업, 상담, 재정면에서 실질적인 결과는 그리 쉽게 나타나지 않는 때이다. 특히 사업면에서는 인재가 너무 많다든가 그렇지 않으면 행동이 수반되지 않는 우유부단한 의견만이 많아서 실행이 안 되는 때이다.

교섭과 거래_ 서서히 부드럽게 앞으로 나아가는 것이 좋다. 목적 없이 맹목적으로 나간다면 실패한다든가 혹은 시비에 말려들게 된다. 따라서 꾸준히 쉬지 않고, 인내성을 가지고 이끌어나간다면 당장 눈앞에서 성사되기 힘들 듯한 일이라도 언젠가는 결실을 볼 때가 반드시 있을 것이므로 참아야 한다.

금전_ 지금 당장 내 손에 돈이 들어올 것인지, 점치기에는 좀 무리한 일이다. 서서히 상대방에게 이야기해 보는 게 좋을 것이다. 또한 촌각을 다투는 때일지라도 두 시간 아니면 다섯 시간 정도 길게 잡아서 상대방에게 여유 있게 말해 본다.

현재의 일상생활에 있어서의 자금 사정은 이만하면 그럭저럭 꾸려나갈 정도이나, 장사꾼은 돈 융통이 잘 안 되어 앞이 막히고 있는 때이다.

연애_ 이 괘의 경우라면 연애는 찬성할 수 없다. 서로가 성격이 비슷하고, 너무 기질이 강한 편인데다가 성질이 급해서 연애의 분위기도 없으니, 아늑하고 상냥한 기분을 맛보지 못한다.

결혼_ 성사가 안 되는 수가 많은 편이다. 남자는 결혼보다 생활안정이 앞선다고 본다. 그러나 여성이 상대편 남성을 점쳐 볼 경우에는 의외로 믿음직한 활동가의 괘가 나온다. 반대로 남자가 상대편 여성을 점쳤을 때는, 건(乾)은 남성의 괘이기 때문에 여러 가지 점에서 무미건조한 타입의 상대로 나타난다.

건강_ 전염성·유행성의 병에 걸린다. 신경통, 류머티즘, 식욕부진, 변비, 신경과민, 수면부족 등의 의미도 있다. 중병에 걸린 사람이나 오랫동안 병상에 누워 있는 사람에게는 위험한 때이다.

분실물_ 찾기 어려운 때이니, 불가능하다고 생각해 두는 편이 좋을 것이다.

여행과 이전_ 단체 여행, 또는 무리를 지어서 비교적 번화한 곳으로 여행한다. 이사할 필요성에 처해 있는 사람이라도 2개월 또는 5개월 뒤에 가서 이사할 곳을 물색해 봐야 한다. 사무실 이전 관계라면 빨리 물색할 때이다.

가출인_ 집나간 사람을 찾아내는 경우는 사람들의 왕래가 많은 번화한 곳을 골라 짐작이 가는 곳에서 찾으면 찾을 수 있다.

소원_ 무리를 하지 않고 꾸준한 인내성을 가지고 때를 기다리고 있으면 기회가 온다.

취직_ 견실한 근무, 예를 들면 시청·구청·학교 등과 같은 공무원 관계라면 비교적 잘 될 때이다.

입학_ 일류학교를 지망해도 좋을 때라고 본다. 좋은 운세를 타고 있다. 그렇지만 방심하여 마음을 놓고 있으면 안 된다. 왜냐하면 경쟁자가 많은 때이기 때문이다.

기후_ 푸른 하늘의 좋은 날씨이다. 여름철이면 가뭄 때이고 가을이면 맑게 갠 아주 청명한 하늘이다. 겨울이라면 대단히 추운 날씨로 곳에 따라서 큰 눈이 온다.

2. 곤위지(坤爲地)

곤(坤)은 조용하다·부드럽다·따르다·순종한다는 뜻이다. 자기 스스로 행동하는 적극성이 아니라 남을 따르는 것을 뜻한다. 가축의 암컷처럼 남을 잘 따르는 것은 순종의 덕을 표현한다. 그 때문에 이것은 모든 행동에 있어서 남보다 앞장서서 나아가는 것이 아니라

뒤따르므로 여자로서의 입장을 지키는 것이다. 서남(西南)은 곤의 방향이며, 음(陰)이다. 동성을 의미한다. 서남의 방향으로 간다면 동성의 협력을 얻을 수 있으나, 동북은 간(艮)으로서 남성을 의미하는데 동북으로 간다면 친구들과 헤어진다. 남편 하나만을 의지하여 정조를 지킨다면 그것으로 또 평안함을 얻는다. 여성은 남편에 따라서 자기가 의지할 곳과 여자라는 순종의 자각을 얻게 된다.

운세_ 곤은 한없이 넓고 넓은 대지를 뜻한다. 대지는 모든 것을 담아서 육성시키고 성장시키는 것이 그 덕이라 하겠다. 또 곤에 어머니의 뜻이 있는 것은 대지가 물건을 양육하는 것에서 연유한다고 본다. 조용하고 잠잠하며, 온순하다는 것이 이 괘의 가장 좋은 진퇴의 방법이다. 우선 어떤 일이라도 앞서기보다는 사람에게 쓰이게 되고 또 그 명령을 받아서 일하는 것이 좋은 때이다. 그렇지만 친척들을 돌봐주어야 할 일이 많은 때이므로 고생도 있을 괘이다.
사업_ 바쁘게 서두르지 말고 남들과 상의한다면 좋은 때이다. 또 좋은 힘이 될 의논 상대가 생긴다. 새로운 사업을 시작한다든지 확장한다든지 적극적으로 나아갈 때가 아니다. 모든 점에서 현실을 건실하게 유지하는 것이 중요하다.
교섭과 거래_ 서로 주저하는 마음이 있으며, 또 자기에게도 우유부단한 점이 있기 때문에 뜻대로 잘 되지 않을 때이다.
금전_ 풍부하지는 못한 편이지만 그렇다고 부족한 것도 아니다. 그러나 교제에 있어서 드는 비용이 아깝다고 인색해서는 안 된다.
연애_ 서로간에 아직도 마음이 결정되어 있지 않다. 이대로 나간다면 흐지부지되고 만다.

결혼_ 남성 쪽에서 여성을 봤을 때는 화려하지 않고 좀 검소하지만, 가정생활을 오래 해가면 차차 좋은 아내가 될 타입으로 느껴질 것이다. 그러나 여성 쪽에서 볼 때 남자는 좀 지저분하게 느껴진다.

건강_ 대체로 소화기 계통의 질환이 있다. 티푸스 등의 전염병이나 구토, 설사가 있을 때이다. 또 보통 일상생활에 있어서는 과로나 가벼운 노이로제 등이 생긴다.

분실물_ 집 안에서는 이불 속이나 다락 안, 또 많은 물건이 쌓인 곳에 두는 수가 있으며, 찾을 때는 서쪽이나 서남쪽에서 찾으면 된다. 밖에서 잃어버린 것은 찾을 가망이 없으리라고 본다.

소원_ 오래 기다리는 마음만 있으면 머지않아 소원이 성취될 것이다. 단기간으로 잡아서 3일이나 3개월, 길게 잡아서 3년 정도로 생각해 두도록 하라.

취직_ 우선 어디에 취직해야 좋을지 마음이 엇갈리어 헤매고 있을 때이다. 그러므로 양식을 가진 사람에게 상의한 후에 정하는 편이 좋다. 장사관계, 토지, 부동산 방면의 일에 종사하는 것이 좋다고 하겠다.

입학_ 목적이 너무 많아서 아직까지 결정을 내리지 못하고 있을 때이다. 문제는 자기 자신의 혼란된 마음을 하루속히 없애버리는 데 있다. 게다가 자기의 목적과 부모의 희망이 일치하지 않는 경우도 생긴다.

기후_ 대체적으로 흐리다. 여름은 대단히 무더운 날씨여서 진땀이 흐를 정도이다.

3. 수뢰둔(水雷屯) ☵☳

둔(屯)은 정체하는 것이니 고민 속에서 몸부림친다는 의미가 있다. 겨울철의 대지 속에서 새싹이 봄을 기다리고 있는 모습이다. 이런 때는 무조건 앞으로 나아가지 말고 때가 오기를 기다려야 하며, 실력자를 믿고 협력을 구한 후에 비로소 행동을 개시해야 한다.

운세_ 둔은 인간의 세계에서 그 예를 찾는다면, 애정에 의하여 장남이 태어난 기쁨과 함께 성장해 갈 아이를 바라보는 양친의 걱정이나 고민을 들 수 있다. 물체가 성장하는 과정의 곤란성을 말하는 것이다. 예컨대 옷감을 짜는 데 있어서 날실을 고정시키고 씨실[橫絲]을 짜들어가는 것과 같이 세로와 가로의 조직을 처음부터 확고하게 갖추어두지 않으면 안 된다는 뜻이다. 이것은 한 나라, 회사, 가정에 있어서도 동일하다.

그러므로 이 괘가 당장 좋다고 하는 판단을 내릴 수는 없다. 큰 희망이나 목적이 있으나 아직 시운이 성숙되어 있지 않기 때문에 상담의 상대나 협력자들과 함께 행동으로 옮아가는 시기를 기다려야 한다. 만일 당신이 혼자서 행동하고자 한다면, 도저히 효과를 거둘 수 없을 것이다. 단독으로는 손이 모자라서 일을 처리하지 못하는 상태이기 때문이다.

또 반대로 당신에게 힘이 있어서 다른 사람으로부터 부탁을 받는 일이 있을 경우에는 서슴지 않고 받아서 협력해 준다면 나중에 가서 행운을 얻게 된다. 아무튼 이 점괘가 나올 때는 인재 등용이 중요하며, 또 훌륭하고 좋은 사람이 얻어지는 때이다.

사업_ 다사다난한 때이다. 그래서 인내와 노력이 필요하다. 그러나 인내와 노력이 필요하다고 해서 용기를 상실해서는 안 된다.

교섭과 거래_ 뜻대로 일이 되지 않는다. 상대방에게 책략이 있든가 혹은 상대방 자체가 내부적으로 곤란한 문제를 가지고 있는 상태이다. 어떻든 좋은 결과는 얻지 못하는 때이기 때문에 자중하여 신중히 행동해야 한다. 설사 상대방이 의견을 갖고 온다 하더라도 그다지 희망을 가질 수 없는 때이다.

금전_ 일상생활에서는 이만하면 부족함이 없는 정도라고 할 수 있다. 그러나 당신이 투자한 출자금을 회수하지 못하여 곤란한 문제도 생기는 때이다.

연애_ 서로 입장을 달리하는 연애가 많기 때문에 곧 결합되는 상태는 아니다. 지금 형편은, 어떻게 하면 좋을지 생각에 잠겨 있는 상태이다. 사랑을 끝맺기 위하여 앞으로 나아가자니 생활 문제가 가로막는 때이다.

결혼_ 이쪽에서 자진하여 적극적으로 나갈 만큼 좋은 상대는 아니다. 일이 생각대로 잘 진행되지 않을 것이므로 단념하는 편이 좋다.

건강_ 각기(脚氣), 심장장애, 구토, 월경불순, 소화불량, 가슴앓이 등이 생긴다. 대체적으로 몸이 차가워지는 때가 많기 때문에 보온에 조심하도록 하라.

분실물_ 좀처럼 발견하기가 어려울 것이다. 집 안에 있는 물건도 찾기 어려운 때이다. 하지만 햇볕이 드는 밝은 쪽에서 찾아보면 간혹 찾을 수도 있다. 또 이미 남의 손에 넘어간 경우도 많다.

여행과 이전_ 여행은 하지 않는 편이 좋을 때이므로 간 곳에서 재미

없는 일이 생긴다. 이전 또한 지금 당장 하지 못할 상태에 놓여 있다. 이사를 간다 하더라도 좋은 일은 생기지 않는다.
소원_ 처음에는 곤란하다. 참을성이 필요하다. 물론 한 사람의 힘으로는 달성이 힘들다. 협력자를 구해 보도록 하라.
취직_ 현재로서는 무리이고 가망이 없다. 연줄이 있으면 그 연줄을 타서 선배에게 부탁하는 편이 좋을 것이다.
입학_ 지망하는 학교에는 합격되기 힘들다. 반 년 동안의 공부 여하에 따라 가능성이 생길 것이다. 그때 다시 점을 쳐보도록 하라.
기후_ 대체로 흐리다고 보는 편이 맞다. 지방에 따라서 다소 비가 내리며, 곳에 따라서 안개도 낀다. 산악지방에서는 구름이 산을 둘러싸고 있으니 앞을 내려다볼 수가 없을 것이다.

4. 산수몽(山水蒙) ☷

몽(蒙)은 젊음, 아동, 확인하기 어려움, 밝지 않음과 같은 의미가 있다. 산기슭에 샘물이 솟아올라 물기가 가득 차서 안개로 변하고, 주위의 상황을 똑똑히 확인하기 어렵게 되어 몽롱하게 흐려지고 있는 상태이다. 또 다른 경우로 본다면 선생 쪽에서 학생에게 질문하는 것이 아니라 학생이 선생에게 가르침을 구하고 계몽을 받는 것이다.

학문에 진실한 태도가 필요한 것처럼 점칠 때는 그 일에 신뢰감을 가지고 행해야 할 것이다. 두 번이나 세 번씩 점(占)을 거듭하는 것은 자기의 점에 대한 성실성을 잃는 것이므로 정확한 답을 구하지 못할 것이다.

운세_ 몽은 현재 컴컴하고 뻗어나가지 못하는 상태를 말한다. 또한 고민 속에 빠져 있는 모습 그대로이다. 따라서 보통의 운수에서 말하는 전망을 세우기가 곤란한 때이기 때문에 경솔한 행동을 삼가지 않으면 안 된다. 아이가 선생님에게 가르침을 구하는 것처럼 선배나 윗사람의 의견을 듣지 않으면 안 되는 때이다. 또 실력자와 힘을 합쳐간다면 그럭저럭 앞날의 전망도 밝아지고 일에 대한 방침도 정해질 것이다. 결코 나쁜 운은 아니지만, 확실한 계획을 세울 수 없다든지 전망이 서지 않는다든지, 일에 대한 계산이 애매모호할 때는 나쁜 쪽으로 기울지 않을 수 없다.

사업_ 자기 단독으로 하는 경우에는 역시 윗사람의 의견을 듣고 계획을 세워야 한다. 공동사업의 경우라면 상대편은 열렬한 태도로 나오지만, 자기편에 곤란한 사정이 있다든가, 그 일에 대하여 확고부동한 결정을 내리지 못한 상태에 놓여 있는 때이다.

교섭과 거래_ 이쪽에서 진퇴양난에 빠져서 앞으로 나아가지 못하는 사정이 있을 때이다. 내부 정리를 하여 내부의 유능자에게 교섭을 담당시키는 편이 성공률이 크다. 모든 일에 있어서 진취적이지 못하면 지출이 많든가 예상에 착오가 많아진다.

금전_ 내부에 보이지 않는 허(虛)가 많은 때이다. 용도가 분명치 않은 지출이 증가해 간다. 수입을 늘리려고 하기보다는 장부의 점검이 더 중요한 때이다.

연애_ 현재의 마음은 애매한 상태이다. 적극적으로 행동할 마음가짐도 없을 때이다. 상대편은 적극적으로 나오지만 자신은 꼼짝달싹

하지 못하는 사정이 있는 때이다.

결혼_ 보통의 노력으로는 쉽사리 성취하지 못한다. 또한 무조건 앞으로 나아가서 이야기를 타결시킬 때도 아니다. 단, 양자를 맞아들이는 일에는 생각한 것보다는 좋은 결과를 얻게 될 때이다. 좋은 자식을 얻는다.

건강_ 병상에 애매한 것이 많을 때이다. 엑스선 촬영으로도 발견하지 못하는 호흡기의 쇠약 등이 있을 때이다. 또 복통, 위장병, 소화불량, 식중독, 월경불순 등이 생기기 쉽다. 때로는 기억상실증도 있을 때이다. 또 귀앓이(耳痛) 등의 병이 생긴다.

분실물_ 대개 집 안에서 일어나고, 찾기가 어려운 때이다. 또 멍청해져서 둔 곳을 잊어버리고 있는 수가 많다.

여행과 이전_ 여행은 중지하는 편이 좋다. 큰 비를 만나서 교통사고를 당하기 쉽기 때문이다. 지금은 이전하기에 좋지 않은 때이다. 예전에 이전으로 인하여 운이 나빠졌다고 생각하였던 일이 없었는지 한 번 돌이켜보도록 하라.

소원_ 당신의 애매한 마음을 분명하게 하여 목표를 명확하게 하는 것이 선결 문제이다. 오래 염원하고 구해서 노력하는 일에는 장래성이 있다. 또 공부와 연구가 중요한 때이다.

취직_ 선배나 유력자에게 조력을 부탁하면 가능한 때이다. 어떤 일이든 혼자 힘으로는 되지 않는 때이니 주의하도록 하라.

입학_ 중학교까지의 하급학교 입학이라면 가능한 때이다. 즉 유치원·초등학교·중학교 등의 입학에는 좋은 괘이다.

기후_ 매우 흐리며, 머리가 짓눌리는 것과 같은 느낌의 날씨이다. 이 괘는 구름이나 안개가 짙고 햇볕이 쬐지 않는 날이다.

5. 수천수(水天需) ☵☰

수(需)는 충분히 기다린다는 뜻이다. 실력이 충분하고, 곤란한 사태라도 돌파해 가는 때를 말한다. 그리고 자기의 진심이 밖으로 나타날 만큼 강력한 것이라면 어떤 어려운 대사업이라도 성공하는 것은 틀림없다.

운세_ 운수는 자기의 희망이나 목적을 지키고 힘을 충실하게 길러서 대기하고 있는 모습이다. 보통 운수로 말하면 싫어도 기다리고 있지 않으면 안 되는 때이다. 예컨대 오늘 일이라면 다섯 시간 뒤, 눈앞의 일이라면 5일, 또 길게 잡았을 때는 5개월 정도가 희망이 달성되는 때에 해당된다. 그러나 이 괘는 생활에 불안감 없이 기다리는 상태이기 때문에 초조하게 생각하거나 당황하지 말고 풍요성을 갖추면 대성할 때이다. 또 수(需)는 식물과 관계가 있는 괘이다. 풍족이란 술을 마시고 연회에서 즐거움을 맛본다는 의미가 있기 때문에 영기(英氣)를 키우기에도 좋은 때이다.
사업_ 당신의 계획, 사업의 장래성은 대단히 유망하다. 그러나 현재 주위의 사정으로 봐서 잠시 동안은 관망하고 있는 것이 상책이다. 현재는 지반을 튼튼히 만들어가면서 기다리라.
교섭과 거래_ 지금 당장 진행되지는 못한다. 상대가 마음속으로 의혹을 품고 있고, 또 좋은 기분으로 받아들이는 마음의 여유가 없는 때이다. 때로는 상대에게 책략이 있을 때이므로 경계를 게을리하지 말도록 하라. 이런 때는 초조하게 생각지 말고 조용히 때를 기다리고 있으면 효과를 기대할 수 있다. 바쁘게 서두르면 분쟁이나 소송이 일어날 가능성도 있을 때이다.

금전_ 일상생활에는 아무 부족함이 없다. 기다리고만 있으면 수입의 길은 서서히 커간다.

연애_ 서로가 곧 결혼하지 못하는 불우한 상태에 있는 괘이다. 4년이고 5년이고 고생을 함께할 각오를 가진 사람이라면 좋다. 생활과 사업의 의미가 강하기 때문에 우선 그쪽에서부터 안정시키는 것이 중요하다.

결혼_ 좋지 못하다. 이쪽에서 속히 성사시키려고 생각하더라도 상대가 관심이 없고 다른 곳에 목적이 있다든지 일이나 입장만을 생각하고 있는 때이다. 이럴 때는 당신도 다른 혼처를 생각해 보는 편이 좋을 것이다. 상대의 인물을 점쳐 봤다면 대단히 성실한 사람이지만 현재 활동하는 입장에 서 있지 않기 때문에 불우한 처지에 놓여 있는 때이다. 그러나 장래에 대단히 큰 희망을 걸고 있는 사람이기 때문에 머지않아 비약적으로 발전할 것이다.

건강_ 복막염, 간경화, 알코올 중독, 변비, 소화불량, 고혈압, 복부에 물이 차는 병, 각혈 등이 생기기 쉽다.

분실물_ 쉽게 나오지 않는다. 집 안 물건은 시간이 흐르면 찾을 수도 있다. 연회·파티 등에서 분실한 물건이라면 주위 사람 중의 누군가가 잘 알고 있는 경우도 있을 것이다.

여행과 이전_ 여행은 상업상의 용무라도 지금 가면 목적 달성이 안 된다. 놀러가는 여행도 날짜를 늦추는 편이 즐거운 여행이 된다. 빨리 가면 비를 맞거나 서로 만나지 못하는 수가 생긴다. 이사는 우연히 적합한 집이 발견될 때까지 기다리는 것이 좋다.

소원_ 조급히 해결하고 싶어하는 것은 달성이 안 된다. 긴 시간을 두고 공을 쌓아올린 것이라면 달성될 것이다. 그러나 이 괘의 경우 기다리고 있으면 좋을 줄 알지만 당장 마음이 조급해지는 때이기 때문에 자중하지 않으면 곤란 속에 빠져들어가 헤어나지 못할 염려가 있다.

취직_ 마음을 여유있게 가지고 운동하는 것이 상책이다. 회사 내부에서 자리를 옮기고 싶은 의향을 갖게 되더라도 덤비지 말고 가만히 대기하고 있는 것이 좋다.

입학_ 단기간의 노력으로 실력이 생긴다면 정식으로 응시해 볼 수도 있으나, 대개는 보결 등을 생각해야 할 때이다.

기후_ 구름이 있어서 비가 내릴 것처럼 느껴지지만, 좀처럼 내리지 않는다. 곳에 따라서 부분적으로 잠깐 비가 내리는 정도이다.

6. 천수송(天水訟)

송(訟)은 호소(訴)한다는 뜻이다. 소송(訴訟)이란 진술하여 옳고 그름을 다투는 것을 말한다. 자기편이 아무리 옳다고 생각되는 이유가 있어도 끝까지 자기 주장만 관철하려 든다면 반대로 상대를 화나게 하고, 결과적으로 자기를 불리하게 하는 수가 있다. 자기의 의견이 통할 때까지 마음을 너그럽게 하여 화기(和氣)를 갖고 교섭을 계속해 나가면 머지않아 상대도 그것을 인정할 때가 올 것이다. 앞을 내다보는 선견지명이 있는 제3자의 의견을 일단 들어보는 것이 좋다. 그러나 지금은 결코 앞으로 나아갈 때가 아님을 명심해야 한다.

운세_ 송은 상대와 자기의 의견이 완전히 다르므로 화해를 구하지 못할 때이다. 아무리 이쪽에서 호소해도 상대편에서 받아주지 않는다. 이 괘의 경우는 자기의 기분이나 태도를 돌연히 바꾸어서 상대편에 동조하든지, 주위의 분위기에 융합하여 화기에 찬 기분을 갖는 것이 현재의 불리한 상태로부터 빠져나가는 길이다.

그러나 보통 이 괘가 나올 경우는 서로가 싸움을 하고 있든가 내부의 대립이 심한 때이다. 혹은 소송이나 재판 문제가 진행되고 있는 때이다. 아무튼 금전 문제로부터 분쟁이 일어나기 쉽기 때문에 모든 일에 주의를 기울이지 않으면 안 될 때이다. 꼭 자기 자신의 의견을 상대에게 이해시키려면 냉정하고 질서정연하게 이론적으로 진술하여야 들어줄 것이다.

사업_ 실력에 부합한 일이라면 아무 탈이 없겠지만, 자기 분수에 맞지 않는 일에 착수한다면 실패하기 쉽다. 따라서 빨리 그 일에서 손을 떼는 편이 좋을 때이다. 견적서·계약서, 그밖의 일로 당신에게 불리한 문제가 생긴다. 한 번 점검해 보는 것이 좋다.

교섭과 거래_ 자기 혼자서 고립된 입장을 취하면 불리할 때이다. 남들이 하고 있는 것을 보고 일을 무리하게 진행시키지 말고 적절하게 매듭을 짓는 요령이 필요하다. 이런 때, 어떤 일이 있어도 해야 한다는 마음가짐은 결과를 좋지 못한 방향으로 이끌 것이다. 또 실력자로 하여금 타협을 짓도록 해주는 것도 하나의 수단이다.

금전_ 지금 당장 원하고 있는 것은 들어오지 않으며 반대로 착오가 많이 생기는 때이다.

연애_ 연인들 사이에 하찮은 의견대립이 일어나는 때이다. 그러나 서로 다툰다 하더라도 손실만 입기 때문에 당신 스스로 태도를 명랑하게 하고 상대에게 동조한다면 그 고민은 해소될 것이다. 또 이 괘가 나올 때는 자기와 환경이 달라서 결혼하지 못할 상대와 연애하는 경우이다.

결혼_ 두말할 것 없이 좋지 않다. 분쟁을 내포하는 괘이기 때문에 가정의 심한 불화를 의미한다.

건강_ 발이 차고 머리에 열이 있을 때가 많아서 가슴이 꽉 막힌다. 또 소화불량, 치질, 성병이 있을 때이며, 여성은 월경과다증이 있을 때이다. 그러나 의사의 진단에 흔히 착오가 생길 때이므로 전문의나 큰 병원에 가서 한 번 더 진찰을 받아보는 편이 좋다.

분실물_ 도둑을 만나 없어지는 경우가 많을 때이다. 남의 손을 거쳐서 찾게 되니 경찰에 빨리 신고하는 일이 중요하다. 집 안에서 없어진 물건은 자기가 잘못 생각한 경우가 많다. 큰 물건 밑에 깔려 있는 경우도 있기 때문이다.

여행과 이전_ 여행은 가도 즐겁지 않고, 비를 만나서 꼼짝달싹 못하는 일이 있을 것이다. 이사는 전혀 가망이 없고, 해서도 안 된다.

소원_ 지금은 달성되지 않는다. 시기를 기다릴 수밖에 없다. 또 당신의 희망과 목적에 관하여 재검토해 볼 필요가 있을 때이다.

취직_ 자기의 성질에 남들과 동화되지 못하는 점이 있는 탓으로 때를 놓치는 경우가 많다. 직업별로는 변호사, 외과의사 등 특수한 기능을 갖추고 있는 사람은 좋다. 전업과 개업은 뜻대로 되지 않을 때이다. 한다고 해도 틀림없이 실패하는 결과를 낳는다. 차라리 현재의 직업 그대로 있는 편이 좋다.

입학_ 가망성이 없다. 당신 자신이 지망한 학교를 재검토해 보도록 하라. 실력이 따를 수 있는지 어떤지를 잘 생각해야 한다. 이류학교라면 가능하다.

기후_ 하루가 그리 큰 변화가 없다. 날씨는 개었지만 장기적으로 보면 순조롭지 못하여 장기간 비가 내리는 곳도 있을 것이다. 겨울이라면 우박이나 싸락눈이 내린다.

7. 지수사(地水師) ☷☵

사(師)는 싸움이다. 싸움이란 것은 함부로 시작해서는 안 된다. 정의를 위하여 부득이 싸우는 일이 있어도 그것을 지도하는 사람이 지(智)·인(仁)·용(勇)을 겸비한 실력자가 아니라면 민중을 지도하는 것은 위험하다.

운세_ 사(師)는 전시상태의 괘이다. 강한 운이지만 어지간히 노력하지 않으면 지도자가 될 수 없다. 또 이 괘를 형(形)으로써 설명하면 지하수이다. 물은 땅 속에서 퍼올려져야 비로소 물의 기능을 다할 수 있는 것이다. 지하수가 지상에 나와서 물의 본래의 일을 다하기까지의 과정과 시간을 깊이 생각하여 판단하도록 하라.

"사는 우(憂)이다."는 말이 있다. 그러므로 많은 사람이 모여드는 때이고 또 사람이 모여들면 경쟁도 심해지고 다투는 일도 일어나기 쉽다. 또 그것이 재판으로까지 비약되는 일도 생길 것이다. 대단한 실력자가 아니고는 이 사태를 무사히 돌파하기 어렵다. 장기 건설의 계획을 세워서 강력한 협력자 또는 조언자를 구해야 한다. 자기 자신의 고민에 대해서도 큰 수술을 필요로 할 때이다.

사업_ 처음의 계약이 중요하다. 이것을 소홀히하면 중도에서, 혹은 처음부터 다시 시작하지 않으면 안 되게끔 결과가 뒤집힌다. 또한 가정 내에서도 화합되기 어려운 상태이며, 회사 내부에서도 풍파가 일어나고 있는 때이다. 원인은 이해가 서로 엇갈리는 데 있다.

교섭과 거래_ 교섭에 나서기에 앞서서 이쪽 마음이 일치되는 것이 선결 문제이다. 그러나 상대방에 성의가 없고, 질질끄는 대로 방치해 둔다면 곤란을 당하는 것은 이쪽뿐이기 때문에 좀 강하게 나가서 무엇인가 결말을 맺지 않으면 안 된다.

금전_ 분에 넘치는 무리를 해서는 안 되는 때이다. 또 사적인 것보다도 공적인 금전 취급에 중점을 두고 신중히 다루어야 한다.

연애_ 사사로운 정과 고민이 많을 때이다. 따라서 순애(純愛)라든지 진실을 구하기에는 무리한 때이다. 우선 서로의 일이 앞선다고 본다. 특히 남성에게는 다정한 괘가 나온다.

결혼_ 좋지 않다. 불화가 일어나기 쉽고 입씨름이 많을 때이다.

건강_ 만성 또는 고질화한 병이 많다. 대체적으로 신장, 식중독, 암, 결석(結石) 등이며, 가벼운 것으로는 소화불량, 유행성으로는 티푸스, 적리(赤痢), 설사 등이다. 심한 통증이 갑자기 오는 수도 있다. 오랫동안 병에 시달린 사람에게는 좀 위험한 때이므로 꾸준히 요양을 계속하도록 하라.

분실물_ 거의 찾지 못한다. 사람에 따라서는 하수구나 냇가 등에 떨어뜨리는 수가 많다.

여행과 이전_ 기쁨을 구하는 여행은 하기 힘들다. 군인이라면 훈련을 위한 이동이 있을 때이며, 야구 선수라면 전지훈련을 위한 이동 등이 있을 때 여행을 하게 된다. 주거에 고민이 있고 안주하지 못할 때이다. 그러나 곧 이사할 수도 없다. 결국은 수입문제 때문에 이사하지 못하고 있는 상태에 놓이게 마련이다.

소원_ 지금 당장은 불가능하다. 노력하여 차차 성공의 길로 들어서게 될 때 성취된다. 처음은 어렵지만 가면 갈수록 쉽게 된다.

취직_ 당신의 목적을 향하여 희망을 잃지 말고 장기간에 걸쳐서 이겨낸다면 성과는 확실하지만, 경쟁자가 많을 때이기 때문에 대개가 도중에서 좌절하기 쉽다.

입학_ 당신이 목표로 삼고 있는 학교는 지원자가 많을 때이다. 힘을 내어 자신을 갖도록 하라. 이과(理科) 계통이 좋다고 본다. 또 법과도 좋고 경찰학교도 좋을 것이다.

기후_ 보통은 흐린 날씨이다. 곳에 따라서 비가 조금 내린다. 여름이라면 무더운 날씨, 장마 때라면 상당히 비가 많을 것이다.

8. 수지비(水地比) ☷

비(比)는 친하다는 의미를 가진다. 사람과 친하게 되는 것은 좋은 일이다. 그러나 구별없이 아무나 친하다고 좋다는 것은 아니다. 점괘(筮)로 점쳐서 신의(神意)를 듣고, 늘 옳은 길을 밟아가고 있는 사람을 선별하는 것이 중요하다. 좋은 사람이 있다고 생각한다면 머뭇거리지 말고 빨리 찾아가서 교분을 두텁게 해두는 것이 중요하다. 만일 당신이 우물쭈물하여 시간만 보낸다면 좋은 기회를 놓치는 결과가 될 것이다.

운세_ 비(比)는 사람과 친하게 된다는 뜻이 있기 때문에 선배는 선배답게, 동료나 친구에게는 친구답게 대접하고 자기의 입장을 잘 분별하여 교제를 구하는 것이 중요하다. 이 괘가 나올 때는 사람도 많이 모이며, 한 목적을 향하여 경쟁도 심할 때이기 때문에 조금이라도 남들보다 빨리 믿을 수 있는 사람에게 가서 협력을 구해야 한다. 의지할 사람을 얻게 되는 시기이다. 또 반대로 상대의 사람을 이쪽에서 구해 주는 일도 있다. 무엇이든지 좋은 일에 대해서는 기선을 제압하여 행동할 수 있는 기력을 키워 두는 일이 중요하다.

사업_ 당신이 원하고 있는 것처럼 주위의 사람들도 그 사업에 주목하고 있을 때이다. 좋은 지도자를 얻으면 사업을 발전시키기 때문에 눈앞의 이윤이 적다 하더라도 행동으로 옮겨야 할 것이다.

교섭과 거래_ 세상은 경쟁과 알력이 심한 것이니, 모든 일에 남이 손을 쓰기 전에 빨리 행동으로 나가면 일이 성사되고 거래가 이루어질 수 있다. 교섭을 위하여 갈 필요가 생기는 때이다. 이런 경우에는 그곳의 실력자를 소개받는 편이 일을 성사시키는 데 큰 효과가 있다.

금전_ 준비하고 있는 돈은 많지 않아도 출자해 주는 사람이 발견되는 때이다. 사업이나 일에 있어서도 노력한 만큼의 효과가 생긴다.

연애_ 여러 상대가 생기기 쉬운 때이다. 상대가 너무 많기 때문에 이리저리 마음이 엇갈려서 망설이는 형편에 있다. 그러나 당신의 신변 가까이에 대단히 친밀한 사람과 다소 먼 곳에 비사교적인 사람이 있을 듯하다. 당신이 착실한 마음을 가진다면 어느 쪽이든 결혼까지 이끌어갈 수 있는 좋은 상대이다. 남성을 점칠 때는 그 주위에 여성이 너무 많아서 여자들에 의하여 포위되어 있는 느낌이다. 여난(女難)을 조심하도록 하라.

결혼_ 사람들로부터 혼인 이야기가 많을 때이지만, 당신 자신이 마음의 결정을 하지 못하였든지 선택에 있어서 이모저모 궁리를 하기 때문에, 일이 순조롭게 되지 못하고 혼담이 성립되어도 결혼까지는 다소 시간이 필요할 때이다.

건강_ 만성적인 병이 많을 때이다. 보통으로 늑막염, 가슴앓이, 소화기의 쇠약 등이다. 늑막에는 물이 생기는 수가 많고 더디게 낫는다. 중병이라면 주의를 요하는 때이다. 이 경우 기력을 충실하게 하는 일이 중요하다.

분실물_ 집 안에서는 다락이나 컴컴한 곳에 있기 쉬운데 쉽사리 찾아내기 어렵다. 또 자기도 모르는 사이에 도둑을 만나서 없어지는 수도 있다. 길가에서 떨어뜨린 것은 저절로 되돌아오는 일도 있다. 근처의 파출소에 가보도록 하라.

여행과 이전_ 여행은 피크닉이나 단체에서 가는 가벼운 여행이라면 무방하다. 골프 등도 즐겁게 할 때이다. 이사해 보고 싶어지는 일이 생기나 주거는 현재대로 당분간 있는 편이 좋을 것이다. 그러나 시골에 땅을 사는 일이나 친척집에 방을 빌리는 일 정도라면 상관없다.

소원_ 생각 외의 일이 성취된다. 그러나 자기 혼자 힘으로는 뜻대로 되지 않는다. 성공시키기 위해서는 반드시 남의 힘을 빌려서 하지 않으면 안 될 때이다.

취직_ 경쟁자가 많은 때이나 당신에게 특기가 있거나 안면이 있는 사람의 소개가 있다면 취직이 된다.
입학_ 경쟁자는 많아도 당신의 실력 정도에 따라서 입학의 가능성이 있다. 자신을 갖도록 하라.
기후_ 적시는 듯 조금씩 비가 내리는 날씨로서 어두운 날이다.

9. 풍천소축(風天小畜) ䷈

소축(小畜)은 조금 쌓는, 조금 저장하는, 즉 저축이란 뜻이다. 일시적으로는 막힌 상태에 있어도 모든 사물은 때가 오면 언젠가는 해결된다. 마치 하늘에 머물러 있는 비나 구름이 서쪽 하늘이 흐려지면 곧 비로 변하여 땅을 축축하게 적시는 것과 같다.

운세_ 소축(小畜)은 흐린 하늘을 보고 있는 것과 같이 우울하고 개운치 않은 마음의 상태이다. 비라도 한바탕 쏟아진다면 마음이 상쾌하겠지만 내릴 듯하면서도 좀처럼 내리지 않는 상태이다. 현재 계획하고 있는 모든 것이 자기 마음대로 즉시 진행되지 않기 때문이다. 다른 의미로는 유치(留置)되어서 좌절하기 쉬운 상태에 있다는 점을 생각해 보도록 하라.

일의 유망성에 대해서는 그리 나쁜 것은 없으나, 내부에서 사정이 있기 때문에 서둘러 하고자 해서는 결코 이롭지 못하다. 그렇다고 아주 나쁜 운수는 아니다. 오히려 물질운(物質運)은 부족함이 없는 때이기 때문에, 이 괘에는 때를 기다리면서 자기의 희망이나 목적을 향하여 끊임없는 노력을 하면 길하다. 또 보수에 대해서도 주는 쪽에서 좀더 주고 싶은 생각을 충분히 가지고 있어도 지금 당장은 그럴 만한 형편이 되지 못하는 때이기도 하다.

그리고 이 괘가 나올 때는 극단적으로 남에게 사양한다든지, 걱정거리가 있어도 입밖에 내지 못하였다든지, 또는 보통 때는 지장이 없으나 무리한 줄 알면서 행동하여 실패하는 때이므로 자중하고 깊이 생각하여 실패가 없도록 해야 한다.

사업_ 물질운도 충분하며, 현재의 일을 유지하는 데 알맞다. 장사관계는 이윤이 생기는 때이다. 그러나 사업확장이나 새로운 사업은 당분간 중지하는 편이 좋을 것이다. 또 여러 가지 의미에 있어서 힘에 겨운 귀찮은 일이 생기기 때문에 자기 뜻대로 잘 되지 않는 때이다. 항상 현상유지에 힘쓰는 것이 좋다.

교섭과 거래_ 늦어지는 경향이 있는 때이다. 대개 눈앞에 닥친 일은 성취가 안 되고, 도리어 분쟁이 되기 쉽다. 상대로부터 교섭이 올 때까지 대기 상태로 있는 편이 좋다.

금전_ 평상시에는 조금도 부자유스러울 것이 없다. 노력가는 저축이 되는 때이다.

연애_ 제자리걸음을 하는 상태여서 일은 진전이 없고 서로간의 기분은 우울하여 마음이 명랑치 못할 때이다. 상대방이 프로포즈해 올 경우, 도중에 누군가에게 제지되어 약속을 지키지 않는 일 등이 생긴다.

결혼_ 정식 혼인 이야기라면 상대에게 까다로운 모친이나 친척이 있기 때문에 성사되기 어려운 상태이다. 그러므로 당분간은 보류해 두는 편이 좋고, 만일 결혼하더라도 부부간에 물질적인 고통은 없지만 기분상 원만치 못한 점이 있다.

건강_ 갑작스런 일 때문에 여러 가지 병을 일으키기 쉽다. 매사가 뜻대로 되지 않기 때문에 히스테리에 걸리기 쉽다. 욕구불만에서 온 신경쇠약, 우울증, 혈행불순, 호흡기의 쇠약, 식도암, 식욕부진 등이며, 오래갈수록 건강을 회복하기 어렵기 때문에 우선 밥맛을 돋우도록 노력해야 한다. 냉수마찰을 하는 것도 좋다.

분실물_ 혹시 물건 사이에 끼여 있지 않은지 또는 다락이나 창문 가까운 곳을 찾아보라. 또 다른 사람이 제멋대로 바꾸어 놓는 수도 있다.

여행과 이전_ 장사를 위한 여행은 상관없다. 단, 여행간 곳에서 마음에 걸리는 분쟁을 일으키는 일이 없도록 하라. 정사(情事)를 위한 여행이라면 가정에 풍파가 일어나는 때이니 조심하도록 하라. 현재 사는 곳이 싫어도 곧 이사할 가망은 없다. 당황하고 서둘러서 이사하지 않는 편이 좋다.

소원_ 시간을 요하는 것이라면 성취된다. 당신에게 인내심만 있다면 결국 성취된다. 그러나 방심은 금물. 무리한 것이라면 아예 생각을 중지하는 편이 좋다.

취직_ 여성은 식당이나 요릿집, 여관 등에 취직하면 좋을 것이다. 남성은 개인 상점, 임시 고용과 같은 것이라면 성립될 것이다. 신문의 구인란을 찾아보도록 하라.

입학_ 아직도 실력이 부족하다. 힘을 써야 할 때이다. 지방 학교를 지망해 보라.

기후_ 나쁜 날씨는 아니지만 개운치 않은 날씨이다. 비가 좀 내린다면 곧 맑은 날씨가 될 것이다.

10. 천택리(天澤履) ☰

호랑이의 꼬리를 밟은 것과 같은 위험한 상태에 빠져 있다 하더라도 윗사람의 의견에 복종하여 순순히 따라간다면, 이 위험은 피할 수 있을 것이다. 그렇게 되기 위해서는 예절을 바르게 지키고, 사람이 걸어가는 데 있어서 밟아야 할 올바른 길을 택해야 한다.

운세_ 이(履)란 길(道)을 밟는다는 뜻이기 때문에, 앞선 자의 행동을 보고 자기에게 실패가 없도록 깊이 살피며 조심성 있게 그 뒤를 따라가라는 의미이다. 이력서란 말이 있는 것처럼 모든 일에 대하여 순서를 밟아 가는 것이 무엇보다도 중요한 때이다. 처음에 적당한 기분으로 출발하였기 때문에 중도에 가서 불안한 마음이 생기니, 위험상태에 빠져서 일시적으로는 앞날이 어떻게 돌아갈지 모르겠다는 생각까지 하게 된다. 또한 자기의 역량 이상의 일을 맡아보기 쉬운 때이므로, 대단한 참을성이 없으면 좌절의 위험도 맞는다.
 이 괘가 나올 때는 자기의 일에 대하여 실수가 있지 않은가 심사숙고하고 빨리 그 결점을 찾아야 한다. 대단히 위험한 입장이나 불안에 처한 상태에서 그 일이 성공하면 의외로 큰 결과가 얻어진다. 새로운 목적에 대해서는 식견이 높은 사람의 의견을 참고로 삼고, 선배와 힘을 합함으로써 위험으로부터 빠져나올 수 있다.
 이 괘가 나온 경우에는 적어도 반 년 간은 참고 견딜 수 있는 인내심이 중요하다고 본다. 이런 때는 4개월 후부터 서서히 실마리가 풀린다. 또 대인관계는 수동적인 자세를 가지고 그때그때의 정세에 타협해 가는 유연성이 필요하다.

사업_ 상당한 위험상태에 놓여 있을 때이다. 그 원인은 위아래의 질서나 자기의 입장을 분명하게 하지 않고 착수하였던 결과에 의하는 경우가 많다. 상대와 시비를 해봤자 이겨낼 수 없기 때문에 상대가 화해를 구하도록 이쪽에서 유도해 나가는 것이 좋다. 일은 지금부터 서서히 바빠져 가는 때이다.

교섭과 거래_ 처음 계약이 중요하다. 상대편이 천군만마(千軍萬馬)의 실력자로서 신중한 태도와 방침 아래 교섭에 임한다면, 이쪽이 다소 약하게 보일지라도 앞으로 가면 갈수록 유리해지고 성공하게 된다.

금전_ 부족한 일은 없다. 수입은 당신의 노력 여하에 따라 불어나게 된다.

연애_ 젊은 여성이 처자가 있는 남성을 사랑하고 있을 때 잘 나오는 괘이다. 남자도 바람을 피우는 경우가 많을 때이다. 또 정식 결혼이 아니고 비공식적으로 동거하고 있는 경우도 간혹 있다.

결혼_ 그다지 좋은 괘는 아니다. 그러나 만일 여성이 상속자인 경우에 이 괘가 나왔다고 하면, 혼인으로서는 나쁘지 않을 것이다.

건강_ 호흡기의 장애로 열이 높을 것이다. 감기라면 열이 높아도 빨리 낫는다. 또 심한 두통 등이 있다. 성교에 의하여 발생하는 병은 항생제와 같은 주사를 필요로 할 경우가 많을 때이다.

분실물_ 물건 사이에 끼여 있든가 아니면 선반 위에 놓여 있는 수가 많다. 잘 둘러보면 찾아낼 수 있다.

여행과 이전_ 여행간 곳에서 곤란한 사태에 처하게 되는 때이다. 또는 돈을 잃는 수도 있다. 이사는 시기를 기다리고, 동쪽으로 움직여야 한다.
소원_ 처음에 어렵게 보이는 것일수록 결과는 좋을 때이다. 그러나 도중에 몇 번이고 불안감에 휩싸여서 좌절되기 쉽기 때문에 최후까지 희망을 가져야 한다.
취직_ 지금 당장은 불가능하다. 옳은 순서를 밟아서 나이 많은 사람에게 부탁해 보거나 때를 기다려야 한다.
입학_ 위험한 때이다. 삼류학교라도 응시할 것.
기후_ 하늘은 흐리지만 비는 내리지 않는다. 가을이라면 대단히 맑은 날씨이고, 여름이라면 몹시 무더우며, 겨울이라면 의외로 포근한 날씨이다.

11. 지천태(地天泰)

태(泰)는 편안하다는 뜻이니, 모든 일이 정돈되어 안정을 찾은 상태이다. 외부는 유연(柔軟)하고 내부는 건실하여 모든 면에 있어서 불만이 없는 상태이기 때문에 마음먹은 대로 행동이 된다.

운세_ 태(泰)는 모든 일에 걸쳐서 원만한 형태이다. 이 평안을 언제까지나 계속해 가는 노력이 소중한 때이다. 현재는 자기 자신도 주위도 대단히 순조롭게 되어 가고 있다. 또 새로운 계획에 착수하고, 그것이 순조롭게 발전하고 자기의 마음이 만족스러운 상태에 있는 때이다. 예컨대 회사나 단체 내, 한 개인의 가정에서도 모든 사람의 마음이 하나로 단결되어 화기에 가득 차 있는 상태이다.

사업_ 자본관계를 보더라도 전혀 무리가 가지 않는 상태이다. 당신이 남에게 소자본을 대주었던 일에 대하여 많은 이익배당이 돌아오는 때이다. 또 사소한 노력으로 사업의 성적이 의외로 크게 오르는 시기이다.

교섭과 거래_ 모든 면에 있어서 좋은 때이다. 노력에 따라서 일이 대부분 성취된다. 만사에 적극성과 결단이 중요하다. 또 사람들과의 협조성이 소중한 때이므로 교섭과 거래는 큰 결말을 본다.

금전_ 상당히 좋은 운수이다. 수입도 크게 늘어간다. 여성에게 부자가 많은 때이다. 사두었던 부동산 등의 값이 올라서 돈벌이가 되고 헐값으로 샀던 주식도 상승하는 때이다. 횡재가 있을 괘이다.

연애_ 지금의 연애는 꽤 좋은 환경에 놓여 있다. 머지않아 결혼에 골인할 수 있을 것이다. 이런 때는 회사 내의 연애도 결실을 보고 친척으로부터 좋은 상대를 소개받는 경우도 있다. 남성은 마음의 도량이 풍족하고 넓은 사람이다. 여성은 또 남성에게 의지하면서도 남성을 이끌어가는 현명한 사람이 많을 때이다.

결혼_ 대단히 좋은 연분이다. 결실을 본다. 생활도 풍부해지고 원만한 부부가 될 것이다. 예컨대 집안에 사람이 많을지라도 당사자에게는 조금도 영향을 미치지 않는다.

건강_ 건강한 상태를 보인다. 병으로서는 두통, 가슴앓이, 위통, 변비로 인한 증세가 많다. 몸 전체의 운동과 식사의 균형이 필요하다.

분실물_ 대개 집 안에 있다. 연배의 사람에게 물어보도록 하라. 방에서 분실한 경우에는 이미 파손되었거나 다른 사람이 주워간 일이 많을 때라고 하겠다.

여행과 이전_ 회사의 위안 여행, 동네사람들과의 가벼운 여행, 신혼 여행 등에 좋은 때이다. 상업상의 여행일 경우에는 큰 부담을 져야 할 일이 생긴다. 또 이 괘가 나올 때는 현재 안정상태에 있기 때문에 이사하지 않는 편이 좋다. 그러나 중개업소에 주택 전세나 매입 의뢰를 한 사람은 아주 가까운 시일 안에 좋은 장소나 집이 발견될 것이다. 또 아파트는 친구나 아는 사람에게 부탁해 놓으면 예상 밖으로 알맞은 곳이 2, 3개 정도 발견되는 때이다. 대체로 서쪽 또는 서북쪽에 좋은 곳이 있을 것이다. 합숙 때문에 일시적으로 주거를 옮기는 일도 있다.

소원_ 현재는 대체로 만족한 상태이지만 운이 강한 때이기 때문에 눈앞에 닥친 일이나 단기간의 일은 적극적으로 밀고 나아가면 곧 결말을 본다.

취직_ 이상이 너무 높으면 해결이 안 된다. 약간 목표를 낮추어서 되도록 겸손하고 부드럽게 나아간다면 시기가 늦어도 성취된다. 또 안면이 있는 사람 등의 연줄을 구하는 편이 좋다. 전업은 좋지 않다. 이상과 현실이 일치하지 않고 실패를 야기하기 쉬운 때이다.

입학_ 중·고등학교까지는 다른 사람들과 어깨를 나란히 하고 갈 수 있다. 대학은 무리이니, 목표를 낮출 필요가 있다.

기후_ 처음에는 날씨가 개고 맑겠지만 차차 흐린 날씨로 돌아간다.

12. 천지비(天地否) ☷

비(否)는 막히다·거부하다의 의미를 가진다. 또한 사람이 설 터전이 마련되어 있지 못한 상태를 말한다. 예컨대 서민의 의견이 윗사람에게 통하지 않고, 또 고관도 서민의 의견을 듣지 않으니, 서로 간의 마음이 동떨어져서 이반(離反)하고 있는 상태를 말한다.

운세_ 비(否)는 눈앞의 곤란을 면하기가 어렵더라도 서서히 일이 풀려가는 상태이다. 이것은 하늘의 운행과 4계절의 순환을 생각하면 그 이치를 알 수 있다.

대체로 반 년쯤 지나면 운수가 역전(逆轉)된다. 또 표면상으로는 막히고 있는 것과 같은 때에 있어도 속으로는 이쪽의 의사를 상대에게 통하게 하는 것이 가능한 때이다. 그러나 대개의 경우는 이미 어쩔 수 없는 최악의 상태에 빠져서 실직·실패·실망이 거듭되는 형편이기 때문에 자포자기하는 마음이 일어나기 쉽다.

또 당신이 이치상으로는 당연히 이길 것이라고 생각하는 일이라도 현실에서는 패배하고 마는 시기이다. 가장 슬프고 마음을 어둡게 하는 것은 믿었던 협력자로부터 배신당하는 일이다.

사업_ 전진해야 할 상태는 아니다. 큰 투자나 계약이 이루어지더라도 곧 현금이 들어오지는 않는다. 상대는 때가 오지 않으면 내놓지 않기 때문에 조용하게 시기를 기다릴 수밖에 도리가 없다. 회사 내부에 유능한 사원이 적은 것도 원인의 하나이다. 또 내부의 불화에도 원인이 있다.

교섭과 거래_ 상대가 강하여 유리하고 이쪽은 약하고 불리하다는 입장에 놓여 있다. 상대가 돈을 가졌다 하더라도 곧 내놓지 않기 때문에 거래할 경우 당장은 이쪽이 손해를 본다. 장기간의 거래라면 시기를 기다려야 한다.

금전_ 물론 현재는 옹색하다. 또 금전상의 분쟁이 일어나기 쉬운 때이다. 일시적으로 동결된 것이라면 겨울부터 봄에 걸쳐서 그 고민이 해소되어 간다.

연애_ 그다지 순조롭게 되어 가지 않을 때이다. 지금 애를 쓰고 있는 사람들은 서로 헤어지는 때이다. 그러나 깊은 애정관계를 맺고 있는 사람들은 누가 뭐라 해도 귀에 들어가지 않을 때이므로, 어느 정도 시기를 기다린 후 상대의 마음이 꺾이는 것을 지켜보는 수밖에 없다.

결혼_ 시일이 오래 지난 후에 결실을 맺는다. 그렇지만 한쪽이 그다지 결혼에 흥미를 느끼지 않는 경우가 있다. 이미 육체 관계를 맺고 있는 사람들이 결혼으로 돌입하기까지에는 아직도 얽히고 풀리지 않는 상태이기도 하다.

건강_ 식욕부진, 혈행불순, 정력감퇴, 두통과 정사에 기인하는 병, 암 계통, 성병, 어느 것이나 병상은 그다지 좋지 않은 상태이다. 시간이 오래 걸리는 병은 완치하기 어려운 때이다.

분실물_ 집 안에서 잃었던 작은 물건이라면 늦어도 발견된다. 집 안의 동쪽이나 북쪽을 찾아보도록 하라. 밖에서 잃어버린 것은 찾기가 힘들며, 또 내부에 마음이 좋지 않은 사람이 있어서 물건을 밖으로 내가는 일도 생긴다.

여행과 이전_ 여행이라야 사사롭고 대수롭지 않은 정도이다. 웬만하면 가지 않는 편이 좋을 때이다. 이사는 현재로서는 전혀 불가능하다. 어차피 때가 돌아오기를 기다릴 수밖에 도리가 없다. 사방이 막혀 있다. 또 이런 때는 가출을 한 젊은 여성의 경우라면 유혹되어 속아넘어가는 일을 당하게 된다.

소원_ 지금은 성취할 가망이 없다. 그러나 사태에 따라서 4개월 내지 반 년 후에 기회가 온다. 일상의 사소한 일이라면 관련이 있는 상대의 의향을 들어보는 것이 좋다.
취직_ 현재는 고되지만 좀더 기다린다면 자기가 찾는 직장이 발견되는 때이다. 그러나 그 고됨을 이기지 못하여 임시로 부업을 한다면 좋은 기회를 잡을 수 있는 시기를 놓치기 쉽다.
입학_ 이 괘에서는 합격이 나오지 않는다.
기후_ 처음은 날씨가 흐려도 차차 개어간다. 건조기에는 하늘도 마찬가지로 습기가 없는 마른 하늘이 된다.

13. 천화동인(天火同人) ☰☲

동인(同人)은 남과 함께 한다는 의미가 있다. 태양이 넓은 지상을 밝게 비치는 것과 같이, 서로 공명정대한 행동을 함께 한다면 어떤 대사업이라도 성공으로 이끌어갈 수 있다. 그러나 서로가 군자와 같이 행동을 조심하여 성의를 다해야만 원만하게 된다는 뜻이다.

운세_ 동인은 그것이 공명정대하여 대의명분을 세우면 성공한다는 것을 의미한다. 집 안에 있는 것보다도 외부로 나가는 편이 발전하는 때이다. 물론 서로가 아무런 비밀도 없이 마음속으로 성심껏 협력하는 것이 가장 좋다. 남과의 공동사업에는 좋은 시기이다. 또 밖으로 나가서 근무하는 것이 좋다.
　동인·동지·동료란 의미가 있기 때문에 하나의 일, 목표에 대해서도 경쟁이 심하고, 회사 내에서는 세력다툼도 생기는데, 당신의 운이 강한 것을 시기하는 사람도 있을 것이다. 그러나 서로가 마음을 터놓고 협력하는 사람들의 경우는 매우 크게 성공한다. 이때는 윗사람의 후원도 따르고 좋은 부하도 얻을 수 있는 시기이다.

사업_ 운수가 강한 시기이기 때문에 사업운도 따라서 강한 때이다. 내부의 분쟁만 없으면 사업 그 자체가 호조로 뻗어간다. 계약서 등은 실책이 없도록 해야 한다. 다른 회사와 경쟁은 심한 때인데 특히 입찰관계에서의 경쟁이 심할 것이다.

교섭과 거래_ 이쪽에 주도권이 많을 때이다. 상대편에서 먼저 방문해 올 것이다. 싸움을 해도 상대편이 화해를 구하고자 한다. 두세 사람이 함께 오는 수도 있다.

금전_ 금전운이 강한 때이다. 현재로서는 부족함이 없다. 당신이 일한 만큼의 효과가 눈에 띄게 드러나는 때이다. 그러나 금전관계의 일로 분쟁이 일어나서, 그것이 다른 것에 영향을 미치는 수가 있기 때문에 조심해야 한다.

연애_ 경쟁자가 많고 또 직장 내에서 연애가 많을 때이다. 아름다운 여성을 중심으로 남성들이 난립하는 괘이다. 그러나 맞벌이나 정신면에서 결합된 사람들은 도중에 장해나 곤란이 있어도 나중에는 굳게 결합될 것이다.

결혼_ 여성이 특수기능을 가진 사람, 또는 사업관계를 담당하고 있는 사람의 경우라면 비교적 행복한 결혼생활을 할 수 있을 것이다. 또 남성의 경우 공동사업을 하고 있다든지 경리관계를 맡고 있는 사람들은 좋은 연분의 상대가 발견되는 때이다. 서로가 상대를 잘 조사하는 것이 중요하다.

건강_ 전염병, 유행성 감기, 노인은 노쇠, 고열의 증세, 안질과 같은 병이 갑자기 올 수가 많은 때이다.

분실물_ 발견하기 쉬운 때이다. 수사기관의 손을 거쳐서 되돌아오는 경우가 있다. 또 여성이 발견하거나 여성의 손을 거쳐서 그것이 되돌아온다.

여행과 이전_ 그룹의 하이킹, 상업상의 출장, 드라이브 또는 조합·단체로 나가는 일이 많은 시기이다. 단, 동료들끼리 다투지 않도록 주의하라. 또 혼자 하는 여행은 좋지 못한 때이다. 이사는 아파트로 옮기는 것이 좋다. 또 공동으로 아파트를 구입하는 것도 좋을 것이다.

소원_ 당신이 생각하고 있는 것은 현재의 시운(時運)에도 알맞고 착안점이 좋다. 그러나 경쟁자가 많고 목적을 달성하는 데 고생이 따르므로 중도에 좌절하지 않도록 주의해야 한다.

취직_ 당신 자신의 실력·특기·학식의 정도를 잘 생각하여 적절한 곳을 선택하는 일이 중요하다. 물론 경쟁자는 많은 때이다.

입학_ 당신의 실력에 알맞는 학교에 합격한다. 경쟁자는 있어도 냉정하고 침착하면 이겨낼 때이다. 특히 이 괘는 친척간 또는 가정에서 무엇인가 일이 벌어지는 좋지 않을 때이다. 분쟁이 많고 효과가 적은 때이다.

기후_ 하늘이 개어 맑다. 여름은 가뭄의 날씨로 물이 마른다.

14. 화천대유(火天大有)

대유(大有)는 크게 보전한다는 뜻이다. 중천에서 찬란한 빛을 발하는 태양처럼 만물이 왕성하게 성장할 때는 모든 것이 뜻대로 이룩된다. 각자가 자기에게 알맞은 때와 장소를 얻어서 최선을 보전하는 상태를 말하는 것이다.

운세_ 옛사람은 말하기를, "금, 옥당(玉堂)에 차다."고 하였다. 대유는 하늘의 때라고 일컬어진다. 현재 당신은 하늘의 때를 받고 있다는 의미이다. 이 괘가 나오면 운수가 왕성하여 물질적으로도 풍부하고 정신적으로도 활기차서 가만히 있어도 혜택을 입고 있는 때이다.

그러나 태양은 언제까지나 중천에 찬란하게 떠 있는 것은 아니다. 머지않아 해는 서산(西山)에 기운다. 대유가 크게 보전한다는 의미를 새겨보면 당신의 현재 행운이 기울 때도 있으니, 오래도록 보전해 가도록 미리미리 정신차리라는 뜻이다.

팔자 좋은 부자도 고민이 있고, 사람의 반감이나 질시(嫉視)를 사기 쉬운 때이다. 깊은 산골에 산나리(山百合)가 피어 있다. 주위의 녹색이 그 꽃을 돋보이게 한다. 이와 같이 당신의 옷이나 행동은 자기도 모르는 사이에 사람들의 눈에 띄기 쉬운 때이기 때문에 될 수 있는 한 주위의 관찰을 소홀히 하지 말고 자아(自我)를 억제하도록 하라. 정신차리고 시대의 추세에 따라가도록 명심해야 한다.

사업_ 현재는 대단히 호조를 나타낼 때이다. 지금까지의 강행책이나 확장해 왔던 사업을 이 시점에서 압축하는 기분으로 나아가는 편이 좋다고 본다. 대개 많은 자본을 필요로 하는 사업이 많을 때이다. 당신이 가진 아이디어를 다른 회사가 원하는 대로, 경우에 따라서 고가로 넘겨도 좋다.

교섭과 거래_ 시기가 빠를수록 유리하다. 앞으로 나아가서 효과가 오르는 때이다. 두세 사람이 가든지 단체교섭이 있을 괘인데 대체로 원만히 해결된다.

금전_ 대단히 풍부하다. 준비금도 사업자금도 충분한 때이다. 그러나 친척이나 대인관계로 싫어도 낭비하지 않을 수 없는 때이다. 그 때는 좋은 기분으로 봉사하도록 하라.

연애_ 남녀 서로가 이기적인 주장이나 자존심을 내세우는 일이 많은 때이다. 이때는 여성이 머리가 영리하고 또한 미인이 많기 때문에 몇 사람의 남성이 붙어 있다.

결혼_ 물질적으로 풍족한 결혼이다. 늦어도 성사된다. 결혼 후 여성이 가정에서 여왕격인 입장에 서게 되는 수가 많다. 그러나 책임도 무거워진다. 남성은 매우 현명하고 비교적 너그러운 성격의 소유자로 이익에 밝은 경영자형이다.

건강_ 열이 높은 병, 전염병이 많은 때이다. 티프스, 성홍열, 결핵성의 열, 또 고열 때문에 다른 병을 돌발시키는 수도 있다. 식욕부진, 시력장애가 생기며 약이 좀처럼 효력을 내지 못하는 때이다. 의사를 바꾸는 것도 좋은 일이다. 한약이 효과를 보는 수도 있다.

분실물_ 늦게라도 발견된다. 기다리는 사람은 늦어도 찾는 괘이다.

여행과 이전_ 수학여행, 견학, 회사관계의 출장, 봄·가을의 위안여행에 좋은 때이다. 현재 그대로 살면서 이사를 하지 않는 편이 좋다. 그러나 아파트 생활을 하는 사람이라면 값이 좀 비싸나 고급 아파트가 발견되는 때이다.

소원_ 오랫동안의 희망이 달성되는 때이다. 또 뜻대로 되지 않았던 일이 원만한 해결을 보는 때이다. 그러나 이제부터 시작하는 새로운 소원에는 좀 시기가 늦은 감이 있다.

취직_ 운동비를 쓴 비율로는 효과가 적은 때이다. 그러나 늦어도 해결될 전망은 있다. 전업은 절대로 하면 안 된다.
입학_ 명문 학교, 지원자가 많은 학교도 문제없이 된다. 마음놓고 지망하라.
기후_ 맑게 개고 좋은 날씨. 여름은 비가 오지 않아 가물고, 겨울은 춥지만 하늘은 맑게 개어 햇볕이 따사로운 날씨이다.

15. 지산겸(地山謙)

겸(謙)은 자기를 낮춘다(遜)는 의미로, 겸양·겸손을 뜻한다. 군자라면 늘 행동을 조심하고, 겸손을 기준삼아 일상생활을 무사하게 보낼 수가 있다. 그리고 도덕과 예절이 일상 행위의 기본이 된다.

운세_ 겸은 물건이 너무 많아서 남아도는 곳으로부터 적어서 곤란을 느끼는 곳에 보탠다는 의미가 있다. 이것은 자기의 욕심만 부려서는 안 된다는 뜻이다. 없는 상대에게 나누어주는 동정심이 중요하다. 이로써 자기를 낮추는 겸손·겸양·겸허란 말이 나왔다. 따라서 이 괘가 나오면 모든 일에 쓸데없는 짓을 하지 않아야 한다. 가령 당신이 비상한 재능을 가졌다 하더라도 그것을 가만히 숨기고 조용히 진출의 기회가 찾아오기를 기다리고 있어야 한다. 단기간의 일은 빠르면 1주일이며, 3개월이나 6개월 정도는 기다려야 한다.
원래 당신이 명예가 높은 지위에 있었던 사람이든가 범용하던 가정의 사람이었다면 지금은 불운에 처해 있을 상태이다. 그러나 강인하고 맑고 깨끗한 마음을 갖고 있으면 머지않아 행운으로 향하는 전조가 조금씩 그 얼굴을 내밀 때이다. 현재 당신에게 가장 중요한 것은 주위의 신용과 성실성이므로 실수가 없도록 해야 한다.

사업_ 모두 전진하는 것보다 한걸음 후퇴하여 기반을 탄탄하게 하고 내부를 충실하게 하는 데 주력해야 할 때이다. 사람을 채용할 때 이 괘가 나온다면 그 사람이 당장은 훌륭하게 보이지 않을지라도 점차 인간적으로 신용을 받아 뒤에 가서 소용되는 사람이다.

교섭과 거래_ 서두르지 말고 서서히 이야기를 풀어가야 한다. 서두르는 날에는 실패한다. 또 순서를 밟아가는 것이 중요하다. 그리고 남을 표면에 내세워서 그에 따르는 편이 유리하다.

금전_ 준비한 돈이 풍부하지는 않으나 부족하지도 않다. 물질에 너무 집착하지 않는다면 오히려 마음이 흡족해지는 시기이다.

연애_ 성실한 사람들의 연애라면 장기간 교제한 뒤의 결혼은 행복하다. 일반적으로 남성은 바람기가 좀 있는 편이기 때문에 상대가 너무 많은 경향이 있다.

결혼_ 정신적인 사랑을 구한다든가 비사교적인 결혼이라면 좋은 연분이다. 시간은 오래 걸려도 일은 성취된다. 인물은 좋지만 좀 기백이 없는 점도 있는데 그 사람의 진가는 날이 갈수록 높아진다.

건강_ 노이로제, 타박상이나 식도암, 위암, 자궁암 또는 성병이 많은 때이다. 여성은 월경불순이 생길 시기이며, 오랫동안 병상에서 시달린 사람이나 중병이 걸린 사람에게는 불길하고 좋지 않은 때이다. 내출혈의 기미도 있으며, 만성화된 병도 나타난다.

분실물_ 물건 밑이나 깊은 곳에 섞여 들어가 있는 경우가 많고, 좀처럼 발견하기 힘들다.

여행과 이전_ 여행은 비용이 들지 않는 캠핑이라든가 취재 여행과 같은 일에는 좋을 것이다. 아파트 생활을 하는 사람에게는 작고 헐값인 마땅한 집이 나타난다.

소원_ 즉시 달성되지는 않지만 유력한 사람에게 의지하고, 자기가 생각하고 있는 것을 서서히 실행에 옮기면 좋을 것이다.

취직_ 작은 회사 또는 개인 상점 등이라면 곧 자리가 생길 것이다. 불평하지 말고 근무하고 다음 기회를 기다려 보는 것이 좋다.

입학_ 이만저만한 노력으로는 불가능하다. 목표를 낮게 잡는 편이 좋을 때이다.

기후_ 비가 내리고 음침한 날이다. 여름은 무덥고, 지방에 따라서 비가 약간 오는 정도이다.

16. 뇌지예(雷地豫)

예(豫)는 예비(豫備)의 뜻이니, 미리 와야 하는 것이다. 모든 것은 사전에 준비해 두는 것이 중요하다. 선두에 선 사람이 확고하게 예절을 세워주면 민중은 불안 없이 그 사람을 따르게 되는 것이다.

운세_ 예는 봄이 되어서 지상에 우레가 나타난 형태로, 말하자면 춘기발동(春期發動)의 때이다. 지금까지 여러모로 고생이 많았던 사람도 마침내 시기가 도래하여 세상의 인정을 받는 기회를 얻는다. 모든 물건이 새로운 방향으로 나아가는 시기가 된 것이다.

옛사람은 말하기를, "가는 것도 머물러 있는 것도 때에 따름이다."고 하였는데, 훌륭한 지도자가 모든 예정을 세워준다면 안심이 된다. 인간관계에서 말한다면 당신의 실력을 인정받아 지위가 올라가고 윗사람에 의하여 발탁이 되는 때이다. 또 지금까지 앞이 막혀서 어찌할 도리가 없었던 면에서는 드디어 앞이 트이게 되니, 새로운 희망이 보이는 괘이다. 아무튼 기분도 명랑하게 되고, 주위에도 사람들이 모여들게 된다. 그러나 축하연이나 파티 등이 많은 시기이기 때문에 술자리에서 실수를 저지르지 않도록 주의해야 한다. 특히 자기 과신은 삼가도록 하라. 표면의 경기는 좋은 것처럼 보이지만 실수입에 있어서는 그다지 좋은 편이 아니다. 그러나 이제부터 서서히 커가는 때가 올 것이다.

사업_ 경영 계획은 대단히 잘 되어 있기 때문에 시운에 편승하여 이제부터 발전으로 향할 때이다. 내부의 충실을 늘 계산에 넣어두지 않고는 호경기도 일시적인 것이 될 우려가 있다. 당황하는 것은 실패의 원인을 만든다.

교섭과 거래_ 대체로 원만하게 일이 진행된다. 또 새로운 일은 이미 자기편에 유리하기 때문에 착수해도 좋은 때이다. 여러 가지 목적에 욕심을 내어서 교섭하는 것은 힘을 분산시키기 때문에 어느 것도 결말을 보지 못하고 중도에서 흐지부지되기 쉽다. 또 이것을 회사로 비유하자면 사장이 직접 그 일에 나서는 것보다도 부장이나 과장이 힘을 쓰는 것에 의하여 성적이 오르는 때이다.

금전_ 돈 운에 있어서는 좋은 괘이다. 그러나 유흥비, 교제비 등의 지출이 많은 때이다. 샐러리맨은 지위가 올라가도 월급은 그에 따라 크게 오르지 못하고 그전 상태나 같다.

연애_ 즐거움을 구하는 연애이다. 외출하는 일도 많다. 당사자들은 들뜬 기분으로 그다지 긴장감이 없다. 특히 남성 쪽이 화려한 것을 좋아하는 기질이고, 옷도 눈에 띨 만큼 화려한 것이 많다. 남성도 여성도 댄스나 음악을 좋아하며 둘다 분위기에 약하다.

결혼_ 비교적 좋은 괘이니, 대개 성취된다. 음악, 예능 등에 취미를 가진 사람들이다. 남성이라면 대단히 남자답고 사회로부터 신용을 얻어서 장래성이 있는 사람이다. 신혼 생활은 대단히 잘 되어가고 즐겁게 보낼 수 있다. 그러나 서로가 방심하지 말고 마음에 빈틈을 만들지 않도록 하며, 진실한 애정을 나눌 수 있는 마음가짐이 중요하다. 아무래도 남성은 일뿐만 아니라 그밖의 자질구레한 일로 바빠서 외출이 많은 시기이기 때문에 여성은 마음이 우울해지는 일도 있을 것이다.

건강_ 암 계통의 병이 많다. 또 식중독, 소화불량, 타박상에 의한 내출혈, 심계항진(心悸恒進), 히스테리, 상기증(上氣症)이 있다. 보통 가벼운 병은 속히 완치된다. 급변이 많을 때이다.

분실물_ 대개 외출하였을 때 분실한 것이 많고, 다시 찾는다는 것은 어려운 일이다. 만일 집 안이라면 선반이나 대문 근처를 찾아보도록 하라.

여행과 이전_ 여행을 가서도 상업상의 일은 속히 처리하는 편이 좋을 것이다. 젊은 사람들의 하이킹, 피크닉, 드라이브 등은 좋은 때이다. 이사는 순조롭게 안 된다. 지장이 있다. 그러나 일시적으로 이사하지 않을 수 없는 상태의 사람도 있다. 또 일자리를 바꾸는 바람에 이사하는 사람도 있다. 집을 새로 짓는 경우는 좋은 괘이며, 신장개업에도 좋다.

소원_ 남에게 의지하여 소원이 성사되는 때이다. 바라는 일에 전력을 집중하지 않으면 늦어진다. 기다리고 있는 일이 상대편에 지장이 생겨서 늦어지기 때문에 이쪽에서 가는 편이 좋다.
취직_ 봉급의 다소에 마음을 쓰지 말고 일터부터 얻어야 한다.
입학_ 합격할 수 있으니 시험장에서 실수가 없도록 조심해야 한다.
기후_ 우레를 수반하는 비라고 본다. 겨울은 서리 또는 폭설이 오며 추운 날씨이다.

17. 택뢰수(澤雷隨) ䷐

수(隨)는 따른다(從)는 뜻이다. 옳은 것을 인식하고 그때그때 적절하게 따라가는 편이 오히려 일을 원만하게 해 나갈 수 있게 된다.

운세_ 수에는 가을에 소리를 내는 우레라는 의미가 있다. 우레는 여름에 그 힘이 대단한 것이지만, 가을에 들어서면 그 소리도 약해진다. 자연히 지하로 숨어들어가 없어져버리는 상태를 뜻한다. 그러므로 자기에게 실력이 있어도 시기적으로나 환경적으로 사람에 따라 그 일을 처리해 가지 않으면 안 되는 사정에 놓인다.
　그러나 그때그때의 변화에 따라서 좋은 결과가 얻어진다. 이 괘가 나올 경우에는 마치 물이 없으면 물방아가 돌아가지 않고, 방아가 돌아가지 않으면 쌀을 찧을 수 없는 입장과 같다. 물은 수력발전에도 사용될 뿐만 아니라, 그때그때 그 능력을 발휘하는 것이다. 또 이 괘가 나올 때는 자기의 주변에 변화가 일어나기 시작하고 있을 때이다. 새로운 사태에 재빨리 적응해야 한다. 예컨대 근무처가 바꿨다거나 이사를 하였다거나, 또는 자기의 목적이 변하였을 경우와 같은 때를 말하는 것이다.

　고요하고 좋은 운이지만 적극적인 운수는 못되고, 소극적으로 내부 관계를 서서히 고쳐가는 방침이 좋다. 지금까지 맹렬하게 활동하고 있었던 사람은 일시 휴양을 취하든지 잠시 고향에 가 있는 것도 좋을 것이다. 또 가령 당신이 실력이나 경험을 풍부하게 가지고 있는데도 자기보다 실력이 없는 사람 아래서 일하지 않으면 안 되는 경우도 있다. 이때 당신은 상대를 돕는다는 너그러운 생각으로 새로운 사태 속에 무리하지 않게 끼여드는 편이 행복한 상태에 놓인다. 공연히 반감만 가진다면 좌절이 생긴다.

사업_ 그때의 유행이나 모드, 시운에 맞추어서 적절히 임기응변의 조처를 취해 나아간다면 결과가 좋은 때이다. 주위에 대한 관찰을 소홀히 하지 말고, 또 자기가 앞장서서 나아가도 안 된다.

교섭과 거래_ 상대는 여러 핑계를 만들어서 당장에는 승낙하지 않지만 끝까지 인내를 가지고 달라붙으면 일은 해결된다. 상대는 대단히 말을 잘하고 장사에 능한 사람이다.

금전_ 비교적 돈에 운이 따르기 때문에 수입도 많아지는 시기이다.

연애_ 나이 차가 많은 연애의 괘이다. 나이 든 남성이 젊은 여성에게 정신이 팔린다든지, 여성도 자기보다 나이가 적은 남성을 사랑하게 되는 때이다. 또 삼각관계와 같은 이성문제도 생긴다.

결혼_ 나쁜 괘는 아니다. 또 재혼에도 좋을 때이다. 그러나 결혼 후에 서로가 정신적인 융화에 마음을 써야 하며, 다른 정사관계로 상호간에 다툼이 생기지 않도록 주의하지 않으면 안 될 것이다.

건강_ 호흡기의 쇠약, 구토, 변비, 정력감퇴, 월경불순 등이다. 노인은 계절이 바뀔 무렵에 조심해야 한다.

분실물_ 즉시 발견하기 어렵다. 거의 잊어버릴 무렵 뜻밖에 발견될 수도 있다. 집 안에서는 남쪽과 서북쪽을 찾아보도록 하라.

여행과 이전_ 회사의 위로 여행이 있고, 여행처에서 연회가 벌어지는 경우가 있다. 또한 사랑하는 남녀가 사랑의 도피 여행을 하는 때이다. 이사는 좀 조용한 곳이 발견될 것이다. 전업(轉業) 등에도 좋은 때이다. 지금까지의 화려한 일에서부터 남의 눈에 그다지 띄지 않는 건실한 일로 바꾸는 것이 좋겠다.

소원_ 새로운 방향, 희망, 목적을 향하여 나아가는 것이 좋다. 어려운 문제가 생길지라도 실력자를 앞세우고 자기는 뒤에 숨어서 일을 하면 문제가 해결된다.

취직_ 자기를 도와주는 사람이 있으니 취직은 된다. 그러나 취직하는 데 힘을 써준 분에게 깊은 감사의 사례를 잊어서는 안 된다. 그것을 잊으면 뒤가 없다는 것을 알아야 한다. 또 여성이라도 그런 일에 힘쓰는 것을 좋아하는 사람을 만나게 되는 때이다.

입학_ 실력보다도 좀 낮은 학교에 입학이 된다. 그렇다고 해서 씁쓸하게 생각지 말도록 하라. 분수를 지켜야 할 괘이기 때문이다.

기후_ 때아닌 우레가 있을 때이다. 처음은 갠 날씨이지만 머지않아 비가 오거나 흐린 날씨로 변할 것이다.

18. 산풍고(山風蠱)

고(蠱)는 깨짐(破)의 뜻이다. 파괴된 것을 원상으로 재건하는 데 상당한 노력과 신중한 계획 및 실천력이 있어야 한다. 갑자(甲子)는 10간(干支)의 첫째이다. 행동을 개시하는 데 3일 전에 계획을 짜고, 3일 후에는 행동한다는 의미이다. 그러면 실패는 없을 것이다.

운세_ 고는 과거의 평화로운 상태에서 살았던 사람이 그 생활이 습성이 되어, 안이성을 타파하지 못하고 자신도 모르는 사이에 물질적으로 파탄하는 지경에 이르게 되고, 또 정신적으로도 퇴폐적인 생활을 보내게 되는 상태를 표현하는 괘이다. 과거에 저지른 일의 결과가 나타나는 때이다. 따라서 운수 타개를 위하여 뭔가 그 방법을 생각지 않으면 안 되는 때가 왔다고 본다.

 이렇게 말하는 것은 과거에 지녔던 습관화된 좋지 못한 생활을 쇄신하지 않으면 안 되기 때문이다. 그러므로 부패하여 냄새가 나는 상태를 잘라내 버리는 기력과 용단성이 필요하다.

 친척, 내부 관계에서 분쟁이 발생하기 쉬운 때이므로 냉정한 비판력을 가지고 서서히 정리 단계에 들어가야 할 것이다. 단숨에 정리한다는 것은 무리이다. 부작용이 생기기 쉽기 때문이다. 또 자기 자신도 고독한 점에서 어쩔 수 없는 정신적인 괴로움이 따르는 때이다. 하고 싶은 말을 하지 못하는 입장이라든지, 또 상대가 일방적으로 자기 의견을 강요하기 때문에 무거운 심리상태에 빠져든다.

 인간의 성질은 표면상 신사적이고 확고부동하게 보이지만 내심은 불안정하고, 또 걱정거리를 가졌다든지, 아니면 화려한 것을 좋아하는 사람이 많은 법이다.

사업_ 사업은 시대의 흐름에 따라 그 면목을 일신하지 않으면 안 될 상태이다. 부친이 하던 사업이 시대의 흐름에 맞지 않아서 실패한 일을 자식이 맡아서 성공시키는 때이다. 가정에서는 어머니가 딸에게 배턴을 넘겨주어서 가사의 책임을 맡게 하는 편이 좋다. 밖에서나 안에서나 세대교체는 자연히 오는 것이다.

교섭과 거래_ 상대로부터 자주 교섭이 오는 때이다. 무리가 생기는 거래는 일단 취소하여 새로 시작하는 편이 좋다. 왜냐하면 이쪽이 유리한 상태이므로 그렇게 할 수밖에 없다. 정리와 청산을 해야 할 때이므로 닥쳐올 사태에 대비하여 만반의 체제를 갖춰두는 것이 상책이다.

금전_ 일상생활의 경우라면 별 지장이 없을 만큼의 돈은 있다. 투자를 크게 해야 할 일에는 손을 대지 않는 것이 좋을 때이다.

연애_ 상당히 진행되어 있는 상태라고 해도 좋을 것이다. 그 중에는 부자연스러운 상태에 빠져 있어서 좀처럼 떨어지지 못하는 사이도 있다. 보통의 경우는 오래가지 못하며, 정사관계가 복잡한 경우가 많다. 연애가 묘하게 비밀에 싸여 있다.

결혼_ 정식 결혼이라면 서로 조화가 잡히지 않기 때문에 중지하는 편이 좋을 것이다. 초혼이거나 재혼이거나 똑같은데 재혼의 경우가 많을 때이다.

건강_ 유전 또는 선천성 매독, 정사(情事)에 기인하는 것이 많다. 그 중에는 상당히 병세가 진행되어 있는 수도 있다. 이 병은 이미 많이 진행되어 뼈나 피부에 영향을 줄 만큼 악화되어 있다. 가벼운 병으로는 감기를 자주 앓는다.

분실물_ 대체로 집 안에서 잃어버린 때가 많다. 물건 밑에 일부러 숨겨둔다든지, 다락이나 기타 엉뚱한 곳에 숨겨져 있는 수가 많다. 사람이 장난삼아 숨긴다든지 또는 질투심이 많은 사람이 고의로 숨겼을 경우도 있다.

여행과 이전_ 여행가지 못하는 때이기는 하나, 기분전환을 위한 간단한 여행이라면 무방하다. 이사는 기분을 바꾸기 위해서도 좋을 것이다. 또 전업도 빨리 실행하도록 하라. 집을 살 때는 잘 조사한 후가 아니고는 실수하기 쉽기 때문에 파손된 곳이 상당히 있을 것으로 보인다.

소원_ 지금까지의 일에 성과를 보지 못하고 일단 결말을 지었으면, 기분을 새롭게 하여 새로운 방향으로 바꾸는 편이 좋을 것이다.

취직_ 지금 당장은 불가능하다. 내부의 분쟁을 속히 정리하는 것이 급선무이다. 이런 때는 지금 일하고 있는 곳을 그만둘까 어떨까 하고 생각해 보는 일이 많다. 내부에 부정이 있을 때는 일단 그만두고 과거에 경험이 있는 일, 또는 남이 하다가 그만둔 일을 인수해서 하면 좋을 것이다.

입학_ 아버지 또는 어머니가 나온 학교라면 유리하다. 그러기 위해서는 다소 사교성도 발휘할 필요가 있다.

기후_ 바람은 있어도 하늘이 흐렸으니 다소 우울한 날씨이다. 그러나 태풍이 불 때는 상당한 피해가 있을 것이다. 논밭에는 해충의 염려가 따른다.

19. 지택림(地澤臨)

임(臨)은 임함, 군림(君臨)을 뜻한다. 봄에서부터 여름을 향하여 양기가 왕성해지는 것처럼 일이 서서히 왕성해져 감을 말한다. 여름도 지나고 가을을 거쳐 겨울로 접어들면 지상으로부터 양의 기가 사라지고 음의 기가 커져간다. 이와 같이 8월이 된다면 기후의 전환기를 빨리 통찰하여 가을과 겨울의 준비를 서둘러야 한다. 사람도 운세가 절정일 때 주의하는 것이 좋다고 하겠다.

운세_ 임은 만물이 새로이 시작한다는 의미가 있기 때문에 대체로 운기(運氣)는 이제부터 상승해 가고 있을 때이다. 그러나 힘이 강한 괘이기 때문에 모든 일에 너무 앞질러 가는 경향을 가지고 있다. 새로운 계획을 착수함에는 좋은 기회이지만 장래의 전망을 충분히 세우지 않고 행동해서는 안 된다. 좋은 봄날에 가을이나 겨울의 험한 날씨를 미리 생각하라는 것은 좀 무리한 요구이지만, 그런 일을 생각지 않을 수 없는 것과 같이 인생에 있어서도 미래를 바라보고 전망을 세우지 않으면 바르게 행동하기가 어렵지 않겠는가. 그러므로 이 괘가 나올 때는 특히 주위의 변화에 보조를 맞추는 것이 중요하다.

운이 봄에서 여름으로 향하는 좋은 괘이다. 승진을 하거나 봉급이 오르는 때이다. 동시에 영전도 있을 것이다. 학생이라면 외국유학의 기회가 생기는 때이지만, 장래의 계획을 세운 다음 나아가기를 권하고 싶다.

사업_ 화려한 때이다. 새로운 사업에 착수할 때로서 신입사원 모집도 많이 할 때이다. 그러나 모든 사업에 있어서와 같이 이 경우에도 감독 및 리더에 신중한 인물이 필요하다. 또 남에게서 부탁받은 일에는 충분히 힘을 발휘할 만한 입장에 놓여 있을 때이다. 장기적인 일에는 이 괘가 맞지 않다.

교섭과 거래_ 강경책보다는 온화책이 효과를 내며 위험도 없다. 왜냐하면 상대는 이쪽에 대하여 큰 압박감을 느끼고 있기 때문에 달콤한 이야기일수록 주의가 필요하다.

금전_ 경제 상태는 비교적 여유가 있어서 부자유스러운 일이 없을 것이다. 모든 면에서 자기 힘에 겨운 짓은 하지 말고, 여유있게 적절히 처신해야 한다. 생활이 화려해져서 교제 범위가 넓어지기 때문에 낭비가 많아지는 때이다.

연애_ 남녀 서로가 활달하고 화려하여 기분대로 행동하는 때이다. 드라이브나 오페라 등 화려한 것을 좋아하는 사람들이다. 소위 달콤한 생활에 빠져 있다. 그러나 결혼까지 가기에는 상대가 가정 사정 때문에 주저하는 마음으로 있을 때이다.

결혼_ 정식 결혼이라고 한다면 이쪽은 대단히 열을 올리고 있으나 상대는 그다지 마음이 움직이는 편이 아니다. 그렇지만 일이 성사된다면 특별히 나쁜 연분은 아니기 때문에 마음을 정하여 성사되도록 열심히 노력하는 편이 좋다.

건강_ 건강한 괘이다. 사소한 병을 가진 사람이라면 곧 회복되어갈 것이다. 정신이 불안정하기 때문에 실제의 병보다 무겁게 생각하고 있는 수가 있다. 기력을 되찾으면서 체력도 회복해 가는 시기이다. 그밖에 호흡기 계통, 각기(脚氣), 소화기 계통의 쇠약이나 여성은 히스테리, 남성은 성급하게 되기 쉬울 때이다.

분실물_ 외출하였을 때 잃어버릴 경우가 많고, 특히 사람이 많이 출입하는 곳에서 잃어버릴 수 있다. 집 안에서 잃었을 때는 서쪽이나 서북쪽을 찾아보도록 하라.

여행과 이전_ 단체여행, 수학여행, 즐거운 여행 등이 있을 때이다.

숙명적으로 이사하게 되지만 이사한 곳에서 오래 있지 못하고 또다시 이사해야 할 상태가 되기 쉬운 괘이다.

소원_ 소원을 성취한다. 장래의 장기적인 소원보다도 신변에 가까운 일이 특히 빨리 실현되는 때이다. 아무리 바쁘더라도 마음의 여유를 지닐 필요가 있다.

취직_ 지금이 좋은 기회이다. 서두르지 말고 좋은 일터를 잡아야 한다. 상대방쪽에서 당신을 기쁘게 맞아들이는 경우가 많을 때이니, 자신을 갖도록 하라.

입학_ 운수도 강하고 모든 점에서 좋은 조건에 있기 때문에 시험장에서 당황하지 않는 것이 중요한 일이다. 즉 마음만 안정시킨다면 무난히 합격될 것이다. 조심해서 답안지를 작성해야 한다.

기후_ 여름이라면 상당히 큰 소리의 우레가 치지만, 이 괘는 지방에 따라서 일정하지 못한 점이 있다. 대체로 비가 내릴 걱정은 없을 것이다.

20. 풍지관(風地觀)

관(觀)은 정관(靜觀), 관찰한다는 의미가 있다. 위로부터 아래로 내려다본다는 것이다. 또 아래쪽에서는 윗사람을 존경하는 마음으로 바라보는 것을 말한다. 우리가 교회에서 마음과 몸을 제단에 바쳐 하느님께 기도하지만, 자기가 그렇게 한다고 해서 남에게 자기와 같이 하라고 강요할 필요는 없다. 오직 자기만이 진심으로 행하면 족한 것이다.

운세_ 관은 정신적인 문제를 취급하는 일에는 좋은 괘이다. 특히 종교, 학문, 연구 등에는 발전이 있으며, 대단히 좋다고 본다. 그러나 관념적이라는 말은 좀 딱딱한 의미가 있기 때문에 될 수 있는 한 융통성을 가지고 남의 좋은 의견은 받아들이도록 해야 한다. 물론 정신면에 좋은 괘는 물질면에서 욕심을 내지 못하고, 이익면에서도 충분하지는 않다. 따라서 이런 때는 확장보다도 내실을 기하는 데 노력하는 편이 좋을 것이다.

또 관에는 큰 산이라는 의미가 있기 때문에 남으로부터 부러움을 사는 입장에 서 있는 사람은 그것을 오래 유지하도록 마음을 쓰지 않으면 근간 변화의 전조가 보이기 시작하는 시기이다. 좋은 자리는 오래가지 않는 것이니 조심하도록 하라. 권불십년(權不十年)이란 말은 이런 데서 연유하는 듯하다.

사업_ 빠르다는 느낌은 있으나 모두 제동을 걸어야 할 때이다. 새 계획이나 새 사업의 착수는 절대로 금해야 한다. 상대가 의견을 가지고 와도 명확한 내용의 것은 아니다. 또 당신 자신에게도 확고한 생각이 서 있지 않아서 망설이는 점이 많고, 여러 가지로 귀찮은 일이 꼬리를 물고 일어나게 된다. 그러므로 천천히 살피는 사람이 아니면 크게 동요하며, 마음의 갈피를 잡지 못할 일이 많은 때이다.

교섭과 거래_ 앞으로 나아갈 때가 아니다. 또 이쪽이 적극적으로 나아가지 못하는 사정이 있을 때이다. 재판을 하게 된다면 이기지 못한다. 특히 남성 자신에게는 신변에 여러 가지로 주의하지 않으면 안 될 일이 일어나기 쉽다. 자기의 동정(動靜)을 남으로부터 늘 감시받고 있는 때이다. 또 가정에서는 도난이 생기니 주의하지 않으면 안 된다. 학문이나 종교 등에 종사하고 있는 사람은 남한테 존경을 받기 때문에 특별히 몸을 삼가서 행동하지 않으면 안 된다.

금전_ 욕망으로부터 자기를 멀리하여 조용한 일상생활을 할 때이다. 그러나 적당한 수입은 있다.

연애_ 당사자끼리는 모든 면에서 지극히 사이가 좋을 것이다. 오직 현재의 연애를 결혼까지 이끌어간다고 할 때, 양쪽 가정의 간섭이 있다든지 하여 일과 가정이 양립하지 못하는 것과 같은 난점이 보이는 듯하다. 이 괘는 남성이 약한 입장이기 때문에 여성이 어떤 직업이라도 가져야만 가정생활을 원만하게 이끌어갈 수 있다.

결혼_ 당사자끼리는 잘 되어가지만 주위의 사정 때문에 결말을 보기까지는 상당히 힘들 것이다. 결혼 뒤 가족들로부터 간섭이 많을 것이다. 또 남성은 건강에 특히 유의하지 않으면 안 된다.

건강_ 정력감퇴, 혈행불순, 식욕부진, 설사가 있을 때이며, 어깨가 쑤시거나 등이 아프다. 호흡이 어려운 아픔이 있다. 중환자에게는 위험기로 들어가는 때이다.

분실물_ 집 안에서 잃은 물건이라든지 큰 물건이라면 찾을 수 있다. 작은 것이라면 이미 밖에서 누군가가 가져가버렸기 때문에 찾을 수 없다.

여행과 이전_ 돈이 들지 않는 여행 또는 등산, 캠핑, 정신적인 견학 여행 등에는 좋은 때이다. 절대로 이사하지 않는 편이 좋다. 그러나 사람에 따라서 숙명적으로 이사의 움직임이 따른다. 가출인이 생기는 괘로 경찰에 신고하는 편이 좋다.

소원_ 고상한 취미, 연구, 정신적인 것이라면 성취하기 쉽다. 기다린 사람이 오기는 하였으나 가지고 온 이야기가 보잘것없는 것이 많을 때이다.

취직_ 보통 경우에는 지금까지 해온 일을 잘 보존하는 편이 좋다. 학교 선생이나 종교가 등에게는 좋은 괘이다.

입학_ 대학에 입학할 수 있는 괘이다. 될 수 있는 한 일류학교를 목표삼아 응시하도록 하라. 그러나 안전을 위하여 두 곳 이상은 시험을 쳐봐야 한다.

기후_ 대체적으로 날씨는 좋고 하늘은 개어 있다. 바람이 좀 불며, 곳에 따라서 비가 조금 내리는 정도의 날씨일 것이다.

21. 화뢰서합(火雷噬嗑)

서합(噬嗑)은 꽉 문다는 뜻이다. 위턱과 아래턱으로 씹어서 잘게 으깨어야 비로소 음식물이 목구멍을 통과하게 된다. 형벌·형법 등을 집행하는 데 즈음하여 어떤 것도 겁내지 않고, 과단성 있는 행동과 명찰을 가지고 형(刑)을 집행하면 과오도 없고 공명정대성을 기할 수 있다.

운세_ 서합은 맞물려서 통과한다는 의미이기 때문에 예컨대 한 나라, 한 사회, 한 개인에게 해를 미치는 사람이 있다면 아무것도 겁내지 말고 합법적인 수단을 써서 제거하여, 자기의 목적을 달성하는 것이다. 또 생활에는 그다지 걱정이 없다. 현재의 당신은 생활을 위하여 노력하고 있고, 모든 점에서 상당히 의욕적인 괘가 나오고 있다. 그러나 하는 모든 일이 원활하게 잘 되지 않고 곤란에 직면하고 있다. 그렇다고 좌절하지 말고 최후까지 노력을 계속하는 것이 당신 자신을 성공으로 이끌 수 있는 길이다. 또 뒤에 가면 갈수록 앞날의 전망이 서며, 좋은 결과가 기대된다. 서로가 흉금을 털어놓고 이야기를 나눈다면 뜻밖에 좋은 결과가 얻어지기도 한다.

사업_ 큰 일을 해도 좋을 때이다. 단, 수표나 계약과 같은 금전면에서 법에 걸리기 쉬운 일에는 조심해야 한다. 시작해서 처음에는 곤란하게 보일지라도 4, 5개월이 지나면 성적이 올라가게 된다. 길게 잡아도 4, 5년이면 성적은 올라가고 기반이 설 것이다. 경쟁이 심한 때이므로 그 점을 머릿속에 넣고 일에 착수하는 것이 중요하다.

교섭과 거래_ 강하게 나아가면 좋은 결과를 얻게 된다. 그러나 이유가 분명치 않은 무리한 상담은 안 된다. 우선 장해물을 속히 제거해야 한다. 당신의 열렬한 태도가 가장 좋은 효과를 나타낸다. 교섭은 빠르면 빠를수록 유리할 때이다. 이익도 큰 때이다.

금전_ 부족함은 없다. 열심히 노력한 사람에게는 눈에 띄게 상당한 이익이 생기는 때이다.

연애_ 이성관계가 좀 복잡하다. 또 연애, 정사로 인하여 주위에 소동이 일어나는 일도 있다. 두 사람은 사이가 좋지만, 서로의 성격이 똑같은 양성이기 때문에 싸움도 잘하는 반면에 화해도 빠르다. 다른 이성이 개재하는 데 원인이 있거나 그렇지 않으면 생활문제로 인하여 싸움이 일어난다.

결혼_ 정식 혼인이라면 좋지 않다. 예컨대 당신 이외에 다른 목표가 있는 때이다. 또 대화가 원만하게 안 되는 경우가 많다. 부부간의 싸움은 심해도 이 때문에 이별하지는 않는다.

건강_ 음식에 의한 소화기의 장애가 생기는 때이다. 불섭생이 원인이며 폭음폭식의 결과이다. 그밖에 위암, 유암 등 절개 수술을 요하는 병이 생긴다. 이런 때는 새로운 치료법을 사용한다든지 큰 병원에 가는 것이 좋다.

분실물_ 집 안에서의 분실은 물건 사이에 끼여 있어서 찾기 어렵지만 나중에 절로 찾아진다. 밤에 잃어버린 것은 빨리 경찰에 신고하면 찾을 수 있다.

여행과 이전_ 상업상의 여행이라면 적극적으로 권장해도 좋을 괘이다. 이사는 갑자기 서두르지 않는 편이 좋고, 또 일을 위한 일시적인 장소라면 값은 좀 비싸더라도 적당한 곳이 발견된다.

소원_ 당장은 불가능하지만 끈기있게 견디어 가면 성취된다. 중간 장애가 상대편에 많이 있기 때문에 상대편의 사람과 만나 식사라도 하면서 평화적인 해결법을 모색하는 것이 좋다.

취직_ 생활 때문에 취직의 필요성을 느끼고 있는 경우가 많다. 덤비지 말고 차분히 노력해야 비로소 달성된다.

입학_ 경쟁이 심한 때이므로 우선 기력을 양성하는 것이 중요하다. 또한 시험장에서 당황하여 실수하지 않도록 조심해야 한다.

기후_ 지금은 흐려도 곧 회복되어 좋은 날씨가 될 것이다. 이 괘는 어느 경우에라도 우레나 번개가 동반될 수 있다고 봐야 좋을 것이다.

22. 산화비(山火賁)

비(賁)은 아름답게 장식한다, 곱게 옷을 갖춘다, 모양을 낸다는 의미가 있다. 문화, 만물이 왕성해지는 것은 대단히 좋은 일이나 한편으로는 그것이 사치스러운 풍조를 조성하는 원인이 되므로 세상이

문란해지지 않는다고 단언할 수 없다. 따라서 어느 선에서 그치게 하여 외관보다는 실질을 소중히 하는 것이 좋겠다.

운세_ 비는 장식한다는 뜻이다. 물질·금전적으로 풍족하지 못하면서도 사람들은 누구나 다 호화로운 생활에 강한 욕망을 갖는다. 검소한 생활만 하고 있으면 무사히 보낼 수 있는 사람이 외관을 갖추기 위하여 무리를 한다든지, 또 위험을 범하지 않는다고 단언하지 못할 것이다. 〈주역〉에 말하기를, "앞날이 어떻게 될지 모른다. 감히 일을 저질러서 법에 걸리는 일이 없도록 하라."고 하였듯이 분수에 맞는 생활을 하여 욕망을 이겨내고 무사히 인생을 보내는 데 힘써야 한다.

　모든 일은 서서히 실행하면 무난하다. 또 결코 나쁜 운은 아니다. 그러나 도중에 장애나 중상 등이 일어나기 쉬운 때이며, 자신도 강하게 적극적으로 전진하지 못하는 환경에 놓여 있기 때문에 내면적인 고통이 한층 심한 때이다. 표면으로 아무것도 아닌 얼굴을 하고 있어도 내면적으로는 상당히 초조하기 때문에 정신적으로 피로를 느끼는 일이 있다.

　이 괘의 경우는 행동개시 이전에 자기의 목적에 대하여 재검토하고 계획을 신중히 세워야 한다. 인품을 볼 경우에는 소위 모양을 꾸미거나 허세를 부리는 사람이 많다. 그러나 교육이라든지 학문관계, 문화면에 종사하고 있는 사람이라면 대단히 우수한 사람이다.

사업_ 화려한 사업일수록 실패하는 위험이 따를 때이다. 작은 장사 등은 상당히 잘 되어 돈벌이가 된다. 그러나 상대에게도 이윤을 나누어주지 않으면 안 된다. 외부보다도 내부에서 성적을 올리는 때이다. 특수한 것으로는 인테리어 관계라든가 광고업, 미용업, 패션 모델 계통에는 좋은 괘이다.

교섭과 거래_ 일상의 것, 작은 거래라면 좋은 괘이다. 큰 거래는 상대편이 호시탐탐 노리고 있는 때이므로 자칫 마음놓고 있으면 손해를 볼지도 모른다. 상거래는 현물을 보고서 거래하지 않으면 속임수를 당하는 일이 생길 수도 있다.

금전_ 작은 이익을 얻을 때이다. 용돈에는 부족함이 없다. 선물을 받을 괘이다.

연애_ 상당히 진행된 상태이기 때문에 새삼스럽게 헤어진다는 말을 하지 못할 것이다. 중요한 것은 서로가 진실을 이야기해 보는 것이다. 말을 꾸며대면 오래가지 않는다. 진실하게 마음을 털어놓고 대화를 해야 사랑이 성립된다.

결혼_ 혼담이 성취될 단계에 들어가는 경우가 많다. 그러나 결혼 후 서로 협력하지 않으면 도중에 파탄이 없지도 않다. 애정면에서 냉정히 판단하여 좌절이 생기지 않도록 하라. 재혼할 사람이 초혼이라고 속이고 있는 경우가 있다.

건강_ 성관계를 원인으로 하는 병이 많을 때이다. 항생제 주사를 필요로 하게 된다. 그밖에는 보통 소화불량과 편도선염 등이다. 유전체질의 사람도 있다.

분실물_ 장롱 안이나 다락 안을 찾아보도록 하라.

여행과 이전_ 온천여행, 피한(避寒)여행이 좋으니 따뜻한 해변가 등이 좋다. 집은 그대로 있는 편이 좋다.

소원_ 신변의 사소한 문제라도 곧 해결된다. 또 일시적인 것이라면 좋게 풀릴 것이다. 그리고 본직 이외의 것일지라도 적중하는 때이다. 그 일로 인하여 이익도 많이 볼 것이다.
취직_ 상사 회사, 또 개인적인 사업 등은 속히 결말을 본다.
입학_ 문과 계통이 좋다. 특히 어학계 학교나 미술학교에 가는 것이 좋다.
기후_ 대체로 갠 날씨. 그러나 때때로 흐리는 수가 있다. 좋은 날씨가 오래 계속된 뒤라면 머지않아 비가 올 것이다.

23. 산지박(山地剝)

박(剝)은 박탈(剝奪), 깎음(削), 벗김(剝)이라는 뜻이다. 우뚝 솟아 있는 산이 풍우의 침식작용을 받아서 차차 붕괴해 가는 모습이다. 이런 입장에 놓일 때는 어떻게 해서든지 그 위험에서 자기의 몸을 지키고, 빠져나가려고 노력하지 않으면 안 된다.

운세_ 박(剝)의 의미는 남의 물건을 강탈하는 사람을 만난다든가 옷을 벗긴다는 말이 있는 것처럼, 어떤 사람에게 강제적으로 무엇을 빼앗기게 되는 것을 뜻한다. "악이 성하면 하늘을 이겨낸다."는 말과 같이 이 괘가 나올 때는 선의(善意)나 성의(誠意)가 통하지 않는다. 또 추풍낙막(秋風落莫)이라는 말이 있다. 추풍 때문에 알몸이 된 나무가 몹시 춥고 쓸쓸한 모습으로 서 있다. 이윽고 나무의 맨 윗가지에 남아 있던 열매도 떨어져 다음해의 봄을 기다렸다가 다시 싹튼다. 이와 같이 당신도 기력이 회복되고 운이 충실해질 때까지 기다리는 것이 중요하다.

현실적으로 남한테 무리한 짓을 당하게 되는 때이다. 즉 하기 싫은 것을 하게끔 강요당한다든지, 돈이 없어서 쓸쓸할 때 나쁜 친구에게서 나쁜 짓을 강요당하게 되는 일이 생긴다. 또 샐러리맨도 실력에 비하여 지위나 책임이 무거워서 불안한 상태에 놓이게 된다. 자기를 떠받들고 있던 부하가 자기에게 적의를 가지고 배척운동 등을 하는 위험도 있을 때이다.

보통으로는 한 회사, 또 개인의 경우에는 내부에 불안이 있고, 부정을 저지르는 사람이 있어서 크게 적자를 보는 경우도 생긴다. 인사 관계를 중요시하지 않으면 안 되는 때이다.

사업_ 전진보다도 내부의 적자 또는 파탄을 어떻게 정비하느냐에 성패가 달려 있다. 사업의 규모를 줄이고 처음부터 다시 출발한다는 결단력이 필요하다. 자신도 모르게 예상에서 벗어나는 일이나 실수를 저지르는 수도 있다.

교섭과 거래_ 실로 위험천만한 때이다. 상대가 적극적으로 나와도 받아들여서는 안 된다.

금전_ 물론 부족하다. 더욱이 주위 사람들로부터 이용당하여 불필요한 돈의 지출이 많을 때이다.

연애_ 연애가 아니라 장난이다. 이것은 위험한 관계이다. 빨리 청산하는 편이 좋다.

결혼_ 물론 좋지 않다. 이 괘의 경우는 중매인에게 속아넘어가기 쉬운 때이다. 적당한 사람을 강제로 선보이게 한다든지, 돈이 목적인 혼담이 생기는 수가 있다. 또 육체적으로 여성이 강하고 남성은 약해서 압박을 받는 형(形)이기 때문에 체력적으로 무리가 와서 좋지 않을 것이다. 육체적으로도 격에 맞지 않다.

건강_ 체력소모가 많고 오래가는 병이다. 절개 수술을 요하는 병이라면 빨리 낫는다. 타박상이나 높은 데서 떨어져 부상을 당하는 수도 있다. 두통과 어깨가 쑤시는 병이 있다. 중환자는 위험한 때이다.
분실물_ 선반과 같이 높은 곳에 두고 잊고 있거나 어두운 구석에 떨어져 있는 수도 있다. 밖에서 잃은 것은 찾지 못한다.
여행과 이전_ 이사, 여행, 신축 모두 대개는 불가능하다. 밖으로 나가서 몸에 위험을 당하는 때이다. 조심하도록 하라. 등산, 항공편 여행은 절대로 중지해야 한다. 또 언덕 위나 아래에 있는 집은 큰 바람이 부는 때는 미리 조심해야 한다.
소원_ 실력이 없을 때이니 원해도 가망이 없다. 또 남에게 방해를 받아서 곤란한 상태에 빠지게 된다. 첫째 목표를 낮출 것.
취직_ 한마디로 안 된다. 물장사, 오락 관계라면 좋을 것이다.
입학_ 목적이 높으니 좀 낮추는 편이 유리할 것이다. 그러나 특수 재능을 가진 사람은 우수한 성적으로 합격하는 수도 있다.
기후_ 오늘 하루를 본다면 흐린 날씨이지만 비는 내리지 않을 것이다. 장기 예보의 경우, 대체로 우중충한 날씨라고 본다. 머지않아 비가 올 것이다.

24. 지뢰복(地雷復) ☷☳

복(復)은 돌아온다(歸)는 뜻이다. 1년의 4계절이 순환하는 것을 누구도 막지 못하는 것과 같이, 겨울이 지나면 봄이 온다. 복은 '일양래복(一陽來復)'이라 하여 동짓날에 봄으로 향하는 기가 돌아오는 것을 뜻한다. 천체 자연의 순환처럼 갔던 자는 돌아오고 왔던 자는 가는 것이다.

운세_ 복은 일양래복이라는 말이 가장 알맞으며, 1년 중에서 12월의 동짓날이라고 할 수 있다. 여기서 또 새해가 시작된다. 복은 왕복한다는 의미이며, 갔던(往) 자가 돌아온다(歸)는 말이며, 회복이나 원기를 되찾는다는 것이다. 복귀(復歸)란 원래의 곳으로 되돌아간다는 뜻이다. 원래로 되돌아간 그곳에서 또다시 제1보를 딛고 나아가는 것이다. 그러므로 또 다른 의미로는 순환을 뜻한다. 봄이 오고 여름과 가을이 오며, 겨울이 왔다가 다시 봄이 오는 것과 같다. 또 하루하루도 마찬가지이다. 이와 같이 사물이 반복된다는 뜻이므로 이 괘의 경우 무엇인가 유망한 목적을 발견한다면 반복하여 노력하는 것이 중요하다고 하겠다.

이 괘는 무슨 일이라도 시작하고자 하는 도약의 심정에 해당된다. 따라서 계획을 충분히 세우고 기초공사를 시작하는 때이다. 건실하게 한다면 이것은 또한 유망한 일이 될 것이다. 이전에 해보고 한 번 실패한 것을 또다시 착수하는 때라고 말할 수 있다.

전반적으로 운기가 아직 강하다고 할 수 없는 때이므로, 가까운 것부터 시작하여 서서히 먼 곳에까지 확장시켜 나아가는 방침이 좋을 것이다. 단기적으로는 3개월 또는 3년 후면 안정된다.

사업_ 툭하면 새로운 사업을 계획한다거나 전업을 하는 식이면 아무 성과도 얻지 못하고 헛수고로 끝날 것이다. 그 때문에 앞이 막혔을 때는 당분간 시기를 기다려야 한다. 그러나 원래의 사업에 복귀하는 것으로는 좋은 점이다. 차차 활기를 얻을 때이다. 상대에게 사업상의 회답을 보낼 때라도 늦추어서 3일 정도 생각한 뒤에 하는 것이 좋다.

교섭과 거래_ 보통 때의 사소한 것은 간단하지만, 장사관계의 큰 거래는 반품될 걱정이 있기 때문에 처음에 계약을 명확하게 결정한 뒤가 아니면 안 된다.

금전_ 샐러리맨이라면 일상생활에 부족함은 없을 것이다. 그러나 장사관계에 종사하는 사람은 자기 손에 자금이 없기 때문에 물건을 사들이는 데 좀 곤란을 받을 듯하다.

연애_ 남성도 여성도 너무 친구가 많아서 그다지 깊은 연애관계는 아닌 듯하다. 이미 정교를 맺고 있는 사람이라면 정기적으로 상대가 있는 곳에 버젓이 왕래하고 있다.

결혼_ 재혼의 경우는 좋을 것이다. 복은 되돌아온다는 뜻이기 때문에 초혼에는 좋지 않다. 부부싸움으로 집을 나간 사람이 돌아와서 화해하는 때이다. 그러나 마중나간 사람이 일이 잘 안 되어서 그대로 혼자 돌아오는 수도 있다.

건강_ 위장 쇠약, 복통, 발의 부종, 각기 등의 병이 있을 때이다. 또한 발작적으로 일어나는 병상, 위경련 등 묵은 병이 재발한다.

분실물_ 되돌아온다. 밖에서 잃은 경우가 많을 때이다. 잘 찾아봐야 한다. 그러면 나올지도 모른다.

여행과 이전_ 친구들과 함께 가는 여행, 또는 그룹 여행은 좋다. 이전에 갔던 곳에서 즐겁게 보내는 것은 탈이 없을 것이다. 집은 지금 당장 움직일 수가 없다.

소원_ 당신이 지금 원하고 있는 그 일은 좋은 것이기 때문에 장소를 잘 검토하고 시간을 길게 잡아서 노력과 친구들의 협력을 얻으면 희망이 달성된다.

취직_ 당장은 어렵지만 당신이 원하고 있었던 직업이라면 속히 복귀된다.

입학_ 한 번으로는 안 된다. 3년 재수를 하는 셈치고 학원에 등록해서 열심히 공부하면 합격이 된다. 또 과거에 응시하였던 학교에 다시 지원하면 반드시 합격한다.

기후_ 아침에는 개었다가 오후가 되면서 흐려지는 날씨이다. 긴 비가 지난 뒤라면 차차 날씨가 회복해 가는 단계에 들어선 때이다.

25. 천뢰무망(天雷无妄)

무망(无妄)은 허망하고[妄] 없다[无], 즉 허무하다는 뜻이 내포되어 있다. 욕망도 작위(作爲)도 없는 자연 그대로의 순수한 모습을 의미한다. 하늘의 뜻대로 순종해 나간다면 좋으나, 만일 그것에 거역하는 행위가 있다면 스스로 재난을 초래하는 것과 같다.

운세_ 무망은 하늘의 운행, 즉 하늘의 뜻대로 따르는 것이기 때문에 모두 당신 뜻에 맡겨져 있다. 그러나 이때는 인간의 힘도 의지력도 어쩔 수가 없는 때이다. 몸부림치면 칠수록 그 결과는 나빠지기 때문에 쓸데없는 노력을 기울이지 말고 상대편의 태도를 보고 그때그때 적절한 수단과 행동을 생각해야 한다.

망은 함부로라고도 풀이된다. 이것은 이유도 없이 일을 야기해서는 안 된다는 뜻이다. 그러나 아무것도 하지 않고 소일하라고 하는 것은 아니다. 이런 때는 내적인 충실과 마음의 안정만 있으면 자기가 미처 생각지 못하였던 행운이 돌연히 닥쳐온다. 옛사람은 말하기를, "암석 안에 보석이 끼여 있는 모양이다."고 하였다. 빨리 보석을 손에 넣고자 성급하게 돌을 깬다면, 그 안의 보석까지 깨뜨리고 만다. 아무튼 훌륭한 보석을 서서히 곱게 꾸며서 완성하려는 마음가짐으로 있으면 생각지도 않은 기쁜 소식이 찾아들 것이다.

또 망은 의심이 많아서 일에 대하여 주저한다는 의미가 있기 때문에 나쁜 일에 생각이 미치기 쉬운 때이다. 따라서 불행을 초래하기 쉽다. 이같이 무망이란 괘에서는 좋은 것과 나쁜 것의 양면이 예기치도 못한 사이에 돌발적으로 일어나는 일이 있다. 신에 대하여 진심과 정성된 마음으로 있으면 아무 탈 없이 지낼 수 있을 것이다.

사업_ 현재의 입장과 상태에 진지한 태도로 임하지 않으면 안 될 때이다. 이때의 태도는 자연의 움직임과 뜻에 몸을 맡기고 적극적으로 행동하지 말아야 한다. 따라서 도피하는 것도 아닌, 오직 피동적인 태도를 취하는 것이 가장 좋은 방법이다. 그러나 실제로는 자칫 야심적으로 나아가기 쉬운 때이니 각별히 조심해야 한다.

교섭과 거래_ 전진하면 파탄을 가져오는 때이다. 그러나 배짱을 부려서라도 어떻게든 해보고 싶은 때이다. 상대편의 태도에 따라 잘 생각한 후에 진행해야 한다.

금전_ 금전면에 너무 구애되면 안 되는 때이다. 그리 큰 부족함은 없을 것이다.

연애_ 정신적인 면, 연구, 학문, 종교적인 면에서 자연 그대로 일치하고 있는 사람은 생각 이상으로 사이좋게 되어갈 것이다. 일반적으로 봐서 같은 성격의 사람들의 연애가 많을 괘이다.

결혼_ 되어가는 대로 맡겨도 좋은 연분이다. 양자 또는 여자의 집에 남성이 동거하면 잘 되어갈 괘이다. 특히 부부 사이가 원만치 않아서 별거생활을 하고 있었던 사람들은 다시 원만한 가정을 꾸미는 때이다.

건강_ 자연 발생의 병이 많고, 또 약을 필요로 하지 않기 때문에 그대로 두어도 자연히 완치된다. 여러 가지 인위적인 치료를 하면 오히려 악화시키는 수가 있다.

분실물_ 찾으려고 애를 쓸 때는 찾지 못하나 그대로 내버려두면 우연한 기회에 찾아낼 수 있다.

여행과 이전_ 여행은 될 수 있는 한 하지 않는 편이 좋지만 돌발적으로 여행을 하게 되는 일이 없지도 않다. 이사는 중지하는 편이 좋을 것이다. 아직 움직이지 못할 처지에 있다.

소원_ 달성될 가망이 없는 때이다. 무사무욕의 상태로 조용히 관망해야 할 때이다.

취직_ 무리하게 서두르지 말고 하늘의 때가 당신에게 돌아올 때까지 침착하게 기다리고 있는 편이 좋을 것이다. 그러나 기대하고 있지 않은데 뜻밖에 즐거운 소식이 전해 오는 일도 있을 것이다.

입학_ 사람에 따라서 그때의 조건에 의하여 사정이 다르다. 그러나 대개는 무난하다.

기후_ 보통은 갠 날씨. 여름은 갠 날씨인데 우레가 있다. 가을은 곳에 따라 약간의 비가 내릴 것이며, 겨울은 추위가 대단한 날이다. 이 괘는 생각지도 않은 천재(天災)를 받는다는 의미가 있기 때문에 화재, 풍수해에는 일단 주의하도록 하라.

26. 산천대축(山川大畜) ☰☷

대축(大畜)은 크게 모은다는 뜻이다. 단지 모은다는 것뿐만 아니라, 옳게 지도를 받고 실력을 양성하여 그 지식과 인덕 및 물질면이 풍부해진 후에 비로소 세상에 나아가 소용이 되는 대사를 치르고 큰 성공을 거두게 된다는 것이다.

운세_ '대축은 때'라는 말이 있다. 물건으로 비유한다면 일시적인 응급수단으로 만들어진 것이 아니라, 오랜 시간을 소비한 후 훌륭하게 만들어진 물건과 같다. 실력면에서 말하자면 시간을 많이 들여서 충실하게 하는 것이며, 금전면에서는 긴 시간을 요한 후에 큰 저축이 되었다는 말이다.

이 괘는 금광에서 채굴한 광석을 제련하여 금화로 많이 축적할 때까지의 노력의 과정을 생각한다면 좋을 것이다. 이 괘가 한 나라의 경제를 점쳤을 때 나왔다면 확고한 내각과 안정된 경제를 의미한다. 따라서 전체적으로 좋은 의미라고 판단된다. 이때는 비교적 안정되어 있기 때문에 과거의 경험을 반성하여 금후의 행동에 대한 방침을 정하고 착수하는 때이다.

당신의 목적 앞에는 장해도 있고 곤란도 없지는 않으나, 모든 일에 끈기와 노력만 있으면 호조를 향하여 가는 때이다. 안에서 일하는 것보다 밖에 나가서 일하는 편이 효과적이며, 작은 일보다 규모가 큰 것에 뜻을 두고 노력하는 편이 좋을 것이다. 또 착실한 일터, 관청 방면 등은 특히 장래의 발전이 약속되어 있다.

사업_ 단숨에 돈벌이를 꿈꾸어선 안 된다. 한걸음 한걸음 기반을 굳게 다져가면서 비로소 성대하게 공을 쌓아가야 한다. 이재(理財) 방면에도 대단히 좋은 때이다.

교섭과 거래_ 윗사람의 원조를 받을 가망이 있을 괘이다. 큰 일과 씨름을 할 때인 것이다. 상대가 거만하고 잘 응하지 않는다 하더라도 적극적으로 나아가면 좋은 결과를 보는 때이니 절대로 후회는 있을 수 없다. 그러나 너무 무리하게 밀고 나아가는 일은 피하는 것이 좋다. 적극성은 필요하지만 과격한 행동은 금물이다.

금전_ 부족한 일은 없다. 실력 여하에 따라 수입은 불어만 간다. 또 큰 돈을 만지는 괘이다.

연애_ 서로가 성실하고 장래성이 있는 연애이다. 그러나 서로간에 복잡한 가정 문제가 있기 때문에 시간을 오래 끌기 쉬우니, 양식 있는 선배나 윗사람과 상의를 하여 결혼할 수 있도록 협력을 부탁하는 것이 상책이다.

결혼_ 부하 또는 아랫사람의 결혼을 중매하는 역할에는 좋은 괘이다. 주위에 신용할 수 있는 사람이 있는 때이니, 적극적으로 결말을 볼 수 있도록 노력하는 것이 좋다. 이 괘는 좋은 연분이다.

건강_ 소화불량으로 가슴이 막힌 상태이다. 또 복막(腹膜), 변비, 두통, 신경과민 등이 생길 수 있다. 사람에 따라서 부스럼이 생기는데 속히 수술을 하는 것이 좋다.

분실물_ 대체적으로 집 안에서 잃은 것이다. 큰 물건 아래든지, 양복장 속이나 큰 책상 서랍 등을 잘 찾아보도록 하라.

여행과 이전_ 회사 등의 여행에는 좋다. 여러 가지 걱정이나 재미가 없어도 현재의 장소에 그대로 머물러 있는 편이 좋을 때이다. 자기 마음에 맞는 장소가 손쉽게 발견되지 않는다.

소원_ 처음은 곤란하게 보이지만 서서히 희망이 달성된다. 몇 번이고 수단과 방법을 바꾸어가면서 최후까지 노력하는 것이 중요하다.

취직_ 좋은 괘이다. 안정감 있는 직장이 얻어지는 때이다. 될 수 있는 한 큰 회사나 착실한 직장을 목표로 삼아야 한다.

입학_ 고등학교·대학교의 입학에는 좋은 괘이다. 일류학교를 목표 삼아 응시하라.

기후_ 흐린 날씨인데다 무더울 것이다. 비는 여간해서 내리지 않는다. 모든 일에 걸쳐서 오랫동안 기다리고 있는 것이 좋은 결과를 낳는다는 뜻이다.

27. 산뢰이(山雷頤)

이(頤)는 기르는(養) 것이다. 기를 것은 식물뿐만 아니라 자기가 습득하는 지식이나 사상이라도 옳은 것이 아니면 안 된다. 이(頤)는 위턱과 아래턱을 말하고 있다. 입으로 식물을 먹는다는 것은 인간의 생활 자체를 나타내는 것이다.

운세_ 이(頤)는 입과 턱을 의미하고 있다. 입은 식사를 하는 곳이다. 턱은 음식을 잘게 으깨어 신체에 필요한 영양분으로 만든다. 이(頤)는 양생·양육·양성 등 모두 일상생활 자체와 관련 있는 말이라고 하겠다. 그 때문에 이는 생활의 방침을 세운다든지, 직업을 갖는 데 좋은 괘이다. 또 남의 집 양자로 간다든지, 아는 집에 하숙하는 데도 좋은 점이다. 그러나 '병은 입에서'라는 말이 있듯이 이 괘의 경우는 재미없는 말을 해서 실수를 한다든지, 소화불량을 일으키는 때이니 조심해야 한다.

현재는 계획·기획의 입장에 있어서 단기간의 문제라면 1주일이며, 길게 잡아 4개월로부터 반 년은 소요될 것을 생각해야 한다. 인간의 성격으로 본다면 큰소리를 치지만 생각하는 것보다 속은 없는 사람이다.

사업_ 힘을 모아서 닥치는 대로 힘차게 나아가는 것이 중요하다. 큰 이윤을 목표삼지 말고 우선 활기에 찬 장사 방법을 취하는 것이 좋다. 샐러리맨은 월급이 적고 불평불만은 있어도 참고 지나면 머지 않아 인정받는 기회가 온다.

교섭과 거래_ 서로간의 의견이 일치하여 좋은 결말을 본다. 그러나 물건의 질 또는 사업 체제를 세심하게 조사한 후에 착수할 것. 브로커 등이 개입한 일은 사고가 일어나기 쉬운 때이다.

금전_ 일상생활에 돈걱정은 없다. 많은 돈을 바라지 않는다면 필요한 만큼의 돈은 들어오는 때이다.

연애_ 남녀 서로가 마음이 융합되어 있는 때이다. 육체관계보다도 정신면에서 융합되어 있는 수가 많다. 또 서로 결혼하고 싶지만 수입이 적어서 결혼까지는 결심하지 못하고 있는 경우도 있다.

결혼_ 맞벌이를 하는 데 좋은 괘이다. 부부의 경우 서로의 강한 성격 때문에 간혹 마찰이 생기지만 곧 화해한다. 혼담은 잘 진행된다. 그러나 물질이 목적이 되는 결혼은 성립되지 않는다.

건강_ 이 괘가 나올 때는 부주의에서 오는 탈이 많다. 특히 음식에 주의해야 한다. 대체로 소화기가 약해져 있기 때문이다. 사람에 따라서 요양생활을 할 필요도 있다. 식이요법으로 오래도록 양생하는 편이 좋다.

분실물_ 상자 속이나 서랍 안, 장롱 안을 찾아보도록 하라.

여행과 이전_ 여행은 늘 가는 곳, 안면이 있는 곳이라면 좋다. 이사는 때를 기다려야 한다.

소원_ 평소의 사소한 일이라면 성취된다. 큰 목적을 가진 것이라면 시간을 요한다.

취직_ 된다. 특히 취직에는 좋은 괘이다. 첫 월급은 적어도 당신의 실력 여하에 따라서 갈수록 많아질 것이다.

입학_ 합격한다. 경쟁자가 많지만 대체로 안심할 수 있다. 단, 구두시험에는 미리 대비해 두는 것이 좋다.

기후_ 날씨는 좋은 편이다. 비가 내리고 있어도 이 괘가 나오면 다음날은 반드시 하늘이 개어 좋은 날씨가 된다.

28. 택풍대과(澤風大過)

대과(大過)는 큰 것이 지나치다는 뜻이다. 지붕의 중심인 대들보가 너무 클 경우, 네 기둥이 떠받들지 못하는 상태가 바로 대과이다. 그러나 대들보가 넘어지는 것을 그대로 보고만 있을 수 없는 일이니, 이 위기를 모면하기 위하여 일찍이 만반의 준비를 갖추지 않으면 안 된다. 따라서 힘의 균형을 취하는 것이 중요하다.

운세_ 이 괘는 대단히 책임이 과중하여 묵은 일이 한꺼번에 밀어닥쳐 그 해결을 요구하는 것과 같은 상태이다. 또 자기의 실력에 비하여 맡은 일이 과중하기 때문에 꼼짝달싹도 못할 때이다. 이런 때는 가능한 한 주요 문제에만 초점을 두어서 해결해 나가는 지혜가 필요하다. 다른 문제는 보류하여 조금이라도 짐을 더는 것이 선결 문제이다.

그리고 기회를 놓친 것에 대해서는 손을 대지 않는 것이 좋고, 사적인 면은 잠시 동안 무시하되 공적인 문제는 서슴지 말고 맡아서 처리하지 않으면 안 된다. 위기의 시점에서 볼 때 당신이 맡고 있는 모든 일은 전부 파멸의 위기에 당면하고 있는 때라고 하겠다. 그것은 이미 힘이 미치지 못하는 숙명적인 것이라고 생각해야 한다.

사업_ 사적인 일에는 나쁘다. 표면은 잘 보이고 탈이 없지만 기초가 약한 곳이 있기 때문에 오래가지 못한다. 또 능력 이상으로 많은 일을 해서 숨이 차 있는 상태이다. 그러나 지금까지 많은 곤란을 겪어온 사람의 경우는 머지않아 이 난관을 이겨낼 수 있을 것이다.

교섭과 거래_ 대체로 무리이다. 그러나 지난날의 거래처나 안면이 있는 사람이 뜻밖에 힘을 보태주는 수도 있다.

금전_ 위기에 처해 있는 상태이다.

연애_ 복잡하고 미묘한 연애가 많은 괘이다. 이 괘에서 볼 때 정사 관계가 대단히 많은 때이다. 또 연령 차이가 많은 남녀끼리 관계가 생겨서 오래가는 때이다.

결혼_ 성격면에서 서로 차이가 많다. 정식 결혼에는 적당하지 않으나 후처·후부에는 좋을 것이다.

건강_ 고통을 수반하는 것이 많다. 토사, 설사, 부종, 암, 복막염 등이다. 또 복막, 복식, 정욕과잉 등이 원인이 되어 발병하기도 한다.

여성은 이 경우 좀 늦은 감이 있다. 또 오랫동안 신병으로 고생해 온 사람은 일시적인 위험 상태에 놓인다. 유전 체질 때문에 고통을 받는 수가 있다.

분실물_ 찾아내기가 어려운 때이다.

여행과 이전_ 물론 나쁘다. 모든 행동에 무리가 오니 주의하라.

소원_ 보통으로서는 불가능하다. 그러나 하늘이 감동할 만한 사람이거나 옳은 일이라면, 하늘이 힘을 보태주니 그 소원이 달성될 것이다. 그러나 이런 일은 극히 드물다.

취직_ 희망한 곳은 안 된다. 현재의 상태를 유지해 가는 것이 힘에 겹다. 따라서 다른 일을 돌볼 여유가 없다. 혹은 옛날의 안면으로 인하여 취직이 되는 사람도 있다. 또 당신이 과거에 경험이 있는 일이라면 취직은 된다.

입학_ 당신은 너무 목적이 많다. 실력보다 좀 쉬운 곳을 목표삼아 해보도록 하라. 또 독단을 피하고 선배에게 상의하면 좋은 지혜가 생긴다.

기후_ 큰 비가 내리는 날씨이다. 수해지구에서는 물이 처마 밑까지 찰 만큼의 큰 물난리가 있을 때이다.

29. 감위수(坎爲水)

감(坎)은 고민, 곤란, 고생 속에서도 자기의 신념을 버리지 않고 진심과 충실, 성의의 길을 관철한다면 반드시 정성이 이루어진다는 뜻이다. 현재는 남들에게 알려지지 않더라도 언젠가는 당신의 정도

(正道)를 알아주는 날이 올 것이다.

운세_ 감은 진실일로(眞實一路)라는 의미가 있다. 사람이 고통 속에 있을 경우에 자기를 받쳐주는 것은 자기의 마음과 성심성의, 정성일로의 강인성 이외에는 아무것도 없다. 환경이 불우할 때, 물질에 부자유할 때, 재난을 당하였을 때 잘못하면 인간이 인간다운 마음을 상실하기 쉽다.

　이 감위수는 진퇴양난에 빠져서 모든 고통이 일시에 밀어닥친 때라고 생각해 보도록 하라. 그러므로 이런 때는 꿋꿋한 신념과 용기가 절대 필요하다. 때로는 마음의 평정을 잃어버리기 쉽고, 만사를 포기하고 싶은 때도 있지만 추운 겨울 뒤에는 온화한 봄이 오듯 나쁜 시기는 오래가지 않는 법이다. 그러므로 참아야 한다. 이 괘의 경우, 종교나 학문과 같은 정신적인 면에 마음을 돌린다면 난관을 극복할 수 있다.

　나쁜 의미로는 사기 또는 폭주에 빠지므로 건강을 해치기 쉽고, 애정에 정신을 빼앗겨서 집중하지 못하는 상태이다. 또 자기 계획이 있어도 실행하지 못하며 재미가 없는데다 주위로부터 오해를 받기 쉬운 때이다. 법적인 관계 및 경찰 문제가 일어나기도 쉽다.

사업_ 절대로 적극책은 취하지 말아야 할 때이다. 또 이런 때의 계약일수록 속아넘어가게 마련이다. 남의 보증을 서는 것도 삼가야 한다. 아무튼 싸움으로 변하기 쉬운 때이다.

교섭과 거래_ 양쪽 모두 가망이 없다. 소송이나 재판 문제에 휩쓸린다. 그러나 일의 성질에 따라서 이면공작으로 공격해 가면 상대의 급소를 잡아서 오히려 성공하는 경우도 있다. 그러기 위해서는 이쪽의 실력과 성의를 명확하게 보이는 것이 중요하다.

금전_ 부족하다. 더 이상 지출은 하지 말아야 한다.

연애_ 서로가 깊은 애정에 빠져들고 있는 때이다. 특히 남성은 물장사 계통에 종사하는 여성과 너무 깊은 관계를 맺고 있어서 금전면에서 곤란을 면치 못하고 있는 때이며, 횡령 등의 걱정도 있을 때이다. 여성도 남성 때문에 곤란한 지경에 빠져 있는 수가 많다.

결혼_ 좋은 괘는 아니다. 정략적인 결혼이 있는 때이다. 육체관계를 떠난 노인의 결혼에는 좋다.

건강_ 신경쇠약, 신장결석, 정사가 원인이 되는 병, 식중독 및 설사, 식은땀, 빈혈, 각혈 등이나 귀앓이, 자궁병 및 월경불순, 주독(酒毒) 등이 발생하기 쉬운 때이다.

분실물_ 도난이 많은 때이다. 이 경우에 범인은 혼자가 아닌 2인조이다. 또 잃은 물건은 쉽사리 찾기 어렵다. 찾아낼 수 있다면 꽤 오랜 시간이 흐른 뒤라야 가능하다.

여행과 이전_ 여행을 떠나면 재난을 당할 것이다. 집은 이사하더라도 또다시 이사하지 않으면 안 되는 경우가 생긴다. 한 집에 소유자가 두 사람이 되는 경우도 있다.

소원_ 자기 혼자만 알고 행동도 하지 않는 것이 좋다. 남에게 나타내면 소원 성취가 안 된다.

취직_ 안 된다. 무리를 하면 사기꾼을 만나서 손해를 본다. 또 유령회사가 많은 때이다. 취직한다고 속임수에 넘어가지 않도록 하라.

입학_ 무리한 짓이다. 가망이 없다.

기후_ 비가 오는 날씨이다. 우기에 이 괘가 나오면 큰 비, 장마라고 봐도 좋다. 이 경우 특히 수난, 수해를 당하게 된다.

30. 이위화(離爲火) ☲

이(離)는 물건에 붙는다는 뜻을 가진다. 자기의 활동을 표현해 가는 데 당신이 소속되어 있는, 또는 의존하고 있는 입장을 잘 살펴야 한다. 그리고 자기를 앞세우는 일 없이, 마치 사람을 온순히 따라가는 암소와 같은 기분을 가져야만 모든 것을 원만하게 할 수 있다고 본다.

운세_ 이(離)에는 밝음, 태양, 아름답다는 의미가 있다. 불과 같은 격렬성도 있다. 따라서 앞날의 전망은 밝을지라도 불의 취급이 어려운 것처럼 언제나 마음은 안정이 없고, 다른 일에 쏠려서 자기 일에 집중이 되지 않는다.

강한 운수이지만 취급하기 어려운 괘이다. 좋은 의미를 많이 가지고는 있으나 어떤 의미로는 격렬성이 있는 괘이기 때문에, 이런 때는 일을 주도면밀하게 진행시키지 않으면 위험이 생긴다. 마치 자동차로 화약을 운반하고 있는 것 같은 위험천만한 경우도 있다.

기분상으로는 극단적인 마음의 변화가 생기기 쉬운 때이다. 같은 성격의 사람과는 서로 상대의 마음을 잘 알고 있기 때문에 사이가 좋은데도 무언가 솔직하게 나아가지 못하는 점도 있다. 이런 때는 자기 힘만을 믿고 행동한다면 십중팔구 실패하고 말 것이다.

당신이 현명할지라도 견식이 있는 사람, 유능한 사람의 의견은 받아들이는 편이 좋다. 옛사람은 이 괘를 대단히 좋다고 하였다. 당신에게 있어서 좋은 날〔吉日〕은 단기적으로는 2일, 5일에 기회가 있고, 장기적으로는 두 달, 다섯 달로 접어들어서야 기회가 온다.

사업_ 모든 점에서 화려해지기 쉬운 때이므로 잘 조절해야 한다. 새로운 일, 단기적인 일, 부분적인 일이라면 이익이 생기는 때이다. 이 경우에 연구적인 일의 착수는 당분간 중지하는 편이 좋다.

교섭과 거래_ 부분적으로는 결말이 난다. 계약서, 수표, 인감 등의 착오가 일어나지 않게 주의하도록 하라. 또 서류에는 복사가 필요할 때이다. 그러나 문화적, 정신적인 면에 관한 교섭은 이익은 적더라도 사회적으로 성공의 기회를 잡을 수 있다.

금전_ 부자유스러운 점은 없으나, 주위가 화려하니 교제비 등으로 헛된 지출이 많은 때이다.

연애_ 서로 상당히 열도(熱度)가 높은 때이다. 열띤 사랑이지만 서로 같은 성질의 소유자이기 때문에 결혼할 용기가 없는 때이다. 서로의 장단점을 너무도 잘 알기 때문이다. 또 이때는 위험한 사랑의 장난도 상당히 많이 일어난다.

결혼_ 안면이 있는 사람들의 결혼 시즌이다. 서로가 너무 허세를 부려서 결합이 잘 안 된다든지, 또 두 곳에서 나온 말 사이에 끼여 어느 쪽으로도 결정을 짓지 못하는 일이 많을 때이다. 이 괘가 나올 때는 서서히 하는 것이 좋다. 재혼에는 대단히 좋은 괘이다.

건강_ 고열 또는 심장과 눈에 주의하도록 하라. 오래 병상에 있는 사람은 좀 위험한 상태이다.

분실물_ 대체로 발견되어 되돌아온다. 도난을 당한 물건은 경찰을 거쳐서 돌아온다. 밖에서 잃은 물건은 이미 남의 손에 가 있다.

여행과 이전_ 여행은 학교 소풍 또는 사적인 견학이 좋다. 집은 움직이지 않는 편이 좋다. 그러나 학생이나 아파트 생활을 하는 사람에게는 좋은 아파트가 발견된다.

소원_ 원하는 목적을 어느 것으로 택하면 좋을지 생각하며 마음을 정하지 못하고 있는 때이다. 목전의 사소한 것은 달성된다.

취직_ 학교, 문화, 예술 방면에는 가장 알맞다.

입학_ 합격된다. 단, 재시험을 치를 수도 있다. 이때는 학력보다도 건강에 유의하도록 하라.

기후_ 가뭄의 날씨이다. 맑은 날씨가 계속된다고 봐도 좋다. 비가 내리지 않고 물이 마른다. 비가 내리고 있을 때 이 괘가 나온다면 곧 비는 멎고 날씨가 갠다.

31. 택산함(澤山咸)

함(咸)은 사물을 민감하게 느끼는 것을 뜻한다. 그것은 어디까지나 옳은 것을 받아들이고 행동해도 좋다는 의미이다. 젊은 남녀가 옳은 결혼을 하고 자손을 낳아서 번성해 가는 것처럼, 또 젊은 여성이 자기의 남편만을 의지하는 것처럼 진실로 서로를 생각해 주고 사랑을 느끼는 것이 함이다.

운세_ 함은 마음에 느끼는 것뿐만 아니라 모든 감각을 말하는 것이다. 운이 좋은 때이므로 이유나 이론은 접어두고 직감에 호소하여 민감하게 행동하면 효과가 나타난다. 첫인상에서 좋다고 느낀 일에는 반드시 성공할 것이다. 이 괘는 인간의 감정, 감각이란 의미가 있기 때문에 우선 연애 문제가 생기기 쉬운 때이다.

대인관계에서는 물질면에 너무 중점을 두지 말고 정신면의 교분을 다져 나아간다면 당신을 보다 행운으로 이끌 것이다.

사업_ 회사의 내부가 일치 협력하여 발전·향상의 기회가 가까워져 있는 때이다. 상대를 신용하여 속히 방침과 계획을 세워서 착수해야 한다. 헤맨다든지 주저하고 있으면 모처럼의 기회를 놓치고 만다. 만사에 세심한 활동가가 입사하는 수가 있다. 또 훌륭한 아이디어맨을 만나는 때이기도 하다.

교섭과 거래_ 상대와 일의 성질에 따라서 다소 다르지만, 뜻밖에 빨리 결말이 나고, 또 유리한 조건으로 해결하는 수가 많다. 모두 온순하고 부드러운 태도 및 정열로 힘차게 나아간다면 기쁜 소식이 얻어진다. 먼 곳에 있는 상대와의 교섭, 거래는 좋은 결말을 본다. 빨리 서둘러야 한다.

금전_ 일상생활에는 부족함을 느끼지 않는다. 그러나 당신의 노력 여하에 따라서 수입은 급격히 늘어난다.

연애_ 이것은 연애의 괘이다. 특히 젊은 사람들끼리의 연애에 이 괘가 나올 때는 최상이다. 이런 때는 한시바삐 결혼을 하여 새 가정을 꾸며야 한다.

당신이 남성이라면 정열파이고, 여성이라면 순정파이다. 이 마음을 소중히 여겨서 장래 행복의 기초를 만들고, 언제까지나 낭만적인 꿈의 세계를 잊어서는 안 된다.

결혼_ 좋은 괘이다. 남성이 양자이거나 아내의 가정에서 동거하는 것은 특히 좋은 의미가 있다. 이 괘가 나올 경우에는 대부분 당사자끼리 연애관계에 빠져 있을 때이다.

건강_ 전염병이 많다. 정사로 인한 성병이 생기기 쉽다. 그밖에 감기, 마진(麻疹), 호흡기 질환, 티푸스의 질병이나 임신 때문에 일어나는 병 등이다.

분실물_ 물건 속에 있다. 집 안에서는 다락 안이나 옷 속, 이불 속에서 찾아낼 수 있다. 또 큰 물건이라면 어딘가에 숨겨져 있다. 찾아낼 수 있다.

여행과 이전_ 즐거움을 맛보는 좋은 여행이다. 이사는 적당한 곳이 곧 발견되므로 좋을 때이다. 또 집을 새로 짓는 데 좋은 시기이다.

소원_ 태만하게 기다리지 말고 빨리 실행해야 할 때이다. 속도가 중요하다.

취직_ 빠르면 결정이 된다. 남이 앞지르기 전에 빨리 서둘러서 결정해야 한다.

입학_ 문과 계통이 좋다. 당사자의 실력에 따라서 지망 학교도 다르다. 당신이 생각하고 있는 방향으로 가라.

기후_ 계속되는 맑은 날씨이며, 때에 따라서 약간 비가 내리는 정도이다. 비가 내리다가 곧 갠다. 대략 흐린 날씨가 많고, 비가 와도 오래 가지는 않는다. 여름에는 소나기가 많이 온다.

32. 뇌풍항(雷風恒)

항(恒)은 늘 있음, 또는 항상이라는 뜻이다. 부부가 부부의 형태를 옳게 지키고 있으면 무사평온(無事平穩)한 것과 같이 일상생활에서도 함부로 방침을 바꾸지 않아야 평화로운 나날을 보낼 수 있다.

운세_ 항(恒)은 늘 그대로, 당연하다는 뜻이다. 항상(恒常)은 늘 있는 대로의 모습, 항산(恒産)은 정한 재산, 항심(恒心)은 변하지 않는 마음 등 언제나 같은 상태를 보지(保持)해 간다는 말이다. 이 괘는 늘 현상 유지가 필요함을 말한다. 인간은 당연한 일상생활을 지속시키는 데 만족하지 못하고, 늘 마음속으로 무엇인가 추구하는 욕망을 가지기 쉽다. 그럼으로써 평범한 행복을 잊어버리기 쉽게 되는 것이다. 항은 우리들이 매일 반복되는 일상의 생활을 지속시킴으로써 생활의 안정을 얻게 됨을 뜻한다.

그러므로 지금까지 해 왔던 것을 견실하게 지켜야 할 때이다. 꾸준히 인내심을 가지고 노력하여 다른 일에 마음을 움직이지 않는 것, 이유 없이 방침을 변동하지 않는 것, 허망한 꿈을 꾸지 않는 것이 중요하다. 또 이 괘는 부부의 일상생활이라는 의미를 가지며, 중년부부의 안정된 마음과 생활면의 모습을 의미하고 있다.

사업_ 현상 유지. 확장이나 새로운 계획은 좋지 않다. 그러나 남성은 의욕이 밖을 향하여 움직이는 때이다.

교섭과 거래_ 평소에 거래 관계가 있던 교섭이라면 그대로 계속해도 좋다. 그러나 지금 새로 거래하는 것, 대규모의 것이라면 장기적인 안목을 가지고 하는 것이 좋다. 성공한다면 큰 이익이 생긴다. 서두르고 덤비면 실패한다.

금전_ 일상의 금전은 풍부한 때이다. 장사에 있어서는 실익(實益)이 생긴다.

연애_ 서로 무리가 가지 않는 연애로, 생각보다는 오래 지속된다. 대체로 이 괘가 나올 때는 상당히 오래 교제한 사이라고 봐도 좋을 것이다.

결혼_ 결말을 지을 때까지 대단히 힘은 들겠지만, 결말이 나면 좋은 연분이다. 그러나 이 괘는 이미 내연관계의 경우가 많기 때문에 부부의 형태를 취하고 있다. 또 후처의 경우에도 정식부부의 생활상태로 꾸며가는 사람이 많은 때이다.

건강_ 식도암, 위암, 장암 등 암 계통이 많은 때이다. 오랜 불규칙한 생활이 원인으로 허리가 쑤시고, 척추가 비뚤어지는 등 만성병 때문에 요양이 필요한 때이다.

분실물_ 집 안에서의 분실물은 물건 사이에 끼여 있다. 밖에서의 분실물은 이미 남이 주워간 후이다.

여행과 이전_ 특별한 볼일이 없는 한 나가지 않는 편이 좋을 것이다. 그러나 일상의 평범한 생활에 싫증이 나서, 때때로 정사를 위한 여행에 유혹되는 때이다. 집은 현재대로 있는 것이 좋다.

소원_ 자기의 희망, 목적에 대하여 꾸준히 노력을 계속해 나아가면 달성된다. 바쁘게 서두른다고 되는 것은 아니다.

취직_ 이 괘는 안정되어 있기 때문에 현상 유지에 힘쓸 때이다.

입학_ 자기의 실력에 맞는 곳이라면 좋다. 각자에게 개인차가 있기 때문에, 당사자의 실력 여하에 따라서 목적을 성취할 수 있다.

기후_ 대체로 갠 날씨. 흐려 있어도 비는 내리지 않는다. 여름은 우레와 함께 큰 비가 온다. 가을은 푸른 하늘.

33. 천산둔(天山遯)

둔(遯)이란 피해서 물러난다는 뜻이다. 시기적으로 나쁘고 운이 막혔을 때는 잠시 물러나서 다음 기회를 노리며 은신해 있는 편이 낫다는 뜻이다.

운세_ 둔이란 피해서 물러난다는 뜻이기 때문에 시기적으로 완전히 후퇴할 때이다. 마음이 들떠 있어서 함부로 나아가려는 성급함이 생기기 쉬우나, 운세가 쇠하여 있어서 이로움이 하나도 없다. 모든 일에서 일시적으로 손을 떼는 편이 좋다. 아무리 미련이 있는 문제라도 용단을 내려서 손을 떼는 것이 손해가 덜하다.

뜬소문에 귀를 기울이지 말고, 되도록이면 일을 수습하여 현상을 유지하도록 애써야 한다. 믿고 의지하던 사람과 헤어져서 큰 손해를 볼 때이다.

옛사람은 말하기를, "우물을 파도 물이 없을 때이다."고 하였다. 재산을 물려받아 여유가 있는 상속인들은 그 재산을 가지고 속세를 떠나 은둔생활의 즐거움을 맛볼 때이다.

사업_ 안이 비어 있을 때이다. 욕심을 내어 크게 벌이지 말고 적은 데서 알차게 움직여야 한다. 그러나 이 괘는 사람의 낭비를 부채질하기 때문에 영화관이나 연극, 쇼, 바, 카바레, 요정 같은 업종은 큰 성황을 이룬다.

교섭과 거래_ 잘 진전되지 않는다. 무슨 일이나 불리한 입장에 놓인다. 이쪽에서 스스로 나아가지 않아야 한다.

금전_ 주위와 환경이 쓸쓸한 때이다. 돈은 쓸 데가 많지만 수입은 없고, 돈을 빌리기도 힘들 때이다.

연애_ 즐기기 위한 상대로는 좋으나 그 이상의 관계는 좋지 않다. 데이트 같은 일에 필요 이상으로 돈의 낭비가 많을 때이다.

결혼_ 성사되지 않는다. 이쪽에서 꿀리는 형편이다. 만일 결혼을 한다 하더라도 남자측이 손해보는 괘이다.
건강_ 체력이 소모될 때이므로 만성병을 갖고 있는 사람이나 또는 현재 중병을 앓고 있는 사람은 주의해야 한다. 특히 냉병 같은 증세와 치질, 성병에 주의해야 한다.
분실물_ 잃어버린 장소에서 멀리 사라졌기 때문에 돌아오지는 않는다. 또한 집에서 없어진 물건은 집 안 사람이 들고 나간 것이다.
여행과 이전_ 그룹을 지어 등산을 하거나 골프 여행 같은 것은 좋을 때이다. 사냥도 좋다. 그러나 돌풍 같은 것에 주의하라.
소원_ 지금은 이루어지지 않을 때이다. 오히려 욕심을 내다가는 큰 재난이나 큰 손해를 입을 때이다.
취직_ 유흥업이나 음식업, 여행 관계의 직장을 구해 볼 것.
입학_ 호텔 양성학교, 예능 계통의 학교, 배우학원 같은 곳에 입학하면 좋을 것이다.
기후_ 잔뜩 흐려 있다. 봄·가을은 바람이 셀 것이다.

34. 뇌천대장(雷天大壯)

대장(大壯)이란 크게 왕성하다는 뜻이다. 모든 상태가 시세를 타고 왕성해 갈 때이다. 그러나 지나치게 나아갈 경향이 있기 때문에 조용히 자기 입장을 지키는 쪽이 튼튼하고 실패가 없을 것이다.

운세_ 운이 굉장히 왕성할 때이다. 대장이란 세력이 마구 뻗어나가는 상황을 의미한다. 마치 달리던 차에 브레이크가 걸리지 않는 상태와 비슷하기 때문에 미리 정지할 수 있도록 마음의 여유를 가지는 것이 중요하다. 옛사람은 말하기를, "사나운 호랑이에 뿔이 난 모습이다."고 하였다. 몹시 강한 인상이지만 어딘가 두려운 데가 있다. 또한 이것은 여름에 천둥이 치는 것과 같아서 주위가 몹시 시끄러울 때이다.

무조건 나아가지 않도록 융화책이 필요한 때이다. 또한 굴러가는 바퀴는 멈추지 않는다는 의미가 있어 교통사고나 충돌, 전복 같은 사고를 생각할 수 있다. 그리고 자기가 갖고 있는 힘만 믿을 때이기 때문에 가령 부자는 돈을, 재사는 재능을, 젊은 사람은 혈기를 가지고 남의 의견이나 권고를 듣지 않고 나아가서 생기는 실패가 많다.

사업_ 사업을 확장하고 싶을 때이다. 대체로 운이 강하게 밀어닥칠 때이므로 다소 앞길을 내다보는 견식(見識)을 지니고 있다면 나쁠 때는 아니다. 빌딩 건축업이 성할 때이다.

교섭과 거래_ 이쪽도 강경하고 저쪽도 강경한 태도이기 때문에 이쪽에서 온건한 방법을 취하면 성사가 된다. 만약 이쪽에서 강경하게 나아간다면 상대는 놀라서 경계를 할 것이다.

금전_ 여유가 많을 때이다. 그렇다고 장래의 수입을 생각지 않고 낭비해서는 안 될 것이다. 저축이 나중에 큰 도움이 된다.

연애_ 두 사람 다 들뜬 연애를 하고 있을 때이다. 외출이 잦고 놀러 다니기를 좋아한다. 침착하고 정숙한 연애가 못된다.

결혼_ 성사되지만 오래 계속되지 못하거나 부부간의 체력이 균형을 이루지 못한다. 대개 남성이 강해서 여성의 건강을 해치게 되는 일이 있기 때문에 지나친 행위는 삼가야 한다.

건강_ 현재 병이 있는 사람은 병세가 악화될 때이다. 보통 비장, 위장병, 간경화, 신경과민이며, 여자는 히스테리, 월경불순이 있을 때이다. 또한 부종이나 각기병에 주의하도록 하라.

분실물_ 외출할 때 잃어버리는 물건이 많다. 다시 찾을 수 없는 것이 많다.

여행과 이전_ 여행은 단체나 혹은 누구의 권유에 의하여 떠나게 된다. 이사는 현재 정착해 있는 사람은 그대로가 좋다. 신축한 곳이나 새로 집을 지은 경우는 옮기는 것도 무방하다.

소원_ 너무 지나친 희망을 가져서는 안 된다. 80퍼센트는 성취되는 때이기 때문에 소극적으로 생각하고 있으면 오히려 소원이 이루어지기 쉽다.

취직_ 사람에 따라 다르지만 철도 방면의 일이나 건축 방면의 일은 좋다. 또한 대중오락에 관계해도 이로운 일이 생긴다.

입학_ 대체로 합격률이 높은 때이다. 그러나 이류나 삼류에 지망하는 편이 틀림없다. 그 정도의 실력밖에 없는 상태이다.

기후_ 대체로 맑은 날씨. 여름에는 천둥이 요란하나 비는 오지 않는다.

35. 화지진(火地晉) ䷢

진(晋)은 나아간다(進)는 뜻이다. 제후(諸侯)는 명령을 받아서 행동하고 충성을 바쳐서 크게 상을 받는 때이다.

운세_ 진(晉)은 진(進)과 음이나 뜻이 같다. 이제부터 활동을 시작할 때이다. 이 괘는 지평선상에 아침해가 떠오르는 모습이다. 태양이 이윽고 중천에서 빛나는 것처럼 운세도 서서히 향상되고 진전해 간다. 나아가는 방향은 밝은 쪽을 향하여 강하게 뻗는다. 그것은 마치 아침 햇빛은 약하지만 떠오를수록 빛과 열도 강해지는 것과 같다. 머지않아 큰 성과를 이룩할 것이다.

 오랜 밤의 시간이 끝나 아침이 오고 하루의 일과가 시작될 때로서 몹시 바빠질 것이다. 지금까지 고생해 온 사람은 마침내 그 고생을 벗어나 자기의 의견과 희망을 분명히 가질 수 있을 때이다. 즉 기회가 온 것이다. 그렇다고 단번에 처리하려고 하지 말고 3단계의 순서를 밟아 기초를 튼튼히 해서 성공으로 이끌어가야 할 것이다. 가령 곤란이나 중간에 방해가 있더라도 타개할 수 있기 때문에 항상 마음을 곧게 갖고 명랑하게 지내도록 해야 한다.

사업_ 새로운 계획이나 새로운 사업에 착수할 기회가 생길 것이다. 그러나 경쟁과 마찰이 있을 것을 염두에 두라. 근면한 자는 승진되고 진급의 기회가 올 것이다. 마음놓지 말고 더욱 분발하여 나아갈 것. 먼 곳으로 전근되거나 출장가게 될 것이다.

교섭과 거래_ 우유부단해서는 안 된다. 상대편에서 오기 전에 이쪽에서 먼저 적극적인 공세를 취해야 한다. 그러나 반드시 모든 절차와 순서를 밟아서 해야 한다.

금전_ 가진 돈은 적으나 이제부터 활동하는 데 따라서 수입이 많아질 것이다. 또한 주식이나 증권을 가진 사람은 이익을 볼 때이다.

연애_ 명랑하고 즐거운 연애를 한다. 결혼에 이르도록 서두르게 된다. 지금 결혼하기로 결정한 사람은 크게 즐거움이 있을 때이다.

결혼_ 꾸물대지 말고 적극적으로 혼사를 밀고 나아가라. 좋은 인연이다.

건강_ 전염병 계통이 많다. 열이 많이 난다. 특히 심장질환에 주의하지 않으면 급사를 일으키기 쉽다. 일사병, 각기병에 주의하라.

분실물_ 서둘러서 찾으면 발견된다. 집을 나간 여자는 경찰에 의하여 행방을 알게 되므로 통지를 받은 즉시 찾으러 가야 한다. 늦으면 다시 만나기 힘들 것이다.

여행과 이전_ 그룹을 지어 가거나 좋은 안내자를 따라가면 즐거운 여행을 할 것이다. 그러나 그날로 돌아와야 한다. 집을 얻는 데 고통을 당하지만 적극적으로 찾아다니면 뜻밖에 좋은 집이 마련된다. 도심과 다소 떨어진 교외가 좋을 것이다.

소원_ 희망은 이루어진다. 목적을 향하여 노력하도록 하라.

취직_ 전망이 밝다. 이왕이면 큰 회사를 선택하라. 특히 새로 설립된 회사가 좋다.

입학_ 진학할 때이다. 목표하던 학교에 입학한다. 그러나 너무 마음을 놓아서는 뜻하지 않은 실수를 하기 쉽다.

기후_ 맑고 갠 날씨이나 차차 흐려져서 비가 올 것 같다.

36. 지화명이(地火明夷) ䷣

명이(明夷)는 태양이 땅 속으로 떨어지니 어두운 밤을 의미한다. 그러나 밤이 언제까지나 계속되지 않는 것처럼 모든 것이 정상으로 돌아올 때까지 어떠한 괴로움이 있더라도 정도를 지키며 조용히 기다려야 한다.

운세_ 명이(明夷)란 밝은 것이 깨진다는 뜻이다. 대낮이라면 모든 것이 적극적으로 당당히 수행되지만 이 괘는 밤의 암흑인 것이다.

모든 위험을 피하려고 노력해야만 비로소 몸의 안전이 보존되는 시기이다. 그러므로 이때는 운세 자체가 통하지 않는 상태이다. 아무리 실력과 재능을 갖고 있어도 세상에서 활동할 수 없는 시기이다. 또한 인정도 받지 못한다. 밤의 어둠이란 짐작할 수 없는 상태이니, 속거나 유혹을 당하지 않도록 주의해야 할 것이다.

생각하고 있는 일도 남에게 말할 수 없는 때이다. 특히 재능이 많으면 미움을 받거나 시기당하기 쉽기 때문에 너무 표면에 나타내지 않도록 주의해야 한다. 돌발적인 재난이나 원한을 조심해야 한다.

사업_ 새로운 계획은 중단해야 한다. 약 반 년 동안은 그냥 아무 일도 하지 않고 지내는 것이 좋다. 세상일에는 표면에 나서지 않는 마음가짐이 중요하다.

교섭과 거래_ 계약을 하고 후회하는 일이 생긴다. 거래에는 속임수가 많다. 상대의 말을 믿지 말라.

금전_ 돈이 있어도 괴롭다. 돈이 많다고 미움을 사는 시기이므로 돈을 가진 척하지 말아야 한다.

연애_ 밤에 피는 사랑, 네온의 꽃, 남몰래 속삭이는 사랑이니 결혼이 이루어지지 않는다. 또한 서로가 비밀을 가지고 속고 속인다.

결혼_ 정식 결혼이 되지 않는다. 애인이나 내연관계라면 잠시는 계속될 것이다.

건강_ 소화기 계통이 몹시 쇠약해 있을 때이다. 특히 맹장(盲腸)에 주의해야 한다. 또한 심장장애, 시력의 감퇴가 올 때이다.
분실물_ 좀처럼 찾을 수 없다. 집 안이라면 이불 밑이나 옷 밑에 숨겨져 있는 경우가 많다.
여행과 이전_ 중지하는 것이 좋다. 무리하게 행하면 병이 생기거나 도난을 당한다.
소원_ 희망이 전혀 없다. 주위로부터 심한 반대를 받는다. 그대로 만족하여 괴로움이 없도록 해야 한다.
취직_ 때가 오지 않았다. 아무리 서둘러도 적당한 자리가 나타나지 않는다. 취직을 빙자한 사기에 주의하도록 하라.
입학_ 재수할 결심으로 현명하게 자기의 목적을 향하여 나아갈 것. 연구, 학문, 종교 방면에는 해가 없을 때이다.
기후_ 구름이 잔뜩 끼어 있다. 곧 비가 내릴 것이다. 여름은 몹시 더워서 땀이 끈적거리는 불쾌한 기분이 드는 날이다.

37. 풍화가인(風火家人)

가인(家人)이란 가정의 사람을 말한다. 밖에서 일에 지친 남성들을 따뜻하게 맞이해 주는 곳이 가정이다. 따뜻하고 밝은 마음씨는 가정의 평화를 위하여 극히 중요하다. 이 괘는 남편을 위하고 자식을 귀히 여기는 현모양처를 가리킨다. 그리고 가정은 장유의 순서가 지켜짐으로써 오래 번영한다.

운세_ 사람들이 가정의 따뜻함을 원하고 안식처를 바라게 되는 것은 차갑고 냉정한 현실 사회의 비정 때문이다. 사회란 바로 생존경쟁의 싸움터이기 때문이다. 특히 이 괘는 가정이나 친척간에 깊은 연관이 있다. 따라서 가정 안의 분쟁, 친척간의 다툼, 또는 애정 문제에 괴로움이 생기기 쉬울 때이다. 그러므로 한 개인이나 한 회사의 내부에 불(火)의 따뜻함을 지니도록 해야 한다. 그러기 위해서는 무엇보다도 경제가 안정되지 않으면 불안이 떠나지 않을 것이다.

밖에 나가서 적극적으로 행하기보다는 안을 정비하는 것이 선결 문제이다. 옛사람은 말하기를, "창문을 통하여 달을 본다."고 하였다. 무더운 여름이라도 저녁이 되면 신선한 바람이 불고, 밝은 달빛이 스며드는 창가에 서면 하루의 더위를 잊고 마음이 포근해진다는 말이다. 결국 인간이 머무르는 곳은 가정이라는 뜻이다. 새로운 일에 직면해서는 자기의 독단(獨斷)을 피하고 윗사람이나 선배의 의견에 따라야 효과를 올릴 수 있다.

사업_ 가내업에 손을 대어서는 안 된다. 샐러리맨은 장부 정리를 서둘러야 할 때이다.

교섭과 거래_ 평상시는 원활하게 잘 되어간다. 너무 큰 거래나 어려운 교섭은 실제면에서 효과를 기대하기 어렵다. 주문은 많지만 실수입을 올리는 데 유의해야 할 것이다. 무턱대고 값싸게 주문을 맡지 말아야 한다.

금전_ 당장의 용돈에는 궁함이 없으나 한 번쯤 무리해서라도 신탁 투자나 전망 있는 회사의 사채라도 사두는 것이 이롭다.

연애_ 순조롭게 진행될 것이다. 서로 마음이 맞을 때이다. 그러나 뜻하지 않은 강한 경쟁자가 나올지도 모르므로 주의해야 한다.

결혼_ 가인(家人)의 글자처럼 무사히 성사된다. 신부를 맞이하는 집에서는 기쁨이 많을 때이다. 가정 내의 예의범절이 엄격하지만 그로 인하여 좋은 결과를 맺을 것이다. 결혼 후 삼각관계까지 이르지는 않겠으나 주인을 돕고 물질적인 원조를 해줄 여성이 나타날 것이다.

건강_ 피로 때문에 몸살이 잘 날 것이다. 정력소모가 가장 심할 때이다. 신장의 피로에서 오는 몸의 이상에 주의할 것. 몸을 따뜻하게 하는 것이 좋다.

분실물_ 집 안에서 잃는 경우이다. 다시 찾을 수 있다.

여행과 이전_ 바람을 쐴 정도의 가까운 곳의 여행은 괜찮다. 먼 여행은 피하고 가급적이면 집에서 휴양하는 것이 좋다.

소원_ 집안일에 대한 것이라면 대개는 성취된다. 외부 일이라도 여자가 힘이 되어주면 뜻이 이루어질 것이다.

취직_ 공연히 왔다갔다하지만 결국 문서의 교섭에 의하여 결정이 될 것이다. 이력서에 좋은 경력이라도 써 놓으면 그것이 계기가 될 수 있다.

입학_ 약간 투자가 부족한 듯하다. 좀더 의견 발표를 당당히 하고 잘못됨이 없도록 하는 연습이 필요할 때이다.

기후_ 미풍이 불어 온화하고 마음이 아늑해지는 날씨이다.

38. 화택규(火澤睽)

규(睽)는 다르다, 서로가 반목한다는 뜻이다. 가령 남성과 여성이 성별로는 다르지만 애정면에서는 서로가 정을 통하고, 반면에 서로가 같은 성인데도 얼굴이 저마다 다른 것처럼 성질도 달라서 서로 반목하고 적대하는 것이다. 복숭아나무와 자두나무는 같은 계절에 피는 아름다운 꽃이다. 서로 경쟁하면서 꽃을 피운다는 말이 있듯이 이것은 서로의 특징은 달라도 같은 종류인 것이다. 이런 때는 큰 일을 해결하거나 큰 문제를 처리하려고 해서는 안 된다. 작은 일에 만족하고 즐거움을 가져야 한다.

운세_ 규란 자기의 생각과 상대방의 생각이 상당히 차이가 있는 것을 의미한다. 가령 같은 목적을 추구해도 그 방법과 태도, 의견 등이 다른 때인 것이다. 대체로 내부의 일이 잘 조화되지 않는다. 예를 들면 회사나 단체가 겉은 평온해 보여도 내부에는 대립과 갈등이 많고, 가정 안에서도 여자들이 화목을 이루지 못하는 때이다.

자기 자신도 두 가지 목적이 있어서 어느 것을 선택할 것인가 고심하게 된다. 또한 자기의 입장이나 처지가 생각대로 잘 움직여지지 않아서 망설이는 상태이며, 자기의 의견이나 계획을 상대에게 말해도 잘 들어주지 않는다.

사업_ 적극적으로 나아갈 때가 아니다. 길을 잘못 들기 쉽다. 자중하고 반 년 동안은 기다림이 좋을 것이다. 그러나 표면에 나타나지 않는 작은 일은 손쉽게 처리된다. 특히 불유쾌한 일이 생기기 쉬우므로 분쟁을 일으키지 않도록 주의해야 한다.

교섭과 거래_ 자기 내부에 괴로운 사정이 있어서 상대와의 교섭은 잘 되지 않는다. 불필요한 거래는 삼가고 수습할 때이다.

금전_ 현재는 돈에 그리 궁색을 느끼지 않는다.

연애_ 상당히 복잡할 때이다. 성격적으로 상반되어 있으면서도 서로 매력을 느껴서 떨어지지 못하는 연애관계가 많을 때이다. 또한 정사관계에는 최상의 즐거움이 있을 때이다.

결혼_ 혼담이 잘 되어가지 않는다. 설사 혼담이 이루어져도 화근이 생긴다. 결혼한 사람이라면 부부가 서로 미워하고 싸움을 자주 한다. 냉정을 찾기 위해서는 잠시 별거하는 것이 좋을 것이다.

건강_ 진찰을 받아도 오진이 많을 때이다. 병원이나 의사를 바꾸는 것이 좋다. 대체로 혈액순환이 좋지 않아서 고혈압에 걸리기 쉽다. 정신 불안, 그리고 호흡기가 약한 사람은 주의해야 한다. 약이 체질에 맞지 않을 때이다. 여성은 월경불순, 남성은 노이로제나 스트레스 등이 많다.

분실물_ 잃은 물건은 다시 찾을 수 없으니 단념하는 것이 좋다. 작은 물건은 집 안에 둔 장소가 바뀌어 있는 상태이다.

여행과 이전_ 가벼운 여행이나 자주 가던 곳은 괜찮다. 먼 여행은 몸에 해롭다. 이사나 점포의 이전은 현 위치에서 가까운 곳을 택하는 것이 좋다.

소원_ 무리하고 막연한 희망은 갖지 말 것. 그러나 멀리 떨어져 있는 사람이나 생각지도 않던 사람이 찾아와서 돕는 일이 있다. 바라던 일의 다소는 성취되는 듯하다. 그러나 표면적인 상태만을 가지고 판단을 내리기 때문에 오산을 하는 수가 많다.

취직_ 큰 회사는 바라지 않는 것이 좋다. 어떤 연줄이 닿아서 작은 상점 같은 곳에 취직될 것이다.

입학_ 특수 기술을 배우는 학교를 선택하는 것이 좋다. 예술이나 예능 방면이 좋다.

기후_ 맑았다 흐렸다 한다. 한 차례 비가 올 것이다. 기분이 우울한 날씨이다.

39. 수산건(水山蹇) ䷦

건(蹇)은 추위로 인하여 발이 오므라드는 것을 뜻한다. 또한 앉은뱅이나 절름발이를 말한다. 앞에 괴로움이 놓여 있는 때이다. 즉 마음대로 진행이 안 된다는 뜻이다. 서남쪽의 평지는 안전하지만 동북쪽의 험난한 산악지대는 위험과 곤란을 의미한다. 그러므로 모든 위험을 피하여 안전한 방향을 선택하고 실력 있는 사람의 협조를 얻어서 행동해야 한다.

운세_ "험난함을 보고 머물러 있는 것은 지혜로운 일이 아니다."라는 말이 있듯이, 건은 모험적인 행동이나 무모한 용기는 억제해야 한다는 의미를 갖는다. 운세가 막혀 있다. 또한 발이 제대로 움직여지지 않기 때문에 보행이 곤란한 상태이므로, 신체가 부자유할 때 자기를 유지하는 것은 이성과 지력뿐이다. 자기의 운세를 깨닫고 신중히 처신해야 한다.

사업_ 빨리 타개해 보려고 서두르면 서두를수록 실패가 더 커진다. 내부의 인사를 잘 처리해야 한다. 적재적소를 찾아 사람을 써야 한다. 그리고 자금의 조달이 중요할 때이다. 융자의 길을 터보는 것이 좋다.

교섭과 거래_ 거래나 상담은 일시 중단해야 한다. 때를 기다리고 몸을 지킬 것. 특히 소송이나 재판은 절대적으로 중지하는 편이 좋다.

아무리 유리한 상태라도 패소한다.

금전_ 현금은 구해지지 않는다. 꾸준히 기다리는 것이 좋다. 사채를 빌려서는 안 된다. 담보가 차압될 염려가 있기 때문이다.

연애_ 삼각관계, 심지어는 오각관계로까지 이성문제가 복잡해지는 때이다. 태도를 소극적으로 지녀야 하며, 또한 여난을 피해야 한다.

결혼_ 혼사는 이루어지지 않는다. 상대를 고르는 데 몹시 애를 먹는 때이다. 호감을 갖고 있는 상대는 곧 응해 오지 않고 시일을 끈다.

건강_ 소화기 계통의 질환에 의한 발열이 많다. 신경통, 류머티즘이 많이 생긴다. 특히 혈압이 높은 사람은 반신불수의 뜻이 있는 괘이기 때문에 혈압을 자주 재보는 것이 좋다.

분실물_ 물건 틈에 끼여 있는 수가 많다. 또는 다락 속이나 광 속에 두고 찾지 못하는 경우도 있다.

여행과 이전_ 여행은 중지하는 것이 좋다. 발을 삐거나 다치는 수가 있다. 혹은 궂은 비를 맞거나 배탈을 일으킬 염려가 있다. 이사나 이전을 해야 할 처지이지만 여건이 맞지 않아서 곧 옮기지 못하는 상태에 놓여 있다.

소원_ 무리해서는 안 된다. 자기 능력을 반성하는 기회이다.

취직_ 일반적으로 들어가기 쉬운 상사나 공장 같은 곳이 좋다. 너무 지능 방면으로 나아가는 것은 무리이다. 여름에서 가을 사이가 좋은 때이며, 특히 여성이 소개하는 자리는 좋다.

입학_ 곧 실생활에 도움이 될 학업을 택하는 것이 좋다. 일류학교는 실력이 부족하고 운세가 틔어 있지 못하다.

기후_ 보통은 구름이 끼어 있어서 곧 비가 올 날씨이다. 그러나 올 듯하면서도 좀처럼 내리지 않는다.

40. 뇌수해(雷水解) ䷧

해(解)는 푼다, 해결한다는 뜻이다. 자기를 고독한 입장에 두지 않고 적극적으로 화평을 구하는 것이 좋은 때이다. 그러나 특별히 행동할 필요가 없을 때는 자기의 본분을 지키는 것이 현명하다. 즉 이런 때는 자기 행동의 모든 방면에 목적을 설정해 놓는 것이 중요하다. 기회가 올 때 돌진하기 위해서이다. 항상 실력을 쌓아두는 것이 성공의 열쇠이다.

운세_ 겨울의 지독한 추위로부터 해방되어 봄의 천둥과 함께 봄비가 내리고 새싹이 무럭무럭 자라는 성장의 시기이다. 또한 땅 속에 동면하고 있던 동물이 깨어나는 상태를 나타낸다. 그래서 새로운 희망을 가지고 활동할 기운이 뻗어나가는 시기이다. 해(解)는 해결, 해방이라는 의미가 있기 때문에 지금까지 괴로움에 갇혀 있던 사람들이 그 괴로움에서 해방되는 것을 뜻한다. 또한 다른 의미로 풀어본다면, 현재 무사태평한 상태에 있는 사람이면 게으른 탓으로 모처럼의 행운을 잡지 못하는 수가 있다. 성립되었던 계약도 취소되고 결혼을 약속한 사람이 파혼을 하는 수가 있다.

사업_ 몹시 분주할 때이다. 유능한 부하 직원을 두어야 한다. 그의 협력에 의하여 지금까지의 부진 상태에서 벗어날 수가 있다. 그러나 아첨하는 부하를 경계하고 부하의 실력을 발굴해 내야 한다. 샐러리맨의 경우는 전업이나 해고를 당하는 일이 있다. 지금까지 오래 근무한 곳에서 변화를 일으키는 일이 생긴다.

교섭과 거래_ 오래 끌던 교섭이 이루어진다. 그러나 계약이 된 뒤에도 불비한 조건 때문에 해약이 되는 수가 있으므로, 절차상 필요한 서류를 미리 완비해 두는 것이 좋다. 물건을 파는 경우에는 큰 이익을 얻을 것이다.
금전_ 일한 만큼의 효과가 있다. 한편 교제비가 필요하게 된다. 일확천금을 꿈꾸지 말라. 티끌 모아 태산이니, 차근차근 벌어서 기반을 굳혀나가야 한다.
연애_ 기분적으로 향락하는 연애를 많이 한다. 결혼을 전제로 하지 않기 때문에 금세 헤어져버린다. 이런 연애에는 너무 열중하지 말아야 한다. 뜻하지 않은 상처를 입을 수가 있기 때문이다.
결혼_ 오래 끌어오던 혼담이 성사된다. 그러나 그 동안에 열이 식고 긴장이 풀린 탓으로 결혼 후의 생활이 무미건조해진다. 부부가 맞벌이를 하는 것이 좋다.
건강_ 음식이 체하거나 복통, 위경련 등 급한 병이 생긴다. 또한 신장결석이나 암에도 주의해야 한다.
분실물_ 집 안에서 없어진 물건은 옷장 속이나 경대 서랍을 찾아보라. 밖에서 잃은 물건은 분실물 센터 같은 곳에서 찾을 수 있다. 즉시 알아보도록 하라.
여행과 이전_ 여행은 즐겁게 할 수 있다. 드라이브나 사이클링, 하이킹 등 모든 것이 유쾌한 여행이 된다. 이전은 집을 찾기가 좀 힘들기는 하나 일단 이전을 하고 나면 정신적인 고뇌에서 해방된다.
소원_ 금방 이루어지지 않는다. 그러나 희망을 버리지 말고 꾸준한 노력을 할 것. 대기 만성(大器晩成)이다.
취직_ 연고가 중요하다. 연줄이 닿는 사람을 찾아가 볼 것. 연고가 있는 사람이 뜻밖에 좋은 자리를 알선해 줄 것이다.
입학_ 몇 번이나 낙방한 그 학교에 합격할 차례이다. 오랜 숙원이 이루어지니 꿈꾸던 일류학교에 다니게 된다.
기후_ 비가 온 다음 갠다. 여름은 번개가 친 후 소나기가 내리고 맑아진다.

41. 산택손(山澤損)

　손(損)은 손득(損得)의 손이다. 그러나 손실의 손은 아니다. 단순한 손해가 아니라 그 손해로써 이득을 얻는다. 남을 위하여 자기의 무엇인가를 덜어주고 자기도 만족을 느끼며 상대를 기쁘게 하는 것이 손의 참뜻이다. 또한 별다른 이익도 없이 자기의 신념을 위하여 자기를 희생하는 것이 이 괘의 뜻이다. 즉 잃음으로써 즐거움을 얻는 것이다. 또한 조상이나 신 앞에 제사드릴 때 성의만 있으면 형식에 구애받지 않고 검소하게 행해도 좋다는 것을 말하고 있다.

운세_ 잃고 얻는다는 말과 같이 물질적으로는 손해를 보더라도 그 행위에 따라서 상대를 기쁘게 하고 사람들에게 덕을 베푼다. 그런데 남을 위하여 손해를 본 것은 후에 반드시 자기의 이익으로 돌아오는 것이다. 가령 친하고 가까운 사람에게 자금을 대주어 사업을 하게 하였다면 일시적인 물질 손해는 입을지라도 자금을 얻어 쓴 사람은 반드시 그 은혜에 보답하여 후에 큰 이익을 주게 된다. 눈앞의 이익을 버리고 먼 장래를 구하는 것은 현명한 처사이다.

사업_ 신규 사업이라도 너무 서두르지 않는다면 성공할 수 있기 때문에 투자를 해도 좋다. 또한 현재 적자를 면치 못하는 사업이라도 장래 유망성이 있기 때문에 도중에 포기해서는 안 된다. 공든 탑이 무너지는 격이다.

교섭과 거래_ 당장 표면적으로 손해가 날 듯하지만 다음을 생각하여 계약을 맺는 편이 좋다. 또한 금세 이루어지지 않지만 꾸준히 노력해 가노라면 생각한 바가 성취될 것이다.

금전_ 남의 빚은 없지만 지출이 많을 때이니 조심해야 한다. 후에 다시 회수된다.

연애_ 서로 사랑하기 때문에 잘 진전된다. 어느 선을 넘은 깊은 사이로 결혼 직전에 놓여 있다.

결혼_ 좋은 연분이다. 시어머니는 좋은 며느리를 얻게 된다. 영구히 변치 않는 애정으로 맺어진 사이이므로 길이 행복할 것이다.

건강_ 체력이 쇠약해 있을 때이다. 비타민 같은 영양제를 복용하면 회복이 빨라질 것이다.

분실물_ 하찮은 물건을 잃기가 쉬운 때이다. 외출시에는 특히 주의할 것. 우산 같은 것을 아무데나 놓고 나오는 일이 생긴다. 집 안에서 물건이 없어진 것은 보관한 장소가 바뀌어져 있기 때문이다. 대개는 찾아낸다.

여행과 이전_ 여행은 사업관계로 떠나게 된다. 마음이 내키면 가는 편이 해결이 빠르고 이로울 것이다. 이사를 하면 나쁘다. 한동안 기대를 갖고 그 장소에 머물러 있는 편이 낫다.

소원_ 적극적으로 밀고 나아가는 것은 삼가야 한다. 그보다는 자기의 입장과 맡은 바를 충실히 지켜 나가는 것이 좋을 때이다.

취직_ 봉급은 적겠지만 이는 일시적이므로 일단 근무해 보는 것이 좋다. 불만을 늘어놓지 않도록 하고 신중한 태도를 지켜야 한다.
입학_ 검소하고 조용한 계통의 학교가 좋다. 예를 들어서 신학교나 불교 학교 같은 종교적 경향이 기질에 맞는다.
기후_ 지금까지 청명한 기후였다면 이제부터는 날이 궂어진다. 마음은 명랑하게 지닐 것.

42. 풍뢰익(風雷益) ☴☳

익(益)은 이익(利益)의 익을 말한다. 궁극을 타개하기 위해서는 모든 고난을 극복하고 적극적으로 행동해야 한다. 거기서 비로소 즐거움이 얻어지고 물질적인 면이나 정신적인 면에 풍족한 활력이 넘치게 된다. 풍뢰란 기회가 좋으면 돌진하는 것이 좋다는 뜻이다.

운세_ 익은 공익우선(公益優先)이란 말과 같이 먼저 여러 사람의 이익을 도모한 다음에 자기의 이익을 취하는 것이다. 특히 실업 방면에는 몹시 바쁠 때이고 샐러리맨은 승진·승급을 하며, 농가에서는 저마다 풍년을 구가하는 기쁨이 넘칠 때이다.

운기는 기초가 튼튼하여 순조롭게 뻗어나간다. 특히 윗사람이 선배의 뒷받침이 있어서 자기가 갖고 있는 능력 이상의 성적을 올릴 수 있게 된다. 가정에서도 원만한 상태가 유지된다.
사업_ 순조롭게 뻗어나갈 때이다. 그러나 너무 지나치게 확장하면 수습이 곤란해지므로 미리 조정해 두는 편이 좋다.

교섭과 거래_ 모든 일이 순조롭다. 만사가 잘 된다. 재판이나 소송에 걸린 사건은 유리하게 판결이 난다. 이 괘가 나왔을 때는 이쪽에서 적극적으로 밀고 나아가야 한다.

금전_ 재운이 풍족할 때이다. 표면에 두드러지게 나타나는 것 같지는 않으나 실수입면에서는 알 수 있다. 80퍼센트 정도는 성공단계에 놓여 있는 상태이다.

연애_ 의기가 화합하여 열도가 높이 오를 때이다. 빨리 결혼에 이르도록 윗사람의 협조를 구하는 것이 좋다.

결혼_ 남성측에서 보나 여성측에서 보나 좋은 연분을 지녔다. 주위 사람들이 기뻐하고, 결국 성대한 축하를 받는다. 그러나 너무 떠들썩하여 말이 많아지면 실패하는 혼담도 있다.

건강_ 두 가지 병이 발병하는 수가 많다. 한쪽이 나아도 다른 한쪽이 잘 낫지 않는다. 급성이라면 곧 회복된다. 특히 간장, 신장, 시력, 수면부족에 주의해야 한다.

분실물_ 안에서 잃은 물건은 반드시 찾는다. 그러나 밖에서 없어진 물건은 사람이 가지고 간 뒤이다. 찾을 길이 없다.

여행과 이전_ 여행은 사업상이나 시찰이 많을 때이다. 공적인 일에 방심해서는 안 된다. 뜻하지 않은 객고가 생기기 쉽다. 이사는 좋은 환경으로 옮기게 된다. 신축이나 개축·증축에는 좋은 때이다.

소원_ 남의 조력을 얻거나 같이 협력하는 데서 성취할 수 있다. 신용 있는 동업자를 구하는 것도 좋다.

취직_ 바쁜 직장이 좋을 것이다. 움직임이 많은 직매소나 이동판매업 같은 직종이 좋다.

입학_ 제1지망 학교에 합격된다. 그밖에도 여러 곳에 합격을 하게 될 호운이다.
기후_ 바람이 약간 부는 맑은 날씨. 여름은 번개가 치고 겨울이라면 바람이 강한 날이다.

43. 택천쾌(澤天夬)

쾌(夬)는 결의·결단·결정의 결에 해당된다. 중대한 일을 결정함을 의미한다. '양우왕정(揚于王庭)'은 법정에서 올바른 의견을 주장한다는 뜻이다. 아무리 큰 부정을 저질렀다 하더라도 무력을 사용해서는 안 된다. 공명정대하게 이론으로 설득하여 만사를 순조롭게 이끌어가야 한다.

운세_ 쾌는 중대한 일을 결의·결단한다는 뜻이다. 너무 세력이 강하고 밀고 나아가는 힘이 넘쳐 있어서 겸손하게 처신하지 못하면 도리어 실패를 초래하기 쉽다. 다시 말하면 여러 가지 사업에 손을 대고 분수에 넘친 일에 마음을 두게 되는데 성급하게 일을 처리하려고 하는 폐단이 생긴다. 균형이 잘 맞지 않고 한쪽으로 기울기 쉽다. 스스로 자계(自戒)하는 힘도 길러야 한다. "튼튼한 제방도 개미구멍으로 무너진다."는 말처럼, 위험을 지니고 있는 호운이라는 것을 명심해야 한다. 지금 물이 넘쳐서 둑이 무너지기 직전에 놓여 있는 상태이다.

사업_ 사업 방침도 운세에 맡겨서 밀고 나아가면 실패가 따르기 때문에, 일단 목적과 계획만을 세우고 한걸음 물러나는 편이 좋다. 운세를 가늠하고 때를 기다려야 한다.

교섭과 거래_ 너무 강제로 밀고 나아가면 상대편에서 주춤하고 물러난다. 상대가 응해 올 때까지 조용히 기다리는 편이 좋다. 가만히 있어도 상대는 이쪽의 운세에 끌려오게 마련이다.

금전_ 지금 돈의 운세는 좋을 때이다. 어느 정도까지 돈을 모았으니 너무 욕심을 부리지 말아야 한다. 지금 운세의 정점에 달하였기 때문에 그 이상 구한다는 것은 나쁜 결과를 초래한다. 주위 사람들로부터 미움을 받지 않도록 주의해서 처신해야 한다. 자기의 이익만을 생각지 말고 상대의 입장을 돌봐주는 것도 이익 추구의 한 방편임을 알아야 한다.

연애_ 연애에도 여러 가지 특수한 형이 있을 때이다. 일방적으로 열을 올리는 결정적인 형이다. 유부녀를 사랑하는 사연 등 이런 연애는 경우에 따라 몸을 망치기 쉬우니 조심해야 한다.

결혼_ 물론 좋은 연분이 되지 못한다. 결혼한 부부는 금슬이 좋지 않아 이혼을 논의할 때이다. 혼약을 맺은 사이에는 파탄이 일어난다. 출산할 여자는 내일이 아니면 1주일 후에 분만을 할 것이다.

건강_ 호흡기 계통의 질환, 구토, 변비, 부종, 머리의 외상에 주의해야 한다. 이 괘에는 병세가 강하다.

분실물_ 대개는 망가져 있는 경우가 많다. 실내에서 없어진 물건은 높은 장소를 찾아보라.

여행과 이전_ 이 괘의 경우에는 모두 중단하는 것이 좋다.

소원_ 약간 무리이다. 한번 기회를 놓쳤으니 다시 때를 기다려야 한다. 무리해서 나아가면 스스로 상처를 입을 것이다.

취직_ 지금까지 닦은 실력을 발휘할 때이다. 경쟁률이 아주 높지만 그 대신 가능성도 큰 경우가 있다. 자신을 잃지 말아야 한다.
입학_ 희망한 학교에 합격할 수 있다. 투지와 정열로써 밀고 나아가라.
기후_ 당장이라도 비가 내릴 듯한 흐린 날씨이다. 호우가 쏟아질 때는 방파제나 제방이 무너질 염려가 있다. 또한 집중 호우도 있을 때이다.

44. 천풍구(天風姤) ☰☴

구(姤)란 만난다는 뜻이다. 예를 갖추지 않고 우연히 만난다는 뜻을 지니고 있다. 해후(解逅)의 후와 같은 말이다. 한 여자가 많은 남성에게(다섯 명) 맞서고 있다는 것은 여자의 세력이 강력함을 의미한다. 이와 같은 여성은 가정적이라 할 수 없다. 상당한 활동력을 가진 여자로서 돈을 모으는 형이다.

운세_ 구는 우연히 만난다는 뜻이다. 이런 의미에서 여러 가지로 풀이할 수 있다. 운세는 그리 좋은 편이 아니다. 나쁜 면에서는 사기나 재난을 맞는다. 큰 바람에 지붕이 날아가는 등의 불상사를 당한다. 목적이 너무 많아서 불어닥치는 바람 앞에 선 듯 주체하지 못한다. 목표를 분명히 세우지 못하고 우왕좌왕하다가 사기를 당하거나 손실을 입을 뿐만 아니라, 특히 여자 때문에 실패가 많을 때이다. 상대편 여자가 나쁜 것이 아니라 이쪽 편에서 미혹되기 때문에 몸을 망치는 것이다.

또한 집안에서는 여자들의 세력이 강하여 골치를 앓을 때이다. 이런 때 달콤한 말로 꾀는 사람을 조심하라. 옛사람은 말하기를, "봉황새가 앵무새를 만나는 꼴이다."고 하였다. 전설에 나오는 봉황새가 앵무새를 만난다는 것은 생각할 수 없는 일인데, 이는 뜻하지 않은 사람을 만난다는 것을 나타내고 있다. 또 비천한 여자가 귀인을 만난다는 뜻도 된다.

사업_ 무턱대고 나아갈 것이 아니라 현재의 상태를 어떻게 굳게 지켜갈 것인가를 곰곰이 생각할 때이다. 자기 본직 이외의 다른 일에 권유를 받기도 한다. 그러나 함부로 덤볐다가는 지금의 자리도 잃고 큰 궁지에 몰리게 될 것이다.

교섭과 거래_ 진행중에 뜻하지 않은 일이 생겨서 골치를 앓는다. 일이 잘 풀리지 않는다. 교제비로 돈을 많이 쓰게 된다. 그러나 너무 서두르거나 앞으로 나아가려고 해서는 안 된다. 뜻하지 않은 유력자의 도움으로 기회가 생기는 수가 있다. 뜻밖의 일이라는 점에서 심사숙고하고 기회를 붙잡아라.

금전_ 돈이 들어와도 소비를 감당하지 못한다. 돈을 사기당하기 쉬울 때이니 조심하도록 하라.

연애_ 아기자기한 연애는 되지 못한다. 서로가 순수한 마음으로 대하지 못하고 자기 이익과 향락 위주로만 생각한다. 여자는 너무 인기가 높아서 남성들간에 참된 애정을 얻지 못한다.

결혼_ 물론 좋지 않다. 결혼을 한다 하더라도 오래 지속되지 못한다. 이는 서로간에 마음의 안식처를 얻지 못하고 있기 때문이다.

건강_ 전염성 질환, 성병, 섹스의 과중으로 몸이 피로해 있을 때이다. 혹은 두통, 뇌일혈, 식욕부진, 치질, 항문병에 주의해야 한다.

분실물_ 집 안에서 잃은 물건이 많다. 찾아보면 발견된다. 밖에서 잃은 물건이라면 잃은 곳을 알면 즉시 그 장소를 찾아가라. 그대로 있을 것이다. 혹은 누가 주워갔을지라도 분실물 센터 같은 곳에 가서 찾으면 보관되어 있을 것이다.

여행과 이전_ 여행은 좋지 않다. 그러나 동행하는 여자가 있는 가벼운 여행 정도는 탈이 없다. 이전이나 이사는 생각이 있어도 때가 나쁘니 중지하라.

소원_ 우연히 이루어지는 수가 있다. 특히 여성의 협력으로 희망이 성취되는 수가 있다. 그러나 큰 사건이나 큰 문제는 통하지 않는다.

취직_ 특수한 업종, 예를 들면 수산물 판매, 또는 특수기술을 지닌 자는 좋은 자리를 얻는다.

입학_ 미용학교나 호텔학교 같은 곳이 알맞다.

기후_ 흐리고 바람이 불지만 비가 내릴 정도는 아니다.

45. 택지췌(澤地萃)

췌(萃)는 모인다는 뜻이다. 풀이 무성한 곳으로 사람이나 물결이 모이는 것을 말한다. 제왕은 종교에 참배하여 성대한 제사를 지내고 또한 많은 제물을 바쳐서 마음으로 조상에게 감사하며, 자기의 행동에 의하여 백성의 마음을 모으는 일이 제정일치(祭政一致)의 효과를 올리게 된다. 이것이 정치의 요건이라고 하는 것이다.

운세_ 옛사람은 말하기를, "잉어가 용문(龍門)에 오르는 상(象)이다."고 하였는데 이는 소위 등용문(登龍門)을 말하는 것으로 수재들이 모여든다는 뜻이다. 운세는 강할 때이다. 췌는 모인다는 뜻이기 때문에 무슨 일에나 물건이 모이고 이익이 찾아온다. 따라서 사람들도 즐거이 모여든다. 지위가 높아질 때이므로 풍족하게 뻗어나갈 것이다. 그러나 사람이 모일 때는 좋은 일이 있는 반면에 경쟁도 심하고 분쟁도 일어나기 쉽다는 것을 각별히 명심해야 한다. 그러므로 싸우지 말고 이를 얻을 수 있도록 사람들과의 화목과 정치력이 필요할 때이다.

사업_ 운세가 강할 때이므로 성공할 것이다. 목표가 두 가지 있어서 어느 쪽을 선택할 것인가 망설이지만, 그때그때의 당면한 사정에 따라서 처리해 가는 것이 좋다. 너무 외고집으로 나가지 말라.

교섭과 거래_ 물질적인 이익만을 생각지 말고 성의를 가지고 교섭에 응해야 한다. 대량생산의 상품은 값을 좀 내리는 것이 좋다.

금전_ 재운이 풍족할 때이다. 그러나 한 곳에 동결되어 있어서 잘 풀리지 않을 때이다.

연애_ 원활하게 진행될 때이다. 단지 두 마리 토끼를 쫓다가 한 마리도 잡지 못하는 격으로 분명한 태도를 취하지 못할 때 중요한 것을 잃게 된다.

결혼_ 아주 길하다. 좋은 인연이 맺어질 때이다. 많은 축하객의 선물도 받을 것이다.

건강_ 호흡기의 질환이 많을 때이다. 감기에 주의하도록 하라.

분실물_ 밖에서 잃은 물건은 누군가가 찾아준다. 가령 증명서 같은 것은 곧 되돌아온다. 집 안에서 잃은 물건은 부엌이나 마루를 찾아보라.

여행과 이전_ 여행에는 좋은 때이다. 단체 여행이 많다. 집은 좀 비싸지만 좋은 주택이 나선다. 꼭 이사를 해야 할 사정이라면 비싸더라도 사는 편이 좋다.
소원_ 경쟁자가 많으니 강한 신념을 가지고 버텨나가야 한다.
취직_ 큰 회사에 취직하는 것이라면 좋은 결과를 얻는다. 그러나 제2의 목표에도 시험을 보도록 하라.
입학_ 공립이나 국립 학교를 지원하라. 역시 제2지망교에도 시험을 치르도록 하라.
기후_ 흐린 날씨가 계속되다가 비가 내릴 것이다. 그러나 일단 비가 내리면 긴 장마가 진다.

46. 지풍승(地風升)

승(升)은 오른다(昇)는 뜻이다. 새로운 희망을 향하여 노력하면 반드시 도달한다. 또 자기의 재능과 실력을 올바로 평가하고 그것을 인정해 주는 연장자의 의견을 따라야 자기의 힘을 충분히 발휘할 수 있다. 염려하지 말고 목표를 향하여 매진하도록 하라.

운세_ 승은 지하에 묻힌 종자가 싹이 터서 따스한 햇빛을 받고 무럭무럭 성장하여 큰 나무가 되어가는 과정을 말한다. 모든 운세가 솟아오르는 기운을 타고 있다. 승진·승급의 기회가 찾아온다. 또한 승은 단번에 비약하는 것이 아니라 단계를 밟아서 차근차근 솟아오르는 것을 말한다. 따라서 실력이 있어도 눈에 띄지 않는 입장에 있던 사람도 등용되는 기회가 온다. 또한 자기편에서 적극적으로 윗사람이나 선배를 찾아 도움을 바랄 수 있는 좋은 기회이다. 목적을 세우면 3개월이나 길어도 3년 안에는 결실을 맺을 수가 있다.
사업_ 새로운 계획을 발표하거나 새로운 사업에 착수할 때이다. 또한 새로운 계약을 맺는 일이 많기 때문에 신용을 지키는 일이 중요하다. 사업이 성장해 나아가는 좋은 운세에 놓여 있다.
교섭과 거래_ 목적한 대로 밀고 나아가라. 반드시 좋은 결과를 얻을 것이다. 한 번 실패하였다고 해서 중단함은 금물이다. 두 번 세 번 되풀이해 가면 반드시 목적은 달성된다. 한참 뻗어나가는 운세를 타고 있기 때문이다.
금전_ 일한 만큼의 수입과 이윤을 얻는다. 처음부터 큰 이익을 바라서는 안 된다.
연애_ 새로운 연애관계가 생긴다. 나이 어린 소녀와의 정사가 생길 때이다. 또 오래 지속된 연애에서는 임신하는 일이 생기기도 한다.
결혼_ 중매자가 나타나서 혼사가 빨리 이루어진다. 점괘가 좋다.
건강_ 병의 근원이 깊이 뿌리박혀 표면에 나타나지 않을 때이다. 원인이 두 가지인 경우가 많다. 보통은 소화기병으로 인한 쇠약상태와 신장과 췌장의 악화로 인한 병이다. 더 악화되기 전에 종합진찰을 받아서 병의 근원을 찾아 치료해야 한다.
분실물_ 대개는 낮은 곳에서 찾을 수 있다. 주위 사람들의 도움으로 빨리 찾아낼 수 있을 것이다.
여행과 이전_ 여행은 기분 좋게 할 수 있으나 일정이 늦어져서 계획상 차질을 가져온다. 좋은 집을 찾기 위해서는 잘 아는 사람에게 부탁하는 것이 좋다.

소원_ 밝은 희망을 가지고 자기가 원하는 바를 수행해 나아가야 한다. 특히 남쪽 방향이 좋다.
취직_ 희망이 있다. 꾸준히 기다린 보람으로 마침내 기회가 찾아온 것이다. 곧 통지가 있으리라.
입학_ 좋은 결과를 얻을 것이다. 정신적인 학문을 전공하는 것이 좋다. 또한 여성은 양재나 미용 계통의 학교가 좋다.
기후_ 구름이 낀 날씨라도 바람이 있다. 하천에는 밀물이 닥쳐서 물이 많아진다. 밤중에 비가 올 것이다.

47. 택수곤(澤水困)

곤(困)은 곤란하다, 괴롭다는 뜻을 가지고 있다. 군자라면 그런 곤란 중에서도 자기의 절도를 지키고 어디까지나 올바른 행동을 할 것이다. 그러나 이와 같이 불우한 때를 당해서는 아무리 정당한 사실을 주장해도 좀처럼 믿어주지 않는 상태에 놓이게 된다.

운세_ 곤의 글자를 보면 울타리 안에 나무가 있는 꼴로서 자라는 데 방해를 받고 있는 형상이다. 결국 뜻하지 않는 일에 방해를 받으니 막히는 일이 많다. 사면이 꽉 막힌 상태인 것이다. 좌천이나 실직을 당하는 수가 있다. 이런 시기에는 시간을 낭비하지 말고 연구를 거듭하여 장기전의 각오를 가지면 가까운 장래에 희망이 보일 것이다. 때가 해결을 가져온다. 자력(資力)과 노력의 부족도 있지만 본래 운이 막힌 상태이기 때문에 반 년쯤은 때를 기다려 봄이 좋다. 그리고 그 동안은 자기의 결점을 찾아내고 180도 전환하여 새로운 기회를 대비하고 있는 것이 현명하다.
사업_ 감언이설에 귀를 기울이지 말아야 한다. 자력의 결핍은 인적 자력, 물적 자력의 양쪽을 생각해야 한다. 유망한 계획이나 사업이라도 실천에 옮기기가 힘들 때이다.
교섭과 거래_ 서둘러서 일을 성취하려고 하면 곤란을 더 증가시킬 뿐이다. 상대의 형편을 참작하고 이쪽에서 다소 양보하는 태도를 취하라.
금전_ 쓸 곳이 많을 때이다. 또한 사기를 당하는 수가 있다. 감언이설에 조심하고, 상대편의 조건을 재삼 고려해야 한다.
연애_ 결혼하지 못할 연애가 많다. 즉 상대가 남편이 있는 여자이거나 아내를 가진 남자이기 때문이다. 이들이 불의의 사랑을 맺고 고민한다. 또한 순진한 처녀는 농락을 당하기 쉬운 때이다. 중년층의 사람들을 조심할 것. 순진한 청년은 인기인(여배우나 가수)을 짝사랑하고 열을 올릴 때이다.
결혼_ 생각대로 되지 않는다. 윗사람들이 서둘러서 혼사를 맺어주려고 하나 본래 인연이 없는 사이이기 때문에 뜻을 이루지 못한다.
건강_ 기력과 체력이 소모되어 있을 때이다. 오랫동안 병고에 시달린 자는 기운이 다하여 반 년을 넘기지 못하고 숨을 거둘 것이다. 항생제를 쓸 병이 생긴다.
분실물_ 어딘가에 숨겨져 있다. 그러나 소모품이라면 이미 다 써버린 후이다.
여행과 이전_ 여행은 오히려 부자유를 느끼게 되고 불유쾌한 일을 당하고 돌아오게 된다. 현재 사는 곳이 좋지 않다고 해서 이사를 해

봐도 역시 마찬가지이다.

소원_ 이루어지지 않는다. 말해도 소용없는 일이다. 때를 기다리는 수밖에 없다. 반 년쯤 지나면 다소 호전될 것이다.

취직_ 역시 되지 않는다. 자기의 힘이 불충분하다는 것을 스스로 인정해야 한다. 어느 곳이나 손을 쓰기 힘든 때이다.

입학_ 전혀 합격할 가망이 없다. 차라리 견습 기술공으로 들어가는 편이 좋을 것이다.

기후_ 가뭄으로 고생한다. 논밭도 말라서 갈라진다. 가을과 겨울은 추위가 상당히 심하다. 가뭄이 오래 계속된 후에 큰 비가 내린다.

48. 수풍정(水風井) ䷯

정(井)은 우물을 말한다. 물은 일상생활에 불가결한 것이다. 사람이 주거를 옮겨도 파놓은 우물은 다른 사람이 사용하도록 그냥 두고 간다. 우물물은 아무리 퍼내도 같은 수위를 지킨다. 또한 불거나 줄어들지도 않는다. 그러나 두레박이 깨지거나 줄이 끊어지면 그 우물은 소용없게 된다. 무슨 일이든지 중도에 끝나서는 안 된다. 끝까지 해내는 꾸준함이 있어야 한다.

운세_ 우물에서 물을 퍼올리는 괘이기 때문에 걱정이 많고 마음을 놓을 수 없는 상태라고 할 수 있다. 항상 불안하고 내부에는 혼란이 일어나는 뒤숭숭한 때이다. 그러나 처음에는 곤란하지만 우물물은 밑이 혼탁해도 퍼올리면 맑아져서 마시기에 적합해지므로 나중에는 점차로 양호해지는 상태라고 할 수 있다. 역시 꾸준한 노력이 성과를 가져온다고 말할 수 있다. 또한 우물의 장소가 변하지 않는 것처럼 새로운 것보다 오래된 것을 지켜 나가는 편이 무난하다. 가정에서나 회사의 내부에서 상당히 어려운 문제가 있을 것이다. 그러나 우물처럼 가만히 제자리를 지켜서 흔들림이 없어야 한다.

사업_ 자기 본래의 일을 계속할 때이다. 중도에 멈추지 말고 꾸준히 밀고 나아가야 한다. 대개는 목적과 계획이 분명치 않아서 망설이는데, 너무 급하게 이윤을 보려고 서두르기 때문이다. 내부적으로 결손이 많을 때이다.

교섭과 거래_ 이쪽에서 성의와 투자를 보이지 않는 탓으로 저쪽도 미지근한 상태이다. 그렇다고 급히 서둘러 봤자 성사되지 못한다. 여러 번 만나는 가운데 합일점을 찾을 것이다.

금전_ 바라고 있는 돈은 융통되지 못한다. 반면에 지출은 많다. 유흥비나 접대비 같은 데 낭비가 많을 것이다.

연애_ 현재 진행되고 있는 연애는 애로가 많아도 좀처럼 헤어지지 못한다. 세상의 비난을 받는 연애라도 본인들의 정신적인 결합이 이루어지면 뚫고 나아간다.

결혼_ 순조롭지 못하다. 주위 사람의 방해가 많을 때이다. 일단 혼사가 맺어져도 후에 트집이 따른다. 이럴 때는 스스로 경계하고 파탄에 이르지 않도록 노력해야 한다.

건강_ 좀처럼 회복되지 않는다. 일시 경과가 좋아져도 재발하는 수가 많다. 병의 근원을 찾기가 곤란하다. 간장을 조심하도록 하라. 과음은 피해야 한다.

분실물_ 깊은 곳에 감추어져 있다. 금세 발견되지 않아도 우연히 나타나게 된다. 강가에서 물건을 잃기 쉬우니 주의하라.
여행과 이전_ 여행하지 않는 것이 좋다. 현재 주거지가 불편해도 그냥 머물러 있는 편이 낫다. 이동이 나쁠 때이다.
소원_ 급격하게 이루어지지 않는다. 힘이 쇠약한 상태이기 때문에 큰 목적은 무리이다. 지금 믿고 의지하는 사람도 힘이 쇠약해 있어서 도움을 주지 못한다. 그러나 장기적인 것이라면 그런 사람들로 인하여 의욕이 북돋워지게 될 것이다.
취직_ 곧 되지 않는다. 그러나 기회가 닥칠 것이다.
입학_ 조금 무리한 상태에 있다. 실력이 부족하면서 일류학교에 지망하였으니 낙방을 면치 못할 것이다.
기후_ 바람을 동반한 비가 내린다. 궂은 날씨이다.

49. 택화혁(澤火革)

혁(革)은 새롭게 한다는 뜻이다. 낡은 것이 새로운 것으로 옮아가는 과정이다. 그 과정이 정도(正道)를 밟아가는 하나의 전기로서의 변화가 되지 않으면 안 된다. 그러므로 지금까지의 미숙한 점을 개선하는 데서 큰 성과를 올릴 수 있을 것이다.

운세_ 역경에는 4계절의 변화가 쓰여져 있다. 인사 관계에서 이 괘가 나오면 선배나 연장자가 하는 일이 결코 나쁘다고 할 수 없지만, 때의 흐름과 시세에 거역할 수 없는 것처럼 젊은 세대의 새로운 의견도 받아들여서 새로운 국면을 개척해 가야 한다. 그러나 새로운 것을 받아들인다는 것이 그리 쉬운 일은 아니다. 자칫하면 실패를 초래하기 쉽기 때문이다. 따라서 이 괘는 충분히 때가 다가온 다음에 새것으로 바꾸라는 의미도 있다.

운세는 인간관계에서 교체(交替)가 많을 때이다. 신입사원의 채용이라든가 나이 많은 중견사원을 신인으로 대치한다든가 하는 인사교류가 심하다. 그리고 현재 하고 있는 사업에도 변경이 많을 때이다. 작은 기업은 큰 업체에 병합되는 일이 생긴다.

사업_ 전반적으로 기획, 방침의 변경이 있을 때이다. 개인적으로는 전업·전직 등이 있다. 또한 변화를 시도해 봐도 좋은 때이다. 건설업이라면 큰 회사에 못지 않게 성적을 올릴 때이다.

교섭과 거래_ 좋은 기회를 얻는다. 그러나 서둘러서는 안 된다. 시기가 무르익은 다음에는 상대가 저절로 따라오게 된다. 거래에 있어서도 큰 건수가 생긴다. 그러므로 이쪽의 조건을 강력히 내세워도 좋다.

금전_ 금전의 운이 강할 때이기 때문에 투자를 하면 큰 이익을 얻는다.

연애_ 직장 때문에, 또는 가정의 사정 때문에 혼기를 놓친 사람들에게 좋은 상대가 나타난다. 그러나 남자는 연애보다 사업에 열중하는 형태이다.

결혼_ 초혼에는 좋지 않다. 재혼이라면 막혔던 운세가 트인다. 아무래도 이 괘는 신진대사가 활발한 의미를 가지고 있다.

건강_ 병세가 악화될 때이다. 심장쇠약, 결핵 그리고 감기에 조심해야 한다.

분실물_ 잃은 것은 다시 눈에 띄지 않는다. 아무리 소중한 것이라고 생각되어도 실은 그리 필요한 것이 아니므로 잊는 것이 좋다.
여행과 이전_ 여행은 여정이 변경되거나 기일이 변경된 다음에 떠나게 될 것이다. 이사는 좋은 집이 발견될 때까지 기다려야 한다.
소원_ 자기가 바라고 있던 상태와는 다른 것으로 이루어지는 수가 있다. 또한 예정이나 약속대로 들어맞지 않지만, 장기적인 것은 태도를 바꾸지 않고 열심히 나아가면 순조롭게 성취되는 괘이다.
취직_ 신설 회사나 신규 모집에 응하면 채용될 것이다.
입학_ 자기가 목적한 학교에 들어갈 수 있다.
기후_ 흐려 있어도 비는 오지 않는다. 비가 오게 되면 다음날은 맑아진다.

50. 화풍정(火風鼎)

정(鼎)이란 발이 세 개 달린 무쇠솥을 말한다. 물건을 받치고 있다는 뜻이다. 세 개의 발은 협력과 안정을 가리킨다. 왕과 제후와 어진 신하가 잔치를 베풀고 즐겁게 담소하며 의견을 나누는 모습이다. 정담(鼎談)·정립(鼎立)이라는 말은 여기서 비롯되었다.

운세_ 이 괘는 안정감과 충실감이 있는 상태를 나타내고 있다. 재력, 지력, 기반의 3박자가 잘 조화되어서 무슨 일에나 행동의 자유를 가질 때이다. 그러나 무슨 일이든 혼자 해서는 안 된다. 남의 힘을 빌려서 서로 이익을 나누는 아량을 지녀야 한다. 자기 혼자서 하려는 독단주의나 이기주의는 반드시 실패하고 만다.

사업_ 사업의 근본이 변하지는 않는다. 내용을 새롭게 하고 의견을 미화하는 것만이 중요하다. 또한 취급 품목을 변경해 보거나 새로운 거래처를 터 보는 것이 좋다. 특히 자금 관계는 협력자가 나타나야 좋아진다. 샐러리맨은 승진할 때이다.
교섭과 거래_ 상대의 입장을 생각하고 성실하게 융화책을 쓰다보면 성공의 기회가 주어진다. 그리고 자기의 입장이 약하다는 것을 항상 염두에 두어야 한다.
금전_ 넉넉할 때이다. 자금을 원활히 융통시켜야 한다. 금전을 쓰지 않고 사장(死藏)시켜 놓는 일은 금물이다.
연애_ 서로가 좋은 상대를 얻을 수 있을 때이다. 대개 남성은 수려하고 여성은 이지적일 때가 많다. 성격상으로 잘 융화된다. 적극적으로 밀고 나아갈 것.
결혼_ 아주 길하다. 혼담도 원만하게 진행된다. 그러나 결혼 후 제2의 이성이 나타나기 쉬우니 주의해야 한다.
건강_ 전염병과 유행병이 많을 때이다. 몸이 약한 사람은 호흡기질환이나 장질환에 주의하도록 하라.
분실물_ 작은 물건인 경우는 찾기가 힘들다. 그러나 금속성의 물건이나 부피가 큰 것은 곧 찾을 수 있다.
여행과 이전_ 돈에 부족함을 느끼지 않는 즐거운 여행을 한다. 그룹을 지어 가는 단체 여행을 하기에 좋은 때이다. 좋은 집을 얻게 된다. 비싸게 산 집이라도 고가로 다시 팔리게 된다.
소원_ 자기만 행복해지는 것이 아니라 상대를 행복하게 해줌으로써 자신도 행복해진다. 그런 후 실력자를 구하고 그 사람의 의견에 따라 실행하면 목적은 달성된다.

취직_ 결정이 날 때이다. 자리가 마음에 들지 않는다고 포기하지 말라. 곧 인정을 받고 승진하게 된다.
입학_ 공립학교보다는 사립 명문학교를 선택하도록 하라. 경제과나 상과를 전공하는 것이 좋다.
기후_ 맑다. 바람이 약간 있다. 비가 올 때 이 괘가 나오면 곧 바람이 불면서 갠다.

51. 진위뢰(震爲雷)

　　진(震)은 천둥을 뜻하는데, 인간관계에서는 장남을 의미한다. 여럿이 한자리에 모여서 제사를 지낼 때 갑자기 천둥이 치면 모두 놀라지만, 한 집안을 통솔하는 장남은 침착하게 행동하지 않으면 안 된다는 것을 의미한다. 그러나 이 천둥은 소리만 요란스러울 뿐, 놀랐던 사람이 웃음을 되찾고 즐거워하는 것을 말한다. 요컨대 침착하고 냉정하게 거동하면 무사히 지낼 수 있다는 것을 가리킨다.

운세_ 진은 분투한다는 의미가 있어서, 힘을 내서 분발하게 되면 무슨 사업이라도 수행해 나아갈 수 있다. 그러나 나쁜 의미로 본다면 천둥은 소리만 요란하고 형태가 없으므로 헛기세만 부릴 뿐 내용이 없다는 뜻도 있다. 또한 변화가 많을 때라서 실행으로 옮기기가 힘들다.
사업_ 두 가지 목적이 있기 때문에 본직 이외의 부업에 손을 대는 수가 많다. 또는 출장소를 내는 일이 있을 것이다. 그러나 실익을 얻기가 힘들다. 큰 손해는 없겠으나 너무 일이 분산되어 어느 한 가지에 열중하지 못하는 상태에 있기 때문이다.

교섭과 거래_ 정신적인 거래면에서는 상당한 진전이 이루어진다. 눈앞의 이익만을 좇지 말고 먼 장래를 내다보도록 하라.

금전_ 급한 돈이 곧 얻어지지 않는다. 그러나 꾸준히 밀고 나아가면 자금 사정도 풀릴 것이다.

연애_ 유쾌히 놀 수 있는 상대지만 결혼 상대로는 적합지 않다.

결혼_ 결혼해도 좋은 괘가 못 된다. 재혼이라면 좋다. 혼담이 두 군데 나타나서 어느 쪽으로도 결정짓지 못하고 망설이는 상태이다.

건강_ 간장병이나 정신병을 일으키기 쉽다. 가벼운 정도는 히스테리, 불면증이 일어난다. 이럴 때는 병자가 지나치게 자기의 병을 과장해서 생각하는 수가 있다.

분실물_ 밖에서 떨어뜨린 물건이라도 찾아다 준다.

여행과 이전_ 여행은 좋을 때이다. 처음부터 계획을 잘 세우고 나서야 한다. 여행중에 사람을 사귀게 된다. 상업상의 여행보다 정신적인 것을 구하는 여행이 즐거울 것이다. 일 때문에 집을 옮기는 일이 생긴다. 그리고 집안에는 약간의 분쟁이 일어난다.

소원_ 대인관계에서는 이쪽에서 구해도 상대가 받아주지 않을 때이다. 그러므로 시기를 기다려서 상대의 기분을 전환시키도록 노력해야 한다.

취직_ 목적을 한 곳으로 집중시키고 열심히 노력해야 한다. 그러나 내부의 의견이 분열되기 때문에 망설이게 된다.

입학_ 자기가 목표한 학교에 노력을 집중시켜야 한다. 여러 학교를 염두에 두었다가는 실패하기 쉽다. 집에서 남쪽 방향에 있는 학교가 좋다.

기후_ 맑은 날씨이다. 비가 와도 곧 갠다. 또 천둥이나 지진을 생각할 수가 있다.

52. 간위산(艮爲山) ☶☶

　간(艮)은 머문다는 뜻이다. 자기에게 오지 않는다. 아무도 없는 곳에서는 행동을 일으킬 필요가 없다. 공(功)을 구하지 말고 경거망동을 삼가며 조용히 자기를 반성하는 것이 좋다. 산이 높이 솟아 움직이지 않는 것처럼 고상한 정신과 부동의 마음이 중요한 시기이다.

운세_ 때가 올 때까지 움직이지 말고 기다려야 하는 괘이다. 간은 산이고 움직이지 않는다는 뜻이기 때문에 함부로 움직여 나아가지 말아야 한다. 움직이면 움직일수록 불리해지니, 재산을 없애고 몸을 상하게 한다. 또한 지금까지 친하게 지내던 사람과 헤어지는 일이 생긴다. 친구와 대립되는 일이 생기기 때문이다. 신속하고 임기응변적인 처리를 하지 못하기 때문에 손해를 보는 입장에 놓인다. 그러나 느리고 꼼꼼한 태도는 오히려 손해를 본다.

사업_ 목적이 두 가지나 있어서 힘이 분산되어 실적을 올리지 못하고 있다. 경쟁자가 있기 때문에 상품의 단가를 내리는 것이 좋다.

교섭과 거래_ 적극적으로 나아가서는 안 될 상태이다. 지금 곧 나아간다 해도 좋은 결과는 얻지 못한다. 먼저 눈앞에 닥친 일을 잘 처리해야 한다.

금전_ 현금은 없지만 부동산이나 토지로써 재산이 생긴다.

연애_ 친구나 정신적인 관계로 끝나는 것이 좋다. 하이킹을 같이 가거나 스포츠에 열중하면 좋다.

결혼_ 맞벌이 부부가 되는 것은 좋다. 그리고 중년의 남성에게는 본처 이외에 첩이 생길 수 있다.

건강_ 변비나 관절의 아픔, 월경불순 같은 것이 오래 계속된다. 가벼운 운동을 시작하는 것이 좋다.

분실물_ 대개는 집 안에서 없어진다. 한참 후에 나타나는 일이 많다. 사내아이에게 물어보도록 하라.

여행과 이전_ 여행은 좋지 않다. 가벼운 산책 정도에 그치도록 하라. 주거는 현재 있는 곳에서 안정해 있어야 한다. 당분간 이사는 금물이다.

소원_ 계획은 곧 이루어지지 못한다. 시기를 기다리며 마음을 안정시킴이 좋다.

취직_ 개인 회사나 작은 생산업에 들어가는 것이 좋다. 작은 무대에서 알맞은 활동을 하며 스스로 만족해야 한다.

입학_ 뜻밖에 아는 사람을 만나서 도움을 얻는다. 말하자면 빽으로 들어가는 격이다.

기후_ 보통은 흐린 날씨이고 곳에 따라서 가랑비가 내린다.

53. 풍산점(風山漸)

점(漸)이란 천천히 나아가는 것이다. 여자가 순서를 밟아서 정식 결혼을 한다는 뜻이다. 기러기가 물가에서 바위로, 바위에서 육지로, 나무 위로, 산 위로, 그리고 높은 구름 속으로 날아가는 모습을 나타내고 있다. 인간도 모든 일에 순서를 밟아서 장래의 방침을 세울 때이다.

운세_ 점이란 산 위에서 나무가 착실히 자라는 것을 가리키는 괘이다. 묘목을 심으면 자라서 큰 나무가 되어 산을 푸르게 하는 것처럼, 점차적인 발전을 말하고 있다. 지금까지 불우하였던 사람들은 여기서 새로운 면을 향하여 제일보를 내딛을 수 있게 된다. 이제부터 기초가 잡혀가는 과정이니, 무모한 전진은 삼가야 할 때이다.

사업_ 서서히 발전해 나아가는 때이므로 꾸준한 노력을 계속할 것. 내부를 지키는 사람 중에서 책임자를 찾아야 한다. 사업면에서는 자금 보충과 사원 보충을 서둘러야 빨리 뻗어나갈 수 있다.

교섭과 거래_ 모든 순서와 절차를 밟으면서 적극적으로 행동해야 유리하다. 상대도 이쪽의 이로운 편으로 끌려오게 된다.

금전_ 현재 자금 상태는 만족스럽지 못하나 곧 풀릴 것이다. 갖고 있는 물품 값이 올라서 예상 외의 이익금이 생긴다.

연애_ 축복받을 연애이다. 곧 양가의 허락을 얻어서 결혼으로 나아가는 것이 좋다. 데이트도 순조롭다. 여자가 연상이라도 결혼 후 원만해진다. 상업관계의 사람이 특히 좋다.

결혼_ 정식 수속을 밟는 결혼에는 아주 좋은 괘이다. 특히 시집가는 여자는 길하다. 남자는 좋은 배필을 얻을 수 있다.

건강_ 소화기 계통이 쇠약해진다. 특히 변비에 조심하도록 하라. 노인과 병자에게는 이 괘가 좋지 않다.

분실물_ 없어진 물건은 선반이나 다락 속에서 찾아보라. 그러나 좀처럼 찾기는 힘들 것이다.

여행과 이전_ 사업상의 여행, 회사 일로 출장이 있을 때이다. 주말에는 가족과 온천장에라도 가는 것이 좋다. 괴롭지만 이사는 당분간 때가 올 때까지 하지 않는 것이 좋다.

소원_ 지금까지 생각해 오던 일이 점차로 그 윤곽을 드러낸다. 그러나 만족스럽게 진전되지는 않는다. 기다리는 자세를 가져야 한다.

취직_ 부탁해 두기는 해도 자연히 결정이 날 때이다. 현재의 직업보다는 한 계단 더 나아가게 되고 신용이 붙을 때이다. 계약을 분명히 해두는 것이 좋다.

입학_ 자기 실력 이상의 학교라도 노력을 계속하면 반드시 목적을 성취할 수 있다.

기후_ 흐린 가운데 바람이 분다. 가랑비가 약간 내릴 것이다. 비가 그친 뒤에는 바람이 불고 맑아진다.

54. 뇌택귀매(雷澤歸妹)

귀매(歸妹)는 젊은 여자가 시집가는 것을 말한다. 귀매의 원뜻은 정부인 밑에서 남편을 섬기는 첩을 말한다. 중국의 일부다처주의를 나타내고 있다. 그러나 남녀가 접촉해서 같이 즐거움을 나누는 것은 자연의 이치이기 때문에 깊이 삼가며, 자기가 놓여 있는 입장을 지켜 나가면 무사함을 얻을 것이다. 이 괘는 원래 여자가 적극적으로 자진해서 가려는 뜻이 있기 때문에 자칫하면 불행한 결과를 초래하게 된다.

운세_ 이 괘는 앞서서 나아가지 말고 자기 입장을 뒤에서 지켜 나가는 게 좋다는 것을 가리키고 있다. 너무 성급히 나아가면 계약위반을 하는 일이 생기고 뒷감당을 못하게 되는 처지에 빠진다. 그러나 지금까지 빛을 보지 못하였던 사람들에게는 기회가 다가온다. 따라서 항상 여유 있는 마음으로 때를 기다려야 한다.

사업_ 순조롭지 못하다. 약간 시기를 잃었기 때문에 효과를 올리지 못하는 상태이다. 지나치게 나아가면 중도에서 좌절하는 위험이 생긴다. 이런 때는 환경에 순응하는 태도를 가지고 현상을 유지시켜 나가는 것이 좋다.

교섭과 거래_ 이쪽의 조건을 상대가 수락하지 않는다. 그렇다고 무리하게 교섭해서는 안 된다. 금전관계에서 사고가 나기 쉬우니 부정한 일은 삼갈 것.

금전_ 지금 수중에 있는 돈을 봄까지 잘 보전하는 것이 좋다. 새로 투자하는 일을 해서는 안 된다.

연애_ 깊은 관계가 이루어질 때이다. 특히 중년 남자들이 가정을 돌보지 않고 탈선하기 쉬운 때이다. 이 괘가 나오면 정사를 계속 갖는 일을 경계해야 한다.

결혼_ 정식 결혼이라도 흉점이다. 그러나 첩으로 간다면 원만히 이루어진다.

건강_ 성병, 각기병, 신경과민 같은 병이 일어나기 쉽다. 약을 써도 잘 낫지 않는다.

분실물_ 밖에서 잃은 물건은 이미 형태가 변해 버렸기 때문에 찾을 수가 없다.

여행과 이전_ 밖에 나가고 싶어도 외출을 하지 않는 것이 좋다. 후에 반드시 나가지 않았던 것이 다행이었다는 생각이 들게 된다. 주거지도 변경하면 나쁘다. 만약 옮긴다면 동쪽이나 서북쪽이 좋다.

소원_ 자기가 생각하던 일이 일부분이라도 성취되면 큰 다행이다. 원래가 앞길이 막혀서 현재의 입장만을 지켜갈 때이기 때문이다.

취직_ 일시적인 것, 가령 여자라면 서비스업에 종사하고 남자라면 임시 고용하는 외판업이 좋다. 어디까지나 일시적인 방편이라고 생각해야 한다.

입학_ 이류학교를 지망해야 한다. 그것도 보결로 들어가야 할 정도로 힘들 것이다.

기후_ 흐렸다 맑았다 하면서 고르지 못한 날씨가 계속된다. 한때 적은 양의 비가 내릴 것이다.

55. 뇌화풍(雷火豊)

풍(豊)이란 풍부한 것을 가리킨다. 또한 크게 성하고 있는 것을 말한다. 그러나 풍요하고 성운(盛運) 속에 있는 자도 곧 쇠운이 닥칠 것을 경고하고 있다. 중천에 떠 있는 태양도 마침내는 기울고, 달도 차면 곧 이지러진다. 이것이 천지 자연의 현상이기 때문이다.

운세_ 이 괘는 지금 최고도에 달하고 있는 운을 말한다. 대낮의 어둠이란 말도 있듯이 빛이 강렬하면 할수록 실상은 더 어두운 법이다. 지금 한참 성운을 맞고 있는 사람도 눈에 보이지 않는 곳으로부터 쇠퇴의 기미가 나타나고 있는 상태이다. 표면은 밝고 활기가 있어 보여도 내부에는 어둠이 깃들고, 걱정과 비밀이 감추어져 있을 때이다. 사물이 근시적으로 보이기 때문에 먼 곳을 내다보지 못한다. 오래 끌고 있는 소송이나 재판은 빨리 해결지어야 한다.

사업_ 실력 이상으로 확장할 때이다. 보기에는 성대해 보이나 그 성대함이 오래 지속되지 못한다. 다소 축소시켜서 견실한 방침을 취하는 것이 좋다. 신규 사업은 금물이다.

교섭과 거래_ 즉시 결정할 필요가 있을 때이다. 소송을 일으키기 쉽기 때문에 곧 해결이 나지 않을 것은 포기하는 것이 좋다.

금전_ 현재 부족함을 느끼지는 않지만 실속없이 겉치레를 위하여 낭비와 지출이 많을 때이다. 또 나간 돈이 들어오지 않아서 큰 구멍을 남기게 된다.

연애_ 정신적인 연애보다는 향락적인 사랑으로 기우니, 서로 외모에 마음이 있다. 또한 상대의 가정 환경에 복잡함이 있기 때문에 결혼에까지는 이르지 못한다.

결혼_ 혼담은 원만히 진전되지만 결혼 후가 좋지 않다. 반드시 후회하게 된다.

건강_ 전염병이나 급성병, 또는 고열과 심장병이 생기기 쉬운 때이다. 변화가 격심할 때이니 주의해야 한다.

분실물_ 빨리 찾으면 되돌아온다. 어두운 곳에 숨겨져 있다.

여행과 이전_ 가벼운 여행이나 당일에 돌아오는 하이킹 같은 것이 좋다. 주거는 안정되어 있지 않다. 이사를 가도 역시 안정을 기대할 수 없는 때이다.

소원_ 장기적인 일은 바라지 않는 것이 좋다. 당장 눈앞의 일을 처리하기에 바쁘다. 기다리던 소식이 전보나 편지로 온다.
취직_ 현재의 직업에 만족하고 그 이상의 것을 기대하지 말아야 한다. 장부 기재에 잘못이 생기니 주의하라.
입학_ 지망하는 학교보다 한 단계 내리는 것이 좋다.
기후_ 개었다가 곧 흐려져서 비가 온다. 여름에는 천둥이 많고 몹시 덥다.

56. 화산여(火山旅) ☲☶

여(旅)는 문자 그대로 여행을 의미한다. 옛사람들은 여행을 큰 고통으로 생각하였다. 교통의 어려움과 숙소의 불편 때문이다. 또한 여행은 불안정한 상태, 고독을 의미한다. 산기슭으로 해가 지면 나그네는 숙소를 구해야 하고, 그곳에서 하룻밤의 휴식으로 피로를 풀고 내일 다시 길을 떠나야 하기 때문이다. 이런 때는 조급하게 굴지 말고 목적지를 향하여 차근차근 나아가는 것이 중요하다.

운세_ 지금 당신은 불안에 넘쳐 있는 나그네의 모습이다. 어떤 희망을 구하고는 있으나 기초적인 운이 약한 때이므로 만사가 생각대로 되지 않는다. 먼저 기초를 다지고 침착하게 장래의 계획을 마음속에 세워두는 것이 좋다.
사업_ 앞으로 나아가기보다는 한걸음 뒤로 물러나는 마음가짐이 필요하다. 신규 사업이나 확장은 좋지 않다. 그러나 판매를 주로 하는 보험, 화장품, 영화 계통의 광고업은 성공할 수 있다.

교섭과 거래_ 상대가 강경하게 나올 때이다. 자기편이 약하고 협력자가 없기 때문에 생각대로 진전되기를 바랄 수는 없다. 오히려 상대의 의견에 따라가면서 자기의 이익을 좇는 것이 좋다.

금전_ 경비가 많이 지출되고 자금에 부족함을 느낄 때이다.

연애_ 연상의 상대와 일시적인 관계에 빠질 때이다. 그러나 학문에 종사하는 사람의 정신적인 연애는 깊이 결합되는 수가 있다.

결혼_ 혼담이 있으나 주거지와 직업이 안정되어 있지 않기 때문에 정식으로 결합하는 데까지 이르지 못한다. 이런 때는 서로가 자기 생활의 안정을 기하는 데 힘써야 한다.

건강_ 고열이 오르는 병, 혹은 전염병, 심장병에 주의해야 할 때이다. 현재 병상에 있는 사람은 별 차도가 없으며 더 악화되는 것을 방지하는 데 유의해야 한다.

분실물_ 잃은 즉시 찾는다면 발견된다. 시일이 지나면 여러 사람의 손에 넘어가서 찾지 못할 것이다.

여행과 이전_ 이 괘가 나타내는 것처럼 자기가 좋아하건 싫어하건 간에 여행이 많을 때이다.

소원_ 생각하는 대로 되어가지 않는다. 이런 때는 차라리 모든 생각을 중단하는 편이 낫다.

취직_ 학교 관계, 문화 방면이라면 노력해 보라. 자기의 희망과 급료가 맞지 않을 때가 많다.

입학_ 자기가 희망한 학교에 합격될 것이다. 그러기 위해서는 전심전력으로 꾸준히 노력해야 한다.

기후_ 맑았다 흐렸다 하는 날씨이다. 아침에 흐렸으면 저녁 때는 맑아진다.

57. 손위풍(巽爲風) ☴☴

손(巽)은 바람이다. 바람이 부드럽게 살랑살랑 불어오는 모습이다. 그러므로 모든 것은 자기를 주체로 삼아 행동하는 것이 아니라 사물에 따라서 비로소 그 입장을 얻는 것이다. 이럴 때는 실력자의 명령에 따라서 자기의 힘을 발휘해야 하고, 실력자는 부하에게 명령을 내려서 계통적으로 행동시켜야 하는 것이다.

운세_ 바람은 눈에 보이지 않는다. 초목이 흔들리는 것을 보고서야 바람이 부는 것을 알 수 있다. 또한 바람은 움직이면 멈추지 않기 때문에 이 괘가 나온 사람은 침착성을 잃고 진퇴를 망설이게 된다. 이 괘는 바람이 두 개나 겹쳐 있는 상태이니, 좋은 일이건 나쁜 일이건 사건이 겹쳐서 일어난다.

좋은 의미로는 장사를 하면 3배의 이익이 생긴다는 말이 있듯이 장사가 번창한다는 뜻이다. 나쁜 의미로는 정신이 불안정할 때이다. 무슨 일에나 우유부단하기 쉬운 때이다.

사업_ 지금까지의 기반을 중요시하고, 부분적인 개혁이나 확장은 이익이 있을 때이다. 또한 다른 사업에 투자를 해도 이익이 생긴다. 그러나 독립하여 신규 사업을 운영하는 것은 좋지 않다. 어디까지나 자기 기반 위에서 행할 일이다.

교섭과 거래_ 신속하게 진행해야 한다. 오래 끌거나 지체하면 이루지 못한다. 최초의 계획을 밀고 나아갈 것.

금전_ 자기가 익숙한 일에는 돈이 들어올 때이다. 그러나 그 돈을 효과적으로 이용해야 한다. 목표를 향하여 총력을 기울여 보는 것이 좋다.

연애_ 사업과 양립하니 원만치 못할 때이다. 데이트 약속도 어기기가 일쑤이다. 상대가 이해하도록 노력하는 것이 좋다.

결혼_ 혼담이 들어와도 곧 결정하지 못하고 망설인다. 선배나 연상의 사람에게 상의하면 좋다.

건강_ 유행성 감기나 간장병을 주의하도록 하라. 부인에게는 부인병이 생기기 쉬운 때이다.

분실물_ 일용품이나 몸에 지닌 물건들은 의류 속이나 이불 속 같은 곳에 숨겨져 있다. 밖에서 잃은 물건은 바람과 같이 사라지듯 다시 찾을 길이 없다.

여행과 이전_ 사업상의 여행은 이익이 있을 때이다. 수금이 잘 된다. 너무 큰 집이 아니라면 이사를 가거나 이전을 해도 좋다. 또 집을 수리하는 일이 생길 것이다.

소원_ 작은 일은 순조롭게 이루어진다. 그러나 큰 계획이나 결단을 요하는 일은 뚜렷한 방침이 서지 않아서 실행하지 못할 것이다.

취직_ 가능하면 손수 장사를 해보거나 실질적인 판매 관계에 종사해 보는 것이 좋다.

입학_ 희망하는 학교에 합격하기 위한 노력이 부족하여 열중하지 못한다. 목적이 너무 많아서 힘이 약해져 있다.

기후_ 바람이 일 때이다. 태풍이나 호우가 내릴 때도 있으나 보통은 약간 흐린 날씨이다.

58. 태위택(兌爲澤) ☱☱

태(兌)는 기뻐한다는 뜻으로서 온화한 분위기를 말한다. 사람을 대할 때는 성실하게 자기를 올바로 지키지 않으면 안 된다는 뜻이다. 태는 입이 두 개 겹쳐 있는 형상이다. 입은 진실을 토로하는 반면에 욕과 싸움을 유발시키는 근원이 되기도 한다. 또한 사람을 설득시키기도 하는데, 달콤한 말이 설득시키는 것은 아니다.

운세_ 태는 기쁘다는 의미 이외에 완전치 못하다는 이면의 뜻을 가지고 있다. 그래서 작은 일은 생각대로 이루어지지만 큰 일은 중도에서 좌절되기 쉬울 때이다. 표면으로는 그럴듯하게 보이지만 내면으로는 진실함이 없는 상태에 처해 있다. 그리고 현재는 무슨 일이든 분명치 않아서 단정을 내릴 수 없는 때이다. 게다가 중상과 비방, 불신 행위가 일어나기 쉽다. 일상적인 일이나 부인, 아이들에 관해서는 평온하다. 회사 안에서 일어나는 파벌적인 대립과 쟁론에는 너무 깊이 관여하지 않는 것이 좋다.

사업_ 자기 본업을 지키는 것이 좋다. 그러나 적극적으로 나아갈 때는 아니다. 내용을 충실히 다듬는 것이 중요하다.

교섭과 거래_ 온화책을 쓰는 것이 효과적이다. 상대가 이쪽을 약간 의심하는 태도이기 때문에 호감이 가도록 친절하게 이해시키는 것이 중요하다.

금전_ 물질적으로는 풍족하다. 약속된 것이 들어온다.

연애_ 일시적인 기쁨만을 구하는 연애이다.

결혼_ 진실이 결여되어 있다. 상대편에 또 다른 이성이 있을 때이다. 그러나 상대방 남성이 재혼인 경우에는 원만하게 진행된다.

건강_ 입안의 질환이나 호흡기병에 주의하도록 하라. 여성은 빈혈증에 조심해야 한다.

분실물_ 곧 발견되기 어렵다. 또한 파손되어 있기도 하다. 혹은 발견한 사람으로부터 손가락질을 받는 수가 있다.

여행과 이전_ 여행보다는 회사나 단체의 집회, 회합이 많을 때이다. 주거지는 그 자리에 계속 머물러 있는 편이 좋다.

소원_ 잘 될 듯하면서도 되지 않는다. 상대가 도와주어도 너무 큰 기대를 걸었다가는 나중에 실망할 것이다.

취직_ 세일즈맨, 외교관, 아나운서, 예능계는 순조로울 것이다.

입학_ 하급학교를 택하는 것이 무난하다. 그러나 곧 자기 자리(다른 학교로 전학)로 옮겨진다.

기후_ 비가 올 듯한 날씨가 계속된다. 언젠가는 큰 비가 내린다. 그러나 가을이라면 하늘이 맑고 바람이 분다.

59. 풍수환(風水渙)

환(渙)은 분산되다, 흩어지다의 뜻이 있다. 정체되어 있던 것이 자연적으로 분산되어 기분 전환을 꾀하는 것이다. 또한 그것은 나라와 집안이 분산되어 질서를 잃는다는 뜻도 있다. 그러므로 옛날의 천자는 선조에게 제를 지내고 백성의 흩어짐을 막았다고 하였다.

운세_ 이 괘는 마음속에 있던 근심이나 괴로움에서 해방될 때이다. 또 작은 일에서 큰 일로 옮겨가기에 가장 좋을 때이다. 또한 지금까지의 불운을 만회할 수 있는 좋은 기회이다. 그리고 새로운 것을 향하여 노력하면 큰 성과를 얻을 수 있다.

사업_ 기울어진 사업을 적극적으로 만회하기 위하여 분발할 때이다. 문제는 자금이 아니라 인재의 협력과 공동체가 필요하다.

교섭과 거래_ 지금까지의 관계를 일소하고 새로운 교섭을 시작해 볼 것. 먼저 충분한 정보를 얻은 다음에 대비하는 것이 성공의 열쇠가 된다.

금전_ 들어와도 곧 나간다. 유효적절하게 지출을 해야 한다. 가령 주문품이 있다면 완성 후에 대가를 지불할 것.

연애_ 젊은 사람들은 아직 친구로서 부끄러움 없이 지내는 사이이다. 정말 연애 단계에 들어선 것은 아니다. 그러나 중년의 남성은 바람날 때이다. 마음은 집에 붙어 있지 않고 허공에 들떠 있는 상태로, 경제적인 여유가 생기자 젊은 여자와의 애욕에 빠지게 된다.

결혼_ 혼담이 있으나 잘 되지 않는다. 그러나 생각지도 않던 사람과 별안간 결혼하게 되는 일이 있다.

건강_ 성적인 질병이 많을 때이다. 또는 치질, 출산 후의 출혈과다, 월경과다 등에 조심할 것.

분실물_ 잃은 물건은 이미 멀리 있다. 다시 돌아오기는 힘들다. 그러나 오래 전에 잃어서 잊고 있던 물건은 돌아오는 수가 있다.

여행과 이전_ 여행은 의외로 먼 곳까지 가게 된다. 주거지는 변동이 생길 때이므로 이사해서 기분을 전환하는 것이 좋다. 괴로움도 그로 인하여 해소된다.

소원_ 오랫동안 생각해 오던 것이 희망을 보이기 시작한다. 눈앞의 것은 자연히 등한시하게 된다. 현실과 희망 사이에 갈등을 느낀다.
취직_ 전부터 같이 일하던 사람을 찾아서 부탁하는 것이 좋다. 또한 친지를 통하여 부탁하면 수월하게 해결될 때이다.
입학_ 공립학교를 지망하는 것이 좋다. 법률 계통이 이롭다.
기후_ 바람을 일으키며 비가 온다. 그러나 비가 내리고 있다면 곧 갤 때가 가까워 온 것이다. 봄에는 습기를 품은 난풍이 불어온다.

60. 수택절(水澤節)

절(節)은 절도(節度)를 의미한다. 갈대가 마디마디 뻗어가고 있는 현상이다. 우리들은 일상생활에서 절도와 절제를 지키는 것이 중요하다. 나아가는 것을 절제하는 것이 생활 안정에 필요하다는 뜻이다. 그러나 절은 너무 고집하는 뜻도 있어서 이로운 것만은 아니다. 절제가 지나침으로써 뒤떨어지고, 오히려 자신을 줄이는 결과가 된다. 예를 들면 강물도 오래 머물러 있으면 썩는 법이다. 때와 장소에 따라서 신속하게 회전하지 않으면 안 된다.

운세_ 우선 모든 일에 절제를 할 때이다. 일단 나아가게 되면 일이 원만치 못하고 자주 고장이 생겨서 좌절을 일으키게 된다. 즉 과음·과식하거나 지나친 업무로 피로를 느끼고 쓰러지기 쉬운 때이다. 대인관계에서도 도를 지나친 친절은 오히려 자신을 약하게 만든다. 즉 스스로 무덤을 파는 결과를 초래하는 경우가 생긴다.

사업_ 작은 사업은 꼼꼼히 하는 가운데 이익을 착실히 얻지만, 큰 사업에는 섣불리 뛰어들지 말아야 한다. 참새가 황새 걸음을 뒤쫓다가 가랑이가 찢어지는 격이 된다.

교섭과 거래_ 지나친 욕심으로 대하면 상대의 반발을 사게 된다. 수동적인 태도로 상대의 조건을 검토해 볼 것.

금전_ 필요없는 지출이 많기 때문에 절약해야 할 때이다. 지니고 있는 현금은 쓰지 말 것.

연애_ 상당히 진전해 있다. 이미 선을 넘고 있다고 봐야 한다. 좀처럼 헤어지지 못하고 오래 계속되는 사이이다.

결혼_ 정식 결혼에는 좋은 인연이다. 결혼 후에도 좋은 부부가 된다. 퍽 아기자기한 생활을 할 것이다.

건강_ 과음과 식사의 불규칙 때문에 몸이 상하기 쉽다. 위하수(胃下垂) 등에 주의할 것.

분실물_ 곧 찾아낼 수는 없다. 그러나 잃은 물건은 대개 본래 있던 곳의 물건 틈에 끼여 있는 수가 많다.

여행과 이전_ 여행은 할 수 없는 상태. 가능하면 삼가는 것이 안전하다. 주거지는 현재 있는 곳에 그대로 머물러 있는 것이 좋다. 무리하게 찾아보아도 좋은 곳이 나타나지 않는다.

소원_ 아직 시기를 기다리는 것이 좋다. 그러나 작은 일에는 열심히 노력을 기울여 볼 때이다.

취직_ 곧 해결되지는 않는다. 당분간은 현재의 직장으로 만족하는 것이 좋다.

입학_ 목표한 학교에 가기 위해서는 아직도 노력이 부족하다. 계속 노력하면 반드시 합격한다.

기후_ 오랜 비가 내린다. 강이 넘친다. 겨울은 몹시 춥다.

61. 풍택중부(風澤中孚) ䷼

중부(中孚)란 성심·성의라는 뜻이다. 돈어(豚魚)란 돌고래를 말하는데, 돌고래는 바람에 몹시 민감해서 바람의 방향을 향하여 입을 벌리기 때문에 뱃사람들이 그것을 보고 바람의 유무와 방향을 알아낸다고 한다. 바람을 향하는 돌고래처럼 서로가 성의를 민감하게 느끼고 협력해야 한다는 뜻이다.

운세_ 다른 의미로는 어미새가 알을 품고 새끼를 깐다는 뜻이 있다. 성의를 가지고 친화를 도모하기 때문에 상담과 공동업체 같은 데는 특히 길점이다. 무슨 일에나 성심성의를 가지고 해나간다면 만사가 순조롭게 풀려나갈 것이다.

사업_ 성적이나 실적 이상으로 선전하고 있을 때가 많다. 자기의 입장을 솔직히 밝히고 상대의 도움을 구하는 것이 좋다. 일시적으로는 부진하지만 자기 일에 성의를 가지면 반드시 호전된다.

교섭과 거래_ 입으로 약속을 받거나 계약문서로는 상당히 성과를 올리는 듯하지만, 실질적인 효과나 물질적인 이익은 얻어지지 못한다. 서로가 성의를 갖지 못하면 약속이나 예약이 수포로 돌아간다.

금전_ 돈에 대한 애착보다는 정신적인 면을 중시할 때이다.

연애_ 열렬한 연애를 한다. 서로의 마음이 일치하니 대담해진다. 이성을 잃기가 쉬울 때이다.

결혼_ 서로가 열렬히 구하므로 쉽사리 진행된다. 결혼 후도 행복하다. 자식을 두지 못하는 수가 있는데, 있어도 아들은 힘들다.
건강_ 심장, 고열을 내는 병, 변비나 시력감퇴에 주의할 것.
분실물_ 소지품을 많이 잃을 때이다. 오래 지나야 다시 수중에 돌아오게 된다.
여행과 이전_ 사업관계의 여행에서는 계약이 맺어지며, 주말 여행은 온천장 같은 곳이 좋다. 집을 판 경우에는 이사를 하는 것이 좋으나 셋집의 이사는 좋지 않다.
소원_ 성심성의를 가지고 구하는 일은 꼭 이루어진다.
취직_ 정직하게 자기의 입장을 밝히고 호소해 본다. 상대가 그것을 인정하면 반드시 채용된다. 처음부터 많은 급료를 기대하지 않는 것이 호감을 갖게 할 것이다.
입학_ 꼭 합격한다. 스스로 쌓은 실력의 성과이다.
기후_ 대개는 맑다. 때로는 바람이 불고 흐려지기도 한다. 여름은 몹시 더워서 가마솥 안에 있는 듯하다.

62. 뇌산소과(雷山小過)

소과(小過)는 조금 지나치다는 뜻이다. 올바르게 자기를 지키고 작은 일에는 적절히 대처하지만 큰 책임을 지기는 위험하다. '나는 새가 소리를 남긴다.'는 말은, 즉 '새가 높이 날아가다가 해가 져서 돌아오는 길을 잃는다.'는 말과 같다. 그러므로 교만한 태도보다도 겸허한 편이 더 효과적이다. 상대에게 비굴할 만큼 저자세로 나가는 것이 오히려 길하다.

운세_ 옛사람들은 이 괘가 나오면 문 앞에 병정이 있는 형상이라 하며 재난을 피해 왔다. 이것은 조금 지나치다는 뜻이기 때문에, 모든 일에 도를 지나쳐서 행하지 말 것을 경고하고 있다. 무슨 일에나 시기를 놓치기 쉽고 부담이 무거우며 사람과 마찰을 일으키기 쉬울 때이다. 상대도 자기에게서 떠나가고 자기도 상대를 거부하는 형상이다. 서로 의사가 통하지 않을 때이므로 대인관계에서는 싸움을 하지 않도록 주의해야 한다.

사업_ 새로 시작하려는 사업에서는 손발이 맞지 않아서 도중에 중단되고 만다. 기계의 파손, 종업원들의 사고에 조심해야 한다.

교섭과 거래_ 잘 진행되지 않는다. 뿐만 아니라 분쟁이 일어나서 상해를 입기 쉬울 때이다. 대개는 싸움으로 끝나버린다.

금전_ 생각대로 들어오지는 않고 지출은 많을 때이다.

연애_ 서로가 의심하는 마음을 지니고 있어서 자주 충돌이 생긴다. 생활 문제로 인하여 헤어지게 된다. 이 괘는 남색의 의미를 갖고 있다. 그래서 남성은 동성에게 마음이 끌린다. 여성은 첩의 존재라면 무난히 지속된다.

결혼_ 성사되지 않는다. 기회를 놓치는 것이다. 부부간이라면 성적 부조화를 일으킨다.

건강_ 병이 생기면 약으로는 좀처럼 고치지 못한다. 또한 만성병이 악화될 때이다. 기력을 회복하여 정신력으로 극복해야 한다.

분실물_ 잃은 물건은 절대로 찾을 수 없다.

여행과 이전_ 여행을 떠나면 병을 얻거나 도난을 맞거나 사고를 유발시키기 때문에 떠나지 않는 것이 좋다. 이사나 이전은 시기가 나쁠 때이다.
소원_ 달성되지 않는다. 너무 큰 소원을 갖고 있기 때문이다. 가까운 사람으로부터 방해를 받는다.
취직_ 일시적인 대비책, 즉 임시 고용이나 시간제의 일을 해서 고비를 넘겨야 한다.
입학_ 생각하고 있는 곳은 무리이다. 최저의 실력으로 시험을 치를 수 있는 학교를 선택하라.
기후_ 여름은 천둥이 심하고 큰 장마가 진다.

63. 수화기제(水火旣濟)

기제(旣濟)란 이미 이루어졌다, 모두가 이루어졌다는 뜻이다. 모두 이루어진 후의 정리 정돈의 때이기 때문에 일상의 작은 일에는 좋은 괘이다. 즉 현상유지를 잘 하는 것이 중요하다.

운세_ 음과 양이 잘 조화되어 있어서 바른 위치에 완성된 모양을 갖추고 있다. 그러나 세상일은 끊임없이 순환하기 때문에 좋은 일만 늘 계속된다고는 할 수 없다. 따라서 현상을 유지하는 것이 큰 어려움인 것이다. 그렇기 때문에 위험이 따르는 대사업은 삼가야 한다. 처음에는 호조를 띠는 듯하지만 영속성이 없다.
사업_ 협동 사업이 좋지만 각자가 주장을 내세워서 분열되지 않도록 항상 주의해야 한다. 확장할 때는 아니다. 현상유지에 힘쓸 것.
교섭과 거래_ 처음은 순조롭지만 나중에 실패하는 경향이 많다. 싸움을 하면 끝까지 화근이 된다.

금전_ 일단 안정되어 있는 상태이다. 눈앞의 적은 돈은 쉽사리 들어올 때이다.

연애_ 연애라기보다는 부부와 다름없는 사이로 발전되어 있다.

결혼_ 부부가 각자의 입장에 잘 있는 괘이기 때문에 아주 원만하게 나아가지만, 서로가 상대를 존경하지 않으면 유종의 미를 거두기가 힘들 것이다.

건강_ 고질화된 병이 많고 낫기가 힘들다. 표면상으로는 대단치 않게 보여도 주의하지 않으면 안 될 상태이다. 과도한 정사로 생긴 병은 절제하기 힘든 상태로 악화되어 간다.

분실물_ 집 안에서 잃은 경우는 찾는다. 밖에서 잃은 물건은 단념해야 한다.

여행과 이전_ 가벼운 여행은 무방하다. 특히 데이트 같은 것은 즐거움이 많을 때이다. 장거리 여행은 피로와 병의 재발을 가져오기 쉬우니 주의하도록 하라.

소원_ 일시적인 것은 성취된다. 앞으로의 계획이나 설계를 확고히 할 때이다.

취직_ 현재 하는 일에 만족하고 전업하지 말 것. 오래지 않아 운이 트인다.

입학_ 윗사람의 권고에 따르면 확실하다.

기후_ 개었다 흐렸다 하다가 비가 올 것이다. 그러나 우중에 밖으로 나가면 곧 갠다. 또한 개었다가도 갑자기 흐려지며 비가 온다.

64. 화수미제(火水未濟) ䷿

미제(未濟)란 번영한다는 뜻이다. 형통한다는 것은 분발·노력함으로써 일이 성사된다는 말이다. 새끼 여우가 처음에는 의기 양양하게 건너가지만 실력 부족으로 마지막 한걸음을 남기고 꼬리를 적시고 만다. 그렇기 때문에 끝에 가서 좌절하지 않도록 주의해야 할 것이다

운세_ 이 괘는 앞의 기제와는 반대로 균형이 잡혀 있기는 하나, 위치가 반대이기 때문에 유리한 입장을 얻지 못한다. 그러나 노력에 따라서 앞길은 차츰 열린다. 특히 자기 내부의 약점에 주의해야 한다.
사업_ 새로운 사업은 금세 성공할 수 없다. 먼저 기반을 굳혀야 한다. 자본관계에서는 돈은 있어도 자본으로서 활용되지 못하고 사장되어 있는 상태이다.
교섭과 거래_ 대인관계에서는 끈질긴 절충에 의하여 곤란을 타개할 수 있다. 상대가 속으로 타협을 피하고 있기 때문에 결코 도중에 중단해서는 안 된다.
금전_ 큰 돈은 아니지만 궁색을 느끼지 않을 정도의 돈은 돌고 있을 때이다. 튼튼한 자본이 되도록 유리한 저축 방법을 찾으라.
연애_ 사이는 무척 가까우나 결혼에까지 이르기는 힘들다.
결혼_ 처음에는 성사되기 힘들어 보이지만 계속 교섭하는 중에 성공하게 된다. 이 경우에 남성은 양자가 되는 입장에, 여성은 가정의 책임자가 되기 쉬운 결혼이 많다.

건강_ 전염성의 병, 유전적인 질환, 방광, 항문병 등에 주의해야 한다. 아이들은 고열에 조심할 것.

분실물_ 높은 곳을 찾아보라. 잘못 생각하였거나 잘못 놓아둔 수가 있다.

여행과 이전_ 서두르는 일이 생각대로 잘 되지 않는다. 시기를 기다리면 다시 기회가 찾아온다.

소원_ 덤비지 말고 꾸준히 노력하면 반드시 달성된다. 대기만성형이다.

취직_ 먼저 주위 사람과의 교제를 원만히 해나가면 서서히 호전되어 간다.

입학_ 다음 기회를 기다리는 것이 좋다. 역시 실력이 부족하기 때문이다.

기후_ 흐렸다 맑았다 하니 일정치가 않다. 시기에 어울리지 않는 양기(陽氣)의 때도 있다. 믿을 수 없는 날씨이다.

2. 사상(思想)으로서의 〈주역〉

1. 한나라 초기의 사상과 〈주역〉

〈주역〉이 64괘의 괘·효사와 십익(十翼)을 갖추어서 완성된 것은 한(漢)나라 초기였다. 진시황의 중국 통일이란 업적을 이어받은 한 나라의 국위(國威)는 건국 초부터 크게 빛났다. 그러나 진(秦)나라의 멸망에 따라 일어났던 격렬한 전란(戰亂)의 영향은 각 방면에서 혼란을 빚어냈는데, 특히 사상계의 혼란은 극심하였다.

진시황의 엄한 법가적(法家的) 통제는 곧 무너졌고, 사상계에서는 또다시 활발한 제자백가 시대를 재현하였다. 그리하여 각양각색의 경향을 띤 사상가들이 서로 다른 학파와의 절충을 꾀하면서 새로운 통일제국을 위하여 종합적인 통일이론을 세워 보고자 애썼다.

유학자(儒學者)의 관(冠)을 빼앗고 거기에 방뇨(放尿)하였다는 일화는 바로 한 고조(漢高祖)가 어떠한 위인이었던가를 여실히 증명해 주는 일이라고 할 수 있다. 그러나 한 고조가 중원의 통일을 이룩하자, 육가(陸賈)는 간하기를, "폐하께서는 말 위에서 전투함으로써 천하를 평정하셨으나, 천하를 말 위에서 다스릴 수는 없는 것입니다."고 하였다. 육가의 간언을 받아들인 한 고조는 문인, 특히 유학자를 대하는 태도를 크게 바꾸었다. 한 고조의 유학자에 대한 태도 변화가 곧 사상계의 활동을 자극하여 활발하게 하는 커다란 전기를 이룩하였음은 두말할 나위도 없는 일이었다. 유학자들에 의하여 〈주역〉에 사상성이 더해지고, 또한 〈주역〉이 크게 정비되기에 이른 것도 이러한 시대적 배경이 있었기 때문이다.

여러 학파의 활동 속에서 유교의 우위성이 마침내 굳어지기 시작하였다. 유교의 우위성은 그 도덕적인 정치사상과 예악(禮樂)의 문화주의가 평화로운 왕조의 통치체제를 지탱하는 데 무엇보다도 적합하였기 때문이다. 한제국의 건국으로부터 70년이 경과한 무제(武帝) 건원(建元) 5년이 되자, 유교는 드디어 한나라의 국교로 정립되었다. 한나라의 사상 통일이 유교로 이룩된 것이다. 조정에서는 대학(大學)을 세우고, 5경박사(五經博士) 제도를 설치하여 〈주역〉·〈시경〉·〈서경〉·〈예기〉·〈춘추〉 5경을 강론(講論)하게 하였다. 여러 학문 중에서도 유교를 반드시 이수해야만 높은 지위의 관원이 될 수 있다는 체제가 이때 비롯되었으며, 이와 같은 체제는 청조(淸朝)에 이르기까지 줄곧 중국사회를 지배하게 되었다.

이리하여 〈주역〉은 유교의 경전으로서 5경에 포함되기에 이르렀고, 따라서 그 지위도 확고부동해졌다. 사상성이 없다는 이유로 진시황의 분서(焚書)를 모면하였던 〈주역〉이 불과 얼마 안 되는 기간 사이에 이와 같이 파격적으로 중요시된 까닭은 무엇이겠는가? 그 까닭은 계사전(繫辭傳) 이하의 십익이 성립되는 과정에서 그 내용이 시대의 추향(趨向)에 적합한 사상성을 갖추어 나갔기 때문이다. 그러기에 〈주역〉이 경전으로서 그 지위를 확립하였다는 사실은, 〈주역〉이 단순한 점서(占書)이기에 앞서 사상을 펴는 책이요, 의리를 가르치는 책이라는 점이 공인되고 있었음을 뜻하는 것이었다.

2. 인간과 자연을 결부시킨 한역

한(漢)나라 당시의 역학(易學)은 흔히 한역(漢易)이라고 불리었을 뿐만 아니라, 복잡하고도 미묘한 주술적 서법(呪術的筮法)으로 유명하다. 예를 들면 한역에는 괘기설(卦氣說)과 분괘직일법(分卦直日法)이라는 것이 있다.

괘기설이란 감(坎 : ☵)・이(離 : ☲)・진(震 : ☳)・태(兌 : ☱)의 4괘가 갖는 24효를 1년의 24기(氣)와 결부시켜서 감괘의 초육(初六)은 동지(冬至), 구 2(九二)는 소한(小寒), 육 3(六三)은 대한(大寒), 육 4(六四)는 입춘(立春)이라는 식으로 안배한 것이며, 분괘직일법이란 감(坎)・이(離)・진(震)・태(兌)의 4괘를 제외한 나머지 60괘를 $365\frac{1}{4}$일에 맞추어, 한 괘마다 $6\frac{7}{80}$일을 배당하며, 이 6일에 각 괘의 6효를 결부시켜서 1년 중의 매일을 어느 괘의 어느 효의 날이라고 정하는 것이다. 이 두 가지 점서법은 이상의 분류를 전제로 삼는 점서에 의하여 천상(天象)과 인사(人事)의 필연적인 감응관계를 설명하려고 하였던 것이다.

그런가 하면 한역(漢易)에는 12소식괘(十二消息卦)라는 점서법도 있었다. 12소식괘의 형상은 음(陰)과 양(陽)이 서로 아래에서 위로 침식해 가는 순서를 따른 것이며, 각 괘가 각각의 달(月)을 지배하는 것이라고 생각하는 것은 먼젓번의 것과 마찬가지이다. 64괘 중에서 특히 이 12괘를 군주의 괘라 하여 존중하고 다른 52괘를 잡괘(雜卦)라 하여 신하에 해당하는 것으로 생각하였던 점이 특이하다.

한역이 이처럼 복잡한 점서법을 기초로 삼고 주술적 점치기를 널리 행하였던 일을 생각한다면, 의리의 책으로 공인받았다는 말뜻이

복(復) ☷☳ (11월)		임(臨) ☷☱ (12월)	
태(泰) ☷☰ (1월)		대장(大壯) ☳☰ (2월)	
쾌(夬) ☱☰ (3월)		건(乾) ☰☰ (4월)	
구(姤) ☰☴ (5월)		둔(遯) ☰☶ (6월)	
비(否) ☰☷ (7월)		관(觀) ☴☷ (8월)	
박(剝) ☶☷ (9월)		곤(坤) ☷☷ (10월)	

잘 이해되지 않을지도 모른다. 그러나 한역에 나타나는 이와 같은 주술적 점서법은 한때 대단한 힘을 가지고 성행되었던 것이 사실이다. 그것은 전한(前漢) 말기에 이르러 도저히 정통적이라고는 말할 수 없는 역학으로서 발생하였던 데 불과한 것이었다. 전한 당시에 이미 정통적인 것이 되지 못한다고 비판받았다는 사실은 매우 중요한 뜻을 지닌다. 이것이 비정통적 역학이라면 전한시대의 정통 역학이란 과연 어떠한 것이었는가?

3. 자연철학으로서의 음양사상

전한시대의 정통적 역학이 과연 어떠한 것이었는가를 정확하게 알려주는 자료는 유감스럽게도 보존되어 있지 않다. 하지만 당시의 정통적 역학이 계사전을 비롯한 십익(十翼)으로 알려진 사상(思想)의 연장선상에 있었음은 확실하다고 할 수 있다. 즉 정통적 역학은 전한 당시에 있었던 역(易)의 내용을 현실의 역사적 사태와 대응시키면서 사상적으로 해석하였을 것으로 추측된다. 그리고 정통적 역학이 가장 중요하게 여겼던 점은 역시 천인합일사상(天人合一思想)을 강조하는 것이었다고 믿어진다.

인간 세계의 질서를 우주자연계의 질서와 일치하는 것으로 간주하고, 거기서 규범을 삼으려고 하는 것이 바로 천인합일사상이다. 한나라 시대에는 이와 같은 천인 관계의 기능을 명백하게 규명하기 위하여 자연철학으로서 음양사상이 채택되었던 것이다. 즉 이 우주에는 음과 양이란 두 가지 기운이 충만해 있으며, 그것이 인간 세계의 구석구석에까지 퍼져서 급기야는 인간의 육체와 정신에까지 침투하고 있다. 그러므로 인간과 자연 사이에는 필연적인 감응관계가 존재한다고 주장하는 사상인 것이다.

한나라 때의 재상(宰相)은 실제적인 정무(政務)를 본다기보다는 오히려 음양을 갖추는 것이 일이었다고 할 수 있다. 음양의 부조화, 즉 자연계의 운행이 순조롭지 못하여 바람이 세차게 분다든가, 또는 일식(日蝕)이 일어난다든가 하는 일이 생겨나면, 그것은 바로 현실 정치가 옳지 못하기 때문이므로 마땅히 재상이 책임져야 한다고 여겼던 것이다. 시대적으로는 훨씬 뒤의 일이긴 하지만 선제(宣帝) 때의 재상 병길(丙吉)은 저자(市場)를 시찰하면서 군중이 싸움질하는 것을 보고도 못 본 체하고 지나쳤다.

그런데 그는 황소가 헐떡이는 것만은 그냥 지나치려고 하지 않았다. 그 까닭은 사사로운 싸움질은 저자를 다스리는 관원의 책임이지만, 과히 덥지도 않은데 황소가 헐떡인다 함은 바로 음양의 기(氣)가 헝클어져 있는 증거로서, 이것이야말로 재상 자신의 직접적인 책임이라고 생각하였기 때문이다. 이와 같은 것이 비록 하나의 애기에 지나지 않는다 하더라도 한나라 당시의 시대적 분위기를 파악하는 데는 큰 도움을 준다.

4. 동중서의 사고방식

한 무제(漢武帝) 때 국교(國敎)로서의 지위를 굳히게 되었던 유학은, 대체적으로 전국시대(戰國時代)의 제(齊)나라 북쪽(지금의 산동성 일대)의 전통을 이어받은 제학파(齊學派)의 것으로, 그 중심은 춘추공양전(春秋公羊傳)이라고 하는 〈좌씨전(左氏傳)〉과는 다른 서적을 받드는 학파였다. 제나라 지방은 공자가 태어났던 노나라와 함께 본래부터 유학이 성행하였던 지방이지만, 제나라의 유학은 지방적인 기풍을 따라서 여러 학파의 학문을 절충한 현실적인 학풍을 지닌 한편, 신비적인 경향을 띠고 있기도 하였다.

여기서 생겨난 공양학파(公羊學派)에서는, 공자가 〈춘추(春秋)〉를 만든 뜻은 바야흐로 닥칠 대통일의 세계를 맞이하려는 데 있고, 이 세계야말로 천명(天命)을 받은 현재의 한왕조(漢王朝)가 이룩한 세계라고 설파하였던 것이다. 이것은 바로 현실에 대한 영합인 동시에 하늘의 뜻을 배경으로 삼는 신비주의적인 예언의 성격을 띠는 것이기도 하였다. 하나의 학파가 신봉하는 사상이 국가적 정치이념으로 등장하게 되면 여러 가지로 불순한 일도 일어나게 마련인 것이다.

유교의 국교화(國敎化)를 추진하였던 중심인물은 동중서(董仲舒)라는 공양학파의 학자였다. 역사는 동중서를 가리켜 '처음으로 음양사상을 도입하여 유학자의 중심이 된 인물'로 기록하고 있다. 사실 동중서는 말하기를, "하늘과 사람과의 감응관계는 매우 두려운 것이다."고 하면서 인간 세계의 여러 가지 일과 자연현상과의 밀접하고 불가분리한 관계를 강조하였다. 천변지이(天變地異)라는 자연의 이변은 결국 그 모두가 인간세계에서 일어나는 일에 대응하여 생겨난다는 사고방식이다.

이리하여 동중서는 또 말하기를, "성인(聖人)은 하늘을 모범으로 삼아서 사람의 도를 세우셨다."고 하였으며, 또 "〈춘추〉라는 경전은 과거의 사실을 기록한 역사서이면서도 기실은 하늘과 사람과의 관계를 밝힘으로써 장차 다가오려는 세계의 기초를 다지고 있는 것이다."고 역설하였다. 결국 동중서가 지향하였던 바는 하늘을 중심으로 하는 도의적 질서의 확립이었으며, 그것을 한(漢)나라의 왕권 확립과 곁들여서 현실화하려고 하였던 것이다.

5. 공인된 사상서

〈주역〉의 경전화(經典化)가 이러한 공양학파의 움직임과 아무런 관련도 맺지 않았을 까닭이 없다. 한나라 초기의 문예부흥기에 즈음하여 〈주역〉을 전파하였던 학자도 역시 제나라 출신들이었다.

성인(聖人)이 하늘을 모범으로 삼아서 〈주역〉을 만들었다는 점은 계사전에서도 강조되고 있다. 천인합일사상(天人合一思想)은 이미 거기서 밝혀졌던 것이다. 그리하여 〈주역〉이야말로 과거를 구명(究明)하여 장래를 개척하는 기초라고 여겨지게 되었다. 바로 미래를 예지하는 〈주역〉의 신비스러운 작용을 말하고 있는 것이다. 만물이 생겨나는 변화와 그 변화하는 과정을 통하여 변화하지 않는 것, 즉 불변의 법칙성을 강조하는 사상이면서 또한 음양의 대립과 그 대립을 통일짓는 태극을 강조하는 사상인 〈주역〉은, 새로운 중앙집권체제를 목마르게 구하는 한왕조의 지배자들에게 적시 적절한 이론적 근거를 제공하는 것이었다.

〈주역〉이 점서서로서 본래부터 갖추고 있던 신비스러운 성격은 한나라의 왕권을 수식하는 것으로 여겨져 가일층 조장되었다. 그리하여 〈주역〉의 음양사상이 자연철학으로서의 음양관에 어울리는 것이라고 하여 중요시되기에 이르렀던 것이다.

유교의 경전이 된 〈주역〉은 경전이 되었다고 하여 점서서로서의 기능이 정지되었던 것은 결코 아니다. 그러나 〈주역〉의 표면에 보다 강하게 나타나기 시작한 것은 한왕조의 정치체제와 결탁하기에 이른 〈주역〉의 사상성(의리를 강조하는 서적이라는 성격)이었다. 〈주역〉이 경전으로서의 지위를 확립하였다는 사실은 바로 그 사상성이 공인되었음을 뜻하는 것이 아니고 무엇이겠는가?

6. 역에 능하면 점치지 않는다

물론 〈주역〉이 의리의 책이라는 성격은 갑자기 이루어진 것이 아니다. 그 성격은 〈주역〉의 괘사나 효사가 점서(占筮)와는 아무런 관련도 없이 교훈으로 또는 격언으로 인용되면서 비롯되었다. 이미 〈논어〉의 자로편(子路篇)에서 공자는 말하기를, "그 덕을 행함에 함구성이 있지 않으면 언제나 부끄러움을 당한다."고 하며, "그런 사람은 점칠 필요도 없다."고 설명하였다. 이것이 바로 공자 시대의 것인지, 또는 그 당시부터 지금처럼 〈주역〉의 말로서 인정받고 있었는지에 대해서는 다소 의문시되지만, 점칠 필요도 없다는 공자의 평은 매우 중요한 뜻을 지닌다. 아무튼 〈주역〉의 말을 존중하고 자주 인용하며, 그것을 자기 주장의 도움말로 삼는 일은 전국시대 말부터 차차 성행하기에 이르렀다.

초(楚)나라의 공자(公子) 춘신군(春申君)이 진(秦)나라에 갔을 때 동방의 여섯 나라에 대하여 그칠 새 없이 침략하는 진나라의 소왕(昭王)을 간하면서 '이러시면 시작은 좋습니다만, 마지막에는 제후들의 원망을 사서 좋지 않으실 것'이라는 취지를 미제(未濟)의 괘사(卦辭)를 인용하여 자기 말의 근거로 삼고 있다〈戰國策·秦策 4〉.

또한 전국시대의 유세가(遊說家) 채택(蔡澤)은 진(秦)나라의 재상 응후(應侯)에게 은퇴하기를 권하면서 '항용(亢龍)에게는 뉘우침이 있다.'는 건(乾)의 괘효사를 인용하기도 하였다〈史記·蔡澤傳〉.

어찌되었건 이 두 가지 사례는 〈주역〉의 경문(經文)이 점서(占筮)와는 별도로 격언이나 교훈으로 상용되어 '말'로서 존중받는다는 증거가 아니겠는가? 더구나 춘신군의 말에서는 〈시경〉의 구절과 나란히, 그리고 채택의 말에서는 〈논어〉의 글귀와 나란히 인용되었던 것이다. 또한 〈순자〉의 대략편(大略篇)에는 "능히 역(易)을 다스리는 자는 점치지 않는다(뛰어난 역학자는 점치지 않는다.)."는 대담한 구절이 있다. 이 말은 바로 점서를 부정하는 것이다. 또한 같은 대략편 속에는 앞의 구절을 뒷받침하듯 함괘(咸卦)의 뜻을 풀이한 다음과 같은 말이 실려 있다.

"역의 함괘는 부부의 도를 나타내고 있다. 부부의 길은 마땅히 바로잡아져야 한다. 이것이야말로 군신과 부자 관계의 근본인 것이다. 함이란 감(感)이다. 이 괘의 형상은 높은[高] 것이 낮은[低] 것의 밑에 있고, 남자가 여자 밑에 있으며, 유(柔)가 위이고 강(剛)이 아래이다. 그러므로 떨어지지 않고 붙어서 서로 감응하는 것이다."

이와 비슷한 말은 〈주역〉의 서괘전(序卦傳)과 단전(彖傳)에도 보이지만, 앞의 말은 서괘전과 단전의 말을 단순하게 합성한 것이라고는 생각되지 않는다. '역의 함괘는 부부의 도를 나타낸다.'는 서두는 틀림없이 함괘에 관하여 도덕적인 해석을 제시하려는 자의 발언이라고 할 수 있다. 점치지 않는 역학자는 〈주역〉 괘효의 형상을 보고, 문구(文句)를 읽음으로써 인생의 깊은 뜻을 생각하였던 것이다.

7. 괘·효사는 사색의 대상

여기에 관하여 계사전에 말하기를, "군자가 평생토록 의지해야 하는 것은 역괘의 상징적인 뜻이요, 즐기며 완상(玩賞)해야 하는 것은 바로 효사의 말이다. 그러므로 군자는 아무 일도 없는 평상시에는 괘의 뜻을 생각하고 그 말을 음미하며, 일이 생겼을 때는 역의 변화를 찾아내어 점의 결과를 깊이 생각하는 것이다."고 하였다.

즉 〈주역〉은 비록 점서서이기는 하지만 점은 비상시에 한하여 행하는 것으로서, 평상시에는 역의 괘상과 효사에 의하여 사색해야만 한다는 것이다. 또한 계사전과 문언전에는 건(乾)·곤(坤)을 비롯한 몇 개의 괘에 관한 특수한 해설이 나타나 있다. 문언전 건괘의 일부를 예로 들어보자.

初九=잠룡(潛龍), 쓰임이 없다 함은 도대체 어떠한 뜻인가? 공자는 말씀하셨다. 용의 덕이 있으면서도 숨어 사는 사람의 일이다. 속세에 유혹되지 않고 명성을 얻고자 하지 않으며, 속세를 피하되 괴로워함이 없고, 비록 인정받지 못한다 하더라도 마음에 두지 않는다. 즐거운 일이라고 생각되면 자기 스스로도 행하며, 걱정스러운 일이라고 생각되면 자기는 그만둔다. 확고부동하여 움직일 수 없음이 바로 잠룡이니라.

　上九=항용(亢龍)에게는 뉘우침이 있으리라 함은 도대체 어떠한 뜻인가? 공자는 말씀하셨다. 존귀하지만 벼슬은 없으며, 높기는 하나 백성이 따르지 않는다. 현인(賢人)이 아랫자리에 있기는 하나 도우려고 하지 않는다. 그러기에 행동하면 뉘우침이 있으리라.

　건괘의 초구(初九)에서 상구(上九)까지의 여섯 자리를 사람의 계층으로 간주하고 각각 도덕적인 실천 방법을 결부시켰던 것이다. 그것은 마치 〈순자〉에서 함괘(咸卦)를 설명하고 있는 바와 같다. 점서를 떠나서 괘효사의 말 자체를 사색의 대상으로 삼고 즐기는 모습이 여기에 역력히 드러나 보이지 않는가? 바로 여기서 한걸음 더 앞으로 나아가게 하면, 완전히 점서 기술을 떠나 더욱 합리적으로 의문을 해결하는 길도 열리게 마련이다.

　가령 자기의 행동을 결정하고자 하는 자는 서죽을 잡으려 하지 않고, 무엇보다도 먼저 자기의 당면문제에 관하여 심사숙고한다. 그리하여 그 문제가 64괘의 어느 괘에 해당되는가를 골라낸다. 다음에는 자기가 처해 있는 현재의 지위가 6효의 어느 자리(초효는 미출사(未出士), 2효는 사(士), 3효는 대부(大夫), 4효는 삼공(三公)·제후, 5효는 천자, 상효는 재야(在野)의 현인)의 어느 것에 해당하는가를 생각한다.

　이와 같은 절차를 밟아서 해당하는 괘효사에 관하여 판단하게 되는 것인데, 매우 합리적인 점이라고 말할 수 있다. 그러나 이것은 점친다고 할 수조차 없는 일이다. 이 방법은 하나의 문제에 관하여 〈주역〉의 말을 통해서 교훈이나 지침을 구하는 것이라고 함이 오히려 마땅한 표현이라고 할 수 있다. 이와 같은 〈주역〉의 이용 방법은 경전으로서의 〈주역〉의 성격을 조장하는 방법이었던 것이다.

8. 왕필 시대의 〈주역〉

유학의 경전 중 하나가 된 〈주역〉은, 그후 의리의 역서(易書)로서 사상적으로 깊은 사색과 탐구의 대상이 되었거니와, 〈주역〉을 깊이 사색하여 사상서로서의 무게를 더하게 하는 데 크게 공헌한 학자는 위(魏)나라의 왕필(王弼)과 북송(北宋)의 정이천(程伊川)이었다. 왕필의 경우는 〈노자(老子)〉와 〈장자(莊子)〉의 사상적 영향을 받아들여서 〈주역〉을 심화하였고, 정이천은 불교의 화엄철학(華嚴哲學)에 의거하는 바가 컸다. 우선 왕필의 사람됨과 아울러 위(魏)·진(晋)나라 시대의 일반적 사조(思潮)와의 관계를 고찰함으로써 당시의 역학이 어떠하였는가를 살펴보기로 한다.

왕필은 서기 226년에 태어나서 249년에 23세라는 약관의 나이로 사망한 명문 출신의 귀공자로서 사상적인 천재라 불리는 데 조금도 손색이 없는 인물이었다. 겨우 23년에 지나지 않는 짧은 생애에 〈주역〉과 〈노자〉에 뛰어난 주석을 저술한 이외에도 몇 가지 저작(著作)을 남기니, 이후의 사상계에 크나큰 영향을 미쳤다. 이 젊은이를 대하였던 당시의 지식인들은 누구를 막론하고 총명함에 감탄해 마지 않았다고 한다.

왕필의 시대란 바로 〈삼국지(三國志)〉로 이름난 위(魏)나라의 조조(曹操)가 활약하던 시대였다. 조조의 아들 조비(曹丕)가 후한(後漢)을 멸하고 위나라 왕조를 세웠으나, 위왕조는 겨우 40년 남짓 존재하였을 뿐이며, 위나라 재상이던 사마씨(司馬氏)에게 또다시 멸망당하고 서진(西晋)시대로 접어들게 된다. 당연한 일이라고도 할 수 있겠으나, 사나이다운 무대가 사라지고, 정치사회에는 음침한 모략과 중상 등이 판치게 되었으니, 위험하고도 불쾌하기 그지없는 시대로 전락한 것이었다. 왕필은 40여 년 간 계속된 위왕조 시대의 전반기에 살았다. 전반기에만 살았다는 사실은 후반기까지 산 것보다 오히려 행복된 삶이었다고 할 수 있을지도 모른다.

이른바 죽림(竹林)의 칠현(七賢)으로 유명한 완적(阮籍)이나 혜강(嵇康)도 왕필과 같은 시대의 사람들이었지만, 그들이 아무런 고통이나 괴로움 없이 죽림에서 속세를 떠나 청담(淸談)이나 즐기며 유유자적하고 있었던 것은 결코 아니었다. 죽림 칠현의 깨끗하고 맑은 마음은 이미 깊은 상처를 받은 후였으며, 몸에 닥치려는 위험을 피하는 방어책과 아울러 저항정신을 깊숙이 간직하고 있었다. 사실 혜강은 후일 잡혀서 40세의 나이로 옥사(獄死)하였던 것이다.

비록 혼란한 시대이기는 하였으나 성인 공자를 숭상하는 유교 중심의 사상적 기반은 아직도 뿌리깊은 바 있었다. 그러나 한(漢)나라의 멸망에 이르기까지 국교(國敎)로서 강제적인 속박력을 지니게 되었던 그 형식적인 도덕성은 이미 빛을 잃은 지 오래였다. 그리하여 그 궁색스러운 속박으로부터의 해방을 갈망하던 사람들은 바로 노장사상(老莊思想)의 자유로움을 그리워하였다.

노장의 사상은 살기 어려운 현실 정치사회의 존재방식에 대한 일종의 반항으로 아주 널리 퍼지기에 이르렀던 것이다. 이러한 세태 속에서 유교의 경전 중에 가장 존중되었던 것은, 가장 사상적으로 심오하다고 여겨진 〈주역〉이었다. 이때는 〈노자〉와 아울러 역노(易老)라든가 노역(老易)이라는 〈주역〉의 호칭이 널리 퍼졌고, 또한 〈장자〉를 포함하는 세 가지 책을 3현(三玄 : 세 가지 뜻깊은 철학(哲學))이라고 부르며 각별하게 존숭하는 일까지 일어났다. 왕필은 바로 이와 같은 풍조의 첨단에 섰던 사람이다. 왕필이 살았던 시대의 조류와 〈주역〉에 대한 세인의 생각은 대략 이상과 같다. 그럼 왕필의 역학이란 과연 어떠한 것이었는가?

9. 〈주역〉의 본질 파악

왕필의 〈주역〉을 한나라의 〈주역〉과 비교하여 찬탄한 말 가운데 "흐리고 괴었던 물이 없어지고, 마침내 얼음처럼 차고 맑은 물줄기가 열렸다."고 하는 적절한 표현이 있다. 한나라의 〈주역〉은 앞서 그 일부를 예시하였던 바와 같이 괘기설(卦氣說)이라든가 육일칠분설(六日七分說)이라든가 하며, 그밖의 여러 가지로 번거로운 원칙을 세워서 자연현상과 인간과의 밀접한 관계만을 강조하는 주술적 점으로서 성행하였다. 본래 〈주역〉이 경전이 된 것은 당시에 성행되던 천인합일사상(天人合一思想)에 잘 적응하였기 때문이었다.

그러나 그후 한대(漢代)의 역학은 그 방향에서의 사상적 깊이를 보이지 못하고, 오히려 번거롭고 까다로운 점서기술을 조장함으로써 신비스러운 분위기 속에서 천인합일만을 강조한 데 지나지 않았다. 꼬리를 물고 잇달아 안출(案出)되는 여러 가지 점서법(占筮法)은 마침내 망측스럽고 해괴할 뿐만 아니라, 원칙성이 결여되다시피 한 방법이 강구되더니 끝내 민간의 주술과 별다른 차이점이 없는 것으로 타락하고 말았다. 왕필은 바로 그렇듯 타락해 버린 것을 깨끗이 쓸어 버렸던 것이다. 까다롭고 번거로운 점서기술을 말끔히 버리고, 순수한 사상서로서의 깊은 뜻을 밝혔던 것이다. 참으로 흐린 물을 변화시켜서 깨끗하고 맑게 하는 어려움을 왕필은 수행하였던 셈이다.

10. 득의망상(得意亡象)

왕필에게 있어서 역서(易書)는 무한한 진리를 내포하는 철학서였다. 그러므로 말하기를, "64괘의 각 괘는 때(時)이다."고 하였다. '때라 함은 때와 경우'라고 하듯 일정한 상황을 가리키는 말로서, 예컨대 예괘(豫卦)의 단전(彖傳)에 말하기를, "예(豫)의 때와 뜻은 크도다."는 것과 같은 말이다. 말하자면 하나하나의 괘는 사물이 만나고 또한 부딪치며 겪게 되는 일정한 상황을 가리키고 있다고 여기는 것이다. 더구나 그 일정한 상황이라는 것도 결코 고정되어 있는 것은 아니다. 또한 같은 때(時) 속에서도 또다시 여러 가지 변화가 일어날 수 있다. 그것이 괘 모양을 구성하는 효에 의하여 표시되어 있다는 것이 왕필의 주장이다.

효는 '변(變)'이라고 한 것은 계사전에 나오는 구절이기도 하다. 그러기에 괘효의 모양은 그와 같은 구체적인 상황을 기반으로 하여 만들어져 있기는 하지만, 무엇보다 중요한 것은 그 상징이 뜻하는 근본이며 진리인 것이다. 〈주역〉을 배우는 사람이면 마땅히 그 진리를 파악해야 하며, 부질없이 경문(經文)이나 괘의 모양에 구애를 받아서는 안 된다고 왕필은 말하였던 것이다.

"무릇 괘의 상은 뜻을 나타내는 것이며, 괘효사의 말은 상을 설명한 것이다. 그러므로 뜻을 밝히려면 상을 따름이 그 첫째요, 상을 밝힘에 있어서는 말을 따름이 그 첫째이므로, 말에 따라 상을 생각하고, 상에 따라 그 뜻을 생각해야 한다. 따라서 말은 상을 밝히기 위한 수단이므로 상을 알았으면 말을 잊을 것이며, 상은 뜻을 밝히기 위한 수단이므로 뜻이 밝혀졌으면 상은 버린다. 마치 토끼를 잡기 위한 덫이나, 물고기를 잡기 위한 어살이 토끼나 물고기를 잡고 나면 잊혀지는 것과 같다. 결국 말은 상을 잡기 위한 덫이요, 상은 그 뜻을 잡기 위한 어살에 지나지 않는다."

여기서 뜻이라 함은 〈주역〉의 근본 진리를 가리킨다. 그리고 득의망상(得意忘象), 즉 진리를 파악하였으면 괘상은 버린다는 것이 왕필의 주장에서 중심을 이루고 있었던 것이다. 괘상을 위주로 하여 〈주역〉을 해석함을 상수학(象數學)이라고 하며, 한역(漢易)은 바로 그 대표적이다. 괘상을 버리고 잊으라는 것은 물론 한역에 대한 반대를 나타낸 것이었다. 왕필의 생각으로는 그러한 것이야말로 말초적인 형식에 사로잡혀서 진실을 보지 못하고 있는 것이라고 여겼기 때문이었다.

11. 만상의 근원은 무이다

이와 같은 주장은 현상의 깊숙한 곳에서 진리를 찾으려는 왕필의 철학적 견지와 깊은 연관성을 가지고 있다. 득의망상은 원래 〈장자〉에 그 근본을 둔 말이다. 왕필은 〈장자〉에서 많은 것을 배웠다.

진리란 사람의 눈으로 볼 수 있는 잡다한 현상의 깊숙한 곳에 있는 유일하고 절대적인 것으로, 그것이 바로 이와 같은 현상의 세계를 지탱하고 있는 것이다. 그것은 과연 무엇인가? 바로 무(無)라고 왕필은 생각하였다.

복괘(復卦)의 괘사, '복(復)은 바로 하늘[天]과 땅[地]의 마음을 보는 것인가'를 해석하며 왕필은 말하기를, "복(復)이란 근본으로 되돌아가는 것이다. 하늘과 땅의 마음은 근본에 있다. 무릇 움직임[動]이 멈추면 정(靜)이 되지만, 참된 정은 동에 대립하는 것이 아니다. 말을 멈추면 침묵이 되지만 참된 묵(默)은 어(語)에 대립하는 것이 아니다. 그리고 보면 천지는 넓고 크며, 거기에 만물이 갖추어지면 번개가 움직이고 바람이 일고 하여, 자연의 변화는 가지가지로 이루어지지만, 고요하고 아늑하며 조용한, 아무것도 없는 경지야말로 그 변화의 근본인 것이다. 만일 있음[有]을 마음[心]으로 삼고 있는 것이라면, 하늘과 땅은 도저히 이와 같은 여러 가지의 것을 함께 가질 수 없을 것이다."고 하였다.

여기서 왕필은 동과 정, 어와 묵의 대립을 초월한 궁극적인 무(無)의 경지를 강조하였던 것이다. 그러한 무에 의해서만 만물은 존재하며, 또한 그 뜻을 지니는 것이라고 하였다. 이러한 왕필의 사고와 깊은 관련성이 있는 것이 왕필의 〈노자 주해〉에 나오는 다음과 같은 글이다.

하늘과 땅은 넓고 크지만, 그 마음[心]은 무(無)이다. ……그러기에 나날이 복귀하여 깊이 생각하노라면, 하늘과 땅의 마음도 뚜렷해지리라. ……사심(私心)을 없애고 몸을 없애면 세계는 잘 다스려져 먼 곳에서도 따르고 찾아오지만, 자기를 앞세우고 편견을 품게 되면 스스로의 몸 하나도 옳게 지켜 나갈 수 없다. ……만물은 귀중한 것이기는 하나, 무에 의하여 비로소 일을 이루므로, 무를 외면하면 형상조차 잡을 수 없는 것이다.

무의 강조가 복(復)이나 복귀(復歸)라는 것과 연결지어져 설명되고 있음은 주목할 만한 일이다. 복은 〈주역〉의 괘명이다. 복귀는 〈노자〉의 말이다. 또한 그 뜻도 원래 〈주역〉과 〈노자〉에서는 각각 다른 것이었다. 복괘의 경문에서는 반복이나 내복(來復)으로 불리며, 그것은 되풀이하여 다시 발흥한다는 뜻을 지닌다.

겨울이 지나가고 마침내 봄이 다시 돌아오는 것을 일양래복(一陽來復)이라고 하는데, 복괘의 형상(☷)은 바로 그것을 나타내고 있다. 음(陰)만 있는 곳에 하나의 양(陽)이 밑에서부터 일어나 침색해 오는 모양이다. 그러나 왕필의 주(註)는 그것을 무시한 채 〈노자〉식으로 해석하고 말았다. 만물의 근본인 무의 경지로 되돌아간다는 것은 노자의 영향을 받은 왕필의 독자적인 해석이었다.

되돌아간다는 일은 〈노자〉의 주(註)에서 설명되고 있는 바와 같이, 사심(私心)을 없애고 몸을 없애는 일이다. 일상생활에 쫓겨서 상대적인 현상의 세계에 사로잡혀 있는 눈을 돌려, 주관적인 아집을 떠나서 객관적인 세계와 일체가 되고자 하는 노력인 것이다. 여기서 비로소 무의 세계가 열리는 것이라고 하였다.

이 현상세계의 모습은 가지가지의 변화와 차별을 지니고 있다. 그것은 헛된 것이라든지 또는 거짓이라는 것은 아니지만 그것들이 그처럼 되어 있는 것은 밑바닥을 꿰뚫고 있는 보편적인 무에 의해서이다.

그러므로 현상의 여러 가지 나타남에 사로잡히지 않는 입장에서 주체적인 존재를 성취하기 위해서는 이러한 무의 경지로 되돌아갈 필요가 있다. 현상의 깊숙한 곳에 가라앉은 무의 심연에 이르러 그곳에서부터 현상의 참된 뜻을 통찰하는 것이다. 이것이 바로 왕필의 실천적인 관심사였던 것이다.

12. 무의 사상적 완성

무(無)의 사상은 원래 〈노자〉에서 비롯되었다. 무란 역시 유(有)라는 존재의 밑바탕에 있어서 존재를 성취시키지만, 그 뜻은 무가 유를 싸고 우위에 서려고 한다는 논리였던 것이다. 예컨대 '특별한 일을 일부러 하는 일 없이 모든 일을 이룬다.'든가 '사사로움이 없음으로써 사(私)를 이루어낼 수 있다.'든가 하는 것은, 무위나 무사(無私)가 단순한 무가 아니라 크게 이룩하여 사(私)를 서게 하는 유, 즉 존재의 입장을 포섭하고 있음을 나타낸다. 그만큼 현실의 존재에서 떠나지 않는 무의 사상이라고 할 수 있다. 무위·무사·무지(無知)·무욕(無欲) 따위의 말은 많아도 무 자체에 대한 사색이 흔하지 않음은 바로 그 때문이었다.

〈노자〉에는 형이상학을 향한 새싹은 있어도 사색은 아직 깊이를 보이지 못하고 있다. 그러나 왕필에 이르면 무의 초월성이 뚜렷해진다. 결국 무의 존재성이 말끔히 씻겨져 없어지고 있는 것이다.

앞서의 동·정(動靜)과 어·묵(語默)의 대립을 넘어선 참된 정과 침묵을 풀이한 대목에서도 그 일은 뚜렷이 나타나 있다. 적연지무

(寂然至無)가 이미 대립세계 속의 무가 아님을 나타내고 있는 것이다. 마침내 〈노자〉에서 최고의 궁극적 개념이라던 도(道)조차도 그것이 도로서의 존재를 이룩할 수 있음은 역시 무에 의거하기 때문이라고 설명된다.

만물은 만형(萬形)이지만, 그 중심은 하나(一)이다. 무엇에 의하여 하나가 되느냐 하면 바로 무에 의해서이다. 도(道)는 무형·무명으로써 만물을 형성할 수 있는 것이다. 무릇 칭호나 이름이 있는 것은 최고의 것이 아니다. 도란 이름 있는 것 가운데서도 중요한 것이기는 하나 이름 없는 것의 중요함에는 미치지 못한다.

〈노자〉 주(註)에서 볼 수 있는 이 구절은 〈노자〉에서 도의 속성으로 여겨졌던 무는 마침내 역전되었음이 뚜렷해진다. 왕필에게 있어서 무의 개념은 가장 중요한 기본개념으로서, 그 철학의 한가운데를 차지하고 있을 뿐만 아니라, 그 무는 존재성을 말끔히 씻어버린 형이상학적인 형식개념에 가까워져 있다. 다시 말해서 노장적(老莊的)인 무의 사상은 왕필에 이르러 마침내 완성되었던 것이다.

13. 〈주역〉에 미친 왕필의 공적

왕필의 역주(易註)는 무의 철학을 기반으로 삼으면서 〈노자〉식의 처세철학을 풀이하고 있다. 부드러우면서도 연약하고, 스스로를 낮추는 태도를 옳은 것으로 여기며, 자연의 흐름에 거스르지 않고, 윗자리에 있어도 교만하지 않으며, 아랫자리에 있어도 걱정하지 않고, 내 몸을 삼가며 나아간다는 처세법이 바로 그것이다. 이제 〈주역〉은 왕필의 주(註)를 얻어서 경전인 동시에 교훈서로서의 구실까지 하게 되었다. 후세에 가서 왕필의 역주를 비난하는 사람들은 유교의 경전을 〈노자〉의 사상으로 해석하였다는 점을 책망하고 있다.

복괘(復卦)의 해석에서 밝혀진 바와 같이 왕필이 〈노자〉의 사상으로 〈주역〉을 해석한 것은 사실이다. 그러나 〈주역〉과 〈노자〉를 아울러 존숭하였던 것이 바로 당시의 추세이기도 하였으니, 이것을 사상적으로 파헤쳐 내려가 철학서로서의 면목을 뚜렷이 하였음은 바로 왕필의 공적이 아니고 무엇인가?

왕필의 소년시절에 이미 그의 비범함을 알았던 배휘(裵徽)라는 한 고관(高官)은 묻기를, "참으로 무는 만물의 기반이라 하거니와, 성인 공자는 전혀 그것에 관하여 풀이하지 않았거늘 노자(老子)가 자주 풀이한 까닭이 무엇이겠는가?" 하니, 왕필이 대답하기를, "성인께서는 완전무결하게 무와 한몸이 되어 계십니다. 더구나 무란 가르칠 수 없는 것이기 때문에 풀이하려고 하지 않으셨습니다. 그러나 노자는 유(有)의 입장에 서 있었기 때문에 그가 미치지 못하였던 무를 항상 풀이하려고 하였던 것입니다."고 하였다.

왕필의 대답을 듣고 배휘는 감탄해 마지않았다. 노자보다도 공자를 한층 높여 보기는 하지만, 실질적인 사상 내용에 있어서는 오히려 노자를 존중한다는 시대적 경향을 매우 적절하게 표현하였기 때문이었다.

왕필의 역주의 입장 또한 이로써 밝혀졌으리라. 그것은 성인 공자의 경전을 경전으로서 존중하면서도, 그 내용을 〈노자〉식으로 심화하여 사상서로서 해석하려는 것이었다.

14. 현상을 지탱하는 이(理)의 세계

왕필이 사망한 지 700년이 지난 후에야 비로소 북송(北宋)의 조정(朝廷)이 중원을 다시 호령하게 되었다. 위(魏)·진(晋)·남북조(南北朝)라는 분열시대가 있었고, 수(隋)·당(唐)이라는 통일시대를 거쳐서 또다시 5대(五代)라는 전란(戰亂)의 시대를 지냄으로써 바야흐로 안정된 북송의 통일시대를 맞이하였다. 〈주역〉에 새로운 정수를 더하게 될 정이천은 북송 건국(建國)으로부터 100년이란 세월이 지난 다음의 사람으로, 북송 조정 전성기에 태어났다.

정이천은 서기 1033년에 출생하여 1107년에 사망하였으며, 그의 이름은 이(頤)라고 한다. 정이천은 형 명도〔明道 : 이름은 호(顥)〕와 더불어 주자학의 선구자이자 북송기의 대표적인 사상가로 꼽히지만, 형제의 성격은 전혀 달랐다고 한다.

형 명도는 일찍이 단 한 번도 화낸 일이 없을 만큼 마음이 너그럽고 온화한 성품을 지녔으나, 동생 이천은 엄하고 까다로운 성격의 소유자로서, 무슨 일이든 어물쩍하고 넘겨버리지 못하는 이지적(理智的)이며 꼼꼼한 사람이었다고 한다.

어느 때인가 과부의 개가(改嫁)가 허용될 수 있느냐는 물음에 대하여 누군가는 말하기를, "매우 가난하고 오갈 데 없으며, 이대로 나가면 굶어 죽는다."고 하였으나, 이천은 말하기를, "굶어 죽는다는 것이 뭐가 그리 대단한 일인가? 두 지아비를 섬기지 않는 법을 깨고 절개를 잃는 일이야말로 중대한 일이로다."고 하였음은 너무나도 유명한 일화이다.

이처럼 엄격한 윤리관은 물론 정이천의 학설과 깊은 연관성을 가지기도 하지만, 무엇보다도 그의 엄한 성품에서 우러나온 것이라고 할 수 있다.

정이천의 철학은 한마디로 이(理)의 철학이라고 일컬어진다. 훗날 주자에 의하여 대성되는 송대 철학을 이학(理學)이라고 일컫는 까닭은 '이'라는 개념을 그 철학의 중심개념으로 삼고 있기 때문이다. 이러한 '이'의 개념을 유학의 영역으로 도입한 사람은 정명도였지만, 이학으로서의 특색을 뚜렷하게 만든 사람은 동생 이천이었다.

이천은 만물의 생성이 음양의 기(氣)에 의하는 것이라고 생각하면서도, 그 물질적인 기 이외에도 그러한 현상의 배후에서 뜻을 부여하고 근거가 되는 '이'의 존재를 강조하였던 것이다. 〈주역〉의 계사전에는 '일음일양(一陰一陽)을 도라고 한다.'는 말이 있지만, 정이천은 이 말을 다음과 같이 해석하고 있다.

음양을 떠나서 도가 있는 것은 아니나 음양이 운행하는 그 근거(음이 되고 양이 되는 까닭)가 바로 도이며, 음양 그 자체는 기(氣)이다. 기는 형이하(形而下)에 속하며, 도는 형이상(形而上)에 속한다.

이 말을 글자 그대로 해석한다면, 음양이 운행하는 그 자체를 도(道)라고 새길 수 있다. 이천은 이를 일부러 부정하고 '음양하는 까닭'이라는 것을 생각해 냈던 것이다. 말하자면 음양(陰陽) 그 자체를 제외하고, 그것과는 차원을 달리하는 근거를 새로이 생각해 내어, 여기에 도를 결부시켰던 것이다.

여기서 말하는 도란 바로 이(理)와 같은 뜻을 지니고 있었다. 결국 정이천의 사고(思考)는 분석적이며 사변적(思辨的)이어서 이의 세계라는 것을 이와 같은 현상의 배후에 있는 형이상학적 세계로써 뚜렷하게 내세우고자 하였던 것이다.

음양하는 까닭이 바로 도라는 해석은 훗날 주자에 의하여 승계되어 주자학의 중요한 논리를 구성하기에 이른다. 그러나 주자학에 반대하는 학파에서는 '음양하는 까닭'에서 까닭이란 말의 증가를 매우 못마땅하게 여겼다.

후세의 논쟁을 살펴보면 이 일의 문제성이 분명해지리라. 이(理)를 중심으로 삼을 것인가 아니면 끝까지 부정할 것인가에 따라서 해석은 전혀 다른 것이 되고 만다. 정이천의 철학이 이의 철학이라고 불리는 까닭은 바로 여기에 있다.

15. 〈주역〉이 존숭된 시대

송대(宋代)의 유학(儒學)은 중국 사상사(思想史) 가운데에서도 가장 사변적(思辨的)이며, 그 까닭에 또한 가장 철학적이라고 할 수 있다. 본디 사변적인 경향은 유학보다는 오히려 노장(老莊)의 도가사상(道家思想)에 깊이 뿌리박혀 있었다. 따라서 왕필은 노장의 무(無)로써 〈주역〉을 해석하려고 하였던 것이다.

송나라가 새로이 나라를 세우고 크게 일어나자, 새로운 사상을 지니고 선봉에 나섰던 것은 사대부 또는 독서인 계급이라고 불리는 사람들이었다. 출신 신분에 구애받지 않고 유교의 교양을 이용하여 고위 관료로 입신할 것이라고 기대되는 사람들이었다.

당시 이들에게는 실력 여하에 따라서는 재상 자리에도 오를 수 있다는 밝은 전망이 있었으며, 그렇기 때문에 국가와 사회에 대한 책임감도 유례 없이 강하였던 것이다.

이른바 껍데기만 앙상하게 남고 사상적으로 무력하기 그지없는 상태에 빠져들었던 유학(儒學)의 재건작업이 이런 사람들에 의하여 기획, 추진되었음은 극히 자연스러운 추세라 하지 않을 수 없었다.

그리하여 이와 같은 움직임은 유학 본래의 도의성을 실천적으로 소생시키는 한편, 불교나 노장의 사변적 우주론이나 심성론(心性論)을 도입하여 기반을 더욱더 굳게 다짐으로써 유학의 재건이 이루어졌다.

그러나 유학도(儒學徒)로서 불교나 노장의 도를 버젓이 내놓고 배우기에는 뭔가 꺼림칙한 점이 많았다. 힘을 다하여 불교나 노장의 도를 공박하기도 하였으나 대부분의 사변적인 사상가들이 적지 않은 영향을 받고 있음은 부정할 수 없었다.

유학의 재건이 진행되는 과정에서 유교의 경전으로 가장 중요시되었던 것은 바로 〈주역〉이었다. 〈주역〉에서 찾을 수 있는 유교적인 도덕성과 천인합일(天人合一)이라는 범신론적 기반은 그들이 지향하는 바에 합치되었기 때문이다. 또한 왕필의 선례를 승계하여 사변적으로 깊은 사색을 더하기에도 알맞았다.

노장의 도학이나 불교에 대항하여, 이들에 못지않은 심오한 유학사상을 펴기 위하여 〈주역〉이 곧잘 이용되는 단계에 이르렀다. 〈주역〉의 사상이나 말을 인용하면서 우주론을 펴거나, 도의적인 실천론을 전개하거나 하는 일이 차차 성행하였다. 정이천의 〈역전(易傳)〉은 바로 이와 같은 시대적 사조(思潮) 속에서 탄생된 것이다.

16. 필생의 사업인 〈역전〉

비록 시대 조류가 그랬었다 하더라도 정이천이 지향하던 바는 단편적인 〈주역〉의 이용이 아니었다. 정이천의 목표는 왕필을 계승하여, 그것을 대체하는 〈주역〉의 종합적이고 체계적인 파악에 있었다. 왕필의 역주(易註)는 당나라의 '5경 정의(五經正義)'에도 채택된 바가 있어서 〈주역〉에 대한 다른 여러 가지 주석을 단연코 압도하는 커다란 영향력을 지녀왔다.

왕필의 역주는 〈주역〉을 점서(占筮)나 상수(象數)에서 해방시키고 의리의 서적으로서 그 지위를 확립시켰다는 점에서는 북송(北宋)의 사변적인 기풍과 완전히 일치하는 것이었다. 그러나 결정적으로 곤란을 느끼게 하는 점은 왕필의 역주가 너무나 노장적 영향을 드러냈다는 데 있었다.

정이천의 〈역전〉도 비록 왕필의 주(註)에서 많은 것을 배우기는 하였으나, 왕필이 주력하였던 노장적 무(無)의 입장을 못마땅하게 여겼던 것이다. 뿐만 아니라 〈역전〉은 정이천이 죽기 전 해까지 추고를 게을리하지 않았던 필생의 역작이었다.

〈역전〉이 거의 완성된 것은 정이천이 죽기 10년 전의 일이었다. 그러나 정이천은 〈역전〉을 곧 남에게 전하지 않았다. 〈역전〉의 초고(初稿)를 가까이 두고 틈나는 대로 개수(改修)를 거듭하여, 70세 이후에나 세상에 내놓으려고 마음먹었다.

70세가 지나자 정이천의 문인(門人)이 〈역전〉의 공포를 간청하였을 때 이천이 말하기를, "〈역전〉을 공포하지 않는 까닭은 내 기력이 아직도 쇠잔하지 않았기 때문이다. 조금이라도 더 좋은 것으로 만들고 싶어서 그러는 것이다."고 하였다.

이리하여 정이천은 그가 죽기 바로 전 해인 74세 때, 병상(病床)에서 비로소 〈역전〉을 그의 문인에게 전하였다고 한다. 정이천의 모든 정력이 이 한 권의 〈역전〉에 집결되었다고 해도 지나친 말은 아닐 것이다. 그러면 정이천의 해석이란 과연 어떠한 것이었는가?

17. 사상(事象)을 통한 이(理)의 파악

왕필의 경우와 마찬가지로 정이천 역시 상수(象數)를 중히 여기는 입장은 술자(術者)가 행하는 바로서, 유학자가 행할 것은 못 된다고 부정하였다. 〈주역〉의 근원은 이(理)에 있고 이(理)야말로 참으로 중요한 것이라는 게 정이천의 생각이었다. 그러므로 문인에게 말하기를, "이(理)가 있고 나중에 상(象)이 있으며, 상이 있은 다음에 수(數)가 있다. 역(易)은 상에 의하여 이를 밝히려는 것이다. 그러므로 상이나 수와 같은 말단에 사로잡혀서는 안 된다."고 하였다.

이것은 마치 왕필의 득의망상(得意亡象)과 같은 것이라고 하겠다. 왕필의 의(意)가 정이천에 이르러서 이(理)로 바뀌었다. 의가 이로 됨에 따라 사색은 가일층 심화되었고, 이의 뜻이 형이상학적으로 정밀하게 사고됨에 따라 이와 상과의 관계까지도 추구되기에 이른 것이다.

상(象)이란 〈주역〉 64괘의 형상이다. 물론 여기에는 384괘의 상태도 포함되어 있다. 정이천에게 있어서 그것은 이 현실세계의 모든 사상의 상징이었다. 세계의 상황은 그야말로 천변만태(千變萬態)하다고 하겠다. 그러나 이것을 정리하여 64괘로 대표하도록 한 것이 바로 역(易)이다. 더욱이 이 64가지 상태는 결코 조용히 멈춘 채 움직이지 않는 것이 아니다.

정이천은 왕필이 괘를 때[時]라고 파악하였던 바를 올바르게 계승하고 말하기를, "역이란 변역(變易)이다. 때에 따라 번역하여 중심의 도를 따르게 하는 것이다."고 하였다. 〈주역〉의 괘는 복잡한 사상(事象)의 변동에 대응하는 변화의 모습이다. 또한 그것을 통하여 밝혀지는 것이 중심을 의지하는 도인 것이다.

그리고 보면 〈주역〉의 상을 음미하고 괘효사를 되풀이하여 읽으며 그것을 현실적 경험에 비추어서 해석하는 일은, 바로 모든 사상(事象)의 바른 모습을 파악하는 일이 되리라. 정이천의 〈역전〉은 이와 같은 관점에서 〈주역〉의 말을 해석한 데 지나지 않는다. 그러므로 괘효사에 따라서 그 뜻을 파악하는 일은 각자의 노력에 의존할 수밖에 없다고 말한 것이다. 가장 중요한 것은 사(辭)나 상(象)을 통하여 파악되어야 할 그 뜻, 도(道)이며 이(理)라고 하였던 것이다.

18. 본체와 작용

사상(事象)은 현상(現象)으로서 표면에 나타난 것이니, 매우 뚜렷하다. 그러나 이(理)는 그러한 사상의 깊숙한 곳에 숨어 있는 것이니, 극히 미묘하여 파악하기가 어렵다. 지극히 희미한 것은 이(理)이며, 지극히 뚜렷한 것은 상(象), 즉 사(事)이다. 그러나 이 두 가지는 완전하게 개별적으로 떨어져 있는 것이 아니다. 이 두 가지 사이의 관계를 명백하게 설명한 것이 바로 이천 철학의 커다란 특색이라고 할 수 있다.

정이천은 이것을 가리켜 말하기를, "체(體)와 용(用)과 원(源)을 하나로 하고, 현(顯)과 미(微)에는 사이가 없다."고 하였다. 현이란 앞서 말한 대로 현저한 사상이며, 미란 미묘한 이(理)를 가리키고 있음은 두말할 나위도 없다. 체란 본체요, 용이란 작용을 뜻한다. 현상 속에 깊이 숨어서 현상에 뜻을 부여하는 근원의 실체란 물론 이(理)를 말한다.

그리하여 그 실체가 현상화한 움직임이야말로 사상인 것이다. 정이천은 이(理)와 사상을 본체와 작용과의 관계로 파악하였던 것이다. 그러므로 이 두 가지는 그 근원이 동일하다. 또한 둘은 아무런 간격도 없이 꼭 맞아서 합치하고 있는 것이다. '사리일치(事理一致)·미현일원(微顯一源)'이라는 말도 같은 뜻으로 쓰여졌다. 따라서 사상을 떠나서 이(理)가 있을 수 없으며, 이(理)를 떠난 사상도 없는 것이다.

그러나 이(理)가 근원적인 실체로서 유일하며 절대적인 것인 데 반하여 사상은 갖가지로 천차만별을 이루고 있다. 사와 이가 일치한다고 하지만 유일한 존재인 이가 어떻게 잡다한 현상과 일치할 수 있는가가 바로 문제의 초점이다. 정이천은 이(理)는 하나이지만 갖가지로 나누어진다고 설명하였다.

말하자면 하나의 이가 나누어져서 천차만별한 현상 속에 깃든다는 것이다. 그러나 아직도 문제가 되는 것은 그 나누어지는 방법이다. 유일한 이가 어떻게 나누어지는 것인가? 또한 나누어져서 생긴 이와 본래의 이와의 관계는 어떠한가? 만일 부분과 전체라는 식으로 생각한다면 결국 이도 잡다한 것이 되고 마는 게 아닌가?

19. 하나의 달도 갖가지로 보인다

정이천의 논리는 여기에 이르러 하나의 비유로 전환된다. 그것은 달에 관한 비유이다. 맑게 갠 밤하늘에 빛나는 달은 물론 하나밖에 없는 것이지만, 지상의 온갖 것을 비춘다. 망망한 대해에 떠다니는 달, 급류에 갈가리 찢기는 달, 수반(水盤)에 고요히 머무르는 달, 술잔에 떨어진 작은 달……. 달은 하나이지만 달이 비치는 모습은 가지가지이다. 이(理)의 나타남이 또한 달의 비침과 같다는 것이다.

그러고 보면 사와 이의 관계는 전체와 부분과의 관계가 아니다. 달이 나누어져 비치는 것이 아님과 같이 하나하나의 현상에 깃드는 이는 본래의 완전한 모습이어야만 할 것이다. 오직 그것을 받아들이는 측의 상황에 따라서 그 모양이 변할 뿐이다. 흐린 물에 비춰진 달은 분명코 비치고 있으련만 달의 모습은 보이지 않는다. 이(理)도 또한 개개의 물체에 깃들고 있으나 뚜렷하지 않은 경우가 적지 않은 것이다.

이와 같은 정이천의 설명은 그다지 철저한 것이라고 말할 수 없지만, 이(理)의 유일성이 훼손되지 않고 개개의 물체 속에 존재한다는 관계는 대충 이해할 수 있을 것이다. 〈주역〉의 64괘가 온 세계의 다양한 사상(事象)의 상징이라고 한다면, 물론 이(理)는 각 괘상 속에 존재하고 있어야 한다. 〈주역〉이 갖가지 때[時]의 변화를 통하여 중심인 도[이(理)]를 따르게 하는 것이라는 말의 뜻이 이제는 밝혀졌으리라. 정이천의 이와 같은 형이상학적 우주론은 훗날 주자에 의하여 더욱 정밀하게 펼쳐지게 된다.

정이천의 〈역전〉은 이 철학이 뒷받침하는 바 굳건한 도의적인 해석으로 일관되어 있다. 결국 64괘에 나타나는 사상(事象)으로서 정이천이 생각하는 바는 인사현상(人事現象)이며, 그런 까닭에 또한 도덕적인 사상(事象)이기도 하였다.

20. 도의성의 기반

예를 들어서 간괘(艮卦) 단전(彖傳)의 '그 머물러야 하는 데 머무르는 것은 제곳에 머무르는 것이다.'를 해석하여 정이천은 "아버지는 자애로움에 머무르고, 아들은 효에 머무르며, 임금은 인에 머무르고, 신하는 공경에 머무른다."고 하였다. 〈대학(大學)〉의 지선(至善)에 머무른다는 뜻을 빌려 군신부자의 윤리를 설명한 괘로 해석하였던 것이다.

간괘의 괘사에는 '그 등에 머무른다.'고 하였고, 단전에는 '간은 머무르는 것이다.'고 하였지만 곧이어 '머물러야 할 때는 머무르고 가야 할 때는 간다.'는 말도 있는 것을 보면 정이천의 해석이 반드시 본래의 뜻을 파악한 것이라고 할 수는 없다.

그러나 정이천이 이와 같은 해석에 의하여 〈주역〉은 유교의 경전다운 도의서의 성격을 한층 더 굳혔던 것이다. 그리하여 〈주역〉의 도의성은 앞서 본 바와 같은 이(理)의 나타남으로써 설명될 때 비로소 개별적인 것을 초월하여 강력한 보편적 기초를 얻게 되었던 것이다.

또 하나의 예를 들어보기로 하자. 가인괘(家人卦)의 단전에 '남녀의 바름은 천지의 큰 뜻이니라.'고 한 것을 "존비내외(尊卑內外)의 도(道)가 바름은 천지음양의 큰 뜻에 합치하는 일이다."로 해석하기도 하였다. 남녀의 바름을 존비내외의 도라고 한 것은 도의적인 규제의 강화에 지나지 않지만, 천지의 큰 뜻에 음양이라는 두 글자를 추가하고, 합치한다고 설명한 데는 깊은 뜻이 있기 때문이다. '천지 음양의 큰 뜻'이라는 것이 객관적으로 내세워졌으나, 정이천에게 있어서 그 큰 뜻이란 우주자연계를 꿰뚫는 이(理)였던 것이다.

남녀의 바름이란 존비내외를 분별함으로써 근원적인 이에 합치하는 일이라고 할 때, 이것은 도저히 피할 수 없는 규제력으로서 뭇 사람 위에 덮어씌워질 것이다.

이(理)를 중심으로 하는 도의성이란 대체로 이와 같은 것이었다. 이것은 주자(朱子)에 의하여 계승되었고 마침내는 반주자학파(反朱子學派)의 사람들로부터 비난받기를, "이(理)는 사람을 잡아먹는다."는 지경에 이르기도 하였다. 그 발단이 바로 정이천에게 있었다 해도 지나친 말은 아니다. 아무튼 정이천의 〈역전〉에는 그렇듯 강한 도의성을 우주론적 사변으로 호소하는 바가 있었다. 〈주역〉은 바야흐로 완전한 의리의 책이 되는 동시에 도덕철학서가 되었던 것이다.

21. 화엄철학의 영향

사리의 일치를 펴내는 정이천의 철학은 기실 화엄(華嚴)의 철학에서 배운 바가 아닌가 생각되기도 한다. 화엄의 교리에서는 그의 세계관을 설명하면서, 이법계관(理法界觀)·사리무애법계관(事理無礙法界觀)·사사무애법계관(事事無礙法界觀)이라는 3단계를 생각하고 있다. 첫째 이법계관이란 현상의 깊숙한 곳에 있는 이(理)의 세계만을 진실이라고 인정하는 입장이며, 둘째 사리무애법계관이란 현상과 이가 어울려서 일치한다고 보는 입장이며, 셋째 사사무애법계관은 이의 절대성에서 개별적 현상 사이의 차이를 부정하고 모든 사상(事象)을 평등하고 무차별한 것으로 보는 입장이다.

정이천의 입장이 화엄의 두 번째 사리무애와 일치하고 있음은 누구나 쉽게 알 수 있을 것이다. 화엄의 철학에서는 세 번째의 사사무애의 입장을 최고로 여기고 있으나, 유교로서 현실세계의 구별까지도 부인할 수 없었음은 너무나 당연하다. 정이천은 화엄철학을 배워 흡수하면서도 유학자로서 마땅히 지켜야 할 최후의 일선을 지키면서 독자적인 입장에 따랐던 것이라고 하겠다.

송학(宋學)의 대성자(大成者)인 주자는 왕필과 정이천이 경시하였던 점서(占筮)와 상수(象數)를 또다시 중요시하여 도의와 점서와의 종합을 꾀하였다. 이리하여 탄생된 것이 바로 '주역본의(周易本義)'였던 것이다. 그러나 청나라 초기에 이르자, 주자 이후의 상수학적(象數學的) 역학이 도교적인 기술(技術)의 혼입이라는 비판의 소리가 차츰 높아지게 되었으며, 〈주역〉을 또다시 정이천식의 순수한 도의적 〈주역〉으로 되돌리려는 움직임이 활발해졌다.

이상은 〈주역〉이 단순한 점서서의 경지를 떠나 사상서 또는 도의서로서 변모하는 대표적인 과정에 불과하지만, 이로써 〈주역〉이 중국 철학에서 차지하고 있는 중요성을 대략 이해하였을 것이다.

동양 고전으로 미래를 읽는다 006
주역

초판 발행_2007년 4월 10일
중판 발행_2018년 8월 20일

역해자_노태준
펴낸이_지윤환
펴낸곳_홍신문화사

출판 등록_1972년 12월 5일(제6-0620호)
주소_서울시 동대문구 안암로50-1(용두동) 730-4(4층)
대표 전화_(02) 953-0476
팩스_(02) 953-0605

ISBN 978-89-7055-756-4 03140

ⓒ Hong Shin Publishing Co. Printed in Korea
*값은 뒤표지에 있습니다.
*잘못 만들어진 책은 바꾸어 드립니다.